中华郭氏

李吉 王利亚 王晓嵘 ◎编著

◎山西出版集团
三晋出版社

周王族祖先——后稷

周文王姬昌像

郭氏始祖——虢叔像

汾阳王郭子仪像（故宫南薰殿藏）

山西省阳曲县郭氏纪念馆

於照業蓋一時稿忠光照千古子孫繁衍遍
於天下江右吉水廬陵之壤建有九廟十三崇焉舉
此郭氏苗裔其苗裔斯即故辈儀公為吴祖馬大予之
余儀公為吴祖若猶孔子刪書斷自唐虞之義云耳
當八子挺生有入而為王朝卿士者有出而就候甸
滿朝者來西南北代之人派別支分眾庶而難苟
不聯以譜牒易以彩一本九族之義爰是謀詔族眾
因不樂從榮熙焈作譜之才敢云坒視既為名臣之後
派得实翔倘崇亥不斷宴受一予之詠世澤長靈敬
敦為後之眾因集世宗闆名位表内外傳而蔡孽之
庶開杏于然某為某公之後某為某公之喬彰明較之
著隊若列星是則小子之廟也是則小子之志也至
闇支例條本茶分房及各公所傳俱附於後並不贅
大宋淳熙元年春正月既望日
　　　後裔孫　禧元敬撰

四川保存的宋代郭氏宗谱序

阳曲县郭氏分布图

● 郭氏聚居地

弘扬郭氏文化 打造文献名邦

李留澜

（山西省社会科学院院长）

　　家庭是社会的基本细胞,姓氏是人生的第一标志。古往今来,无论是功业显赫的帝王将相,或是默默无闻的庶民百姓,无不植根于血缘姓氏的家庭体系,无一超然于宗族交融的社会网络。从某种意义上讲,五千年的华夏文明就是不同姓氏的家族在各个历史时期繁衍生息、迁徙交融、兴衰更替的总汇。以血缘姓氏为脉络的族史、家乘,正是具体而微地载录各姓氏家族的渊源世系、盛衰荣辱及其历史功业和文化特色的重要文献,是人类文明进化的轨迹,社会历史发展的缩影,是我们认知历史、剖视社会的微观窗口。所以真正的历史唯物主义者和社会科学工作者,往往从家庭的起源和形成,探究社会发展的真谛,从宗族(部族)的发展和演变,揭示历史进化的规律,摩尔根的《古代社会》和恩格斯的《家庭私有制和国家的起源》,正是这种论著的光辉典范。

　　泱泱五千年的中华大国孕育了一代又一代的炎黄子孙,也造就了一大批青史流芳的精英家族。山西作为华夏文明的发祥地之一,也是众多中华姓氏的根祖之地。"根祖"文化构成了山西文化强省的重要板块,是山西五千年华夏文明的特色所在。中华郭氏就是其中具有代表性的大姓之一。

　　据史书所载,郭氏始祖为周文王季弟虢叔,其裔孙序封于阳曲,"号曰郭公,转虢为郭",阳曲之名即源于郭氏的初封之地。东汉时大司农郭全世居阳曲,阳曲郭氏成为太原望族。三国时曹魏大将郭淮祖孙三代,因功勋卓著,先后被封为"阳曲县侯"、"汾阳县子",开以阳曲地名冠以郭氏封爵之先河。及至唐代郭子仪,功高盖世,"再造唐室",李唐王朝遂以郭氏的发祥祖地,汉、隋、唐时阳曲县的别称——汾阳,封其为"汾阳郡王"。阳曲与郭氏成为血缘姓氏与地域郡望交相辉映、凝为一体的文化结晶。三千年来,绳绳相继,瓜瓞绵延,人以地望,地以人名,一双两美,享誉中外,中华郭氏成为太原阳曲的世界名片,太原阳曲成为海内外郭氏朝宗谒祖的祖庭圣地。

弘扬郭氏文化 打造文献名邦

在历史发展的长河中,中华郭氏不仅以其文治武功的宏伟业绩,演绎了一幕幕风云变幻的历史画卷,也培育了众多青史流芳的家族精英,铸造了内涵丰富、影响深远的郭氏家族文化。文化是国家和民族的根之所系,脉之所维,一个民族的觉醒首先是文化的觉醒,一个国家的强盛离不开文化的支撑,一个家族的振兴也必然有其深厚的文化底蕴。中华郭氏之所以从春秋时期的小国寡民,跻身于华夏民族之林,三千年来经久不衰,成为当今第十六大姓,正是得力于郭氏文化根脉中的优秀基因。郭氏的历代英贤俊杰都不同程度地继承、展示了郭氏文化的特色和人格魅力。

近现代以来,为中华民族之振兴,郭氏族人毅然奋起,前赴后继,巾帼英雄郭隆真血染刑场,"两弹元勋"郭永怀以身殉职。移居海外的郭氏族人更是艰苦创业,奋发向上,以其发展创新的科学理念和与时俱进的拼搏精神,享誉中外。如亚洲糖王郭鹤年、地产大王郭得胜、科技首富郭台铭,都是事业有成的实业巨子,位列全球十二大华人富豪榜中。

尤为可贵的是,郭氏文化中认同华夏文明,以炎黄子孙为荣的民族自尊心和民族自豪感根深蒂固,进而转化为郭氏族人"报本思源"的传统美德和血浓于水的根祖情结。如太原阳曲之名,即是纪念郭氏"得姓受氏"之祖郭序初封之地而来,两千多年来相沿不改,传承至今。旅居海外的郭氏后裔,更是身居异域,心怀故国,在世界各国组建了数十个郭氏宗亲社团,形成一个海外郭氏华人社会。20世纪80年代以来,随着全球寻根热的兴起和改革开放的国门打开,海外郭氏侨胞纷纷归国寻根。亚洲糖王郭鹤年先生、新加坡郭氏宗亲会会长郭明星先生、泰国郭氏宗亲会秘书长郭远功先生,以及台湾世界郭氏宗亲总会秘书长郭时礼先生,都曾先后来山西认祖寻根,或组团归国参加大型的郭氏宗亲活动。2007年10月,香港地产大王、新鸿基集团董事局主席郭炳湘也亲临太原,拜会了中共山西省委书记张宝顺,表达了投资山西、报效故国的赤子情怀。而祖籍山西晋城的台湾科技首富郭台铭先生更是投入10亿美元巨额资金,在省城太原创建了富士康企业集团,并先后捐资2.42亿元资助山西的各项公益事业,被评选为2007年度全国"十大社会公益之星"。

"怀山之水必有其源,参天之木必有其根。"山西太原是郭氏的发祥祖地,郭氏是三晋大地培育的优秀儿女,郭氏文化是山西乃至整个中华民族文化宝库中的一颗璀璨明珠。

今值以人为本的和谐社会,发展创新的历史时期,先进文化已构成国家软实力的重要资源,是国家强盛、民族繁昌的重要标志。传承华夏文明,建设先进文化,决不是一家一姓、一族一地的权宜之计,而是事关国家和民族的百年大计。为此,我们在中共太原市委,阳曲县委、县政府的大力支持下,组织了我院家谱资料研究中心的科研人员,由我院首席研究员、姓氏谱牒学专家李吉先生担纲,共同编写了《中华郭氏》一书。此书较为全面系统地介绍了郭氏族人两千多年发展的历史轨迹,展示了中华郭氏的文化特色,为我们提供了剖析历史、总结经验的典型个例。这对于构建社会主义先进文化体系,推进中华文化的发展,都有现实的借鉴意义。我们一定要深刻认识先进文化在社会发展和人类进步中的重大作用和重要地位,确立科学创新的文化价值观,大力发掘在社会文化领域中具有精神感召力、社会凝聚力、思想影响力、心理驱动力、市场吸引力的文化资源,为加快国家文化软实力的建设,为构建和谐社会而努力奋斗。

二〇〇八年四月

人物篇

人文篇

中源流篇

郭氏 华

　　郭氏是中华民族大家庭中源远流长、人口较多的古老姓氏,也是当今炎黄苗裔中英贤荟萃、遍布中外的著名姓氏。郭氏起源可追溯到父系氏族时期的炎黄时代,在有关夏商时期的文献典籍中,就有郭氏名人的历史记载。也就是说,郭姓族人发祥、发展、繁衍、播迁的历史,纵贯了中华民族五千年文明史的发展轨迹。这在数以千计的中华姓氏中,屈指可数。

　　太原郭氏则是中华郭氏的主流支派、嫡系苗裔。自序封阳曲、由虢转郭已有2700多年历史,秦汉以来的诸郡郭氏多出自太原,太原是中华郭氏的祖庭圣地,故有"天下郭氏出太原,郭氏根祖在阳曲"的称誉。

　　在流传甚广的《百家姓》中,郭姓虽排列在第 144 位,但据《人民日报》1987 年 5 月 3 日及 1992 年 10 月 4 日报道,中国科学院遗传研究所研究人员杜若甫、袁义达,根据国家统计局提供的 1982 年全国人口统计中 0.5%随机抽样资料,以及 1978 年台湾省出版的《台湾地区人口之姓氏分布》的综合统计数字分析研究后指出:郭姓在全国排列第 18 位,是占汉族人口 1%以上的 19 个大姓之一,郭姓人口总数 1400 万左右,其中尚未包括数以万计的海外侨胞。2007 年 4 月 24 日,公安部治安管理局又公布了最新的全国户籍人口统计数据,郭氏已上升为全国第 16 大姓。

一　源远流长
植根五千年华夏文明

"参天之木，必有其根；怀山之水，必有其源；人之有祖，亦犹是焉。"据文献史籍记载，郭氏始祖为中华民族所公认的"人文初祖"——轩辕黄帝。

众所周知，黄帝轩辕氏与炎帝神农氏，是炎黄子孙的根之所在，是维系中华民族凝聚力、向心力的血缘纽带，也是五千年华夏文明史发祥的标志。从轩辕黄帝到当今海内外郭氏苗裔，经过历代的兴衰更替，人世的沧桑巨变，可谓源远流长，根深叶茂。

中华始祖黄帝像

据《国语·晋语》、《史记·五帝本纪》和《路史·后纪》等史书记载，黄帝有四妃、二十五子，是一个多妻、多子的庞大家庭。

黄帝二十五子中得姓者十四人，为十二姓：姬、酉、祁、巳、滕、箴、任、荀（苟）、僖、姞、儇、依。其中青阳氏、苍林氏同为姬姓。对黄帝二十五子的姓氏、生平及传承世系，古代史籍记载较为简略，且有所差异，见诸于先秦文献典籍的宗支族系达一百多个，其中夏、商、周三代的发祥始祖夏禹、殷契、后稷皆为黄帝苗裔。

郭氏作为一个古老的姓氏，与夏、商、周三代都有历史渊源。当今郭氏的主要姓源，即发祥于夏、商、周三代。据《括地志》、《风俗通》、《元和姓纂》、《古今姓氏书辨证》、《路史》及《新唐书·宰相世系表》等典籍记载，郭氏姓源主要有四：一是以古郭国为氏，源于夏、商时期的诸侯方国；二是出自姬姓的周王室宗支，为虢国衍派的后裔；三是夷夏交融，胡姓汉化，即少数民族的郭氏；四是以居邑为氏，如东郭氏、南郭氏，皆以居住城邑方位为氏。此外尚有一些冒姓、改姓的郭氏。总之，郭姓的发祥、繁衍，不仅纵贯了五千年华夏文明，也蕴含了中华民族的交融历史，犹如涓涓细流，百川汇海，堪称华夏文明的缩影，中华民族大家庭的典范。

在郭氏诸源中，古郭国郭氏、少数民族郭氏、改姓郭氏，均渊源不详，始祖不明，世系无传。故中华郭氏主流，是出自姬姓虢国后裔，均为发祥于山西太原的郭氏衍派，通常所说的中华郭氏，实则为太原郭氏，太原阳曲是郭氏祖庭所在。

1　黄帝苗裔　夏商胤绪

据文献记载，早在夏、商时期，郭氏族人已载入史册。清人张澍《姓氏寻源》转引《括地志》云："夏禹御郭哀。"又引《抱朴子》云："禹乘二龙，郭支为御。"（一说郭支为夏王孔甲时大夫）并注云："此为郭氏之始。"《三一经》也云："商有郭崇。"说明早在夏、商时期，郭氏已"得姓受氏"，成为有一定社会地位的宗族群体。

尤为值得注意的是：郭哀、郭支先后为夏之御，已明显具有"世职世守"（即世代承袭某一职位或技艺）的特征。"世职世守"，是夏、商、周三代设官任职、胙土命氏、确定其社会等级地位的重要制度，也即先秦文献中所说之"百官"、"百工"、"百姓"。如商代"理氏"，即因其世代为"大理官"（司法官）而称之为"理氏"（即李姓先祖）；而张氏则因世代为制造弓箭的长官，故称张氏。

至于"御龙"之事，一向认为是历史神话传说，而近代史学界则普遍解释为"畜马、牧马、驯马、驭马"。在《周礼·夏官》中，也早有"马八尺以上为龙"的释义。也就是说，夏代郭哀、郭支家族是一个以驯养、驾驭良马为职业的专职世家。这也印证了当时畜牧业较为发达的社会经济形态。

对于郭哀、郭支的生平及其得姓受氏之源，历代的姓氏典籍多语焉不详，或笼统地称之为"最早的郭姓"。著名的训诂学家颜师古在训释《急就篇》时，也仅仅注曰："齐地有郭氏之虚（墟），盖古国，齐灭之，后亦为郭氏。齐有郭荣，即其族也。"

但笔者在《路史·国名纪·己卷》"夏世

郭氏始祖——虢叔像

侯伯"中，发现了有关郭哀的一段记述："郭哀，夏后御。博之聊城有郭水出东南郭。商有郭崇子。"并引用《三一经》注释云："郭崇子，商代人，彭真人弟子。"

这就说明，郭哀在夏世为"侯伯"，其地在今山东"博之聊城"，其职为"夏后（夏禹）之御"。传至商代有后裔郭崇，受封子爵。战国时古郭国为齐所灭。郭荣即其族人。

对于这支最早见于文献记载的郭氏之源，即郭哀的先世源流，史无明文记载，难以确考。但《路史·后纪》中有关黄帝之子禺阳（亦作禺号、禺虢）的记述，却值得注意："嫫母……生苍林、禺阳，禺阳最少，受封于任，为任姓，谢、章、舒、洛、昌、契、终、泉、卑、禺皆任分也。后各以国命氏。禺号生禺京、倏梁、儋人……倏梁生番禺，番禺是始为舟，生奚仲，奚仲生吉光，是始为车，建侯于薛……"

在这段文字的夹注中，"禺号"之下注为"虞郭"，这与《大荒东经》中将黄帝之子"禺号"直书为"禺虢"，正好相合。而古代"郭"、"虢"二字通用，古禺虢也可称之为禺郭。

《路史·国名纪·杂国》中明确列有"虢国"之名，并引《左传》昭公七年注曰："虢，

燕地，与齐境。"《春秋左传词典》注曰："今河北任丘县西北。"这也与禺虢受封于任的记载相合。

关于古任国的地理方位，历来说法不一，大致为今河北任丘至山东济宁一带。禺虢子孙封地多在今山东、河北境内，如禺虢后裔奚仲所建之薛国即在今山东滕州市一带，而禺虢另一后裔泉氏则东渡大海，为高丽国之君。据此推断，"夏后御郭哀"所居之"郭国"——博之聊城，很有可能即是黄帝之子禺虢初封之地，或其子孙"以国命氏"的分封之地。郭哀、郭支、郭崇及春秋战国时期之齐、鲁郭姓，很有可能出自禺虢，即黄帝的支脉。

在郭远唐撰写的琼州海南《郭氏家谱》中，便以夏大夫郭支、商大夫郭崇为郭姓最早始祖，郭哀、郭支、郭崇均引入了黄帝姬姓世系。

2 周室宗支 虢国衍派

郭氏的第二个姓源，出自姬姓，为周王室宗支虢公（虢仲、虢叔）后裔。这是海内外郭氏所公认的发祥始祖，也是当今郭氏的主要宗支。

据《公羊传》所载："虢谓之郭，声之转

也。"

《汉郭辅先生碑》云："其先出自有周王季之中子（虢仲），为文王卿士，食采于虢。至于武王赐而封之，后世谓之郭。"

《新唐书·宰相世系表》也采用郭氏出自虢公的说法，且记述较为详细："郭氏出自姬姓。周武王封文王之弟虢叔于西虢，封虢仲于东虢。西虢地在虞、郑之间。平王东迁，夺虢叔之地与郑武公。楚庄王起陆浑之师伐周，责王灭虢，于是平王求虢叔裔孙序，封于阳曲，号曰郭公。虢谓之郭，声之转也。因以为氏。"

据多种历史文献和专家学者考证，《新唐书》的这段记述有两处失误：一是虢叔应封于东虢，虢仲应封于西虢；二是楚庄王应为楚武王，因楚庄王在周平王之后一百六十余年才出世。但因《新唐书》被列为正史，故后世多不加考辨而引用，以致以讹传讹，但对郭氏始祖和郭氏起源的论述毋庸置疑。

《元和姓纂》、《古今姓氏书辨证》、《万姓统谱》等后世姓氏典籍也多采用此说。

上述诸种文献典籍，虽然在虢仲、虢叔，东虢、西虢的记述上有所差异和分歧，但却都公认郭氏出自姬姓，是周室宗支虢仲、虢叔衍派后裔，因受封于虢而得姓命

周平王

氏。

及至周平王东迁，周室衰微，东西二虢的封邑食地屡有变迁，又衍生了"南虢"、"北虢"、"小虢"等称谓，故史书有"二虢"、"三虢"、"四虢"、"五虢"之记载。

由于古代"虢"、"郭"二字不仅同声，且可以互相借用、通用，故《三一经》、《大荒经》、《左传》中，也将夏、商时"古之郭国"写作虢国。高诱《战国策注》曰："虢氏，即古郭氏。"《礼记注》："郭或作虢。"《路史·国名纪》在载录"虢国"时，直接将

周武王画像

"虢"、"郭"二字同时并列，并说西虢、南虢、北虢、小虢"亦俱曰郭"。换言之，由虢仲、虢叔繁衍派生之东虢、西虢、南虢、北虢、小虢，均可视作郭氏得姓受氏之渊源。

现就有关文献记载，试将虢仲、虢叔及其后裔繁衍、迁徙的历史脉络和各支派之间大体关系，作一简要分析、考辨，为郭

氏先世渊源理出一点头绪。

首先需要指出的是，"虢仲"、"虢叔"这两个称谓，最初是专指周文王姬昌的两个弟弟。但文献典籍常把东、西二虢君位继承人泛称为虢仲或虢叔，使之成为含有"昭穆相别，字辈排序"寓意的代词，导致后人读史时的误解，混淆了虢仲、虢叔后裔传承世系，成为难以理清的历史症结。

搞清"虢仲"、"虢叔"这两个称谓在不同历史时期、不同历史事件中所确指的人物名讳、身世，不仅对于理解、考辨文献典籍中有关虢仲、虢叔记载不一、相互矛盾的历史资料是一个基本的起点，也是我们研究郭氏先祖源流、传承世系、支派繁衍及其家族文化的首要条件。

据史书所载，古之虢国有东虢、西虢、南虢、北虢、小虢之分，总称五虢。最早将五虢作综合载录的史书为宋代乾道年间罗泌所撰之《路史》。

《路史·国名纪·戊卷》载称：

虢，郭，仲之封，为西虢，在岐。今凤翔虢县。东迁之际，自此之上阳，为南虢矣。其处者为小虢，秦灭之。亦俱曰郭。

东虢，叔之封，制也。今郑之

荥阳有虢亭,台冢在焉。或云仲封者,非。

南虢,上阳是。今虢之虢,略正曰南虢。以其仲后所封,故亦号西。

北虢,男爵。今陕(州)理西四十五里,故虢城是。是为大阳,佑以此为仲邑,仲后也。

这是笔者迄今见到的各种文献典籍中,对东虢、西虢、南虢、北虢、小虢等五虢记载最为全面、系统而又明晰、详尽的资料。同时,也对虢序的受封之地及其为晋所灭的历史作了明确记述,为研究郭氏得姓受氏之渊源、支派,提供了珍贵史料。

近现代编撰的权威工具书《辞海》和《汉语大辞典》,对"五虢"之称谓,也有综合性介绍。

《汉语大辞典》(1991年12月第1版)在第八分册第850页"虢"字条下,有如下注释:

虢,古国名,西周文王弟虢仲之封地。故城在今陕西宝鸡市东者,是为西虢。

虢叔之封地,在今河南省成

皋县虢亭镇,是为东虢。

平王东迁,西虢徙上阳,地在今河南省陕县东南,称南虢。

西虢迁徙后,支族留居原地者为小虢。

以上古今两种记载,基本上一致,较为扼要地阐明了"五虢"的来源及其地理位置,也点明了"五虢"俱为"虢公"的衍派,俱为郭氏先世这一基本的历史脉络及传承关系。

对于"序封阳曲"的历史渊源,《新唐书》也有明确记载。《新唐书》成书于宋代,宋代阳曲在今太原市北古城,有些学者据此推断,《新唐书》中所说"序封阳曲",可

《路史》(明嘉庆十三年本)

能即今太原市阳曲县。

除上述对"五虢"的综合性诠释之外，历代文献典籍中也有许多关于"东虢"、"西虢"、"南虢"、"北虢"的专条记载，且所记史实较为具体、详明。

《春秋公子谱》云："虢叔之虢，谓之东虢，在荥阳，为郑所并。"应劭注曰："荥阳古虢国，今虢亭是也。"

《通鉴前编》云："武王十三年，封虢仲于西虢。"苏辙《古史》："虢仲为西虢，晋献公所灭；虢叔为东虢，郑所灭。"

关于东虢为郑所并的经过，《史记·郑世家》有较详细的记述：周宣王二十二年（前806年）封其母弟郑友为桓公，地在京

东周王城所在地之一洛阳王城公园

西周形势图

兆（今陕西大荔）一带。周幽王即位，加封郑友为司徒，为周室卿士。郑桓公见幽王无道，周室之乱将生，于是向太史伯请教避祸之计。太史伯答曰："独洛邑之东，河、济之南可谓长久立国之土。"并分析说，其地近在郐、虢，二君贪财好利，百姓不附，恃险轻敌，不修武备。你现在位居司徒，位高权重，可向天王请求移郑国之民于虢、郐之间，天王必然答应，虢、郐之君也不敢拒绝。一旦郑国移民于郐、虢之地，则二国早晚在郑的掌握之中。

郑桓公依计而行，郐、虢二君果然迫于周天子的王命和郑桓公的权势，献出十邑作为郑国移民的食采之地。及至周平王东迁洛邑，郑桓公因平定犬戎之乱，以身殉国。郑武公即位，因拥立护送平王之功，

周成王和周公、鲁公

深为平王所倚重。在周平王支持、默许下，郑武公于平王二年（前769年）灭掉郐国，平王四年（前767年）又出兵伐虢，尽收东虢之地，虢叔死于制邑。相传今河南荥阳虢亭附近有其坟冢遗址。历时300余年的东虢至此灭亡，而郑国迁都于荥阳，史称"新郑"。《左传》中有一篇《郑伯克段于鄢》，其中郑庄公对其母后武姜要求把制邑封给共叔段的答复，也再次印证了虢叔死于制邑的这段史实。

在周平王东迁之时，受封于西虢的虢仲后裔也随之东迁到黄河以南的陕州（今河南三门峡地区）一带，史称南虢。20世纪90年代，在河南三门峡发掘的虢国贵族墓葬群及其大量精美的出土文物，也充分证明了这段史实。

郑武公灭虢吞郐、扩张势力的做法，招致各诸侯国的不满。为平息众怒，周平王寻虢叔裔孙序，封之于阳曲。

但郭序受封于阳曲之后，已是徒有虚名的微弱小国。故《路史·列国·君部》将东虢列为"亡其爵"的八个小国之一，而将西虢排列为47个小诸侯中之第三位。因国小力微，每况愈下，终于在周惠王十九年（前658年），被晋献公以"屈产之乘（良马）"、"垂棘之璧（美玉）"，借道于虞，一举吞灭。

源于虢仲、虢叔的这支姬姓之郭，是后世郭氏的主要支脉，根深叶茂，族大人多。故文献典籍记载较为详细，其世系传承也较为明晰，如太原郭氏、汾阳郭氏、冯

虢国博物馆

虢国墓葬出土的精美文物

翊郭氏、西平郭氏、颍川郭氏、昌乐郭氏等皆其衍派。

现依据史书记载及族谱资料将其渊源世系排列如下：

一世：黄帝，为少典之子，生于轩辕之丘，长于姬水之畔，故以姬为姓，号曰轩辕。纳四妃，生二十五子，其得姓者十四人，分为十二姓。黄帝死后葬于桥山，传其位于次子玄嚣。

二世：玄嚣，名挚，其母嫘祖为黄帝元妃，感大星如虹，下临华清之畔而生帝。黄帝之世，降居江水，邑于穷桑，故号穷桑氏；国于青阳，因号青阳氏；以金德王天下，遂号金天氏；能修太皞之法，故曰少皞，都曲阜，在位八十四年，葬于云阳。生子曰蛲极。传帝位于其兄昌意之子颛顼，是为高阳氏。

三世：蛲极，玄嚣子，未继承帝位，生子名夋，继颛顼为帝，是为帝喾。

四世：帝喾高辛氏，生而祥灵，年十五佐颛顼帝为政，受封于辛。年三十代高阳氏为帝，号高辛氏，都于亳。帝喾元妃为有邰氏女，曰姜嫄，生子后稷；次妃陈锋氏女，曰庆都，生子放勋，是为帝尧；三妃有娀氏女，曰简狄，生子曰契；四妃娵訾氏女，曰常仪，生子名挚。帝喾在位七十年而崩，传位于帝挚。

五世：后稷，名弃。其母姜嫄为帝喾元妃，因履巨人之迹，孕而生子，以为不祥。弃之隘巷，牛马过者避而不践；弃之冰上，飞鸟以翼覆之。姜嫄以为神，遂收而养之。因初欲弃之，故名为弃。弃善稼穑农耕，帝尧闻之，举为农师，天下得其利。因功封于邰，号曰后稷。

六世：棨玺，后稷子，袭父职，务稼穑。

七世：叔望，棨玺子，袭父职，务稼穑。

八世：不窋，叔望子。夏太康政衰失国，后羿篡权，不窋遂逃窜西北戎狄，生子曰鞠陶。

九世：鞠陶，不窋子，生子曰公刘。

十世：公刘，鞠陶子。虽在戎狄之间，但复修后稷之业，迁国于豳，百姓多随而迁之。周室之兴，实自此始。生子曰庆节。

十一世：庆节，公刘子，生子曰皇朴。

十二世：皇朴，继庆节之位，生子曰弗参。

十三世：弗参，也作弗差，即位于豳国，生子毁隃。

十四世：毁隃，弗参子。

十五世：公非，毁隃子。

十六世：辟方，公非子。

十七世：高圉，辟方子。

十八世：侯侔，高圉子。

十九世：亚圉，侯侔子。

二十世：云都，亚圉子。

二十一世：太公，云都子。

二十二世：组绀，太公子。

二十三世：诸槃，组绀子。

周成王

周宣王

二十四世：公叔祖，诸梌子。

二十五世：古公亶父，公叔祖子。复修后稷、公刘之业，施德行义，深得国人拥戴。因避戎狄攻扰，遂迁国于岐山之下，邻国之人亦慕名归附。古公有子三人，长曰太伯，次曰虞仲，三曰季历。季历生子曰昌，有"圣瑞"。古公曰："吾世当有兴者，其在昌乎！"太伯、虞仲知古公欲立季历以传位于昌，乃逃隐于荆蛮之地，文身断发，以让季历。古公卒，季历立，是为王季。

二十六世：季历，古公第三子，修古公之道，广施仁义，诸侯从之。王季有子三人，长曰昌，次曰虢仲，三曰虢叔。王季卒，葬鄂县之南山，子姬昌立，是为西伯（文王）。虢仲、虢叔俱为卿士，辅佐西伯文王治理国政。

二十七世：文王姬昌，季历子。母曰太任，为著名贤德妇人。文王圣德仁义，受殷纣王之命，为西方诸侯首领，得专征伐，称西伯侯。广施仁政，招贤纳士。诸侯多弃殷从周，三分天下，周有其二。曾被纣王囚于羑里，深自韬晦，以贿赂纣王左右权臣，得归故里。后自岐山迁都于丰邑。年九十七而卒，葬于雍州万年县西南 14 公里处原上（今陕西咸阳市西北 18 公里处有周文王陵）。太子姬发即位，是为武王。

周文王

二十八世：武王姬发，继文王之后，广施德政，扩展实力。以太公望姜尚为师，周公旦为辅，与召公奭、毕公高等贤能人士共理国事。时纣王昏暴无道，民怨沸腾，诸侯叛离。武王遂率师伐纣，大会诸侯于孟津，陈兵于牧野。纣王之兵倒戈归降，纣王自焚于鹿台而死。诸侯拥戴武王姬发为天子，国号为周，史称西周。

以上世系，从黄帝到文王姬昌、虢仲、虢叔，共计二十七世，时间跨度约一千五百年，每一世平均五十多年，显然有缺失、遗漏之处。但因文献典籍缺乏记载，故难以考辨、补充。而传世之郭氏古代谱系和出自姬姓的其他姓氏之古代公谱，从黄帝到文王多记为二十七世。现据此编绘《郭氏古代公谱世系图》如下：

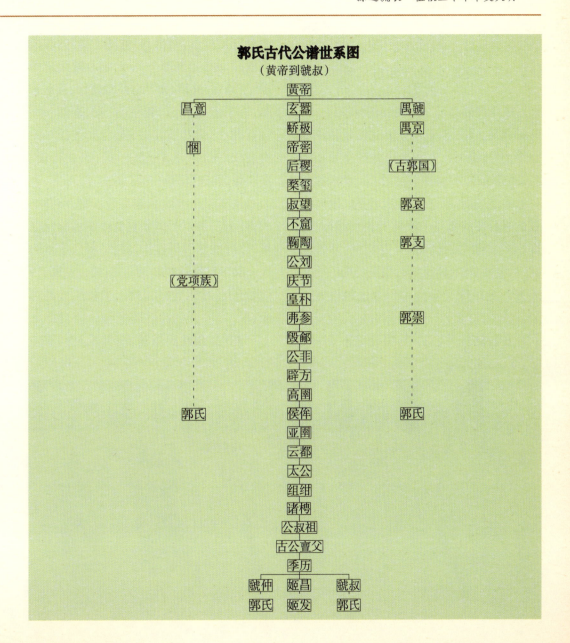

郭氏古代公谱世系图

（黄帝到虢叔）

3 夷夏交融 百川汇海

中华民族是一个多民族的大家庭。从某种意义上讲,五千年华夏文明就是不同血缘的姓氏种族,在各个历史时期繁衍生息、播迁交融、兴衰更替的总汇。郭氏作为一个古老的姓氏,在其繁衍生息、发展变迁的进程中必然打上民族交融的烙印,也即历史文献中所说的"夷夏交融,胡姓汉化"。也就是说,郭氏得姓受氏的第三个主要来源是民族交融,由少数民族改姓而来。

在《路史·后纪》中就明确记述了一支源自轩辕黄帝,而出自"党项之辟"的郭氏族姓:"黄帝有熊氏……元妃西陵氏曰螺祖,生昌意、玄嚣、龙苗。昌意就德,逊居若水,有子三人,长曰乾荒,次安,季悃……悃迁北土,后为党项之辟,为拓跋氏……有党氏、奚氏、达奚氏……周氏、长孙氏、车非氏、兀氏、郭氏……"

这支郭氏虽然也是黄帝后裔,但并非周室宗支,很有可能是夏商时期古郭国之郭,也可能是因居住于"城郭"而以居地为氏。由于文献资料缺乏,一时难以论断,历代姓氏书习惯上将之列入少数民族的郭氏。

在《古今姓氏书辨证·郭氏》中,有一

西夏贵族妇女(壁画)

段与之相印证的记载："后魏郭崇播，本党氏，改焉。"这里所说的党氏，即为黄帝之孙、昌意之子——悃的后裔。

郭崇播由党氏改为郭氏，从当时的历史背景来看，是北魏鲜卑族统治集团推行汉化政策，倡导"胡姓汉化"的典型实例，反映了郭氏姓源的另一个重要来源：少数民族汉化改姓。

郭氏作为中华民族的一大姓氏，其中确有相当一部分是由少数民族汉化而来的。尤其是在所谓"五胡乱华"的西晋末年、唐末、五代十国、宋、辽、金、夏及元、清时期，中华民族处于民族交融时期，这种少数民族"胡姓汉化"的现象屡见不鲜。

但从中华民族五千年发展史的角度来看，历代姓氏书中所谓"胡姓汉化"的提法，并不贴切。因为在不同历史时期，"少数民族"这一概念有不同内涵。如先秦时期，中原华夏族周边的"戎、夷、蛮、狄"，经春秋战国之际的社会剧变，到秦汉大一统时，均与中原华夏族融为一体，构成后世被称为"汉族"的重要部分。上述党项族之党氏改为郭氏，从当时历史背景看，可谓"胡姓汉化"，但追源溯流，党项族也为黄帝之苗裔。

除党项族之党氏改为郭氏之外，尚有

胡人出猎图

后晋天福年间之郭金海，其先世为突厥人；宋代太师太保郭从义，其先为沙陀部族，因破契丹有功，屡受封赏，也为郭姓。

至于辽、金、元、清时期，由于少数民族入主中原，受中原文化影响，其改汉姓者更比比皆是。据《黑水郭氏世德录》所载："黑水郭氏旧作郭博勒氏，本达呼尔（即达斡尔族）之支族，系出大贺氏，契丹国族也。远祖徙黑龙江之郭博勒屯，因以著姓。共和（辛亥革命）后，弛冠姓之禁，族人仿古人复姓从简之例，以郭为氏，系黑水地望,所以别太原郡也。"由于音译之差异,郭博勒氏在史籍中有郭博尔、郭本尔、郭勒本、郭布勒、郭博曼、果博勒、果博尔、戈博尔等十余种写法、读法,其后世大多简称为郭氏,也有部分演化为果氏、戈氏。

反之,在某些历史时期,也有把汉族姓氏改为少数民族之"胡姓"的。如隋代之郭衍,太原介休人,周武帝赐姓为"叱罗氏"。到隋文帝开皇年间,又复姓为郭氏。

在袁义达、杜若甫编撰出版的《中华姓氏大辞典》中,所列举的历代少数民族郭氏即有:鲜卑族(党氏)、蒙古族(喀尼氏、达都氏)、满族(郭尔佳氏、托尔佳氏、郭佳氏)、裕固族(巩鄂拉提氏)、达斡尔族(郭仓勒氏)、锡伯族(郭尔佳氏、郭罗罗氏、果尔齐氏)、鄂伦春族、土家族、朝鲜族、彝族、回族,以及贵州土司、云南土司、台湾土著等十余个民族的郭氏。

这就充分说明,在不同历史时期的某些姓氏,特别是一些大姓,包含有部分少数民族的成员,是一种很正常的现象,是历史的必然规律,是民族融合、人类文明进化的自然轨迹,从姓氏学的角度印证了中华民族大家庭的发展、演变以至民族大团结的历史渊源。

二 本固枝荣
立国四百年强宗大族

　　中华郭氏不仅是一个历史悠久、族大人多的强宗大族，也是较早登上政治舞台，并进入权力中心的姓氏之一。从周初封国到春秋灭国，中华郭氏先后建立了五个"虢国"，在长达四百多年的历史长河中，繁衍生息，建功立业，把郭氏之根牢牢地扎在了中华大地。

　　无论是在典型的封建宗法制度的西周时代，还是在封建大一统确立的秦汉之际，或是在魏晋六朝、隋唐盛世，郭氏族人都以其开拓进取的入世精神和文治武功的显赫业绩，自立于华夏民族众多的姓氏之中，为中华五千年的历史进程做出了卓越贡献，也为郭氏自身发展谱写了浓墨重彩的诗篇。

虢国墓葬出土的梁姬罐及铭文

1 周初二虢 王室辅弼

武王灭商建立周朝后,为牢固地控制被征服的广阔区域,维护其家天下的统治地位,大力推行"封邦建国,屏藩周室"的分封制度,建立了一套较夏商两代更为严密、更为典型的"宗君合一、家国同构"的封建宗法制度。

相传,武王、周公、成王先后建置七十一国,其中同姓者三十九国。周王室的子弟一般都得到了封地,立为大、小诸侯。如文王之弟虢仲封于西虢,虢叔封于东虢;武王之弟封于管、蔡、郕、霍、鲁、卫、毛、聃、郜、雍、曹、滕、毕、原、酆、郇;武王之子封于邘、晋、应、韩;周公之子封于凡、蒋、邢、茅……同姓之国达数十个之多。异姓诸侯则以后妃之族姜姓居多,其他姓氏的传统贵族,如尧、舜、禹的后裔也均受封。在周康王之后,这种分封制度仍在延续,如厉王之子、宣王之弟友,在宣王时受封郑国。

通过这种分封制度,周王室不但有效地统治了原来商朝的地域,而且不断扩大其影响和势力,成为实力远远超过商朝的一个强盛的奴隶制国家。

周宣王与姜后

虢仲、虢叔作为文王之弟,在武王灭商之前,已是"勋在王室,藏于盟府",辅佐朝政的"王室卿士"。"卿士"是周代朝廷中品级最高的官职,即太宰、太宗、太史、太卜、太祝、太士六卿的统称,一般均由功勋卓著的元老重臣、宗室贵戚担任,协助周王处理政务。

在周代,对内维护宗法礼仪和社会秩序,对外负责征伐、御敌等军事重任,是卿士的主要职责。

虢仲、虢叔兼具元老重臣与宗支近族的双重身份,因此其所封之国的地理位置十分重要,负有特殊的历史使命。

虢仲被封于西虢，其地在"岐之凤翔"，即今陕西省宝鸡市以东一带，为"畿内之地"，是紧邻周天子国都镐京的重要封国，负有"屏藩京城，捍御戎狄"的重大使命，是监护周王室西北边陲的一方诸侯。其都曰"虢镇"，即今宝鸡市虢镇，因其系"虢"之宗庙社稷所在，亦曰"成虢"。

虢叔被封于东虢，地在今河南荥阳一带，其都曰"制邑"，成为监控殷商旧族和东方诸国的重要屏障。

当武王灭商之后，周王室由一个西方属国，骤然变成统辖广阔地域的天下共主。创业伊始、根基未固的周武王姬发，面对商王朝遗留下来的大批"殷民百姓"及势力强大的东方诸侯，深感忧虑。后来采纳周公旦之策，在分封诸侯的同时，"营建东都"（今河南洛阳），作为周天子巡狩、监控东方各国的"陪都"，史称"宗周"，亦曰"王城"。周成王即位后，按武王原意复营洛邑，并把象征王室尊严的九鼎安置在洛邑。自平王东迁之后，洛邑便成为东周国都，东周二十代天子均先后居于此地。

为加强洛邑的防御体系，监护邻近诸侯，武王将虢叔封于紧邻洛邑的东虢，使东、西二虢分别肩负了护卫西都镐京、东都洛邑的特殊重任。由此可见周天子对虢仲、虢叔的信任和倚重。

事实上，东、西二虢（包括平王东迁后之南虢、北虢）从周初受封立国，在近四百年的时间里，可谓不负周天子所托，"辅弼天子，监护诸侯"，"屏藩周室，捍御戎狄"，是虢氏宗支，亦即郭氏先祖历史上不可磨灭的丰功伟绩。

辅弼天子 监护诸侯

周朝是中国历史上宗法制度最为盛行的王朝，宗法制度是构建、管理和维护其统治权益的基本要素。周天子作为国家机器的象征，集王权、政权、族权于一体，拥有至高无上的权力地位，是各诸侯国的共主与"大宗"。各国诸侯对周天子而言是为"小宗"，但对于各自封国内的卿、士大夫来讲，又是"大宗"。同样，卿、士大夫在作为各诸侯国"小宗"的同时，又是各自封地、食邑内的"大宗"，管理、统治着"百姓"、"庶民"。

因此，"尊天祀祖"，维护宗法，就成为周代政治生活中的头等大事，亦即典籍文献中所说的"国之大事，在祀与戎"之"祀"。虢仲、虢叔及其后裔作为周室卿士，"辅弼天子，监护诸侯"的主要任务之一就是"维护宗法，存亡继绝"。

据《左传》、《史记》、《国语》等典籍所载，西周末年，享有"中兴"之誉的周宣王，因在位日久，日渐骄奢。在宣王三十九年（前789年），违背"古者天子耕籍田千亩，为天下先"的惯例，不修亲耕籍田之礼。作为王室卿士的虢文公，认为宣王此举不仅有违古制，而且事关重大，于是直言切谏：不可！百姓的大事在于农耕，上帝的祭品出于此，百姓的生计由此来，各种所需的供给才有了保障，只有这样，社会才能和睦兴旺，社会财富才有所积累，所以农官为大官。但宣王执意不听，荒于农事，喜于用兵，终至"千亩之战，败于姜戎"的结果。

宣王死后，其子宫涅即位。他就是历史上著名的荒淫无道的周幽王。周幽王宠爱美女褒姒，为博取褒姒一笑，竟点燃了用以传递紧急军情的报警烽火，将军国大事视同儿戏，骗得各地诸侯紧急驰援，奔赴京城。结果这一场啼笑皆非的闹剧，使他失去了诸侯的信任。此即史书、戏曲中所传之"烽火戏诸侯"。后褒姒生子伯服，幽王即废元妃申后及太子宜臼，立褒姒为后，立其子伯服为太子。此举遭到了朝臣的激烈反对，而申后之母弟申侯更是勃然大怒，联合缯侯及西夷犬戎，起兵攻周。幽王慌忙点燃烽火求援。屡遭欺骗和戏弄的各路诸侯，自然无人出兵，幽王遂被杀于骊山之下。于是诸侯与申侯共立幽王太子

周幽王与褒姒

宜臼继位,是为平王。

然而据《汲冢竹书纪年》所载:当犬戎攻入周都之后,"伯服与幽王俱死于戏。先是,申侯、鲁侯立平王于申,以本大(太)子,故称天王。幽王既死,而虢公翰又立王子余臣于携,周二王并立"。

拥立王子余臣之虢公翰,史无明文详载。据《史记·周本纪》记载,幽王时任用虢石父为卿士,故推断虢石父可能即是虢公翰,或系虢公翰之族人。当申侯与犬戎攻克镐京,立太子宜臼于申,继承大统之时,虢公翰则拥立幽王爱子余臣(一说即伯服)于携,与平王抗衡。正因为如此,周平王对虢公之族心存不满,因而在东迁洛邑之后,重用在此次平叛中功绩卓著、以身殉国的郑桓公之子郑武公为卿士,并夺东虢之地与郑。

周平王十三年(前758年),郑武公死后,其子郑庄公即位。因其平定共叔段内乱,久不在朝,平王又忌其恃功骄纵,乃欲起用虢公忌父为王室卿士。但这事为郑庄公所悉,便以"辞职让贤"之名要挟平王。平王被迫无奈,只得以周太子狐入质于郑,以平息郑之不满。郑亦以世子忽入质于周,史称"周郑交质"。

周平王死后,太子狐回国奔丧。因久居郑国,心情郁闷,治丧期间哀痛而亡,由其子林即位,是为桓王。周桓王因怨恨其父入质于郑,以致英年早逝,与郑积怨甚深,故起用虢公忌父取代郑庄公为王室卿士,独秉朝政。郑庄公也怨恨在心,五年不朝王室。

周桓王十三年(前707年),因郑庄公假借天子之命擅自出兵伐宋,桓王十分恼怒,决定出兵伐郑。此时虢公林父继虢公忌父为周室卿士,深知周、郑强弱悬殊,力谏桓王不可出兵,宜下诏征召郑公入朝,以免出兵不利,自损天威。但桓王怀恨已久,一意孤行,下令征集蔡、卫、陈三国之兵一同伐郑,以虢公林父统帅右军,周公黑肩统帅左军,桓王自居中军,与郑国大战于繻葛。结果周兵溃败,周桓王左肩中箭,幸得虢公林父奋勇救驾,方得脱险。

此役郑国虽然大获全胜,但因周天子名义上仍是天下诸侯之共主,故郑国派祭足为使臣,前往周都赔礼道歉。虢公林父代周桓王抚慰郑使,使周王朝的紧张局势得以缓和,显示了虢公林父智勇兼备的才干和外交能力,成为支撑周王室的中流砥柱。

此后,周王室更加衰微,诸侯纷争不已,不奉号令。周桓王十七年(前703年),

晋国曲沃武公出兵伐晋，俘获晋哀侯（后杀之），诱杀哀侯之子小子侯，欲自立为晋君。周桓王派虢公林父统帅芮伯、梁伯、荀侯、贾伯四国兵力讨伐曲沃武公。曲沃武公慑于王师之名，退回曲沃。虢公林父代传周天子之命，立晋哀侯之弟缗为晋侯。虢公林父此次出兵，虽然挫败了曲沃武公欲自立为晋侯的阴谋，但并未从根本上遏制曲沃武公日益壮大，欲取晋侯之位而自立的势头。相反，虢国与晋国结下了宿怨，成为以后晋献公"假道灭虢"的原因。

周桓王之后，周庄王、周釐王相续即位。周釐王三年（前679年），"曲沃武公伐晋缗侯，灭之，尽以其宝器赂献于周釐王"。周釐王派虢公为使节，任命曲沃武公为晋侯，正式列其为春秋时期的十二大诸侯之一。

周釐王死后，太子阆即位，是为周惠王，周王室又发生了"庶嫡争立"的内乱。虢公再次起兵，与郑国共同平息了这场内乱，维护了周惠王的君位。

周釐王之父周庄王，宠爱姚姬，生子名颓，史称王子颓，为釐王之弟，惠王之叔。王子颓恃宠专横，欲篡王位。惠王二年（前675年），惠王夺取大臣蔿伯等人之园，建立苑囿。蔿伯心怀怨愤，联合边伯、

詹父、子禽、祝跪等拥立王子颓，召请燕、卫二国之兵，讨伐惠王，史称"五大夫之乱"。惠王仓皇出奔，逃至温邑。

温邑（今河南温县）原为苏侯苏忿生故地。周桓王曾夺苏侯二十邑与郑，苏侯对此怀恨已久，故与五大夫沟通，欲加害惠王。惠王又急忙逃奔郑国，居于郑之栎邑（今河南禹州市）。

虢公闻变，遂与郑伯起兵平叛，并为惠王在虢之玡邑（今河南渑池境内）建立行宫。惠王四年（前673年）夏，虢、郑联军攻入王都，杀王子颓及五大夫，奉惠王还都。惠王赐郑伯虎牢以东之地及"磬鉴"之器，赐虢公以酒泉之地及玉爵，以示酬劳。虢公再次担当了匡扶周室、平定内乱的重要角色。

屏藩周室　抵御戎狄

西周初年，周武王、周成王以及周公、康王相继分封诸侯，镇抚四方，除"亲亲、酬功"之外，很重要的一个用意，就是要诸侯国屏藩维护周天子的统治地位，并抵御周边蛮、夷、戎、狄的侵扰。

当时，周立都于镐京，地处西北，西戎、北狄及犬狁等戎狄部落常常侵扰周疆，因而受封畿内的西虢就成为征伐抵御

戎狄的主要侯国。

周懿王时，周王室更呈衰微之势，故而"戎狄交侵，暴虐中国"，迫使周懿王把都城迁到了槐里。

为捍卫王室，抵御戎狄，虢公（即西虢之后裔）率师北伐犬戎，犬戎败逃。此后，虢公数次率兵攻伐戎夷，捍卫王室。如：

夷王"七年，虢公率师伐太原之戎，至于俞泉，获马千匹"。

厉王"三年，淮夷侵洛，王命虢公长父征之"。

由于周厉王荒淫无道，国人群起而攻之。厉王仓皇出逃，由其子宣王即位，史称"宣王中兴"。

现藏于北京中国历史博物馆之清道光年间出土于陕西省秦岭南麓虢川司（今陕西宝鸡市虢镇之南太白县）的稀世国宝——"虢季子白盘"，记述了宣王十二年（前816年）正月，西虢君主虢季子白奉宣王之命征伐狎狁及蛮戎的史实。

"虢季子白盘"为长方形制，长130.2厘米，宽82.7厘米，高41.3厘米。其造型凝重而精美，四面有二兽衔环饰物，矢形四足，腹饰环带纹，口饰窍曲纹。盘内有铭文8行，共111字。其铭文曰：

虢季子白盘与毛公鼎、散氏盘是我国著名的三大古青铜器

唯十有二年正月，□□丁亥，虢季子白□宝盘丕显。子白壮武于戎工，经维四方，榑伐狎狁，于洛之阳，斩首五百，执□五十，是以先行起。子白献馘于王，孔嘉子白义。王客周庙，宣榭爰卿。王曰：白父孔□□光，王赐乘马，是用佐王，王赐朱弓彤矢，其

虢季子白盘铭文

央用戎（钺），用征蛮方，子子孙孙，万年无疆。

以上铭文，虽有个别文字未能识别，但大意十分清楚，记述了虢季子白于宣王十二年春正月征伐猃狁于洛水之阳，斩首五百，俘虏五十，献于宣王。宣王对虢季子白大加封赏，赐其宝马良驹、朱弓彤矢、旌旗钺斧，授予"代王征伐"之权力。

从铭文中"榑伐猃狁，于洛（水）之阳"的记述来看，这位虢季子白，很可能也是西虢公虢仲后裔。

2 序封阳曲 转虢为郭

东周第一任天子周平王宜臼，因对虢公翰在犬戎之乱中拥立王子余臣的举动心存芥蒂，而对在平定犬戎之乱中以身殉国的郑桓公十公感激。故即位后，即以郑桓公之子郑武公取代虢公翰为王室卿士，并默许、认可了郑武公"灭虢吞郐"的扩张行为，"夺东虢之地与郑"。

郑武公"吞虢灭郐"的做法，招致诸侯各国的不满。"楚庄王（应为楚武王）起陆浑之师伐周，责王灭虢，于是平王求虢叔裔孙序，封于阳曲，号曰郭公。'虢'谓之'郭'，声之转也，因以为氏。"（《新唐书·宰相世系表》）这就清楚地交代了"序封阳曲，由虢转郭"的历史渊源，是周王室"存亡国，继绝世"的重大举措，是由虢转郭的起点，因而尊奉郭序为"郭"氏得姓之祖，以阳曲为郭氏的发祥祖地。千百年来，郭序被尊为普天之下各个郭氏支派的得姓始祖，阳曲成为郭氏各宗支衍派朝宗谒祖的根祖之地。

郭序受封阳曲后，史称"北虢"。此后数十年里，北虢虽然国小力弱，但仍忠于王室，勤于王事。如前所述，虢国曾奉周天子之命，先后参与了讨伐郑庄公和晋国曲沃武公的战事。周惠王十七年（前660年）和十九年（前658年），即北虢灭亡的前夕，又先后两次奉命出兵攻伐犬戎。

然而，从当时形势来看，南、北二虢都已衰微，晋国对其早已虎视眈眈。加之晋、虢二国曾有历史宿怨，因而晋国更是必欲灭虢而后快。但由于当时虞、虢结为联盟，"伐虞则虢救之"、"伐虢则虞救之"，故一时难以下手。

周惠王十九年（前658年），晋献公采纳谋臣荀息之计，借口洗雪虢公林父伐晋之耻，用名马、宝玉买通了虞公，答应晋军借道伐虢。昏庸无能的虞君，贪图晋国的

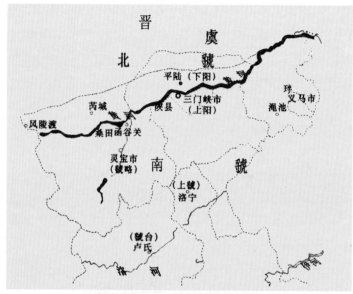

春秋时南、北二虢疆域位置示意图

良马、美玉,不顾宫之奇的再三劝谏,答应了晋国"假道"伐虢的请求。于是晋献公派大将里克、荀息出兵伐虢,灭掉了由虢序所建的北虢。

北虢被灭,虞虢之盟瓦解,南虢也处于晋国的威胁之中,时刻都有亡国的危险。但南虢公丑父仍不警觉,于同年秋出兵,"败戎于桑田",并以此而居功骄纵,毫无戒备。其国有识之士舟之侨出奔晋国,晋国卜偃亦预言:"虢必亡矣……不可以五稔。"意即出不五年,虢国必亡无疑。果然,在北虢亡后的第四年即公元前655年,晋献公再次"假道于虞",灭掉南虢,虢国最后一位国君虢公丑父出奔京师。晋师在回师途中又顺势灭掉了虞国。此即历史上"唇亡齿寒"、"假道灭虢"典故的由来。

通过这段历史背景的透析,我们固然可以看出南虢公丑父是一位无先见之明、自不量力的庸碌之君,但也给人一种悲凉凄婉的感觉。虢国作为周室的宗支近族、辅政卿士,自始至终都在为捍卫周王室而拼搏,直至亡国失虢,颇有点"鞠躬尽瘁,死而后已"的精神。

3 表望太原 建社阳曲

自平王封序于阳曲，转虢为郭之后，即以天子册封的形式，确立了其在全国郭氏的宗主地位，在阳曲建立了虢国（郭氏）列祖列宗的宗庙社稷。所以清初大学者王夫之指出：虢有三，东虢、南虢、北虢，而北虢系其宗庙社稷所在。因而"表望太原，建社阳曲"，就成为中华郭氏所公认的历史渊源。2000年在山西汾阳大向善村出土的《唐故上大都督上骑都尉郭府君之碑并序》，印证了王夫之的这一历史论断。这就是太原阳曲郭氏的渊源。

郭氏建社阳曲后，有一支从阳曲迁到雁门关以南，今原平、定襄境内，并在原平崞山之阳依山筑城，聚族而居，名曰"崞城"（即崞县）。"崞"字读音为 guō，为虢字谐音，从字面来看，"崞"字系郭字去掉邑旁，加一山字，含有失去封邑，被迫迁徙，依山而居之意。

据《环球郭氏宗谱》第二辑收录的郭紫峻《山西崞县郭氏源流》载：

本人远祖为东虢贵族之一支，故远祖等最先被迫迁。初迁

当（春秋）战国时代，地点在雁门关南，即秦始皇所筑内长城之崞山。此一崞字，据传为远祖所自创。盖有失封邑而迁至一山地之慨。故在郭字右边去邑，左边加山，并名该山坡地为崞山，自立堂号曰"崞阳堂"。该地系一军事要区，乃在崞山旁，依山傍水筑一座坚城，并将县治所在地扩平，迁至崞山城，改原平为崞县。

崞山城成为崞县之县治后，远祖又被迫迁至崞县同川上庄村之北岗……定居于上庄北岗，最少在五十代以上。后遭天灾，

代县雁门关

又自北岗迁至上庄村之南寨村……传至本人已历二十五代。

考上庄村共有郭姓宗人约在五六百户以上，俗称"三郭"，即先后迁居该村者。后两者宗派与本支宗派本出一源，约在宋、元、明时代，分别迁入本村，成为一大宗派。

另据明成化本《山西通志·祠庙》所载，在崞县西南20里处有崞山神庙。相传修崞邑之时，有神兵出入山麓，以助筑城，邑人因立庙以祈祷。宋政和年间重修，当地官民每岁七月十五日致祭。也有父老传说，崞山神实为郭氏先祖，后人立庙以示纪念，久而久之，将其神化，成为当地的人文景点。

由于"崞"字系虢（郭）姓族人所创，除用以"崞山"、"崞县"外，再无他用。这也致使大名鼎鼎的胡适博士在1920年到山西讲学时，将"崞"读为"淳"，闹了一个不大不小的地名笑话。

上述这条珍贵而罕见的族谱资料，为我们提供了有关郭氏渊源、世系及其繁衍播迁的历史佐证，可补正史文献不足。

第一，明确交代了这支郭氏"远祖为东虢贵族之一支"，即虢叔后裔。

第二，追述先祖及迁徙之世系、年代，与史书所载时间基本吻合。即初迁之时，当在春秋、战国之时。初居崞山城，后又"被迫迁至崞县同川上庄村之北岗……定居于上庄村之北岗，最少在五十代以上。后遭天灾，又自北岗迁至上庄村之南寨村……传至本人已历二十五代"。也就是说，郭氏族人从崞山城到南寨村已历75代以上，按族谱以30年为一代计算的惯例，已达2250年以上。若再加上初次迁居崞山城的世系，估计可达到80代左右，即2500年上下。

第三，讲清了远祖被迫迁徙的原因、身份及改姓的来由。即其远祖为东虢贵族。因失国后，作为亡国之人，最先被迫迁徙。因失掉封邑，被迁至一山地，故去郭旁之邑，加山之偏旁，名其地为"崞山"。这一说法，与许多以邑为氏、以国为氏的姓氏演变的规律完全一致。如鄣氏，因失去封邑改为章氏，邱氏改为丘氏，邵氏改为召氏，邾氏改为朱氏，邴氏改为丙氏等。

第四，点明了虢公后裔在亡国后，被迫强制迁徙到偏僻边远、艰险荒凉地区的历史背景和地理特征。古人云"亡国之人不如犬"。虢国被灭之后，其宗支近族被强制迁徙到边远地区充军戍守或屯垦开边，是历史常规。而春秋、战国之际,崞县正处于中原与戎狄杂处交接的边塞之地。故该族谱资料反映的历史情况，较为真实可信。

　　嗣后，由于戎狄不断侵扰,虢序这支后裔辗转迁徙于汾河谷地,临河而居。为

纪念其先祖郭序封于阳曲的历史渊源，将所居之地仍名阳曲，至今尚有古城遗址。究其原因，是因为历史上每一次移民，被迁族群和移民群体，当被迁往一个新的安置之地时，往往会把原居地名带来新迁之地。由于先秦时期尚未实行郡县制度，所以"阳曲"是标志郭氏族人聚居的一个宽

清道光二十三年《阳曲县志·山川图》

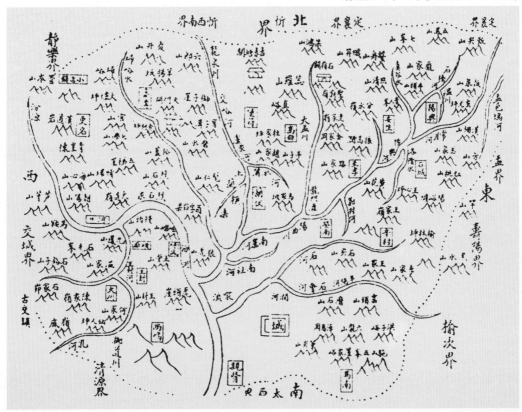

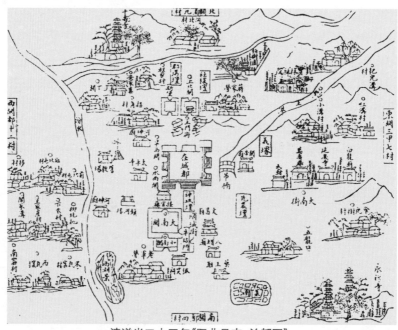

清道光二十三年《阳曲县志·关都图》

泛的地域名称。郭序所封之阳曲，当为一方侯国，因其地处于河水之北的平原地带，地当"河千里一曲，地当其阳"，故名"阳曲"。虢国被灭后，其子孙被迁至晋国北边的荒蛮之地，尚无任何行政统辖地名，被迁之族人遂"以族名地"，将其聚居之地仍名阳曲（犹如后世北方士人南迁，将故地地名侨置于新迁之地）。阳曲正式建县始于西汉元鼎三年（前114年），是采用了郭氏族人移用而来的古阳曲地名。东汉末年，由于鲜卑、乌桓等少数民族的不断侵扰，"魏武（曹操）始迁阳曲之民于太原郡北四十里之狼孟南境，筑城居之"。

魏晋时，在今阳曲县境内先后设有四县：狼孟（太原府北70里）、盂（阳曲东北大盂镇）、阳曲（今阳曲石城都）、汾阳（太原府北90里，今阳曲县东黄水镇故县村）。曹操此次所徙阳曲之民，即以居于阳曲的虢国后裔郭氏群体为主。狼孟，俗名黄头寨，即今阳曲县治所在之黄寨。曹操在狼孟南境所筑之阳曲城，即今阳曲县黄寨南15里之石城都旧址。

由此可见，阳曲建县，缘于郭氏，先有郭氏，后有阳曲，没有郭氏群体的迁居创业，就没有阳曲县的行政建置。而追根溯源，阳曲之名，又是因郭序受封"阳曲"而来。阳曲与郭氏，这种地缘与血缘的相互依存、相生相伴的关系，正是先秦时"胙土命氏"、"封国食邑"的普遍现象，揭示了阳曲与郭氏的历史渊源，是阳曲郭氏源于虢国后裔，为郭序嫡派子孙的有力证据。

由于郭序封于阳曲，是继虢叔之后新封的北虢之君，是周天子（平王）"胙土命氏"的一方诸侯，为虢国宗庙社稷所在，迁居阳曲的郭氏是郭序的嫡派宗支，因此，不仅将标志封国、食邑的"阳曲"地名移用于新的聚居之地，同时也将标志国家政权存亡、祭祀列祖列宗的"社庙"（即宗祠祖庙），迁到了阳曲，以便郭氏祖先"血食享祭"。因而阳曲就成为郭氏朝宗拜祖的祖庭所在。

近年来，在考察郭氏渊源的过程中，于 2000 年在汾阳大向善村发现了一幢唐高宗麟德元年（664 年）镌刻的石碑——

清道光二十三年《阳曲县志·舆地图》

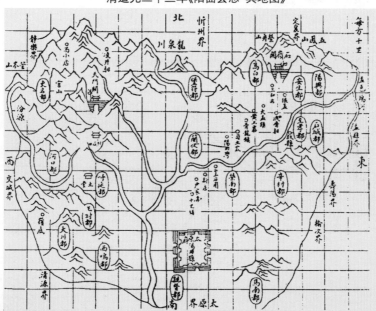

《唐故上大都督上骑都尉郭府君之碑碣并序》。碑文在追溯郭氏渊源时写道:"自姜嫄履迹,乃诞隆周。王季君临,爰生虢叔。褒称郭氏,命翼宗周。表望太原,建社阳曲。既而隗为燕相,禽作汉侯,封爵西河,乃居汾隰。"

文中姜嫄,即帝喾高辛氏元妃,因履大人之迹而生后稷,是为周族始祖。王季即季历,是周文王、虢仲、虢叔之父。虢叔后裔郭序,"褒称郭氏",号曰郭公,是由虢转郭的得姓之祖。"表望太原,建社阳曲",说明郭氏的宗祠祖庙建在阳曲,郭氏是太原的名门望族。而"禽作汉侯","乃居汾隰",则说明汾阳汉代就已成为郭氏食邑。

这是一份十分珍贵的石刻文献,它比

弃母姜嫄

唐代专门载录姓氏的《元和姓纂》早148年,比《新唐书》成书早397年,从而印证了史志文献对郭氏渊源的相关记述。尤其耐人寻味的是,这份石刻文献,出土于另一支郭序后裔迁居的汾阳,而所记史实却点明了阳曲郭氏"表望太原,建社阳曲"的历史渊源,说明阳曲郭氏为郭序嫡派宗支,汾阳郭氏则为虢序的分支衍派。

隋唐以来,阳曲的行政建置和区划范围,屡有更改,但大多在今阳曲县境内,均属太原郡辖地。据《山西通志》、《太原府志》、《阳曲县志》记载,隋开皇三年(583年),隋文帝因阳曲之名,谐音"杨曲",不利于大隋王朝,遂改名阳直。十六年(596年),因阳曲位于汾水之阳,遂改名汾阳,

隋炀帝时移治木井城。唐武德七年（624
年），又改汾阳为阳曲。今阳曲县东黄水镇
故县村即唐初汾阳县故城遗址，所以汾阳
在隋唐时成为阳曲的别名。因而隋唐时阳
曲郭氏，也称汾阳郭氏。太原阳曲实为汾
阳郭氏祖地。郭子仪被封汾阳郡王的历史
渊源即来源于此。

　　由此可知，太原阳曲既是郭氏得姓受
氏的发祥祖地，也是郭氏后代一迁再迁的
聚居之地。阳曲地名的沿革变异，郭氏族
人的一迁再迁，不仅丝毫无损于阳曲作为
郭氏发祥祖庭的历史地位和人文价值，相
反，更加体现了阳曲与郭氏密不可分的特
殊关系，是中华百家姓中和中华姓氏史上
血缘与地缘交相融汇的典型范例。没有阳
曲，就没有郭氏；没有郭氏，就没有阳曲。
阳曲是郭氏族人发祥发展的祖根所在，郭
氏是阳曲文明进化的人文主脉。也正因为
如此，自魏晋到隋唐时期，阳曲及其别名
"汾阳"就成为封赏郭氏功臣的爵禄名号。
如封曹魏大将郭淮为"阳曲侯"，其孙郭正
为"汾阳子"；封唐代郭子仪为"汾阳郡
王"，都是以郭氏发祥地阳曲及其在汉、
隋、唐时的县名"汾阳"为封号。

　　由于年代久远，文献阙失，最早的郭
氏宗祠社庙尚需进一步考察、确认。但古

阳曲县北社村明嘉靖年间郭家堡遗址

阳曲县向阳镇郭家窑、高村乡郭家堡（现
名北社村）、南社、中社等古村落由来已
久，北社、南社存有郭氏族谱及众多的郭
氏遗址及石刻、祖坟。其中故老相传的"大
刀墓"即三国时阳曲侯郭淮之墓。北社、南
社先祖，均为郭家堡之人，因分支后均供
奉有郭氏建社阳曲的宗祠、祖庙，故分别
称为南社、北社。郭家堡至今尚存唐代遗
迹和明清时祭祖的戏台。阳曲县境内至今
尚有上阳寨、下阳寨、向阳镇、阳曲镇（今

阳曲县郭家堡堡门石匾

划归太原市尖草坪区)、南社、北社、上坡、中坡、下坡、东郭湫、西郭湫等与虢国相关的古老地名。在阳曲今天的14万人口中，郭氏人口占3.5%左右，人口总数达5000余人，在全县324姓中排名第6。可见阳曲郭氏历史文化底蕴十分丰厚。

以族名地　虢衍建县

先秦时期，中国姓氏的产生主要是"因生赐姓，胙土命氏"。姓氏与地缘有着十分密切的连带关系。及至春秋、战国，诸侯兼并，丧国失氏者屡见不鲜。一些失去封国食邑的诸侯臣民往往被迁至异国他乡的荒蛮之地，聚族而居，久而久之，这些地域往往以其移民的姓氏命名，如王家

庄、李家庄等等。今阳曲县南社、北社、东郭湫、西郭湫等，就是因春秋时迁民而命名。

据史书所载，晋献公"假道灭虢"，将虢国宗支后裔迁往阳曲"建社承祀"后，有一部分又迁至今汾阳、孝义分界线的虢义河两岸，分别营建了大虢城(今属孝义)、小虢城(今属汾阳)、虞城(今属汾阳)加以安置。因其居民为虞、虢二国之臣民族属，故村名冠以"虞"、"虢"二字，中间小河也以"虢义河"名之。

据宋代乐史的《太平寰宇记》所载：汾州府之"虞、虢二城，相传晋灭虞、虢，迁其人于此，筑城以居之"。《山西通志》、《汾州府志》、《汾阳县志》、《孝义县志》均有相同

记载。民国年间，汾阳县县长王堉昌曾在民间得一春秋时古陶鬲，鬲口有文曰"虢姜鬲"。依据周代铭文习惯，可知"虢姜"为虢氏之妻，姜姓之女。鬲为祭器或炊具，古陶鬲的出土证明春秋时也有虢氏族人已迁于汾阳境内。

迁居于大、小虢城的这支郭氏族人，披荆斩棘，创建家园，经数十年的努力，人丁兴旺，城郭蔚然，成为晋国遥控的一个"殖民据点"。因其孤悬于晋国本土，故设县以治理。古代"县"之含意，即"悬"之义。因其族人为虢国后裔衍派，故名之"虢衍县"，俗称"瓜衍县"或"瓜城"（即今孝义市北5公里虢城村）。晋景公六年（前594年）将之赏与大夫士伯为封邑。《左传》对此有明确记载：鲁宣公十五年，晋侯（景公）"赏桓子（荀林父）以狄臣千室，亦赏士伯以瓜衍之县"。《春秋传说汇纂》注释说："瓜衍之县，即山西省孝义县北十里之瓜城。"据历史地理学家谭其骧先生所说："一地方至于创建县治，大致即可以表示该地已开发成立。"

从晋献公十九年（前658年）灭掉虢国，迁民于此，到晋景公六年（前594年）赐瓜衍县于士伯，仅仅六十四年，郭序后裔就将一个边远的不毛之地，建成一个繁华小县，郭氏族人的生命力和创业精神实在令人感佩。众所周知，郡、县的设置萌芽于春秋时期，秦、汉时始成定制。晋国是最早设置郡、县的诸侯国之一，而瓜衍县又是晋国最早设县的地方，在中国行政建制史上具有开创性的重大意义。可以说，没有郭氏族人的聚族而居，就没有虢衍县的设置。虢衍县的形成和建县，是郭氏族人在华夏文明史上的一大贡献。

由于在从秦庄襄王四年（前246年）到唐初武德年间，长达八百余年的历史时期里，郭氏族人繁衍生息的汾阳、孝义、平遥、介休、文水、交城等地，除一度时期隶属西河之外，大部分时间为太原郡所辖，

阳曲县故县村隋唐古汾阳县城遗址

郭氏聚居地阳曲县东盘威村三堡两寨之西堡遗址

故而汾、平、介、孝、交、文等地的郭氏族人,都以太原为郡望,统称"太原郭氏"。如东汉末年介休人郭林宗以高风亮节著称于世,被誉为一代宗师,其籍贯郡望则标注为"太原"。以郭林宗后裔、唐代名相郭元振而著称于世的山东馆陶(昌乐)郭氏,在追溯渊源时,也自称"出自太原郭氏"。也就是说,汾、平、介、孝的这支郭氏已成为"太原郭氏"的重要组成部分,"太原郭氏"的功业、勋绩中,都不同程度地融合了汾、平、介、孝郭氏族人所作的贡献。因而"表望太原,建社阳曲",较为客观全面地反映了同源于虢国的阳曲郭氏和汾阳郭氏先迁太原府阳曲,开宗立派,后繁衍播迁各地的历史。

三 枝柯遍布

天下郭氏出自太原

自虢国被灭，郭序被"封于阳曲，号曰郭公"后，太原就成为郭氏族人开宗、立派、繁衍、播迁的发祥祖地，历经秦、汉、魏晋，太原郭氏播迁到全国各地，先后形成了太原、冯翊、颍川、中山、西平、敦煌、馆陶、河内、河东、雁门、华阴等十几个郡望支派，故有"天下郭氏出太原"之誉。

晋阳古城遗址

1 秦汉望族 开基太原

太原郡为秦庄襄王时设置,治所晋阳(今太原市晋源镇)。其所辖范围,包括今山西雁门关以南、韩侯岭以北的忻州、太原、晋中地区。春秋时虢国被迁的虢国后裔,就分布于太原南、北区域。太原成为郭氏"由虢转郭"之后,最早繁衍生息、开宗立派的祖地,也是郭氏形成的第一个郡望。

秦朝末年,天下大乱,楚汉相争,逐鹿中原。太原郭氏乘时而起。据《汉书·功臣表》所载,汉初因功赐爵的郭氏有三:一是河陵侯郭亭,二是成安侯郭忠,三是东武侯郭蒙。

河陵侯郭亭,"以连敖(义帝怀王)前元年(前207年),从起单父,以塞路入汉,还定三秦,属周吕侯,以都尉击项籍,功侯"。汉高祖八年(前199年)封为河陵侯,卒,谥曰"顷"。其子欧,其孙客、南,相继袭封。汉武帝元鼎五年(前112年)削爵,汉宣帝元康四年(前62年)"诏复其家",玄孙郭贤被征为"茂陵公乘",家于茂陵。另一玄孙郭孟儒为冯翊太守。

成安侯郭忠,祖籍不详。任张掖属国

太原双塔寺

都尉,因抗击匈奴,斩其黎侯王有功,封侯,食邑七百二十户。其子郭迁、孙郭赏、曾孙郭长,相继袭封侯爵。其玄孙郭萌被封为鳌侯,徙家于颍川,为颍川郭氏之祖。

东武侯郭蒙,秦末大起义中"以护卫起薛,属周吕侯,破秦军杠里,陷杨熊军曲遇。入汉为城将,定三秦,以都尉坚守敖仓,为将军,破项籍,侯,三千户"。卒,谥曰"贞",其子郭它袭爵。汉景帝六年(前151年)因罪被诛。汉宣帝元康四年(前62年)"诏复其家",郭蒙玄孙广汉被征为"茂陵

西汉壁画《仕女宴乐图》

公士"，家于茂陵。

关于郭亭、郭忠、郭蒙的祖籍故里，《汉书》未作交代。但《新唐书·宰相世系表》华阴郭氏谱系载："华阴郭氏出自太原，汉有郭亭，亭曾孙光禄大夫广智，广智生冯翊太守孟儒，子孙自太原徙冯翊。"点明了郭亭的祖籍就是太原，以及由太原阳曲而冯翊、华阴的传承渊源。

汉代还有一位因功封侯的郭序后裔，名叫郭禽，家于太原南边的汾隰（今汾阳、孝义一带）；而东汉大司农郭全则代居太原以北的阳曲，太原成为秦汉时期郭氏开宗立派的著望之地。两汉时期的郭氏名人，也多以太原为其郡望所在。

两汉时，太原郭氏涌现出一批文臣武将，书写了可歌可泣的历史篇章，其中最著名的是手持汉节、出使匈奴、不辱使命而丧生塞外的郭吉。

郭吉虽不能像苏武那样在历经艰难之后功成而返，但他所表现出来的不屈精神和顽强斗志，也同样令人敬佩。

与郭吉同时，郭氏家族中还有一位将领，也在汉朝开疆拓土、征战蛮夷的战争中屡立战功，其名郭昌。

郭昌，历事汉武帝、昭帝、宣帝三朝，一生在戎马倥偬中度过。最初，他只是一位校尉，跟随大将军卫青作战。在征讨匈奴的战斗中，他冲锋陷阵，英勇杀敌，立下战功。元鼎六年（前111年），南越反，他以中郎将和卫广一起率兵讨伐，斩首数万，平定了叛乱。元封二年（前109年），又以大将军率卫广讨伐西南夷。四年，以太中大夫拔胡将军，屯兵朔方，随时准备打击匈奴入侵者。六年，益州（今四川）、昆明（今云南）西南夷又反，郭昌率兵平定。

东汉末年，宦官当权，朝政腐败，以李膺为首的一批清正官员和太学生等社会名流常常指斥朝政、针砭时弊，太原的郭泰是其中领袖之一。

由于太原郭氏功业显赫，人多族旺，两汉魏晋时期被列为太原五大姓之一，位居全国郭氏之首，诸郡郭氏多出自太原郭氏。

如：冯翊郭氏为郭亭之后；馆陶郭氏为郭林宗之后；京兆郭氏为汉末大司农郭全之后；扶风茂林郭氏、颍川郭氏也为郭亭之后；河东郭氏、闻喜曲沃郭氏为阳曲侯郭淮之后；华阴郭氏也为太原郭氏分支。由此可见，太原一直是中华郭氏繁衍生息的中心区域，是众多郭氏支派衍生、发祥的祖庭所在。在某种程度可以说："天下郭氏，出自太原。"

综上所述，秦汉时太原郭氏世系如下：

太原郭氏

郭蒙——它——□——□——广汉

郭亭—欧—客—广意（德）—孟儒（冯翊郭氏）
　　　└南—则—贤

2 魏晋豪门 封侯阳曲

魏晋南北朝时期，是门阀制度最为鼎盛时期。由于东汉中后期土地大量兼并和豪族地主的崛起，逐渐形成了门阀士族。到曹魏时，"九品中正制"的推行，使门阀制度得到确立，出现了"上品无寒门，下品无士族"的局面。门阀士族的长期聚居地成了"郡望",也使专门记载家族世系渊源的族谱变得十分重要和非常流行,从而达到中国家谱发展史上第一次高峰。为维护门阀士族的纯正,防止庶族混入士族,并保证门阀选举制度、门阀婚姻制度的实施,朝廷专门设有记载家族世系的谱局和谱官。"凡百官族姓之有状者,则上之于官,为考定详实,藏于秘阁,副在左户。若私书有滥,则纠之以官籍;官籍不及,则稽之以私书",官修家谱成为这一时期家谱的特色。

作为一种特殊的政治工具和门阀士族的护身符,族谱家乘在这个时期大量涌现。既有综合性的大型合谱,如东晋贾弼的《姓氏簿状》712 卷,贾渊的《氏族要状》,贾执的《姓氏英贤》,齐王俭的《百家集谱》等;又有单姓的家谱,如王褒的《江左王姓世家传》,《世说新语》中的《杨氏谱》、《北地傅氏谱》、《周氏谱》、《吴氏谱》等。

家谱的盛行,郡望的出现,使魏晋南北朝时期几乎变成专门为门阀豪族而设的一个时代。这个时期中的许多风云人物,几乎都是以"郡望 + 姓氏"的形式被提及,如琅琊王氏、陈郡谢氏、博陵崔氏、清河张氏等。他们往往数世显达,相互之间历世通婚,成为门阀士族的典型代表。太

原阳曲郭氏既是秦汉望族,也是魏晋时期的豪门之一。

据史书记载,郭氏自汉代开基太原以来,东汉大司农郭全代居阳曲,为阳曲望族。郭全生子郭蕴,郭蕴生子四:淮、配、豫、镇。其中以阳曲侯郭淮最为著名。

郭淮

字伯济,是曹魏集团的重要成员之一,经历了从曹操到魏文帝、明帝、齐王、高贵乡公五代,从政时间长达四十多年,为维护曹魏统治的稳定付出了毕生的精力。

嘉平二年(250 年),魏帝下诏曰:"昔汉川之役,几至倾覆,淮临危济难,功书王府。在关右三十余年,外征寇虏,内绥民夷。比岁以来,摧破廖化,禽虏句安,功绩显著,朕甚嘉之。"以淮为车骑将军、仪同三司,进封阳曲侯,是阳曲郭氏以祖籍故里赏赐封爵的第一位历史名人。

郭淮的功绩使得太原阳曲郭氏名噪一时。最令太原阳曲郭氏族人感到骄傲的是,郭淮的后代绍继前贤,从魏晋直到北魏数百年间,公卿满门,英贤辈出。

郭淮的儿子郭统,袭父爵为阳曲县侯,官至荆州刺史。因阳曲在汉代为汾阳,故郭统的儿子郭正,在魏咸熙年间因其祖

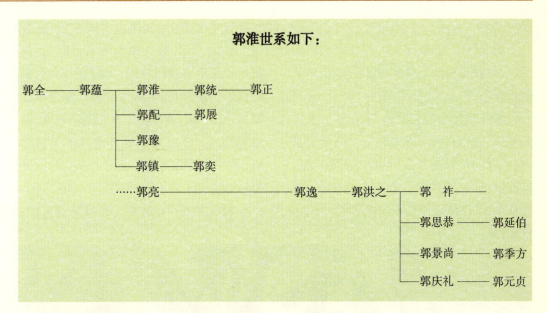

父功勋卓著而被封汾阳子。从"阳曲侯"到"汾阳子",郭淮祖孙三代,皆以郭氏祖籍阳曲(汾阳)封爵,开以阳曲地名冠以郭氏封爵之先河,反映了郭氏与阳曲非同一般的历史渊源,而郭氏受封"汾阳",也自郭淮之孙郭正为始。

郭淮的二弟郭配,字仲南,有重名,官至城阳太守,西晋时名相裴秀、贾充都是其女婿。郭配之子郭展,字泰舒,做过许多地方的刺史、太守。

郭淮的三弟郭豫,字泰宁,很有名望,曾做过相国参军,早卒。其女嫁给西晋著名清谈领袖、琅邪王氏王衍。另一弟郭镇,字季南,官谒者仆射。

郭镇之子郭弈,字泰业(《晋书》作大业)。郭弈年轻时就享有很高的声誉,当时著名文人山涛称赞他"高简有雅量"。后来曾任雍州刺史、鹰扬将军。当地有一位亭长名叫李含,很有才能,可因为出身寒门而屡遭门阀大族的排挤。郭弈却不管门阀之见,大胆起用,后来李含果然做出许多成绩。于是时人以为郭弈能慧眼识人、知人善任。

在西晋太康年间,郭弈官居尚书,史称他"有重名,当世朝臣皆出其下"。死后,皇帝称赞他"忠毅清直,立德不渝",赐谥号"简"。

到北魏时,郭淮又有一位位极人臣的后代,他就是帮助魏孝文帝大行改革之策的郭祚。

郭祚是郭淮的七世孙,字季祐。其祖父郭逸,先后有两女嫁给崔浩。当时崔浩大权在握,拜郭逸为徐州刺史、假榆次侯。崔浩被杀后,郭祚的父亲郭洪之因受株连而被杀,郭祚逃亡他乡才得以幸免。

魏孝文帝时,郭祚因举策高第,从此走上仕途,不久被任命为中书侍郎,迁尚书左丞兼给事黄门侍郎。郭祚任职后,勤勤恳恳,"清勤在公,夙夜匪懈",深得孝文帝赞许。一次,他跟随孝文帝巡幸长安,路过郭淮墓,孝文帝问他郭淮是不是其祖先,郭祚回答说是他七世祖。孝文帝深有感触地说:"先贤后哲,顿在一门。"

魏孝文帝锐意进取,先有迁都之举,

魏孝文帝

随之对前朝的许多典章制度进行了大规模的改革，以加快北魏汉化进程。郭祚积极参与孝文帝的改革，为其运筹帷幄，策划和参与制定了一系列新的规章制度，尤其是对考察官吏多有论述。孝文帝一次大宴群臣，手持酒杯向郭祚和另一位重臣崔光敬酒，并对其他大臣说："郭祚忧勤庶事，独不欺我。崔光温良博物，朝之儒秀。不劝此二人，当劝谁也？"由此可见郭祚在当时声望之高。

在魏晋南北朝时期，阳曲郭氏还有两位著名人物被载入史册。一位是东晋文学家郭澄之。另一位是西魏和北周时大将郭彦，因征战有功，官拜骠骑大将军，仪同三司，是当时的高级军事将领。也正由于这批郭氏族人的文治武功，阳曲郭氏才成为魏晋南北朝时的名门大族。

在这一时期，太原郭氏还有一些著名人物。

郭琦

字公伟，太原晋阳人。少年时就"方直有雅量"，博学多识，尤善五行，作《天文志》《五行传》，注疏《穀梁传》《京氏易》百余卷，在西晋初享有名望。

郭彰

字叔武，太原人，是西晋惠帝贾后的从舅，以贾后而居高位。贾后专朝，郭彰参与朝政，气焰熏天，物情归附，宾客盈门，与贾谧并称"贾郭"。

郭文恭

太原平遥人，曾做过太平县令。文恭年逾七十，父母丧亡，他悲痛至极，就居于祖父、父亲坟墓的旁边，每日晨昏跪拜，跣足负土，为祖父、父亲的坟墓培土，暑往寒来，经年不已。

3 六朝世家 九州衍派

魏晋六朝是郭氏发展史上的重要阶段，郭氏的众多郡望，如颍川、冯翊、西平、河东、敦煌、中山等都形成于这一时期，许多郭氏名人也出在这一时期。

冯翊郭氏——关中大族

冯翊郭氏出自太原。汉河陵侯郭亭，其裔孙光禄大夫郭广智，广智子孟儒为冯翊太守，子孙由太原迁到冯翊。冯翊郡的建置始于东汉，魏晋时其地域范围大致在今陕西大荔、华阴一带。曹魏时，郭淮之孙郭正为雍州刺史，家居冯翊。

魏晋南北朝时，冯翊郭氏并不像颍川郭氏、太原郭氏那样显赫，但也有一些族人为冯翊郭氏成为望族而做出了自己的贡献。

郭彦

太原阳曲人,为郭正裔孙。其先居官关右,遂居冯翊。父胤,灵武令。西魏恭帝时郭彦除兵部尚书,进骠骑大将军、开府仪同三司,进爵为伯。北周初,为澧州刺史。

三国人物图

冯翊郭氏族人中还有一名士郭高,与天水姜宓、东平淳于岐都是一时的耆儒硕德,名气很大,不少士人从四面八方到长安来求学。后秦国主姚兴每于听政之余,常常把他们请到皇宫,与之"讲论道义,错综名理"。

三国时冯翊郭凯以善弈围棋而知名,与本郡山子道、王九如并称于一时。

《晋书》中指明为冯翊郭氏族人的还有三位,一是郭谦,官敦煌护军;二是郭抱,后凉吕光时为四府佐将之一;三是郭质,曾起兵响应前秦国主苻登,登拜为平东将军、冯翊太守。

颍川郭氏——三国智囊

颍川郡最早的建置形成于秦,两汉至魏晋时其地域范围包括现在的河南省中部郑州、许昌及其附近广大地区。从东周时起,郭氏族人就开始聚居于此,经过数百年的繁衍生息,到西汉时已成为郡中望族。据宋代欧阳修《郭氏旧谱序》称:"汉兴,郭氏浸盛,有曰蒙、曰亭、曰忠,皆高祖功臣,均封列侯。忠生迁,迁生尝,尝生长,长生萌,世居颍川,故今有五望焉。汉室既东,郭氏鼎盛,太原、河南、颍川、东郡、冯翊是也。"也就是说,颍川郭氏开派之祖是郭忠。

魏晋南北朝时期，中原地区的各路诸侯竞相扩张，颍川郡更是屡被战火。颍川的郭氏族人投身到各路诸侯帐下，或披坚执锐，或充当智囊。

在颍川郭氏中，有两位谋士在三国时可谓风云一时。其一是郭嘉，其二是郭图。

郭嘉之子郭奕也是一位才子，当时著名文人王昶评论他"好尚通达，敏而有知"。曾做过太子文学一类官职，不幸英年早逝。郭奕子郭深，郭深子郭猎。郭嘉还有一孙名郭敞，史称他"有才识"，官散骑常侍。

郭嘉的世系如下：

而另一位颍川谋士郭图的命运似乎不如他的这位同乡。郭图所投靠的主人便是那位"多端寡要，有谋无决"的袁绍，这就注定了他的策略屡屡不被其所用。在当时，袁绍兵多将广，粮草充裕，虎视四州，强盛莫敌，最有把握赢得天下。可惜他虽"外宽雅，有局度，忧喜不形于色"，却"内多忌害"，优柔寡断，屡失良机，终致失败。

袁绍

在几次重要关头，郭图都力劝袁绍图谋大业，可袁绍刚愎自用，根本听不进劝说，郭图也无可奈何，郁郁而终。

这一时期的颍川郭氏族人中还有一位值得一提，其人名叫郭玄信。他本人虽没有成就什么大事业，却能慧眼识英雄。一次，郭玄信招收赶马车的驭手，当时在颍川穷困潦倒的邓艾和石苞前来应招。马车刚走出十来里，郭玄信与他们交谈了几句后说："你二人日后必定位至卿相。"石苞苦笑着说："我们给人赶车，和卿相又有何关系？"后来果然应验了郭玄信的话，石苞官至大司马，封乐陵郡公，加侍中，而邓艾更是以平定蜀汉知名天下。

汉魏之际，颍川郭氏，人才荟萃，英贤辈出。其中最为人称道的是郭弘家族，子继父业，世守其职，创造了"一门七廷尉"的奇迹。

郭弘

东汉颍川阳翟人，以熟知刑律、执法公允著称于世。在任颍川曹掾三十多年中，曾审理、裁决了许多疑难案件，深得百姓赞许。许多案情复杂、难以评判的案件，由郭弘决断，都能得到很好的解决，诉讼双方都能心服口服而"退无怨情"。

郭弘子郭躬，从小就学习法律，子承父业。朝廷每遇案件曲理不明、疑窦丛生

清代刑罚图

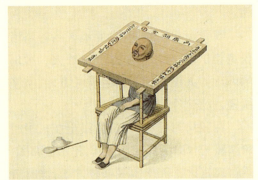

清代刑罚图

时，常向他咨询，后官廷尉。史称他"奏谳法科，多所生全"。永元六年（94 年）卒。其子郭晊，亦明法律，官至南阳太守，为政多有声名。

郭躬之侄郭镇，起初被召太尉府，汉安帝时曾为尚书。安帝驾崩，宫廷内乱，在迎立顺帝的斗争中，郭镇披坚执锐，手刃奸贼，立下汗马功劳。顺帝即位后，被封为定颍侯，食邑二千户，拜河南尹，转廷尉。

郭镇子郭贺在其父死后本当袭爵，但为把官职让给弟弟，就逃往他处。几年过后，顺帝命有司在各州寻找，郭贺不得已，出来接受了官职，后来也做了廷尉。

郭贺的弟弟郭祯、族弟郭禧，都因为明习家业、通晓法律而被任命为廷尉。郭禧的儿子郭鸿官至司隶校尉，被封为城安乡侯。颍川郭氏从郭弘到郭鸿，一门五世，

世习法律，成为东汉中期著名的刑法世家，人称一门七廷尉。据《后汉书》记载："郭氏自郭弘后，数世皆传法律，子孙至公者一人，廷尉七人，侯者三人，刺史、二千石、侍中、中郎将者二十余人，侍御史、正、监、丞者甚众。"

郭弘世系如下：

```
郭弘——郭躬——郭晊
       郭镇——郭贺
           ——郭祯
           ——郭禧——郭鸿
```

西平郭氏——皇亲国戚

西平郡的建置形成于东汉，其地域范围大致在今青海西宁一带，但郭氏族人居于西平大约在战国至秦汉时已经开始。其开派始祖是谁，史无明文记载。

三国时明元郭皇后即是西平人。郭皇后于黄初年间（220—226）入宫，魏明帝即位，拜为夫人，后立为皇后。齐王曹芳即位后，尊为皇太后。到曹魏末期，三主幼弱，朝廷大事，都要禀知郭皇后方才施行。

因此，西平郭氏以后戚而日贵。郭后叔郭立，先为骑都尉，后进宣德将军；郭后另一从父郭芝先为虎贲中郎将，后迁散骑常侍、长水校尉。郭立子郭建及其兄郭悳，俱为镇护将军，掌管宫禁宿卫。郭建字叔始，史称他"有器局而强问"，后封为临渭县公。其子瑕，为给事中。郭悳字彦孙，虽无才学，但为人谦逊，恭俭有礼，后封为广安县公。到西晋时，官大鸿胪，加侍中、光禄大夫。其子喜，"精粹有器量"，位至辅国将军，加散骑常侍。

西平郭氏在三国时期还有几位知名人物。

郭宪

字幼简，以"仁笃"为一郡所景仰。汉建安十七年（212年），在凉州为乱三十多年的韩遂回到西平，投身在郭宪的门下，同郡的人要杀掉韩遂去请功，郭宪愤怒地斥责他们说："他穷途末路之时来投靠我，怎能再使他陷于危险之地呢？"后来韩遂病故，同郡的人又割下其头颅去邀功请

曹操

赏，要把郭宪的名字写在功劳簿上。郭宪坚决不肯，说："韩遂活的时候我尚且不肯杀他去请赏，何况死后？"当时曹操正率军攻打汉中，看到送来的请功名单上没有他素闻大名的郭宪，就问其原因，来者据实以告，曹操大为感叹。

魏晋时期，西平郡为前凉、后凉、南凉、北凉等政权交错统治，又是北魏、前秦、后秦、前赵、西燕等国征战之地，西平郭氏因而多为这些政权服务。如郭希、郭黄，为文武之秀杰，西平王秃发乌孤时曾为官于朝；郭越则是秃发傉檀时重要的谋士。

这一时期还有一些西平郭氏族人是以文才而知名的，如郭黁和郭勋。

郭勋基本上属隐士，史称他"解天文，不应州郡之命"。郭黁年少的时候就对《周易》甚为明了，曾做过郡主簿之类的小官，据说他占卜筮卦特别灵验。前秦苻坚时，有一次，阳门震动，州刺史问他应验什么，郭黁说："阳门震动，是因为四夷之事。会有两个外国人来，其中一个能返回故国，而另一个则将客死本地。"一年多以后，果然鄯善国王和匈奴前部王来朝拜苻坚，朝拜后，前部王安全回到国内，而鄯善王却死于当地。

郭黁与西凉武昭王李皓相友善。一日，当时还未称王的李皓和郭黁及其同母弟宋繇同宿，郭黁起来对宋繇说道："你日后将位极人臣，而李君必有王者之分。"后果如其言。

河东郭氏——先哲后裔

河东指黄河以东今山西南部广大地区。据族谱所载，河东郭氏系郭序后裔，远祖为燕昭王时之郭隗，其十三世孙郭伋曾任并州牧，有德于民。郭伋八世孙郭泰，字林宗，家居介休，为海内名士。其五世孙即西晋时著名学者郭璞。

《晋书·郭璞本传》中记述了许多郭璞卜筮灵验的故事，可见郭璞在当时享有占

黄河铁牛

卜的盛名。

　　郭璞文辞极佳，所作《江赋》、《南郊赋》等皆称颂一时，又于时政常出己见。

　　郭璞不像郭淮或郭嘉那样，以积极进取、博得功名而留名青史，但却以善卜凶吉、预知生死而称名一时。他给后人留下的是"其辞甚伟"的词赋和考证精严的《尔雅》、《方言》、《穆天子传》等先秦著作的注疏，为河东郭氏平添了许多文化色彩。

　　郭璞子郭骜，官至临贺太守。

敦煌郭氏——称雄边陲

　　敦煌之名从古即有，《禹贡》中就有对敦煌的记载。汉应劭《风俗通》释敦煌地名曰："敦，大也；煌，盛也。"从汉置敦煌郡以来，其地域范围基本没有多少变动，即今甘肃省敦煌为中心的广大地区。

　　魏晋之际，敦煌郭氏也出现了一些名人，他们同颍川郭氏、太原郭氏、西平郭氏、冯翊郭氏等其他郡望的郭氏族人一道，为这一时期的郭氏族史增添了光彩。郭瑀，便是这一时期敦煌郭氏的代表人物。

郭瑀

　　字元瑜，年少时就有超凡拔俗之志。他东游于张掖，从师于这一地区的另一郭

敦煌莫高窟

氏名人郭荷，尽得其传，史称他"精通经义，雅辩谈论，多才艺，善属文"。郭荷去世后，郭瑀认为人的一生是"父生之，师成之，君爵之"，老师和父亲、君王一样重要，而仪礼中的五服制度规定不为老师服孝是圣人自谦，所以他为其师披麻戴孝，在其坟墓旁结庐而居，直到服孝三年期满才离开。

　　随后，郭瑀开始了隐士和教书的生涯。他在一个山谷中凿一石窟作居住之所，常年以松子为食，借以轻身；在石窟里潜心读书，先后撰写了《春秋墨说》、《孝经错纬》等书，而跟随他在此学习的学生有数十人之多。

　　前凉张天锡在位期间，素闻郭瑀大

敦煌雅丹地貌

名，派人用古代聘请贤士最隆重的礼节——蒲轮玄纁之礼去见郭瑀，并写了一封言词恳切的信，请他能够应聘："况今九服分为狄场，二都尽为戎穴，天子僻陋江东，名教沦于左衽，创毒之甚，开辟未闻。

20世纪初凉州(今武威市凉州区)东门

先生怀济世之才，坐观而不救，其于仁智，孤窃惑矣。"郭瑀不为所动，指着正在飞翔的鸿雁对来人说："这种鸟怎么可以让他进笼子里呢？"

后来，又有一位叫王穆的起兵酒泉，再次派人来请郭瑀，这次郭瑀叹了口气："临河救溺，不卜命之长短；脉病三年，不豫绝其餐馈，鲁连在赵，义不结舌，况人将左衽而不救乎？"于是他和敦煌人索嘏起兵五千响应王穆。可没过多久，王穆相信谗言，反要讨伐索嘏，郭瑀苦苦劝谏，王穆就是不听，郭瑀大哭着出城而去。回到家中，郭瑀以被覆面，不与人言，七日不吃不喝，只求早死。一天晚上，郭瑀梦见一条青龙飞上天，可是又落在了他的屋顶，便对人说："龙飞在天，今止于屋，屋之为宇，尸下至也。龙飞至尸，吾其死也。"不久他果然饮气而亡。

郭荷

字承休，略阳(今甘肃秦安一带)人。其六世祖郭整在东汉安帝、顺帝时，被公府八次征召都没有应聘，在当时被传诵一时。从郭整到郭荷，郭氏六世均以研习经学而知名。

郭荷的一生基本上是在张掖度过的。他在张掖开馆教学，名声很大，郭瑀东游即就学于他的门下。郭荷博洽群书，尤其对史籍深有研究。

郭荷和他的先辈一样，也是"不应州郡之命"，身逢乱世，甘愿做一名隐士兼学者。前凉张祚派使者去聘他为博士祭酒，他不愿应命，使者采用强迫手段硬是把他拉了去。可没过几天，他就上疏要求辞职回家。面对这样一位不合作的高士，张祚用不得，杀不得，拿他没办法，只好再用最隆重的礼节送他回去，让他在张掖东山继续隐居。

中山郭氏——皇后世家

中山郭氏也称鼓城郭氏。

中山国（郡）的建置是西汉高祖时设立的。汉景帝曾封其子刘胜为中山王。中山这个地名来源甚早，春秋时此地叫做中人，因城内有山，故又名中山。到战国时始有中山国，后被魏所灭。汉晋和北魏时，中山国（郡）的管辖范围大约是今河北中部定州市附近广大地区。东汉初，光武郭皇后一支鼎盛一时，"一门三侯"，累世显贵，使郭氏在中山成为望族之一。

光武郭皇后，名圣通，真定藁（今河北

中山国遗址出土的精美文物

藁城）人。其父郭昌娶真定恭王女，号郭主，史称"虽王家女，而好礼节俭，有母仪之德"，生皇后及子况。

郭家在藁，素为著姓。郭昌曾把数百万的田宅、财产分给同父异母兄弟，被当地人称为义举，大受褒扬。更始二年（24年），光武帝在征讨叛乱时，路过真定，与郭氏家族联姻。郭氏起初被封为贵妃，建武二年（26年）被立为皇后。

郭后弟郭况，小心谨慎，为人谦逊，从不以皇亲国戚自恣，同时"恭谦下士，颇得声誉"，也深得光武帝赞许，16岁时被封为黄门侍郎。郭氏被立为皇后后，郭况也受封为绵蛮侯。因贵为国戚，宅第里常常高朋满座，宾客辐辏。后郭况为城门校尉，徙封阳安侯，迁大鸿胪。光武帝不止一次在他的府第大宴公卿诸侯，燕饮通宵达旦，还常赐他大量的金钱和丝绸，以至京城的

被封为新郪侯,官至东海相,卒后由其子郭嵩袭封。建初二年(77年),汉章帝又封嵩子郭勤为伊亭侯。郭竟的弟弟郭匡也因郭后而被封为发干侯,官至大中大夫,卒后由其子郭勋袭封,郭勋卒后又由其子郭骏继袭。建初三年(78年),汉章帝又封郭骏为观都侯。藁城郭氏一门三侯,可以说尊宠显贵至极。

光武郭皇后世系如下:

宴集图(汉代石刻)

人把他家称为"金穴"。不仅如此,光武帝还把自己的女儿育阳公主许配给郭况的儿子郭璜,再次联姻。

永平二年(59年),郭况卒,汉明帝亲自前往郭府吊丧,赠赐许多金钱,还赐郭况谥号为节侯,命郭璜承袭父职。后郭璜为长乐少府,其子郭举为侍中。郭举娶大将军窦宪之女为妻。汉和帝永元四年(92年),窦宪被诛,郭举因是其婿而被怀疑一起谋逆,父子俱被下狱诛杀,家属被迁往合浦(今广西合浦)定居,家族中但凡为官者都被罢免。

郭后贵为皇后,郭氏一族满门显贵:其兄郭竟,以骑都尉从光武帝征伐有功,

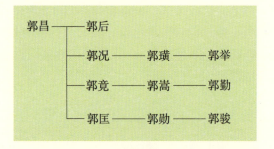

三国时,中山郭氏又出了一位皇后,她就是魏文帝的文德皇后。

文德皇后,安平广宗(今河北深州市一带)人,祖上多为地方长官。其父郭永,东汉南郡太守。母董氏,生三男二女:长子浮,高唐令;长女昱,次即后,后有二弟曰都、成。

据说郭皇后生下来的时候就和常人不同,稍长大后,其父更觉得她很不一般,常说:"此女,吾女中王也。"但她并没有像

她父亲想象的那样一帆风顺地成为皇后，而是很早就失去了双亲，在战乱中颠沛流离，被掳掠到铜鞮一个姓侯的人家里。曹操把她带入东宫后，因她颇有心计，时常给曹操和当时还是太子的曹丕送些令其惊喜的东西而深受喜爱，就连曹丕被立为太子，都和她有一定的关系。

曹丕即位后，郭氏先是被封为夫人，后来又进为贵嫔，但不是皇后的她比那位甄皇后更受皇帝的宠爱，甄皇后也因此郁郁而死。文帝考虑封她为后时，却遭到大臣们的反对。一位不知趣的大臣非拿出什么"无以妾为妻"的古训来劝谏皇帝，曹丕岂能听得进去？郭氏这时才登上皇后的宝座。

作为皇后的郭氏比较严于律己。她的亲戚准备与别的地方的望族联姻，她劝阻说："应当和本乡本土门当户对者结亲，不要借势强与人成婚。"她姐姐的儿子回到老家想娶妾，她又阻拦说："当今世上妇女少，应当尽力让她们和将士成婚，不要借故娶以为妾。"并劝告她的亲属们要各自小心从事，不要骄奢恣肆，触犯法规。

郭皇后的亲兄弟们都去世较早，因而其从兄郭表得以沾光，先是被封为拜车都尉，后又拜为安阳亭侯，迁中垒将军，加爵增邑。郭表长子郭详为骑都尉，后又成为驸马都尉；次子郭训也被封为骑都尉，后与其弟郭述一起被封为列侯。

郭皇后的世系如下：

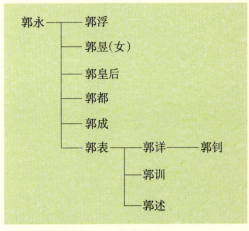

河内郭氏——文武兼备

河内郡为汉代所置，治所怀县，辖境相当于今河南黄河以北，京汉铁路以西的武陟、沁阳县一带地区。由于地处中原，人文荟萃，先秦时期就是郭氏族人繁衍生息的中心地区，到魏晋时期更是名人辈出，文武兼备。郭文、郭默即是其代表人物。

郭文

字文举，河内轵（今河南济源）人。郭文酷爱山水，对山川风物近乎痴迷，并一心想把自己融入自然风物中。13岁时，独自出去游览山水，常常是一走十余日。长

魏晋时期的隐士团体"竹林七贤图"

大后，更是钟情山水。父母亲去世后，自己挑一副担子，到杭州一带漫游，专拣深山幽谷荒无人烟处居住，也不搭建茅屋或帐篷，随便在一棵树旁支两根木头，上面苫点树叶之类的就成了一张露天床。当时野兽时常出没，甚至入屋伤人，可郭文在树林中住了十多年，却并没有被猛兽伤害过，原因在于"人无害兽之心，则兽亦不害人"。一天，一只老虎忽然张开大嘴要咬郭文，他从老虎大张的嘴里看见有一块骨头横梗着，便伸手给取了出来。老虎不仅没有吃他，第二天一早还给他送来一只麋鹿以表谢意。

王导素闻其名，专门建了一座西园，里面广种花草树木，还养了许多动物，然后把郭文请来居住。人们听说这位著名的山野之人在王导的花园里安了家，纷纷前往参观，像是看珍稀动物一样。郭文旁若无人地半躺半坐，悠然自得。

郭默

河内怀（今河南武陟）人。出身微贱，年少的时候以勇力效力于郡太守。永嘉之乱后，百姓流离失所，城池十室九空。郭默率领本郡未逃难留下的民众起兵自保，流民越聚越多，他倒也能安抚将士，因而很得人心。

后来，郭默投靠当时拥兵一方的刘琨，刘琨委任他为河内太守。前赵刘曜讨伐郭默，将郭默所据城池团团围住，想让郭默军饿死城中。围军久久不撤，而城中缺粮日甚，郭默只好以老婆孩子作为人质和围军籴粮。籴罢粮后，郭默又重新守城。这下气坏了刘曜，将郭默的妻与子一起沉河淹死。无奈，郭默又派自己的弟弟郭芝向刘琨求救。刘琨素知郭默狡诈，将郭芝留下，却迟迟不肯发兵解围。郭默又遣人去请救兵，正好碰见郭芝在河边饮马，就把郭芝抢了回来。郭默又派郭芝向石勒求援，石勒也知道郭默狡猾，不仅没有发救兵，还派人把郭默的信送给了刘曜。后来郭默终于脱险，突围出去投奔了另一个军阀李矩。

在以后的征战生涯里，郭默的确骁勇善战，屡屡被派去东讨西伐，但他脾气过于暴躁，稍有不如意即大开杀戒，因而树敌很多。《晋书》对郭默的评价还是比较公正，说他能在天下危乱之际，"威怀足以容众，勇略足以制人，乃保据危城，折冲千里，招集义勇，抗御仇雠"，说明他有一定的号召力和领导能力，但他"忿因睚眦，祸及诛夷"，实在是因为凶残而自取灭亡。

河南郭氏——权倾内外

河南郭氏也出自太原，为太原郭氏最早衍生的五望之一。其发祥始祖及传承世系，已难确考，其代表人物是西晋末年洛阳人郭象。

郭象

河南（今河南洛阳附近）人，字子玄。史称他"少有才理，好老、庄，能清言"，是魏晋时期玄学、清谈大家。

荆楚郭氏——隐逸高士

荆楚是指今湖北荆州、武汉、襄阳等地区，因其春秋、战国时属楚国之地，故俗称荆楚。荆楚在魏晋时期尚属欠发达的偏远地区，因而郭氏族人大多未进入政治舞台中心，多以隐逸高士著称于世。荆楚郭氏也称武昌郭氏。

据张澍《姓氏寻源》所载，汉代已有郭辅"来居荆土"，此外还有丹阳太守郭君、大尉郭喜、司隶从事郭究等。表明两汉时期太原郭氏已迁到荆楚、湘赣等地区。魏晋六朝时，清谈、玄学之风盛行，荆楚郭氏也多以清谈、隐逸之士著称。

荆州古城

郭舒

东晋人，字稚行，生前活动于荆楚一带。郭舒年轻时，人们就赞扬他"当为后来之秀，终成国器"。后来，他曾在王衍的弟弟王澄那里做别驾一类的官。王澄终日喝酒，每每酩酊大醉，根本不理政务，郭舒对他常常进行劝谏。后来天下大乱，郭舒劝王澄"修德养威，以保完州境"，王澄虽然听不进去，但也钦佩他的忠心。一天，一个荆州当地人因喝酒而触怒王澄，王澄便叫手下棒打此人。郭舒正好看见，声色严厉地对他们说："使君喝醉了，你们怎能轻举妄动呢！"王澄很不高兴："你这个人也太狂了，竟敢诓称我醉！"吩咐手下的人掐他的鼻子，用火熏烤他的眉头，狠狠地整治了郭舒一顿，而他却始终跪而受之，不吭一声，那个荆州人因而得救。

还有一次，一个人偷走郭舒的牛并把它吃掉了。事被发觉，此人前来请罪，郭舒却说："你偷我的牛是因为你太饿了，现在还有没有剩下的肉，拿来咱们一起吃吧。"

郭翻

字长翔，武昌（今湖北鄂州）人，但居家在临川。其伯父郭讷，官广州刺史；父郭察，安城太守。郭翻和河内名士郭文不一样：郭文痴迷山水风物，郭翻性喜农耕渔猎；郭文接受王导征辟，居于王导西园，郭翻少有志操，州郡辟举之事一概不应。郭翻虽家境贫寒，但每次开垦荒地之前，他总要先在地边立一木牌，询问此地有无主人，几年过后的确无主，他才在上面耕作。所种庄稼成熟，一旦有人认地，他就连地带庄稼一齐交还。还有一次，他的佩刀掉入水中，有人为他捞上来，他就要把刀送给此人，说："你若不取，我岂能再得此刀！"人家推辞不肯接受，他就把刀又扔入水里。此人又于水中捞出，但还是推辞不要，郭翻就以刀价十倍的钱送给他。

郭翻的曾孙郭希林，也和其先人一样，不应州郡辟召，一心只守家业，在南朝时为人们传颂一时。

除此之外，这一时期的郭氏族人在史籍中被提到的还有很多。如郭安兴，是北魏宣武、孝明帝时的殿中将军，有工巧，"洛中制永宁寺与九层浮图，安兴为匠也"；郭夏，善作礼乐舞曲者，曾于泰始九年（273年）作正德、大豫二舞；郭善明，北魏文成帝时人，甚机巧，"北京宫殿，多其制作"；还有南朝梁武帝时极力反对兴佛的襄阳人郭祖深，以及会稽永兴著名孝子郭世通与其子郭原平，等等。

四 玉树临风
文治武功各领风骚

隋唐时期，随着社会由乱而治，中国封建社会进入鼎盛时期。而科举制度的确立及由此而带来的社会门第等级观念的改变，使普通士族登上政治生活的舞台成为可能。郭氏也进入春华秋实、全面发展的鼎盛时期。在唐代所定"山东八族"中，就有郭氏。此处"山东"是指崤山、函谷关以东的广大区域，是沿用了战国时"山东六国"的地域称谓，具体是指今华北、黄淮一带广大区域，即今天所说的中部地区，而不是指山东一省，由此可见，郭氏族人分布范围十分广阔。

《虢国夫人游春图》

1 隋唐显贵 出将入相

据《新唐书·宰相世系表》记载,有唐一代郭氏家族共出现了四位宰相:郭待举、郭正一、郭子仪、郭元振,除郭待举正史无传、资料较少外,其余三人在《新唐书》《旧唐书》都有列传。郭正一系中山郭氏,郭元振出自馆陶郭氏,郭子仪出自华阴郭氏。其中以"再造唐室"的"汾阳郭氏",影响最为深远。汾阳郭氏成为唐代以来,迄今声名最著的主流支派。

中山馆陶——双峰突起

中山郭氏自魏晋南北朝以来,一直以豪门望族著称于世。他们有的以皇亲国戚宠荣无比,有的以智勇谋略建功立业。及至唐初时期,开科取士,中山郭氏又有一位后裔由科举及第步入仕途,并以盖世才华,位至宰相,他就是唐初名相郭正一。

郭正一

定州鼓城(今河北晋州市)人,唐初贞观时,由进士及第,历中书舍人、弘文馆学士。唐高宗永隆年间,迁秘书少监、检校中书侍郎,与郭待举、岑长倩、魏玄同并为同中书门下平章事。同中书门下平章事,即

相当于宰相,而第一批被任命的四位宰相中,郭氏族人就占其二。

郭正一的文笔特别好,曾与当时以文辞知名的孟利贞、高智周、刘祎之并称,人呼为"刘孟高郭"。从政日久,他对以往的各种典章制度和律令故事便相当熟悉,因此朝廷的文辞诏敕基本上都出自他的手中。

到武后专权时,他已不为重用,被罢为国子监祭酒一类的闲官,出检陕州刺史。后与张楚金、元万顷都被武则天时的酷吏周兴诬陷致死。

隋唐五代以后,见于正史、方志、家谱中的关于中山郭氏的记载,十分稀缺,但这并不说明中山郭氏就此消失。分析其原因,大致有二:一是由于起源于周王朝虢国的郭氏分布范围广,形成郡望多,特别是唐汾阳王郭子仪后,汾阳郭氏更是名满天下,以致湮没了其他郭氏的存在。二是中山郭氏在此以后再没有涌现出地位高、功勋著、名望大的人物,因而也就为世人所忽略,史书少有记载。

《明清历科进士题名录》收录明清两代郭姓进士480人,其中明代238人,清代242人。这部书上溯于明洪武四年(1371年),下迄于清光绪三十年(1904

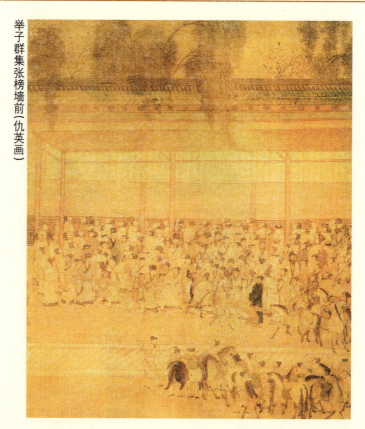

举子群集张榜墙前（仇英画）

年)，初由清乾隆时人李朝望辑录，以后历科续补不辍。在这长达500多年的时间里，河北共有郭姓进士38人（明21人，清17人）。我们虽然不能确定这38人都是中山郭氏的后裔，但也不能否定这38人中没有中山郭氏的后人。这或许可为我们寻找中山郭氏后裔踪迹提供一些线索。

另外，从隋唐以后，中山郭氏族人和其他郭氏族人乃至全国各族人民一样，饱尝战争忧患，历经种种磨难，有许多人因各种各样的原因离乡背井，辗转迁徙，流落全国各地，甚至播迁海外。因此，现在生活在祖国各地包括台湾以至东南亚、欧美各国的郭氏族人，一定有中山郭氏的后裔。

馆陶郭氏也称昌乐郭氏，以唐初名相

郭震著称于世。据《新唐书·宰相世系表》和《元和姓纂》所载,郭震的祖先是东汉名士太原郭林宗,郭泰裔孙迁居魏州昌乐。《新唐书》称其为昌乐郭氏,《元和姓纂》称其为馆陶郭氏,其名虽不一,其地实一也,因此不论称作昌乐郭氏还是称作馆陶郭氏,其源均出自太原郭氏。

郭震

字元振,魏州贵乡(今河北大名)人,以字显。其父郭善庆,曾任唐初齐州刺史。

《新唐书》对郭震评价很高,说他虽然年少的时候很是雄迈,喜欢意气用事,但到年长并担任了重要官职后,对自己的衣食住行各方面要求都很严格,"居处乃俭约,手不置产,人莫见其喜愠。建宅宣阳里,未尝一至诸院厩。自朝还,对亲欣欣,退就室,俨如也。距国初仕至宰相而亲具

者,唯元振云。"

郭震的世系如下:

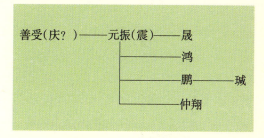

颍川、太原——人文鼎盛

隋唐时期,颍川郭氏和太原郭氏仍是英贤荟萃,代有名人,继续保持了其世家大族的地位和威望。

颍川郭氏在保持其族大人多地位的同时,又注入了新鲜血液——太原阳曲郭氏郭全后裔的一支。据《新唐书·宰相世系表》所列世系,这支颍川郭氏的开派之祖为郭淮之弟郭镇。

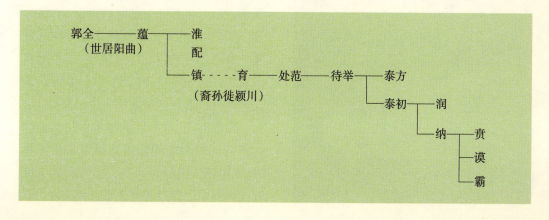

还有一位颍川人在唐初也曾建功立业，且也是一员武将，他就是郭孝恪。

郭孝恪

许州阳翟（今河南禹州市）人。因年轻时不精心管理家业，以致其父兄认为他长大后一定会变成一个无赖。隋末，郭孝恪率领本郡数百名少年去投奔李密的起义军，李密十分高兴，说："人说颍川、汝南一带多奇士，看来这句话没有错啊。"

唐朝建立后，郭孝恪以屡立战功而历任贝、赵、江、泾四州刺史，后又改任左骁卫将军，加金紫光禄大夫。贞观十六年（642年），拜凉州都督，改安西都护、西州刺史。西州之地不仅十分荒凉，加上有大

龟兹国库车大寺

片沙漠将其与内地隔开，而且所居之人除当地土著外，又多为服刑的罪犯和戍守的士兵，因而是个相当难治理的地方。郭孝恪到任后，不像前任长官那样采取高压政策，而是与其地居民友好相处，"推诚抚御"，故而尽得其欢心和拥护。先前曾投降唐朝的焉耆王出尔反尔，此时又投降了欲谷设可汗，郭孝恪率领精兵三千乘着夜色直捣敌军军营，活捉了其首领。

在征讨龟兹的战斗中，郭孝恪率军一鼓作气攻下了其都城。龟兹国宰相那利逃脱，郭孝恪亲自率兵在城外安营扎寨，以备敌人反攻。郭孝恪的谋士劝谏说："那利素得人心，现在逃亡在外，势必会率兵反攻，而城内刚刚平定，龟兹的人还颇有异志，将军你应当做好准备。"郭孝恪没有接受劝告加强防备。果然，那利率军从城外攻来，城里的龟兹人在里边造反，里应外合，对郭孝恪的部队进行夹击。郭孝恪带领千余将士与之进行殊死搏斗，但终因寡不敌众，招致惨败。郭孝恪中流箭而死，其长子郭待诏也在这场战斗中为国捐躯。

隋唐时期，太原郭氏继续保持其世家大族的地位和威望，唐初确定山东士族时，太原郭氏仍排名其中。这一时期，太原郭氏族人中之佼佼者有以下几人：

郭衍

字彦文,自云太原介休人。其父郭崇,以舍人从魏孝武帝入关,后官至侍中。郭衍骁勇刚武,尤其善于骑马射箭。他先是跟随北周武帝平并州,以功加开府,封武强县公,赐姓叱罗氏。后来又密劝隋文帝杀北周诸王,实行禅代,因而为隋文帝所青睐。隋开皇元年(581年),他恢复了原来的郭姓。

这一时期,太原郭氏还出了一个七世同居的大家族。这个家庭的户主郭世儁是太原文水人,《北史》说他家"家门雍睦,七世同居,犬豕同乳,乌鹊同巢",时人深为感叹。

此外,由太原分支出去的郭氏族人,到新的聚居地后,又形成新的郭氏望族和宗支衍派,并以其家族堂号闻名于世。特别是唐代中叶,由于郭子仪被封为"汾阳郡王",汾阳郭氏声名鹊起,誉满中外,"汾阳堂"成为海内外郭氏族人最崇尚的家族堂号。

2　汾阳著望　誉满中华

人杰地灵——英贤辈出

"汾阳郭氏"的称谓,有两个文化内

晋太子朗

涵:一是地域郡望,二是封爵堂号。前者是指阳曲在历史上的汉、隋、唐时称谓的"汾阳"。后者是指唐代以来出自华阴(陕西华县)的郭氏。以"汾阳郡王"郭子仪为开派始祖的郭氏子孙后裔,因郭子仪祖籍为太原阳曲,系汉、隋、唐时汾阳故地,故以"汾阳堂"作为其家族堂号,子孙遍及五洲四海,世界各地,是当今的郭氏主流支派。

前者以地缘为标志,后者以血缘为传承,二者同源同派,都以"汾阳"为旗帜,在历史发展的长河中,历创辉煌,为汾阳郭氏,也为中华郭氏谱写了不朽篇章。

汾阳作为历史地名最早见于《史记·晋世家》。史载:春秋时,晋献公因宠幸骊

晋文公重耳《自结履带》

姬，引起内乱，诸子争立。公子夷吾出逃秦国，重耳流浪他国。献公死后，夷吾意欲回国继位，派人对晋国执政大夫里克游说："若能助夷吾归国复位，即以汾阳之田封赏。"但夷吾（晋惠公）归国后自食其言，反而将里克赐死。里克之妻司城氏携子逃避相城，改姓相里。及至重耳（晋文公）归国始为里克平反，其子孙后裔分为李、里、相里三支。

从当时晋国的疆域来看，晋惠公所说"汾阳"，并非今日之汾阳市辖境，而是今运城地区的河津、万荣一带的汾河之阳，与汾阴县隔河相望，是一个较为宽泛的地域名称。里克之妻逃匿的"相城"，亦名相镇、相里。《山西通志》《安邑县志》及《山西历史地名词典》均有明确记载，并点明今夏县（安邑）北30里的北相镇，即相城旧址。2001年12月，在北相镇里村，发现了里克家族的墓群，从发掘情况来看，有三鼎墓、五鼎墓，说明墓主人身份地位很高，属卿、大夫级别，其中有一套青铜编钟，共12枚，自大到小排列有序，证明里

晋平公

克墓就在运城夏县。

及至汉高祖平定天下，封功臣靳疆为汾阳县侯，其地在今阳曲县北小店一带。

今日之汾阳市在秦汉时为西河郡兹氏县，北魏太和十二年（488年），将蒲子城汾州徙于西河，设置汾州于今汾阳市，"取汾河为名"，是为西河称汾州之始。隋开皇四年（584年）改为西汾州，唐武德元年（618年）改为浩州，三年复名汾州。北宋时于此置汾阳军，金置汾阳军节度使，明万历二十三年（1595年）升为汾州府，清代相沿不改，领七县一州：汾阳、孝义、平遥、介休、石楼、临县、宁乡，永宁州（今离石市）。

由于早在春秋时，郭序后裔就聚居阳曲，历经汉、魏、南北朝、隋、唐，阳曲（古汾阳）一直是郭氏繁衍、生息的中心区域，周边郭氏也多由汾阳郭氏派衍，是汾阳郭氏支脉。所以汾阳郭氏成为望重当时的名门大族，涌现了一大批名垂青史的精英人物。

如东汉末年的儒林宗师、学界泰斗郭林宗（郭泰），就是由汾阳迁至介休的郭氏族人，统归"太原郭氏"。

而今汾阳出土的两块唐初墓志铭，也印证了早在郭子仪封王之前，汾阳郭氏已是望重当时的豪门大姓。

其一，为《唐故大将军郭君之碑》。出土于汾阳市北30里之郭社村（今名永安村），镌刻于唐高宗乾封二年（667年）。因碑文剥蚀，碑主郭某之名讳无存，称之为"郭君"。其父名嵩，其子名宏道。据碑文所称，郭君世居汾州，"茂族盘根"，是当地有名的高门大族。隋末唐高祖李渊起兵太原，南下河东时，郭君前往投效，于是"著名相府，委质戎场。挥霜剑斩（宋）老生，奋长戟而摧霍邑（今霍州），殊勋克著，授公上仪同三司"。其后在平定刘武周、攻克绛州、讨伐颉利可汗的征战中，累立战功，获勋第一，历授上轻车都尉、上大将军、金门关镇将、滕王府司马、上柱国等职，后病逝于家中，于乾封二年与夫人王氏迁葬于汾阳大夏乡隐泉之原（碑文收入《山右石刻丛编》）。

其二，为《唐故上大都督上骑都尉郭府君之碑碣并序》。碑主为郭解愁，与上述郭君同为唐初"太原西河人"，其祖父郭仁，为北齐相州别驾，父郭达为隋代恒州石邑县丞。解愁"善琴书"、"精弓马"。唐朝武德初年，刘武周兴兵进犯浩州，郭解愁以上大都督之职，驻守浩州，击退刘武周，因功授骁骑尉，后历经征战，以军功进封上骑都尉。

　　郭解愁有子三人,长曰德祎(师),次曰阿师,三曰少师,皆"奉循庭训","善武工文","门袭休征,家隆余庆",也是汾州高门大姓。贞观十四年(640年)因病逝世,麟德元年(664年)与夫人贾氏合葬于城西南5里平原之处。2000年该碑出土,现藏于汾阳市博物馆内。

　　以上两名今汾阳郭氏族人,同时以军功显贵于唐朝初年,同葬于汾阳故里,说明早在唐朝初年汾阳郭氏已是当地的高门显贵,是助唐立国的功勋大臣,是地地道道的汾阳"土著郭氏",较汾阳王郭子仪

清道光二十三年《阳曲县志·街巷图》

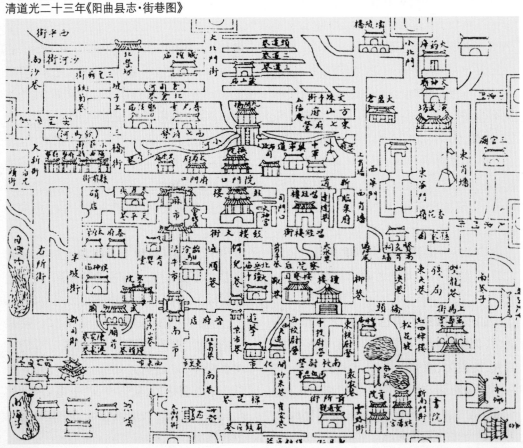

要早一百多年。

以上所述，均是生于斯、长于斯的汾阳本土郭氏族人，是汾阳郭氏发展史上应大书特书，并进一步发掘、充实的珍贵史实。

"汾阳郭氏"的另一丰富内涵，则是以唐代名臣"汾阳郡王"郭子仪为开派之祖的郭氏后裔。这支郭氏系属华阴郭氏，出自太原阳曲郭氏。

阳曲在汉初属汾阳侯靳疆食邑之地，汉、魏之际，阳曲郭氏被称为汾阳郭氏，如曹魏大将军、阳曲侯郭淮之孙郭正即被封为"汾阳子"，是中华郭氏中以"汾阳"地名封爵的第一位历史人物。

据《山西通志·沿革谱》所载，魏武帝曹操时迁阳曲之民于太原郡北40里狼孟南境，筑城居之。狼孟南境，即阳曲县境，所筑之城即今阳曲县南15里之石城都旧址。隋开皇三年（583年）将阳曲改为"阳直"，十六年（596年）因阳曲位于汾水之阳，遂改名汾阳，隋炀帝时移治木井城。唐武德七年（624年）又改汾阳为阳曲，治今阳曲县故县村。所以汉魏到隋唐，汾阳为阳曲的别称。

据《新唐书·宰相世系表》所载，华阴郭氏出自太原阳曲郭氏，因而郭子仪显贵

1997年，世界郭氏宗亲总会秘书长郭时礼先生（右二）、泰国郭氏宗亲会秘书长郭远功先生（左一）来郭氏根祖地阳曲县寻根并赠送会旗

后，李唐皇室便依据"封爵冠以祖籍地望"的惯例，封其为"汾阳郡王"，以示华阴郭氏出自汉代汾阳郭氏的历史渊源。由于郭子仪功高名重，且又子孙众多，"汾阳堂"遂成为唐代以来郭氏最著名的堂号，"汾阳郭氏"成为中华郭氏的主流支派。

以上两支郭氏，说明"汾阳"一是以地望著称，一是以"堂号"传世，但追根溯源，都是虢国后裔，都是"序封阳曲"的传人，可谓同根共祖。由于近年来，在"汾阳郭氏"的称谓和地域概念上有所纷争，故笔者不厌其烦，加以赘述，供诸君参酌。

然而自唐代中叶以来，"汾阳郭氏"的界定又日渐模糊，甚至合二而一，汾阳本土郭氏和华阴郭氏的传承世系已无法分辨。究其原因，一是汾阳王郭子仪德高望重，成为郭氏族人的崇拜偶像，唐末五代以来的郭氏族人都自称是郭子仪后人。二是因郭子仪及其子孙的封邑食地、官爵封号多与汾阳有关。

据"两唐书"所载，郭子仪封为"汾阳郡王"，是仅次于亲王的二等封爵，名义上应享有五千户封邑，但实封二千户，其中一部分在陕西华阴，也有一部分当在汾阳之地。其夫人王氏被封为太原郡君、霍国夫人，食邑也在山西。郭子仪死后，由其嫡长子郭曜袭封代国公（后进封太原郡公），实封二千户。郭曜去世后，虽然有朝臣对郭氏子弟加以排斥，但朝廷追念郭子仪的功绩，将封邑又分给了郭子仪的四个儿子，其中驸马都尉郭暧在自己所封五百户的基础上，又分得了三百户食邑，并袭封代国公之职，其余郭晞、郭曙、郭映也分到二百五十户左右的封邑。郭氏兄弟封邑具体在什么地方，史无明文记载，但汾阳有虢序后裔、郭子仪六子郭暧的驸马府遗址，村后又有郭氏大片祖坟，足以证明爱子村就是郭暧的封邑所在，或是郭暧的别

府、食邑。嗣后郭暧四子郭铦又为西河公主驸马，西河（即汾阳）也会有公主和驸马的食邑。郭暧之孙郭仲词又袭封太原郡公，其食邑自然也会在太原、汾阳等地。郭暧的另一孙子郭仲宣则官居河东令，子孙世居河东。其子孙中也有清源侯、榆次侯、寿阳侯等不同的封爵。由此可见，唐代中叶以来，郭子仪的子孙相当一部分落籍山西汾阳、太原、晋南等地。到宋、元、明、清之际，这些郭氏子孙不断向外播迁，把"汾阳郭氏"的种子撒向全国各地。

如江苏丹徒郭氏，其远祖郭廷璋即为郭暧后裔，世居汾阳，明代迁至丹徒。明代洪洞大槐树的郭氏移民后裔，也大多出自"汾阳郭氏"，以郭暧之孙、河东令郭仲宣后裔为主。

子仪功高——再造唐室

"汾阳王"郭子仪，是中唐时期著名的军事将领，是功勋卓著、"再造唐室"的中兴名臣，也是郭氏发展史上一位划时代的人物。郭子仪家族的兴起，结束了魏晋南北朝时期郭氏群星灿烂的英雄时代，开创了"汾阳郭氏"独领风骚的新纪元。

由于功勋卓著，拜相封王，子孙众多，人丁兴旺，郭子仪成为唐代以来郭氏子孙

推崇备至的偶像人物。"汾阳郭氏"成为中华郭氏的主流支派，当今海内外郭氏子孙，多自称出自"汾阳郭氏"，为郭子仪后裔衍派。

据《新唐书·宰相世系表》和颜真卿所撰《郭公庙碑》所载，郭子仪为华州郑（今陕西华县）人，系出华阴郭氏。华阴郭氏亦出自太原。汉有郭亭，亭曾孙光禄大夫郭广智，广智生冯翊太守孟儒，子孙自太原徙冯翊。后转徙华山之下，故其族人自称"华阴郭氏"。后魏有同州司马郭徽，郭徽子郭荣为隋朝大将军、蒲城公。次子郭弘道为同州刺史、郜国公。郭弘道的儿子郭广敬为左威卫大将军。郭徽弟郭进，即郭子仪六世祖，生平事迹不详，其子（即郭子仪五世祖）名讳失载，其孙履球为金州司仓参军。郭履球之子郭昶为隋凉州法曹。郭昶之子、子仪公的祖父郭通为美原尉。郭通之子、子仪公的父亲郭敬之历任吉、渭、寿、绥、宪五州刺史。子仪公兄弟十一人：子琇、子仪、子云、子喟、子瑛、子珪、幼贤、幼儒、幼明、幼冲、幼谦。子仪公排行第二。

郭子仪一族世系如下：

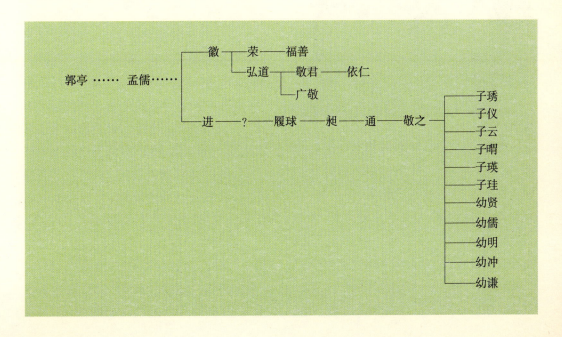

人事，北周的气数已尽，我要取而代之。"在当时还是北周王朝的情况下，杨坚敢对郭荣如此讲话，足见他们之间关系很不一般，后来北周宣帝驾崩，杨坚总领朝政，取而代之。

到隋炀帝杨广时，郭荣为武侯骠骑大将军。西南夷陵诸郡叛乱，隋炀帝以郭荣有平叛经验，委派他再去平叛，大胜而归。后炀帝征战吐谷浑，拜郭荣为银青光禄大夫。征战辽东，以功进为左光禄大夫。后来郭荣又跟随炀帝到处讨伐，最后病死在前线的军营里。

郭子仪

郭子仪于安史之乱之际，唐室衰微之时，率孤军转战东西，两复京师，历玄宗、肃宗、代宗、德宗四朝，靖乱平叛，再造唐室，堪称中兴名臣。无论是《新唐书》、《旧唐书》，还是《资治通鉴》，以及唐以来诸多文人学士的文集奏议，对郭子仪的评价都很高，其中尤以唐人裴垍"权倾天下而朝不忌，功盖一代而主不疑，侈穷人欲而君子不之罪"的评价最为精到贴切。

需要指出的是，郭子仪被封为"汾阳郡王"，并非如先秦时期"胙土命氏"那样，"封土封民"，实封于汾阳之地，而是表示宠荣、尊贵的爵位、称号。所谓"郡王"是仅

汾阳王郭子仪像

郭子仪的先世中，只有郭荣于正史有传，其他人的身世、经历等资料都付之阙如。郭荣字长荣，自云太原人，史称他"容貌魁岸，外疏内密，与交者多爱之"。郭荣是北周至隋朝时一员武将，勇敢善战，因而很得皇帝赏识。年轻时和隋文帝杨坚关系密切。一天晚上，两人坐于月光下，赏月谈心。杨坚对郭荣说："我仰观天象，俯察

次于宗室亲王的二等爵位，只是名义上享有"五千户"的俸禄，实际上郭子仪最多时只享有"实食封二千户"的待遇。

郭子仪所以封为"汾阳郡王"，是因为郭子仪出自华阴郭氏，华阴郭氏出自太原阳曲郭氏，阳曲在两汉、隋唐时一度被称作汾阳，汾阳是郭氏的发祥祖地。而魏晋、隋唐以来，封赏功臣往往冠以祖籍地望，以示光宗耀祖的一种惯例，郭淮父子封阳曲侯，郭淮之孙封汾阳子，便是其例。清代学者王士禛在论述这一现象时说道："唐人好标郡望，如王则太原，郑则荥阳，李则陇西、赞皇，杜则京兆，梁则安定，张则清河，崔则博陵之类。虽传、志亦然。"（见《池北偶谈》）这是魏晋隋唐时期，豪门士族矜尚门第、郡望的一种风气。世风所及，竟成为修史立传的准则。史传中之达官显贵，名人俊杰，往往不详考其家乡、故里，只署其郡望而已。如唐代著名史学家刘知几在纂修国史时，为李义琰立传，因其家迁居魏州已经三世，故如实写道："义琰，魏州昌乐人也"，但被监修官指责他违背了修史原则，必须改写成李氏通用的"陇西成纪人"。

郭子仪也正是在这种习俗风潮中，被冠以郭氏祖籍地望而封为"汾阳郡王"。从郭淮封阳曲侯到郭正封汾阳子，再到郭子仪封汾阳郡王，乃是郭氏族人在血缘、地缘、封爵、姓氏上的一脉相承。

当然，郭子仪被封为汾阳郡王，实际有二千户的俸禄，也会有其相对固定的食邑、采地。由于史无明文记载，难以一一确指，但依据各种情势来判断，大体应分布于三个中心地区：一是郭子仪祖籍故里——陕西华县，因其在故里要修产置业，供养家族，祭祀祖宗，会有"汤沐邑"在华县；二是郭氏地望所在的汉、唐汾阳旧地——太原阳曲，一则彰显郭氏发祥祖地，二则郭子仪曾封代国公，三则其妻王夫人封太原郡君，也应在太原阳曲一带有其食邑；三是在郭氏建功立业的今汾阳、孝义一带，郭子仪的子孙，多分封、生活于这一地区，如郭子仪第六子郭暧，在汾阳爱子村，就建有别墅府邸，有郭氏大片坟墓，其孙媳又为西河公主，在此有一部分采邑也是理之当然。特别是郭子仪死后，朝廷将其食邑分作四份，分别封给郭暧、郭曙、郭映、郭晞四个儿子，各得二百五十户至三百户不等，说明郭子仪封邑采地，分布于不同地域，而其中郭暧及其后裔的封邑必然会有一部分在汾阳。从现存诸多郭氏族谱都载有"世居汾阳"或由汾阳迁出的记载来看，也证明汾阳确实是郭子仪后裔赖以生存、繁衍的第二故乡。

五福其昌——子孙繁盛

"四朝靖乱，五福其昌"，是《旧唐书》对郭子仪的一句评语。既概括了郭子仪的一生功绩，也点明了郭子仪多子多孙的家族特色。

郭子仪一生不仅功高盖世，名垂青史，且又多福、多寿、多子多孙。其官居太尉、中书令、"汾阳郡王"，享二千户俸禄，享寿八十五岁，可谓"福禄寿考"举世无双。其"八子七婿皆朝廷重臣，诸孙数十人（七十二孙），每群孙问安，不尽辨识，颔之而已"。族人总计达三千余口，堪称唐代第一大家。宋元直至明清，其子孙后裔遍布全国各地。更有的入闽开漳，渡海迁台，创业海外。当今海内外郭氏，90%自认是汾阳王后裔，尊郭子仪为开派始祖，汾阳郭氏成为唐代以来中华郭氏中人口最多、声誉最隆的支派，"汾阳堂"成为郭氏诸堂号中最有声望的堂号，郭子仪成为中华郭氏中最具号召力、凝聚力的传奇人物。

郭子仪不但自己为唐朝的安定和统一奋斗了一生，而且还教育子女为此而奋斗。他有八个儿子，大多是英勇善战的将领，他的几个女婿也是达官显贵。由子仪公开始的郭氏子孙与唐朝皇室，有着拆不散的患难君臣关系和割不断的亲戚婚姻关系，连续尊宠十代之久，这在历史上也十分罕见。

子仪公有八子：曜、旰、晞、昢、晤、暧、曙、映。郭旰在至德二年（757年）潼关战役中壮烈牺牲。郭昢官至鸿胪卿。郭晤官至兵部郎中。郭映官至兵部右庶子，封寿阳男。子仪公八子中，以长子郭曜、三子郭晞、六子郭暧最为著名。

子仪公长子郭曜，性格沉稳，身材魁梧，有豪杰之气。年轻时他就跟随子仪公在节度府任职，进而转战沙场，因破敌平叛有功，晋升为平阳府果毅都尉。唐肃宗至德初年，授曜为卫尉卿，又升为太子詹事，封为太原郡公。后来子仪公长期在外征战，留郭曜在后方管理家中事务。他把府内管理得井井有条，老少都很满意。几个弟弟年幼无知，花钱大手大脚，衣食住行都比较讲究，而郭曜却十分简朴，给弟妹们做出了榜样。子仪公凯旋回京，朝廷因子仪公的功勋升郭曜为太子少保。子仪公临终前，吩咐郭曜把四位皇帝赐给他家的名马珍宝全部捐给朝廷。子仪公逝世后，郭曜袭封代国公，遵父遗命照办。德宗接受了这些珍宝，然后又把这些珍宝赏赐给郭曜。郭曜接受珍宝后，又将它们分发给了各位弟妹。

后来卢杞掌权，出于嫉妒之心，总想找郭氏家族的麻烦。但他不敢对郭曜兄弟下手，而首先拿郭子仪的三个女婿开刀。一个是太仆卿赵纵，一个是少府少监李洞清，再一个是光禄卿王宰。卢杞找了个借口，唆使一些小人向官府提出要夺走他们的土地、房屋与奴婢。平时不善多言的郭曜听说后，十分担心，找到了宰相张镒。张镒看不惯卢杞的行为，就将此事上奏给德宗皇帝。德宗皇帝为此事专门下诏给有司，说："尚父子仪功勋卓著，保卫朝廷，再造王室，我曾向天地发誓，并刻石记录，特准郭氏子孙十世免罪。最近有人因为尚父

汾阳王长子曜公像

汾阳王次子旰公像

汾阳王三子晞公像

汾阳王四子昢公像

汾阳王五子晤公像

汾阳王六子暧公像

汾阳王七子曙公像

汾阳王八子映公像

去世，寻找借口，要夺走他们的土地、房屋与奴婢。从今天起，有司不得接受这些无赖的要求。"由于天子出面保护，郭氏子孙才免遭伤害。

建中三年（782年）即子仪公逝世的第二年，郭曜也因病离开了人世。德宗赠郭曜为太子太傅，加谥号为"孝"。

郭曜有四个儿子：锐、锋、链、锜。郭锐官嘉王府长史，郭锋官光禄少卿，郭锜官京兆仓曹参军。

子仪公第三子郭晞是个英勇善战的将领。他一直跟随子仪公在外征战，特别是在收复西京长安、东京洛阳的战役中，表现得尤为英勇顽强，并能出奇制胜，为战役的胜利做出了重大贡献。因收复两京的功勋，被提升为鸿胪卿。平定河中叛乱时，子仪公诛杀首恶分子，但其余党仍不投降，并时常骚扰官兵。郭晞选派了一些最信得过的兵士整夜巡逻，使叛兵无可乘之机，保卫了驻兵的安全，事后以功被提升为殿中监。吐蕃、回纥入侵中原时，郭晞被提拔为御史中丞，率领朔方军增援邠州，大败叛军。敌军再次进犯时，在泾水之北摆好了阵势，准备与唐军决一死战。子仪公派郭晞率五千步兵和五百骑兵去袭击敌军。郭晞考虑自己兵马太少，寡不敌

众，只能以巧制胜，于是假装迟迟不前。敌军等得不耐烦，傍晚时开始渡河进攻郭晞。郭晞待敌军有一半过河时，突然号令兵马出击，敌军顿时乱成一团，无法还手，五千人毙命。郭晞出其不意，以少胜多，立了大功，加官御史大夫，因子仪公坚辞不受，朝廷才收回这一决定。

子仪公去世后，郭晞在家居丧，正值朱泚叛乱，郭晞虽躲进山谷，但还是被叛兵抓获。后来他设计逃出了虎口，回到了朝廷。

郭晞有七个儿子：钧、钢、铼、锇、铢、镰、镶。郭钢在朔方杜希全帐下为官，后来因看不惯杜希全软弱无能，辞去了官职。后为太子宾客，封赵国公，去世后，又赠其为兵部尚书。

郭晞孙承嘏，字复卿，少年时聪明过人，精通"五经"。唐宪宗元和年间中进士，官起居舍人。太和六年（832年），任谏议大夫，多次上书议论朝廷政事的得失。文宗皇帝欲用郑注为太仆卿，郭承嘏上书极论其非，不怕触犯龙颜，敢于坚持真理。后来他被提拔为给事中，没多久又被任命为华州刺史。给事中卢载把任命郭承嘏为华州刺史的诏书送还给文宗皇帝，说："郭承嘏在任谏议大夫与给事中期间，多次上书，

均言之有理，十分称职，应当留在朝中。"文宗觉得有理，又恢复了承嗣的给事中官职，后来又提升为刑部侍郎。文宗皇帝曾赞扬承嗣谦虚朴实，没有一般功臣子弟的那股骄横之气。承嗣为官十分清廉，去世时家无余财，是亲友们为他办的丧事。皇帝赠其为吏部尚书。

子仪公第七子曙，在代宗朝任司农卿。德宗逃难离京城去奉天的途中，郭曙正在咸阳附近率家丁打猎。听说皇帝驾到，立即停止打猎，在道旁恭候。德宗十分喜欢，令他随从。途中遇上了连阴雨，道路泥泞，异常难走，有的卫兵因之发牢骚，德宗听到后说："是我不好，让你们受苦了。"郭曙知道后，与另外几位功臣子弟戴盔披甲来见德宗，说："再往南走，道路更加艰险，弄不好会出事，我们世代蒙受皇恩，现在一起发誓，愿意在您身边保卫您的安全。"德宗十分高兴。回京后，立即提拔郭曙为金吾大将军，后来又封其为祁国公。

子仪公第六子暧，十余岁时即与代宗第四女升平公主（后来封为昭懿公主）订婚。婚前官太常主簿，婚后拜驸马都尉、试殿中监，封清源县侯，在朝廷中备受尊宠。代宗大历末年，郭暧被提升为检校左散骑常侍。朱泚叛乱时，郭暧与公主正在家居

父丧，被朱泚囚禁。朱泚逼郭暧在他手下做官，郭暧以居丧和有病为由拒不受官。不久他与公主逃离虎口，到了德宗避难的奉天。德宗贞元三年（787年），袭封代国公。郭暧去世时，年仅48岁，赠尚书左仆射。升平公主虽是金枝玉叶，却懂得谦和待人。她晚年告诫儿媳汉阳公主说："骄淫贵奢，可戒不可恃。"后来汉阳公主成为以俭化天下的楷模。

郭暧有四子：铸、钊、鏦、銛。郭铸官右庶子，不甚知名，而钊、鏦、銛三人则十分显贵。

郭暧第二子钊，身高七尺，身材魁梧。代宗时，官奉礼郎，不久提升为左金吾大将军，调任检校工部尚书，出任邠宁节度使，又升任司农卿。宪宗病重时，宫中宦官对废立太子一事议论纷纷。太子李恒是郭钊的外甥，便找到钊商量对策。郭钊回答说："你作为太子，应当日夜侍候在父皇身边，为什么要考虑这些问题呢？"李恒觉得有理。后来李恒即位，是为穆宗，拜郭钊为检校户部尚书兼司农卿，不久又升任河阳三城节度使，迁河中府尹，领晋、绛、慈、隰四州节度使。敬宗即位后，将郭钊召回朝廷，拜为兵部尚书、剑南东川元帅。文宗大和年间（827—835），南蛮侵犯西蜀，进攻

至成都郊外，西川节度使杜元颖抵挡不住，文宗下诏西川节度归郭钊兼管。郭钊尚未起程，蛮兵已到了梓州。州兵人少，且没有战斗力，无法抵御敌军。郭钊去后，没有轻易用武，而是先了解情况，并遣使给南蛮头领篯巅送去书信，责问他率军侵入内地的缘由。篯巅回报说："杜元颖不在自己的管辖范围内安分守己，屡次侵入我的管辖区，所以我要报复他，让他瞧瞧我们不是好惹的。"后来篯巅了解到郭钊确实是朝廷派来的将领，便同意郭钊的意见，停火罢兵，重归于好，并订约不再互相侵犯。文宗得知南蛮战事和平解决，高兴异常，嘉奖了郭钊，并任命郭钊为西川节度使。时郭钊已病重，改任太常卿。去世后，赠司徒。

郭钊有七子：仲文、仲恭、仲词、仲谦、仲诩、仲宣、仲武。仲文官任秘书少监。仲恭夫人为穆宗第四女金堂公主，仲恭官任詹事府丞、驸马都尉。仲词夫人为穆宗第六女饶阳公主，仲词官任检校殿中少监、驸马都尉，袭封太原郡公。仲谦官任卫尉卿。仲诩官任通事舍人。仲宣官任河东令。仲武官任朗州刺史。

郭暖第三子钑，字利用。夫人李畅，为顺宗长女，初封为德阳郡主。顺宗即位，晋封李畅为汉阳公主，晋封郭钑为检校国子祭酒、驸马都尉。唐朝自武则天时，外戚多为检校官，实不管事，所以郭钑任检校官，符合惯例。但郭钑才能出众，宰相认为不安排其实际职务十分可惜，于是奏请皇上，拜他为右金吾将军，封太原郡公。郭钑为人谦虚有礼，没有富贵人家气势，办事踏实有成，不考虑个人名利，有事向皇上进谏，回去后一定要烧掉奏稿，不求流芳百世。

郭钑夫人汉阳公主严于律己，生活俭朴，也与一般富贵子弟不同。当时富贵之家生活奢靡，文宗皇帝对此十分厌恶。汉阳公主进宫时，文宗皇帝问她："姑祖母这样简朴，是什么时候形成的规矩？现在的奢靡之风，又是什么时候开始的呢？"汉阳公主回答说："自德宗贞元年间离开宫廷，所有的衣物都是宫中陪嫁的，直到现在也没有新置过。宪宗元和以后，常有战争，我们把家中收藏的许多值钱的东西都拿出来赏赐给了在前方作战的兵士。由于我们这么做了，内外官兵效仿自律，从而形成了简朴风气。如果陛下把你的主张向大家宣布，并严格执行，谁敢不遵循呢？"文宗听后很高兴，立即下令京兆尹禁止奢靡风气，并要求从皇室公主做起。汉阳公主曾告诫自己的女儿们说："我们都是皇室亲戚,骄盈贵奢之习必须戒除,不能滋生。"郭钊夫妇就是这样,成为当时改变奢靡风气的表率。天子与他们关系甚好,尤其是穆宗皇帝,常来他们家看望,一同吃饭饮酒,十分亲热。

郭暧第四子钅舌,性格谦和,自汾州刺史入为殿中监。夫人为唐顺宗第四女西河公主。郭钊去世后,郭钅舌代替其兄任太子

詹事、闲厩宫苑使。长庆三年(823年)因病去世。

郭暧一门,与皇室关系最为密切,同公主结婚成为驸马者,就有郭暧、郭暧子钊与钅舌、郭暧孙仲恭与仲词五人。山西省汾阳县有个"爱子村",爱子村北背山朝阳的地方,有一大片坟地,人们称为"郭家坟",是埋葬郭氏历代先人的墓地。晋剧《打金枝》是山西民间流传最广的地方剧

郭子仪家族与李唐皇室图系

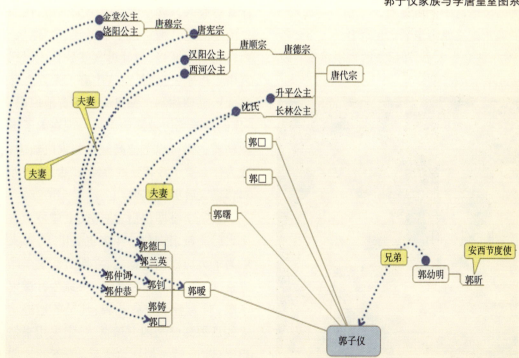

目之一，长期以来深受百姓欢迎。剧中所写的就是郭暧与昭懿公主的故事。

郭暧一门不但有五人为当朝驸马，而且有一女成为宪宗皇后。宪宗李纯在即位前为广陵郡王时，聘郭暧女为妃。广陵王父唐顺宗因为郭家对朝廷有特殊的功勋，加之昭懿公主又一直显贵于朝廷，因而对郭暧此女特别优待。宪宗即位后，晋封为贵妃，对她格外恩宠。元和八年（813年），群臣连续三次上书，请求立郭氏为皇后，宪宗考虑宫中矛盾重重，害怕另生事端，没有正式立她为皇后。但郭氏生一子，名李恒，被立为太子，即后来的穆宗皇帝。因

晋剧《打金枝》

而郭氏虽未被正式立为皇后，但实际上已享有皇后的地位。

穆宗李恒即位后，首先给其母郭氏上尊号为皇太后，赠外祖父郭暧为太尉，外祖母昭懿公主为齐国大长公主，舅舅郭钊为刑部尚书，郭铦为金吾大将军。穆宗将其母郭皇太后移居兴庆宫，每月三次率百官前往看望。每逢节日庆典，后宫内外贵妇前往祝贺，车骑壅塞了道路，金玉珠宝之声充斥宫廷。穆宗极为孝顺，千方百计让其母高兴。郭皇太后曾游览骊山，在山上流连忘返，穆宗命令景王领禁军随从，亲到山下迎接，与其母欢宴数日才回到宫中。穆宗去世时，宦官中有人策划要郭皇太后临朝称制，郭皇太后斥责他们说："你们是要我仿效武则天吗？现在太子虽然幼弱，但可以选德高望重的大臣辅佐，我为什么要干涉朝廷的事呢？"由此，内外对郭皇太后更为尊敬。

敬宗李湛即位后，给郭氏上尊号为太皇太后。敬宗即位一年多也去世了，郭太后为了大唐江山的稳定，立即召江王李昂进京，即皇帝位，是为文宗。文宗生性谦虚孝顺，对太后十分有礼貌，凡是各地进贡来的瓜果海鲜与四方珍奇，一定先用来祭祀宗庙，然后送给三宫太后，剩下的才留

年画《打金枝》

给自己使用。

接替文宗的武宗皇帝李炎喜欢戏猎游玩,角斗武打,选了许多年轻力壮的少年,经常出入宫中。一天武宗给太后请安,问太后:"怎么做才能成为盛世的天子?"太后告诉他:"谏官的上书应亲自审阅,认为可以采纳的建议应当及时采纳,不能采纳的意见应当去问问宰相。不要拒绝正直的批评,不要听信小人的谗言,要使忠臣良将成为自己的心腹。这样做,就会成为盛世天子了。"武宗听后,很受启发,回去后即拿出大臣的奏章一一审阅。从此以后,武宗勤于政事,很少打猎角斗了。

郭太后历宪宗、穆宗、敬宗、文宗、武宗、宣宗六朝,由于她行为端正,事事从大局考虑,且具有一定的政治眼光和处理政事的能力,因而历朝都受到宫廷内外的尊敬,享有很高的威望。

郭子仪不仅是功高盖世的一代名臣,也是福寿双全、多子多孙的家族宗主。史称其有"七子八婿,七十二孙,族众三千",可见其族大人多,显赫无比。据族谱资料所载,从唐末五代到宋元明清,迁居到南方的郭子仪后裔达十几个支派,几乎遍及江南各地。当今海内外郭氏90%自称是郭子仪后裔、汾阳衍派。

郭子仪后裔世系如下:

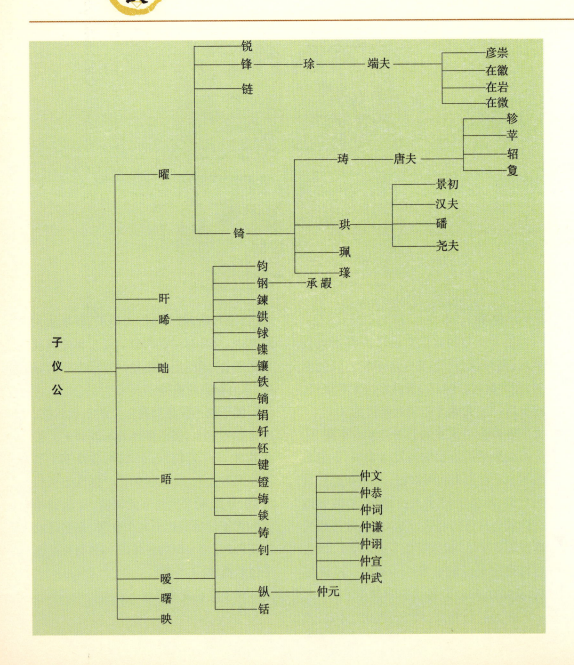

子仪公的后裔向全国各地播迁，主要集中在以下四个历史阶段：

一是唐末五代，避乱南迁，入闽开漳；二是宋室南渡，徙居江南；三是明初大移民，遍布全国；四是清代漂洋过海，拓殖台湾，走向海外。从目前已知的资料，主要有以下 10 支：

1.郭嵩福建长乐分支

子仪公长子郭曜有一支后裔，在唐末由山西迁往河南光州固始，五代时郭嵩跟

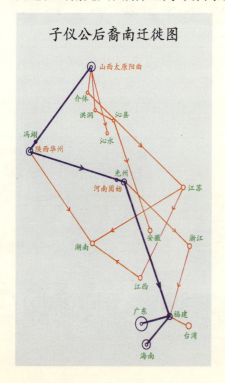

子仪公后裔南迁徙图

长乐郑和广场

随王审知从弟王想入闽开漳，成为福建郭氏始祖（详见下节：中原郭氏，入闽开漳）。

2.郭在徽江西安福分支

曜公第二子锋，官光禄少卿，封汾阳郡公。锋子琭，仕至县尹。琭子端夫仕至大中大夫。端夫子在徽，拒不仕后梁，迁居金陵（今江苏南京），佐后唐庄宗，为鸿胪右卿，后谪居吉州庐陵（今江西吉安市），迁居安福县。在徽三子：晖、宜、兴。郭晖仕南唐，为金紫光禄大夫、上柱国、太平广国公，迁庐陵麻岗。其后代散居江西各地。其中一支郭亮（从子仪数第二十六世）任湖南桂阳县令，遂迁居于桂阳。其后又有郭

安福古樟树

中国非物质文化遗产——赣南客家民俗"千人宴"

益坝(第三十世)于元代官广东南海县令，遂迁居南海。益坝第三子郭好智于明永乐元年(1403年)由江西安福县白石乡迁居湖南上汀横路桥老屋场。

3.郭瞿江西遂川分支

暖公第三子郭钬生子仲元，仲元子郭瞿，官御史中丞，改江西吉州太和县龙泉场卿，遂迁居于太和县龙泉场(今江西遂川)。郭瞿子郭延昭仕至枢密使。其后世在南方繁衍播迁。

4.郭德广福建泉州分支

暖公后代有一支于五代时迁至杭州富阳县，所居之村被称为郭家村。八世传人郭德广，元末官至太常寺卿宣慰使，以

督察军需供应来到泉州，泉州兵起，不能回朝，便纳室于泉州(今福建泉州市)，卜居晋江县三十五都法石里。其后世以仲远

泉州承天寺

崇武古城

公一族最盛。仲远公字毅轩,生于元至正八年(1348年),卒于明永乐二十年(1422年),享年75岁。夫人陈氏,生于元至正十一年(1351年),卒于明宣德八年(1433年),享年83岁。合葬泉州晋江县三十五都龙头山阳。其后世陆续迁往海外。新加坡郭氏即其后裔。

5.郭春江苏丹徒分支

暖公后世有一支从汾阳迁至太原府介休县。后裔郭进,仕北宋,督军山西。其后代随高宗南渡,子孙散居四方。南宋理宗端平年间,郭春官司成祭酒,奉旨往东都扫陵,遂不复仕进,隐居京口,不久迁至润州(又称镇江府)丹徒县马迹山观前村。

其后第三世郭仲正由观前迁至北港。第六世郭洪英由观前迁至毗陵(今江苏武进)南门山陵桥,郭洪福由观前迁至润南开仪村;后郭汉又迁至云阳乡瓦屑坝郭家沟。第十八世郭大元由郭家沟迁至本县洪巷里殷家乡,郭大亨由郭家沟迁至本县蒋使务村。第十九世郭成全由蒋使务村迁至丹阳县吕城乡荷花池。第二十世郭文琏由马迹山观前迁居镇江西门外山巷里。

6.安徽亳县分支

暖公后代有一支由汾阳迁至山西沁水县,北宋神宗时迁至安徽亳州,其后世有个叫郭益的人,于元末任淮安太守。明正德八年(1513年),后裔郭璟字良玉,曾官福建建安县丞,例授迪功郎。

亳州曹操运兵道

京口山川形势图

7.郭英江苏南京分支

暖公后世有一支迁到安徽濠州（今凤阳县）。传至元末，有郭兴、郭英兄弟二人，跟随朱元璋南征北战，郭兴被封为巩昌侯，郭英被封为武定侯。郭英有子十二人，知名者三人：镇、铭、镛。郭镇尚永嘉公主，郭铭官辽府典宝，郭镛官中军右都督。郭英有女九人，第二女为辽郢王妃。郭镇长子珍，官锦衣卫指挥佥事。郭铭有一女为明仁宗妃，铭子玹袭封武定侯。玹子聪，官锦衣卫指挥佥事。郭珍子昌袭封武定侯。昌子良初官指挥佥事，后袭武定侯。郭良子勋，官至太师，封翊国公。郭勋子守乾，袭封武定侯。传于曾孙培民，已是崇祯末年。

郭英的子孙中有一位名郭才，于明建文元年（1399年）燕王朱棣起兵北平发起"靖难"之役后，离开南京，避乱到了江苏泰兴，住北门外太平乡南盛庄。其后世在这里繁衍生息，日益壮大。

8.郭廷章江苏丹徒分支

暖公有一支世居山西汾阳爱子村，后来传到郭雯，已是明代嘉靖年间。郭雯长子郭廷章字松山，次子郭廷芳字国华。嘉靖九年（1530年），郭廷章被汾阳县选拔为贡生，官直隶通判，不久迁江南苏州府通判，后因事罢官，闲居京口（今江苏镇江）。这一年汾阳县遭受特大暴雨灾害，山洪暴发，洪水与泥沙冲毁并埋没了爱子村，一部分郭氏后人逃离出来，而廷章的妻室子女全部遇难。廷章此时已年过五十，痛不欲生，后经人劝说，续娶润州丹徒县李氏为妻，生得二子：郭印与郭御。于是占籍丹

丹徒黄龙映月彩池

徒,筑室县城竹竿巷,在那里繁衍生息,日益壮大。

9.郭永清湖南麻阳分支

暖公后代有一支迁到了江苏常州府宜兴县,传至郭永清,已是明代嘉靖年间。永清考中进士,官江西吉安府刺史,有六子:昱、鉴、钢、镪、某、镏。次子郭鉴读书有成,为万历十六年(1588年)举人,官四川益阳县教谕,升任沅州教谕。永清此时已告老还乡,随郭鉴仕宦,居无定所。后来郭鉴被解职,永清父子便就近在湖南麻阳县安家落户,住石羊哨严床坪通达林。其后世发展成为一个很大的家族,并向四川以及贵州、广西等地播迁,如第九世登禄迁往重庆府巴县郭家坪;第十世大松迁往贵州松桃县,大荣迁往四川沅州城,大超迁往广西,大育迁往四川来凤县,大聪迁往贵州松桃县蒙雾滔;第十一世士选、士才俱迁四川彭水县上柏溪场,士贵迁广西林平县,士礼迁四川来凤县,士元携六个儿子俱迁四川来凤县,士景、士京迁居贵州施秉县,士武迁往重庆府城;第十二世绍年移居四川沅州城,绍宗迁往四川来凤县,绍琏迁往贵州罗河县;第十三世宗恒、宗柏兄弟俱迁至贵州永丰州,宗孟迁往贵州铜仁县溪江口;第十四世祖钊、祖锡兄

麻阳兰里石碾

弟俱迁贵州永丰州;第十五世元文迁往贵州古州等地。

10.郭得浙江鄞县分支

曙公后代有一支迁到河南光州息县朱刘社,在那里繁衍壮大,日益兴旺。传至元末,有一位叫郭得的人,响应朱元璋起兵,打到浙江宁波府鄞县,立了大功,于是朱元璋奖励他在鄞县世袭食邑百户,郭得就在那里安家落户。其后世人口众多,有些陆续迁到了海外。

浙江鄞县东钱湖畔

有三次：第一次是在唐初，陈政、陈元光父子奉命入闽平定所谓"蛮獠之乱"期间。陈政、陈元光从河南固始率军南征，当时，随同入闽的有45姓，其中就有郭淑翁，后在龙溪郭埭乡安家落户。据《漳州府志》所载，从陈元光开漳偏裨将领，有郭益其人，故知唐初郭姓已有迁入闽南者。第二次是在唐代中叶"安史之乱"期间，即从唐玄宗天宝十四载（755年）起，至代宗广德元年（763年）迁于湖北、江苏一带，甚至远避于云南。而当时播迁南方的郭姓族人，在后世纂修族谱、家乘，追溯先世源流时，多自称是郭子仪的后代。如《崇正同人系谱·郭氏》谓："在唐中叶，有郭子仪……封汾阳郡王。有八子，七十二孙。其第七子应为郭曙，出守福建汀州……生子福安……任福

开闽王王审知像

3 中原郭氏 入闽开漳

唐代，随着李唐王朝的强盛和版图的扩张，郭氏族人的迁徙分布地域也日渐辽阔，其中影响最大的是闽粤地区，史称"入闽开漳"。郭氏族人开始在东南一带落地生根，奠定了后世郭氏族人渡海迁台、漂洋外迁的基础。

在唐代，郭姓族人播迁闽、粤者，大致

"开闽三王"绣像

建泉州太守……以官福建故,遂家于汀州郭坊村。此为郭氏南来播族之始。"第三次是在唐代末年,黄巢大起义爆发,光州固始人王潮、王审知率光、寿二州兵勇五千余人,由固始入闽,后梁太祖朱温于开平元年(907年)封王审知为闽王。据《台湾省志·人名志·氏族篇》记载,随王潮、王审知入闽的有陈、张、李、王、吴、蔡、杨、郑、谢、郭等28姓,其中河南固始人居多。汾阳王

郭子仪长子郭曜之后裔郭嵩,就在此时入闽。

据《新唐书·宰相世系表》所载,郭子仪长子名郭曜。曜公裔孙唐末迁往河南光州固始,其中有一支名郭嵩,于五代后梁开平四年(910年)跟随王审知的从弟王想来到福州,王想被任命为新宁县(今福建长乐县)县令,郭嵩随往,居新宁县芝山。在芝山北峙溪择地建汾阳王庙,称地名为

福建泉州东北的洛阳江上的巨石桥——万安桥

"郭坑",庙名为"福惠庙",以示不忘子仪公和历代先祖的恩德。

郭嵩有三子:赘、贵、贽。郭赘世居郭坑。郭贵迁居到了长溪县(今福建霞浦县)。郭贽有二子:恂、绚,蕃衍于仙游、同安等地。

郭恂,字正道,官明贤侍郎,由郭坑迁居兴华府仙游县(今福建仙游县),卜居北郊大蜚山下,号"郭宅宫"。后世屡有灾异,乡人立庙祭祀郭恂,称之为"司马圣王"。郭恂子郭赞,字尚文,不久迁至泉州高桂坊。郭赞子郭瑛迁至惠安。郭恂另一子郭质,字尚同,移居仙游县碧溪,郭质裔孙郭惟高,于北宋咸平年间由仙游碧溪迁至莆田县魏塘,名其住地为"郭埭"。其后裔闻名于世者有南宋初郭义重、元初郭道卿、南宋末郭廷炜,分别被朝廷旌表为孝子,后人以此为荣,称其为"魏塘三孝子"。

郭绚,字弘道,五代后唐时官福唐县(今福建福清县)训导,曾访汉代何仙姑遗迹,看中了该县玉融山下的南阳村,于是在此筑室定居。此支此后失考。至元初,有后裔郭初迁居同安县马山之西。郭初二子:耀、华。长子郭耀迁居同安县东南50里之化北里下泽朗后洋之中兴社,其后裔分为天房、地房、人房三支,枝繁叶茂,播迁各地。据说当时就有传言说:"南泽岐,北泽朗,五百年后衣冠烺烺。"后来真有不少人做了官。

由于郭嵩后裔人多族大,名人辈出,其子孙后代散居于仙游、莆田、福清、同安、蓬岛、泉州、惠州、闽县、延平等地,并由此而散居粤桂,渡海迁台,播迁海外,成为海外郭姓族人主要的分支,因而郭嵩被尊为"入闽始祖"。

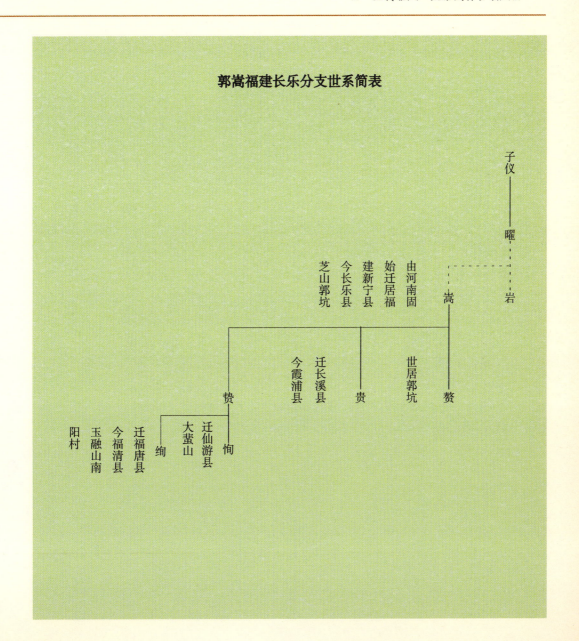

郭嵩福建长乐分支世系简表

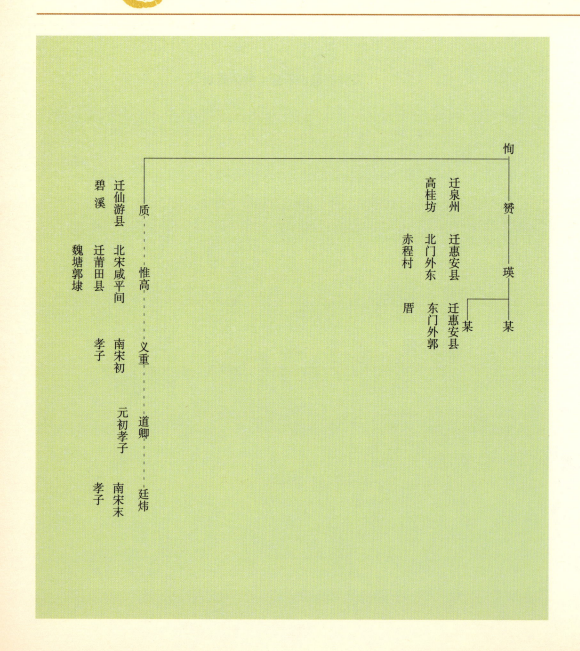

恂
　赟
　瑛
　某　某

迁泉州　迁惠安县
高桂坊　北门外东　东门外郭
赤程村　　　　　厝

质　惟高　义重　道卿　廷炜
迁仙游县　北宋咸平间　南宋初　元初孝子　南宋末
碧溪　迁莆田县　孝子　　　　孝子
魏塘郭埭

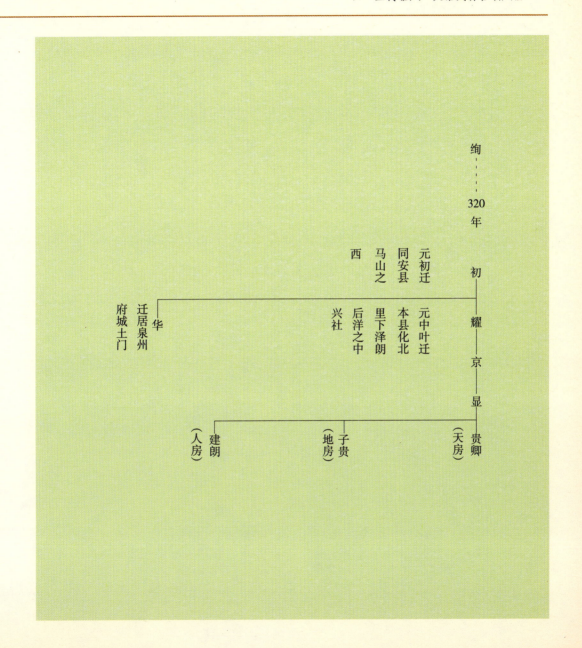

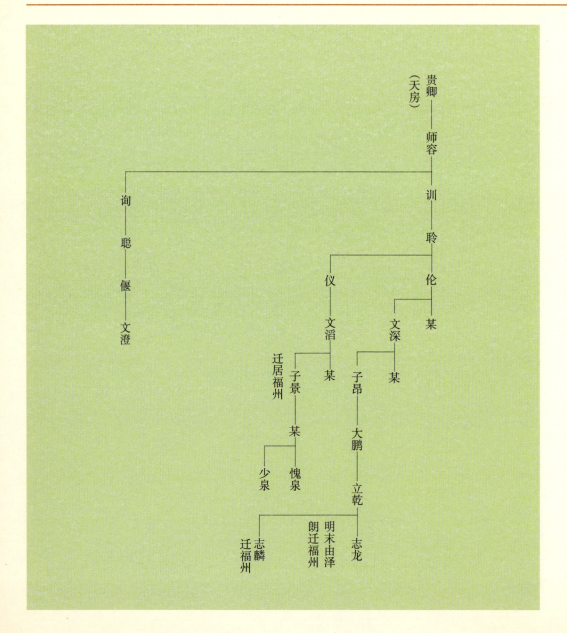

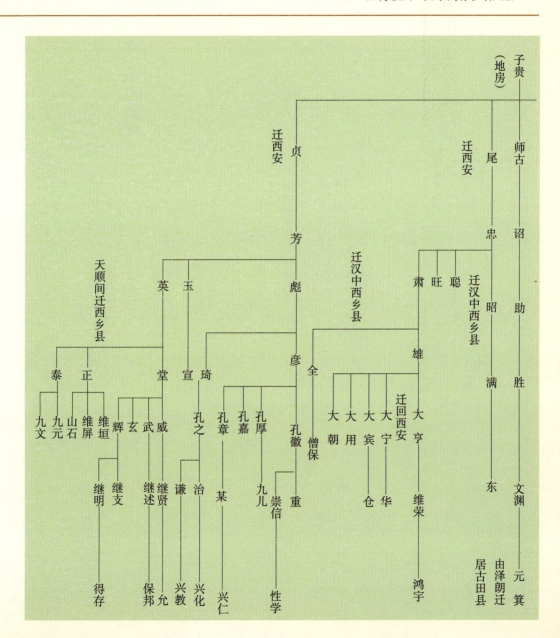

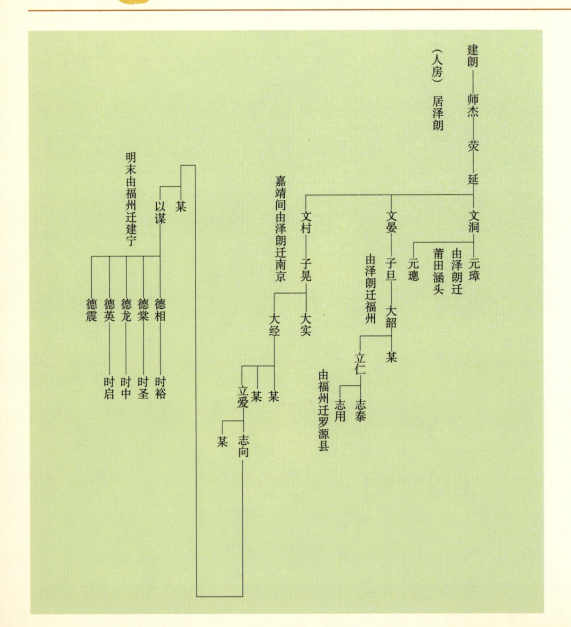

建朗——师杰——荧——延

（人房）居泽朗

中华郭氏
源流篇

五　春华秋实
人才辈出英贤荟萃

五代宋元直至明清,郭氏进入平稳发展的历史时期,宋元继盛,明清昌隆,英贤辈出,人才荟萃,在郭氏发展史上谱写了与时俱进、异彩纷呈的华章。

唐·观鸟捕蝉图

五代最杰出的皇帝周世宗

1 五代枭雄 立国称帝

唐末五代是藩镇割据、风云变幻的多事之秋，中原动荡，山河破碎，短短数十年间，梁、唐、晋、汉、周更迭兴衰，吴、楚、闽、越、荆……小国林立。在这群雄并起、强者为王的激烈动荡中，有两支起于草莽的郭氏族人，凭借自己的政治才干和军事谋略，纵横捭阖，角逐政坛，把郭氏族人的历史推向了第三个发展高峰。

唐末五代既是一个风云变幻的多事之秋，又是一个英雄辈出的动荡时期。在这一历史时期，产生了两位著名的郭氏人物。一位是以郭崇韬为首的代北郭氏，以辅唐灭梁的丰功伟绩，封妻荫子，出将入相。另一位则是后周太祖郭威，以其文治武功，雄才大略，黄袍加身，肇基开国，创建了郭氏历史上唯一的封建王朝——后周。

郭崇韬

字安时，父曰弘正，世居代州雁门。郭崇韬为人机敏，富有才略。初为昭仪镇军李克修亲随，后事李克用、李存勖父子，参赞军机，执掌中枢，历任中门使、枢密使、兵部尚书、承德节度使、检校太保，位兼将相，宠荣无比，是辅唐灭梁的第一功臣。

李克用

李存勖

但由于他直言劝谏，位高震主，渐为唐庄宗李存勖所猜忌。加之宦官、优伶等小人，日进谗言，嫌隙渐深。为免遭陷害，消弭毁谤，郭崇韬一面自请辞去枢密使、节度使等职，一面随魏王李继岌远征西川。不料平定巴蜀之后，仍遭宦官诬陷，高皇后假传圣旨，令宦官马彦桂以魏王召见之名，伏兵擒杀郭崇韬及其二子廷信、廷诲，暴尸蜀中。其余三子廷说、廷让、廷议，也分别被诛于洛阳、魏州、太原，家产抄没入官。一位雄才大略、忠心报国的政治家就此含冤而死。

及至唐明宗李嗣源即位，始得昭雪平反，赐还太原旧室。廷诲、廷让各有幼子一名，幸赖亲友隐匿，免于难，留下郭氏一支血脉。

郭威

字文仲，诨名郭雀儿，少时孤贫。初为军吏，后汉时，以军功拜为枢密副使。948年，奉命讨平李守桢之乱，封邺都留守兼天雄节度使，成为集军政大权于一身的大员。因此受到汉隐帝刘承祐的猜忌，于是郭威在众将拥戴下起兵反汉，攻入京城，登基称帝，国号曰"周"，史称"后周"，是中国历史上唯一的郭姓王朝。

由于郭威出身贫苦，初通文史，深知民间疾苦和创业艰辛。因而即位后，生活节俭，轻徭薄赋，广招人才，虚心纳谏，改革时弊，整肃吏治，使北方地区的社会经济和政治形势趋向好转。因此，深受历代史家好评，被誉为"五代十国"第一明君。

郭威死后，由其内侄、养子郭荣（即周世宗柴荣）即位，继续休养生息，积蓄国力，为日后北宋王朝扫灭群雄，平定江南，奠定了基础。

2 宋元继盛 光大家声

宋代以来，中国进入封建社会后期。由于商品经济的发展和唐末五代的战乱冲击，社会结构和家族组织发生了深刻变化。唐代以前世家大族式的家族组织已土崩瓦解，魏晋以来以"门第等级"荐拔人才的取士方法，也被日渐完备的科举制度所取代。在这一历史时期，郭氏族人没有形成如魏晋时期的豪门大族，也没有像隋唐时期的显赫功业，但也涌现出一批崇文尚武、抗敌戍边，心系国计民生的郭氏家族和郭氏名人。

华州郭氏 将门虎子

华州郭氏是唐汾阳王郭子仪的宗支

后裔。唐末五代时有一支徙居郑州，后徙开封，以武功著称于世。宋初有郭遵，少隶军籍，稍长迁殿前指挥使。乾兴中改任左班殿值，并、代路巡检，迁右侍禁，再迁左侍禁，徙延州西路都巡检使。西夏元昊入寇延州，郭遵率军抗击，因深入敌后，中伏战死，特赠果州团练使。

其弟郭逵，字仲通。郭遵战殁后，郭逵被录为三班奉值，隶陕西范仲淹麾下，以战功累升签书枢密院事。郭逵生性慷慨豪爽，喜读兵书战策。每临战之时，先行招抚劝谕，以期"不战而屈人之兵"，有儒将之风。后因征讨交趾失利，贬左卫将军。宋哲宗时以左武卫上将军致仕。

郭遵族弟郭恩，初隶诸班宿卫，出为左侍禁，累有战功，历任延州西路都巡检，秦、凤路兵马都监，徙并、代州钤辖，掌管麟州府军马事。后因西夏入侵河西，力战被俘，不降自杀。

郭逵之子郭忠孝，字立之，曾受学于程颐。以父荫补官，进士及第。靖康中为永兴军提点刑狱。时值金兵入侵永兴，郭忠孝与唐重分兵守御，城陷以身殉职。郭忠孝治军之余，精研易经，自题其居为"兼山"，著有《兼山易解》，学者称其兼山先生。

郭忠孝之子郭雍，字子和，承其父家学，隐居陕州，号白云先生。朝廷屡次征召皆不出仕，赐号冲晦处士、颐正先生。精研易学，有《郭氏易说》传世。

至宋室南渡、金人入主中原，有族人郭宝玉，精通天文兵法，金末封汾阳郡公。元初由木华黎引荐于元太祖成吉思汗，从征西域有功，又随军收复契丹、渤海诸国，累迁断事官，后卒于贺兰。

郭宝玉之子郭德海，字大洋，相貌奇伟，家承父学，精通天文兵法，从军西征，攻铁山，逾雪岭，长驱万里，平定答里，收复西亚诸国。后又随从阔阔进军关中，攻克南山八十三寨，孤军转战，连破金兵，以功迁右监军。

郭德海之子名郭侃，字仲和，智勇有谋，弱冠即为百户长，屡破金兵。后随从旭烈兀，平定西亚，收复富浪，西域诸国惊为神人。及至元世祖平定江南，郭侃随军南征，任海宁知州，不久卒于任所。

东阳郭氏　书香传世

在中原郭氏重振雄风、建功立业之际，南迁郭氏各个衍派多以耕读传家，书香继世，创办书院，开馆授徒，著书立说，与中原郭氏相映生辉，再次展现了郭氏族人"崇文尚武"的家族风范。

状元门匾

武魁门匾

进士门匾

安徽宏村南湖书院

　　其中，尤以宋代创办西园书院、石洞书院、南湖书院的郭良臣、郭钦止家族最为著称。

郭良臣

　　南宋东阳（今扬州）人，字德邻。通晓经史，尤喜朱、程理学，与南宋著名理学大家吕祖谦交往甚密，创办西园书院后，即延聘吕祖谦、张九成等名人学士主持讲学，吸纳郭氏宗支子弟及有志青年入院学习。由于吕祖谦为宋代理学大师，创立了"金华学派"（也称婺学），其学术思想是

《详注西园塾课》书影

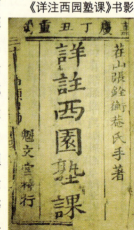

兼容各家，博采众长，不名一师，不私一说，以儒为宗，兼通诸家，由经入史，以史谈经，讲究经世致用。因而西园子弟及郭氏子侄深得其益，西园书院成为扬州地区较著名的书院之一。

郭钦止

为郭良臣从弟，字德谊。早年受业于张九成，也曾就读于西园书院。受其兄郭良臣影响，自创石洞书院，延聘名师教授子弟，多有成就。为人轻财乐施，热心公益事业。出资捐助本县创建藏书阁，购置书籍，奖掖后进，与名人学者多有交往，深为时人敬仰。

郭澄

系郭良臣之子，幼承家训，入西园书院从吕祖谦等名士，研习朱、程理学，身体力行，敦宗睦族，名闻乡间。后以父荫补授将仕郎，调任南昌，为黄县主簿。郭良臣另一侄子，即郭钦止次子郭溥，自幼受父兄熏陶，酷爱书史，精研朱、程理学，秉承祖训，创办了南湖书院，成为继石洞书院之后，扬州府又一著名书院。郭良臣兄弟、子侄，一门三代就创办了西园书院、石洞书院、南湖书院三座书院，为发展扬州文化事业作出了卓越贡献，成为中国书院史上的一段佳话。

邢台郭氏　天文世家

由忽必烈创立的大元帝国，是中国历史上版图最大的封建王朝，也是与欧、亚各国交往最为频繁的王朝之一，不同程度地受到了欧、亚各国中世纪文化的影响，因而商业贸易、天文历算、工程机械、水利事业等造福国计民生的各个领域都有了一定的发展。享誉中外的元代天文学家、水利专家郭守敬便是其中的佼佼者。

郭守敬

字若思，顺德邢台（今河北邢台市）人。其祖父郭荣，通晓五经，精于算术、水利。曾与当时名士张文谦、刘秉忠、王恂、

郭守敬于 1270 年前后设计建造的简仪（复制品）

张蜀等就学于州西紫金山。郭守敬少年时期即拜刘秉忠为师,学习天文历法,后又从张文谦学习水利。由于他聪慧过人,学业精进,深受张、刘诸先辈赏识,被举荐朝廷,受到元世祖的亲自召见。授诸路河渠提举、副河渠使。元世祖平定江南,郭守敬以唐代一行和尚所创之《大衍历》为基础,他先后制作了简仪、仰仪、高表等13种天文仪器,其精巧和准确程度都超过了前人和欧、亚各国,被西洋人尊称为"中国的第谷"(第谷为欧洲著名的天文学家)。

1280年,郭守敬制成了我国历史上最为完善准确的历法——《授时历》。给中华民族留下了一笔宝贵的文化遗产。郭氏族人为中华民族培育了一位科学巨匠。

3 明清昌隆 再展雄风

明清两代是郭氏族人发展史上的一个重要时期。由于官方多次组织的大规模移民和自然移民,使郭氏族人的活动中心不仅再次向南转移,同时分布地域也扩展到了北起黑龙江,南到台湾岛,东起渤海,西至云、贵、川的广大区域,可谓遍布九州,撒满中华,为郭氏族人的发展提供了良好契机。

风云际会 与时俱进

江淮流域是历代中原移民南下迁徙的第一站落脚之地,也往往成为世家大族聚集栖息,并再度兴起的发祥之地。据族谱资料记载,唐末五代以来落籍安徽、江西及湖南等地的郭氏后裔达十余支之多。如肥东郭氏、亳县郭氏、凤阳郭氏、吉水郭氏、庐陵郭氏、湘阴郭氏、麻岗郭氏,均为中原郭氏支系,且大都是郭子仪后裔。

元朝末年,群雄并起,反抗异族的残暴统治。其中以郭子兴为首的凤阳郭氏也揭竿而起,成为反元义军中的一支重要武装,为日后成为大明天子的朱元璋提供了最初的栖身之所和军事资本。

滁阳乌衣巷

郭子兴有子三人，长子早年战死，次子天叙，三子天爵，均为反元将领，后因受人唆使，与朱元璋反目成仇，先后被杀。独有其养女马氏与朱元璋患难与共，被封为皇后。明洪武三年(1370年)，明太祖朱元璋下令追封郭子兴为滁阳王，立祠建庙，并手书郭子兴生平事迹，立碑于庙中，以报其知遇之恩。

在郭子兴起兵之时，凤阳郭英、郭兴兄弟也投奔账下，效力军伍，后归于明太祖朱元璋部下，为亲信侍卫，常值宿朱元璋中军大帐。朱元璋呼郭英为"阿四"(郭英排行第四)。

郭英有子十二人：郭镇，尚永嘉公主；郭铭，为辽府典宝；郭镛，为中军左都督。郭英有女九人，二女均为辽郢王妃。孙女为明仁宗贵妃。

郭英有孙数十人。其中最著名者为郭登，早年从沐斌远征云南腾冲，以功授都指挥佥事。后因在"土木之变"中，固守大同，屡次拒绝瓦剌统帅以明英宗为要挟，进占大同的企谋，为英宗所忌恨。明英宗复辟还朝后，被降为都督佥事，贬到甘肃立功赎罪。直到英宗死后，始昭雪平反，召还京师。不久病逝，追赠侯爵，谥号"忠武"。

土木之战示意图

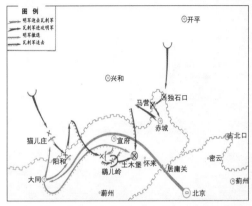

图例

及至明朝灭亡清兵入关，平定江南，社会环境相对稳定，经过"乾嘉盛世"百余年的休养生息，江南一带日渐繁华，文风蔚起，湘阴郭氏也应运而生，成为江南望族。湘阴郭氏为汾阳王郭子仪后裔，江南郭氏望族。据《湘阴郭氏家谱自序》载称：汾阳王郭子仪五世孙郭在徽，仕南唐，官鸿胪右卿，始居吉州之望云门。又一传至广国公晖。今吉安郭氏，皆广国府君之裔。有分居赣州之信丰者，元季避乱，徙广东，居南雄路保昌县芙蓉西溪，是为缓新府君。保昌为南雄首治，后废为州，在信丰西南。又数传至姚山府君，由南雄迁湘阴，为湘阴郭氏。初祖自缓新府君以来，传数百年，无名史策，姚山府君三传，始有读书为弟子员者。又四传蔡臣府君，领乡荐，通籍

湘阴远浦楼

于朝,其后登科者踵迹,遂为湘阴巨族。是郭氏南迁江东的重要支派。

清道光年间,湘阴郭氏出了两位享誉江南的郭嵩焘、郭崑焘兄弟。郭嵩焘,字伯琛,号筠仙,道光进士。早年入幕湘军统帅曾国藩帐中,参赞军机,颇有建树,深受赏识。此时,由于中外交流频繁,急需一批外交人才。郭嵩焘由于帮办曾国藩洽谈洋务,被举荐,先后任出使英、法大臣。

郭崑焘原名先梓,字仲毅,号意诚,晚号樗叟。道光举人,官内阁中书。咸丰间入赞湖南巡抚幕僚,运筹帷幄,多有建树。后经胡林翼等举荐为湖北布政使。光绪中卒。崑焘为人端庄厚重,为文简朴,著有《卧云山庄集》。

客居异域　落地生根

中国历代移民,无论是官方移民或自然移民,经过几代的繁衍生息,均先后与当地土著居民交融共处,并为当地的社会经济发展作出了巨大贡献,可谓落地生根。但他们仍念念不忘自己的发祥祖地,尤其是迁徙到闽、粤、赣、蜀的中原后裔,在语言、风俗等某些方面,仍保留了浓厚的中原传统文化的特色。与当地土著居民相对应,他们被称之为"客家"。后来相沿成习,"客家"亦成为中原移民后裔的称谓。

据统计,目前我国大陆客家总数达5512.8万人,其中广东210万人,江西1250万人,广西600万人,福建500万人,台湾400万人,四川200万人,香港、澳门及南方各省也有不少客家人。客家人不断发展播迁的历史,就是民族交融与民族迁徙的缩影。而郭氏族人则是客家人中南迁较早,分布地域较广的族姓之一,其中最具代表性的是四川乐山的郭沫若家族。

据郭沫若自撰《德音录·先考膏如府君行述》和唐明中所撰《郭沫若家族入蜀世系初考》等文献记载,郭沫若家族原籍福建省汀州府宁化县,祖先是从事长途贩运的行商,约在乾隆四十六年(1781年),入蜀定居。

福建汀州宁化县,位于武夷山东麓,福建省西隅,北连江浙,南接粤桂,西通川黔,四周山环水绕,中间是开阔的平原盆地,物产富饶,环境幽雅,堪称世外桃源,是历代南迁士民避乱求生、繁衍栖息的理想之地。宁化县石壁村更是中国历史上著名的八大移民点之一。早在秦汉之际,就有中原士民避乱迁徙于此。此后,在西晋永嘉之乱、唐末五代、宋室南渡及明清之际,每当中原动荡,社会发生激烈巨变之时,都有一批又一批的大量移民涌入宁化石壁,先后曾有106个姓氏的族人在此繁衍栖息,并由此而分迁闽南、闽西、粤、桂、川、黔及台澎、琼崖,播向南洋各地,繁衍海外。

据福建省大埔县光德镇漳溪村郭氏《韩华家谱》、《小留竹林郭氏源流考》、《对门郭姓德基堂族谱》记载,宁化郭氏鼻祖出自虢叔,尊唐代汾阳王郭子仪为始祖。郭子仪生子八人,其第七子郭曙十四世裔孙郭福安原居陕西华州(华阴),宋时出仕龙岩,徙居宁化石壁。传至第二十九世百二郎时,有子七人(一说五人),分迁上杭、漳州、梅州等地,也有的留居宁化,恪守祖

宁化县石碧镇石壁村

居。

　　郭沫若远祖出自宁化哪一支系，因文献缺略，难以确认，但由宁化迁蜀之缘由和传承世系记载得十分清楚。郭沫若在《我的童年》一文中写道："四川人在明末清初的时候遇过一次很大的屠杀，相传为张献忠剿杀四川。四川人爱说：'张献忠剿四川，杀得鸡犬不留。'这虽然不免有些夸大，但在当时，地主杀农民起义军，农民杀反动地主，满人杀汉人，汉人杀满人，相互屠杀的数量一定不小。在那样广大的地方，因而空出了许多吃饭的地方来。在四川以外，尤其是已人满为患的东南，便有了一个规模相当大的移民。"据史书记载，从康熙二十二年（1683 年）至乾隆年间，共有十余个省的民众向四川移民，持续时间长达一百余年。这次大移民以湖广人入籍

四川为最多，故民间称之为"湖广填四川"。广东、福建移民入川，是在湖广人入川之后，且以客家人为主，其入川原因或为破产逃荒，或为经商发展，也有因政治避难或仕宦入川。郭沫若家族的入川始祖郭有元，即是因行商破产，为生活所迫，于乾隆四十六年（1781 年），背着两包麻布（野生麻织成的粗布），随入川马帮到乐山牛华镇贩贸谋生。随着资本的积累，自己办起了马帮，从福建宁化经江西、湖南将麻布贩运入川，又将牛华镇等地的井盐贩运出川，沿途共设有 13 个驿站，专供马帮往来食宿，生意日渐兴隆。于是又在牛华镇自凿盐井，雇工生产，在沙湾镇购置田地，修建住宅，落籍沙湾，并专程返回祖籍，将父母骸骨迁葬于沙湾镇南端滥田湾，修建了郭氏祖茔。

明·宁化古城繁华图

郭有元有三个儿子：长子承富，次子承星（金），三子承享。其中三子承享返归原籍宁化县龙上里七都，恪守祖业；长子、次子均定居沙湾。在郭氏入川第三代即郭沫若的曾祖父郭贤琳、族曾祖父郭贤惠时，分别开设了"郭鸣兴号"与"郭鸿兴号"，成为当地著名的兼营工商业和土地的富裕之家。

在郭氏入川第四代时，郭沫若的祖父辈开始读书进学。郭沫若的大伯父（大排行为二伯父）为县学生员（秀才）；二伯父郭潮瀛（大排行为三伯父）长子郭联升12岁考中秀才，人称神童，另一子郭天成精通骑射，为清末武秀才。郭沫若之父郭朝沛，字膏如，早年辍学经商，但他十分重视对子女的教育。不仅办起了家塾专馆——绥山馆，聘请了学识渊博、锐意改革的沈焕章教授诸子，而且把四个儿子全部送到外地求学深造。长子郭开文，为清末秀才，赴日修学法律，归国后钦赐"法科举人"，"七品小京官"，是我国第一批留学日本的青年之一；次子郭开佐，也为留学日本的"武备生员"；三子郭开贞，即郭沫若，更是出类拔萃，成为一代世界文豪。

郭沫若的本宗支系，即郭沫若的族曾祖父郭贤惠后裔，则是以经商见长，其商

郭沫若旧居

行"鸿兴号"在沙湾镇商业中占有相当的地位。因此当地人都说："鸿兴号的银子，鸣兴号（郭沫若本支）的顶子"，从一个侧面反映了郭家在沙湾镇享有较高的经济地位和政治地位。

从郭有元由闽入蜀，到郭沫若兄弟相继成人，二百多年间已繁衍六代，成为当地一个族大人多的望族。每年农历七月十五日合族祭祖时，都是以"有"字辈为其始祖，并按照族谱所载的"五言四句、二十字的字辈排行"给后代命名。这二十字是"鸿廷寿显元，永志有承贤，明朝开宗远，英良虎少全"。

依据其族谱资料，将郭沫若家族入蜀后家族繁衍的谱系排列如下：

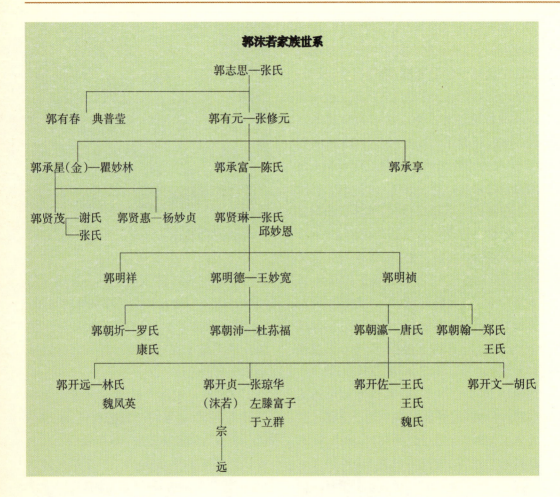

郭沫若家族世系

流布九州 群星荟萃

明清两代移民大致可分为两种类型：一是自然移民，二是官方移民。自然移民是指因天灾、战乱、做官入仕、商业贸易，或避难、避仇等生存原因而导致的人为迁徙。官方移民则是历代政府出于政治、经济、军事等方面的原因，有组织、有计划、有目的的大规模移民活动，是带有强制性的政府行为。

明代的"江西填湖广"、"湖广填四川",以及山西洪洞大槐树移民,就是规模宏大、影响深远的官方移民。元朝末年,群雄并起,烽火连天,湖广的安庆府等地受害尤烈,人口锐减,土地荒芜。相形之下,江西之饶州、鄱阳、万年、乐平、景德镇等地,因较少受战乱波及,人口较为稠密。明政府建立政权之后,制定了一系列奖励政策,鼓励和组织江西饶州等地民众向安庆府等地移民。此次移民,虽然史无明文记载,但在方志、族谱中却有大量资料足以证明。如据安庆市图书馆所藏族谱记载,移民后裔将江西瓦屑坝视作自己的始迁祖籍,俗称"江西填湖广"。

同样,一向富庶的成都平原,也因为明末清初的农民战争,人口锐减,于是清政府又大批移民入川,其中大部分来自湖北、湖南等湖广地区,因此又有"湖广填四川"的说法。

在上述两次大规模的移民过程中,自然也包括了相当的一部分郭氏族人。据族谱记载,四川万县、云阳、宜宾、彭水、来凤、重庆、成都等地的郭姓家族,都是由湖广迁徙而来。如郭钧撰写的《四川万县郭氏源流简述》,称万县郭氏祖籍湖南省郴州府资兴县土地堂,乾隆年间落籍万县。

继而子孙兴起,历代经商,先后开设有"川发正钱庄"、"川发金油行"、"川发永粮行"及"川发百货行"等行号,成为万县的名门望族。

四川省大英县金元中学教师郭为提供的《汾阳郭氏族谱》,也记述了郭子仪后裔由江西迁往湖南的历史渊源。该谱谱序称:郭子仪五世孙郭在徽,后梁时由汾阳迁居金陵,为吉州刺史,遂居吉州之地,其子广国公始徙居麻岗。传至十五世祖弥劭时,时值南宋末年,于宋理宗宝庆元年(1225年)徙居湖南邵阳、湘乡、益阳(新化)、安化等地。弥劭卜居新化青石街郭家井,分"翔、清、海、晚"四大支派,成为当地一大望族。

成都平原

郭在徽的子孙中,也有一支于宋端平元年(1234年)由江西吉安迁往湖广(湖北)黄州麻城孝感乡浇叶沙子场郭家咀狮子岩儿子湾,其开基始祖为郭子仪二十六代孙郭弥都。及至元末明初,又有郭模洛率族人迁于四川大英县卓筒井镇檀木湾。距今已有600年的历史,村外郭氏古墓群为数众多,保存完好,其中嘉庆年间墓碑,形制奇特,有花瓣形防雨隔层,具有很高的历史价值和文物价值,是研究"湖广填四川"的珍贵资料。

在明清两代的官方移民中,移民人数最多、分布地域最广的移民举措,首推山西洪洞大槐树移民。据《明实录》等文献记载,从明洪武年间到永乐年间,移民达18

孝感观音湖

次之多,移民人数达80万人左右。移民姓氏,几乎涵盖了北方常见的100多个姓氏,分布地域遍及陕西、宁夏、甘肃、河南、河北、山东、安徽及京、津和内蒙古地区,其中一部分又从山东、京津地区迁徙到东北三省,可谓中国整个北方地区都有山西移民的后裔。直至现代,在北方地区仍流行着这样一首民谣:"问我老家来何处?山西洪洞大槐树。"据文献和族谱资料所载,洪洞大槐树移民,除平阳之外,其余多来自汾、平、介、孝及泽、潞、沁、辽等州县,其中郭氏族人多为汾阳王后裔。现存的众多族谱、方志清晰地记录了这一历史时期郭氏族人的迁徙史实。如清光绪三十四年(1908年)的山东《荷泽县乡土志·氏族》记载道:"郭氏,系出晋大夫郭偃,原籍山西洪洞县,其始祖名权,明初迁居曹州,世居城东,传世至今二十五代。"而民国二十五年(1936年)编撰的河南《西平县志》在《氏族志》中记载得更为详细:北街郭氏,相传为唐汾阳王郭子仪后裔,明成祖靖难后由山西交城迁居西平县南流堰河之阳(在今新丰堡)。始祖讳子中,妻黄氏,生7子,长曰芳,余均失传(因明末旧谱被流寇焚毁故)。芳有子曰宗廉、宗清、宗直。宗廉为明英宗天顺六年(1462年)岁贡,宪宗朝任中

明清移民"根"——洪洞大槐树

由这段记载，我们可大致把西平县北街郭氏的传承世系列成下表：

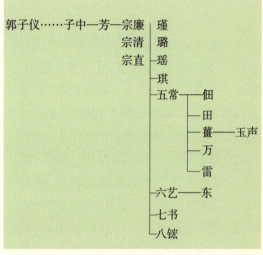

城兵马指挥，孝宗弘治初奉旨讨万贵妃党，有声于时。宗廉有子八人：瑾、璐、瑶、琪、五常、六艺、七书、八铉。五常，正德六年（1511年）庚午举人，次年辛未联捷成进士，十四年以谏阻正德帝南巡罚跪午门7日，事详列传中。六艺，正德十三年（1518年）岁贡，仕杭州右卫经历。七书、八铉均死于正德六年群寇之难。五常子五，曰：佃、田、薑、万、雷。其侄东（六艺子），嘉靖十年（1531年）辛卯科举人。薑后世有名玉声（字虞拊，廪膳生）者，于清康熙二十六年（1687年）丁卯夏续订族谱。乾隆间岁贡郭炎森、嘉庆戊午科举人郭魁元（炎森子）、民国建立后沈丘县巡警局长郭连升，皆族之较著者也。

郭克悌所写《河南郭氏族人纪实》，也反映了由山西移民河南的史实：

河南省之洛阳、孟津两县，郭氏族人甚多，据传均系由山西省之洪洞县迁移而来，至今已历有年代。现以洛阳东之平洛镇及孟津县南之建宿为郭氏之两大本营，各有数百户。平洛郭氏两百年以外科著名，周围数百里，无不知之。……孟津郭氏，则以耕读起家，在前清乡试中，有举人、拔贡、秀才多名。民国初年，出国留学欧美者亦十人……开当地风气之先。

据有关地名资料统计，今河南省以郭字打头、命名的村落即达二十多个。例如，郭连，今禹州市郭连乡人民政府驻地，是东汉曹操谋士郭嘉故里，因地在濮河之滨，而名之郭连；郭村镇，今商丘市辖镇，因唐代郭氏建村，后渐成集镇，故名；郭店，今夏邑县郭店乡人民政府驻地，唐称郭家店，1927年更名郭店集，后简作今名；郭村，禹州市梁北乡人民政府驻地，明代以前杨姓居此，称杨楼，后郭姓居此，改今名；郭屯，在宁陵县城关回族镇西南8公里，洮河南岸，明洪武二十二年（1389年）有郭氏兄弟从山西洪洞迁此，分别建三村，称三官屯，清咸丰三年（1853年）三村合并筑寨，改今名；郭全屯，在卫辉市区西7.5公里，据明洪武二十四年（1391年）迁民碑载：山西泽州移民110户迁此，里长郭全，村以郭全之名命之；郭庄，今夏邑县郭庄乡人民政府驻地，因明洪武年间郭城自山西洪洞迁此，故名；郭老家，在虞城县城关镇东南9公里，明永乐十三年（1415年）建村，名郭庄，正德年间郭臣被招为郡马，得封地，更名宗禄村，清代村民外迁，此村遂名郭老家；郭庄，今原阳县郭庄乡人民政府驻地，明永乐年间郭辂迁此建村，名郭辂庄，简称今名；郭滩，今唐河县郭滩乡人民政府驻地，明末郭姓族人在水潭边建村，取名郭家潭，后演变为郭滩；郭家河，今新县郭家河乡人民政府驻地，此地的店铺处于河湾，原名拐弯店，后改陈家围，清初郭姓族人迁此，并成大族，遂改今名。又例如：郭岗，在镇平县城关镇西北24公里，因东、北、西三面临岗，居民多姓郭，故名；郭楼，在驻马店市区西南4公里，郭姓始居此，建有楼房，故名。另外，还有郭庄（属滑县）、郭集（原名郭店，属泌阳县）、郭里（属安阳市郊区）、郭亮屯（属辉县市）、郭楼村（属驻马店市）、郭庄（原名郭楼，属宁陵县）、郭庄（属封丘县）等村落，亦有郭姓人居住。

在官方大移民的同时，郭氏族人因生存原因，也在不间断地自然迁徙。据郭德权所撰《黑龙江瑷珲郭氏家传简记》记载，瑷珲郭氏为汾阳王郭子仪后裔。其一支早年迁至山东省登州府之蓬莱县。康熙初年，郭德权高祖由蓬莱渡海入东北，先卜居于吉林省宁古塔（宁安县）。因精于造船技术，被招入船厂水师营。康熙二十四年

(1685年)随清军沿松花江、黑龙江而上守卫雅克萨城,乃定居于黑龙江省瑷珲。之后人丁兴旺,家道殷实,乃有"郭半城"之誉。

在明、清两代的移民浪潮中,山西的郭氏族人也往往通过官方移民或自然移民,更加广泛地分布于山西境内。

如山西沁县《郭氏家谱序》中记载道:"粤我先世,实系平阳府洪洞县郭盆村人也,自明迁居沁州万安乡西陈都郭村,入南前里三甲。夫村以郭名者,岂旧古久名欤?抑以我郭氏来此始得名欤?如非以我郭氏来得名,想亦旧有郭姓者居此;若其以我郭氏来得名,则我郭氏必是先来者,否则必为望族,否则必有人杰,斯地以人重,不然何为而名郭村?"

由山西洪洞迁往沁县的这支郭氏,其家谱世系如下:

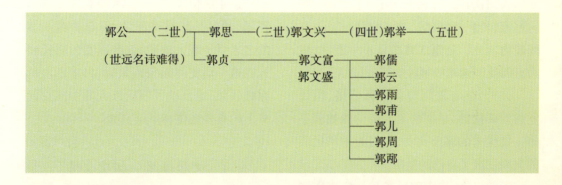

1840年的鸦片战争是中国近代史开始的标志。在半封建半殖民地这一特定的历史背景下,追求科学与民主成为时代的潮流,救国救民、振兴中华是历史赋予的使命。郭氏族人中的精英分子奋然崛起,肩担道义,或投身汹涌澎湃的革命洪流,成为时代的先驱;或从事各种社会实践,成为振兴中华的中坚:谱写了郭氏族人又一篇绚丽夺目的历史华章。

为拯救民族的危亡,推翻腐朽没落的封建帝制,早在20世纪初期,郭氏族人中的一批仁人志士,如:陕西的郭希仁、郭英夫,山西的郭殿屏,河南的郭仲隗,湖北的郭寄生,广东的郭典三、郭公接、郭冠杰、郭继枚,辽宁的郭松龄……先后加入了孙中山先生领导的同盟会,分别参加了广州起义和武昌起义,为推翻清朝,结束两千年的封建统治做出了杰出贡献,甚至牺牲了自己的生命。如广东郭继枚,在广州起义中充任敢死队员,奉黄兴之命随何克夫炸两广总署,冒险争先,不幸遇害,年仅19岁,为黄花岗七十二烈士之一。

在轰轰烈烈的五四爱国运动中,也有一批郭氏精英投身到反帝反封建的爱国行列之中。如当时在北京大学读书的广东文昌人郭钦光,与北大同学上街游行,冲向赵家楼搜寻卖国贼,遭到军警镇压,当场吐血不止,延至5月7日不幸逝世,成为五四爱国运动中牺牲的第一位烈士。

此外,还有老同盟会员郭公接、国民党将领郭松龄、早期的工人运动领袖郭亮等一批优秀的郭氏儿女,先后为中华民族的振兴献出了自己的生命。

近代以来,许多郭氏子孙为实现富国强兵、振兴中华的愿望,呕心沥血,矢志报国。有的创办学校,教育救国;有的开矿办厂,实业救国;也有的发明创造,攻克科技尖端;还有的著书立说,启迪民智……从不同的角度,以各自的方式报效祖国,为中华民族的繁荣富强做出了卓越贡献。

据徐友春主编的《民国人物大辞典》(河北人民出版社1991年)统计,近代以来活跃于中国政治、军事、外交,以及文教科技等各个领域的郭氏名人共108位,其中有开近代教育之先河的郭秉文先生,有首任驻联合国全权代表兼安理会代表郭泰祺博士,也有享誉中外的实业家郭乐、郭泉兄弟,还有著名作家郭沫若、诗人郭小川、歌唱家郭兰英、军事家郭化若、两弹元勋郭永怀,等等。可谓群星荟萃,璀璨夺目。

这108位郭氏名人,尽管其政治立场不同,功过是非有待评说,但有如此众多的名人巨子载入史册,就足以看出郭氏族人在这一历史时期宗族繁衍、人才辈出的兴旺景象,也反映了郭氏族人在中国近代史上的重要地位和卓越贡献。

4 徙居琼崖 拓殖台湾

海南岛与台湾岛是我国两大岛屿,早在一千多年前就有大陆沿海居民漂洋过海,开发拓殖,定居谋生。富有开拓进取精神的郭氏族人,自然也是开发海南、拓殖台湾的重要成员。

漂洋过海 徙居琼崖

海南岛作为我国的第二大岛,与雷州

"天涯"石刻

半岛一衣带水,很早就有大陆民众迁徙定居,并由此漂洋过海,移居东南亚地区及世界各地。

据《泰国郭氏宗亲总会成立三十周年纪念特刊》所载,泰国郭氏即有一支是从海南岛迁居而来,俗称琼崖郭氏。

琼崖郭氏为唐汾阳王郭子仪后裔,唐末五代由中原地区迁居福建莆田。南宋时,有郭元音、郭元吉兄弟二人,因元吉任琼州府评事,出仕海南,定居文昌。历经元、明、清数百年繁衍生息,宗族日盛,子孙兴旺,遍布全岛。其间,漂洋过海、远涉异域的族人为数不少。泰国、马来西亚等郭氏族人中就有一支来自琼崖郭氏。

为联络宗亲,明晰世系,琼崖郭氏于乾隆年间拟定统一字辈,并呈报琼州府正堂批准,作为海内外琼崖郭氏通用字辈。民国初年,琼崖郭氏再次集会,续取了20个字辈。自20世纪80年代以来,泰国郭氏后人,曾多次赴琼寻根问祖,并赴内地山西、陕西、河南等地谒祖朝宗,对促进中外文化交流,增强中华民族凝聚力起了良好作用。

筚路蓝缕　拓殖台湾

台湾自古以来就是中国的神圣领土。早在三国时吴大帝孙权,就曾派一万官兵抵达台湾,随军出行的吴人沈莹在其所著

中国古代航海船

14世纪，中国古代航海船上已使用罗盘

《临海水土志》中首次记录了有关台湾的文献资料，是台湾有文字记述的开端。隋大业三年（607年），由内地开始向金门、澎湖等地移民。宋元以来，朝廷在台、澎地区设置官府，派员管理，台湾地区正式列入中国版图。明清之际，内地居民，主要是闽、粤沿海居民，源源不断渡海迁台，以其先进的生产技术和艰苦创业的精神，披荆斩棘，开拓垦殖，成为开发台湾宝岛的先驱和主体。

据台湾方面的最新统计，目前台湾2300万人口中，96.4%的台胞根在大陆；台湾100个大姓中，80%以上来自福建，16%来自广东。正如台湾名儒连雅堂先生在《台湾通史》中所说："台湾之人，中国之人也，而又闽粤之族也。"

据史书所载，郭氏族人迁台始于明末清初，其著名人物为郭怀一。郭怀一，福建人，早年随郑芝龙纵横海上，为郑芝龙部重要将领。及至郑芝龙受清朝招安，郭怀一与何斌等部将仍留居台湾，率部属垦耕于台南之二层行溪南岸，创立家园，人丁日盛。

《台湾郭姓源流考》载：在南明永历年间，又有福建同安人郭贞一入台依附延平郡王郑成功。清雍正年间，有郭某与何、罗二姓入垦鸡笼（今基隆市）；惠安人郭奕荣入垦竹堑上、下山脚（今竹北尚义村）；海丰人郭青山入垦员山仔福兴庄（今新生理红毛乡）；又有郭某与蔡、尤、陈、毛五姓入垦苗栗二堡（今苑礼镇）。乾隆年间，有漳州人郭锡瑠入淡水拳堡鉴谿川圳垦荒；郭天光由许厝港入中坜，倡建中坜旧街及新街；漳州人郭某入垦竹北二堡蚯园庄；郭绍周捐建麻豆镇北极殿斋房；郭来与孙天赐等呈请毁除康熙五十四年（1715年）施甫所筑内港塭岸以垦殖。嘉庆初年，有郭福兴、郭景入垦今台北县石碇乡中民村番子坑；郭为揖与庄民重修凤山镇龙山寺；郭百年与黄、林、王等姓，入垦埔里社。道光年间,有郭某住触口,与打猫头赤嵌厝人刘玉,入垦嘉义公田庄;安溪人郭畅入垦今台北县坪林乡渔光村大舌湖樟空子。

清初,由于郑成功收复台湾后,拒降清朝,清廷曾颁布禁海令,强制将闽、粤等地沿海居民内迁,严禁内地民众渡海迁台。因而迁台民众一度时期相对减少,但仍有部分民众迁居台湾。

据郭诗连所撰《台湾台北崇饱公派族谱序》所载:

> 查我郭姓,发祥于山西太原,西元前1122年周武王即位

郑成功收复台湾图

台湾南部安平城是荷兰人所建立的贸易据点

时,封其季叔虢于西虢,虢或曰郭,从此以后,虢叔后裔,以郭为氏,逐年旺盛,蕃衍于天下。

我祖宗系统,出于唐玄宗时之名将汾阳郡王子仪公派下,因此堂号为汾阳。随各朝政变,逐次避乱南移,于明洪武九年(1376年),以德公辞去漳州卫右所军百总军职,将原居漳州府长泰县方城里横洋社土名大路口

寓所,迁入漳州府南靖县涌口保庙兜社俾仔仡厝,屯田业种,为南靖始祖。历十三传351年,至崇饱公于雍正五年(1727年)渡台,筑居台湾府淡水厅芝兰一堡内湖洲仔,租园开基,立业农耕,为渡台始祖。

传下我族。我宗族现行辈序为:"文章华国,诗礼传家",系南靖十六世祖文斗公于嘉庆十二年(1807年)续修族谱时所订定,以南靖十六世为始,继续沿用至今者。

清代中叶,海禁稍弛,沿海民众又相继迁台。据郭荣昌撰修的《台湾台中郭氏族谱序》载称:原居广东大埔县大麻乡平

台湾太平山郑成功庙(镇南宫)

台湾高雄港

源春之郭天锡后裔,传至第十四世郭宏烈时,因"感承郑成功郡王征伐台湾荷兰军,平定后之风俗十分良好,为发扬建业之心切,于乾隆、嘉庆年间,渡台到中部苗栗林定居。迎娶祖姚妈淑惠太夫人,生三子二女。长子开锵公,字观实,号达邦。次子开英公,字英邦。三子开标公,字经邦。我渡台第十四世太高祖,专心开垦土地,幸承祖姚妈淑惠太夫人之贤德内助,创立宏功伟业,威振家声,并严教子女成龙。而我大房第十五世高祖开锵公,自幼聪明,勤读圣贤诗书,考取功名,例授明经进士之荣职,幸赖迎娶祖姚妈端庄太夫人之贤德,家声大振,生二子三女,则长子正荣公,字来生。次子正杰公,字克昌。长女巧娘,次

女七娘,三女鹅娘"。

金门郭氏的迁徙时间,则可上溯到宋代末年。闽粤郭氏族人为避元兵杀戮,先后迁居金门后浦溪、烈屿等地。到清代,郭氏已成为后浦南门、网寮等地的大户。清嘉庆年间,协将郭杨声威震台南安平,兄弟七人,分迁台湾本岛及海外。目前金门郭氏约三十余户,近200人。

经过明清两代及民国年间300多年的陆续迁徙,台湾的郭氏族人日益增多。据1978年出版的《台湾地区人口姓氏分布》统计,台湾郭氏人口总数为258759人,户数已达万户,在台湾人口中排为第14位。在台湾的21个县市中都有郭姓族人。郭姓分布较多之县市依序为:台北市、高雄市、台北县、台南县、高雄县;分布较多之乡镇市区依序为:高雄市前镇区、台北市士林区、台北市三重区、台北市松山区、新竹市。

其中:台北市503户、基隆市800户、阳明山508户、台中市429户、台南市1456户、台中县764户、高雄市374户、台北县1471户、宜兰县41户、新竹县767户、苗栗县794户、南投县162户、彰化县530户、嘉义县1877户、台南县3214户、屏东县202户、花莲县9201户、澎湖县246户。

这些迁台郭氏族人,大都来自闽、粤沿海地区。

来自福建漳州府者:①龙溪县:永历五年(1651年),郭由怆入垦今台南麻豆,传至四世郭焕为下传八房,是为郭八房。雍正年间,郭光传入垦今台南县。乾隆年间,郭其读迁今澎湖马公,郭振德、郭安政、郭长等,先后入垦今台北万里。②南靖县:康熙中叶,郭锡瑠入垦今彰化,乾隆初年,移垦今台北市,募资开圳,灌溉台北盆地,后人感念其恩,将圳道取名瑠公圳。雍正五年(1727年),郭崇饱入垦今台北市内湖。乾隆年间,郭砒石、元记、纯直兄弟入

清金门镇总兵署

垦今台北金山；郭荣兴入垦今万里。③平和县：乾隆年间，郭朝球入垦今万里；郭阿叶入垦今台北瑞芳。④不详县别：雍正三年（1725年），郭光天入垦今桃园龟山；稍后，郭崇嘏、郭龙文、郭玉振、郭樽等，先后入垦今桃园、龟山。

来自福建泉州府者：①惠安县：康熙末叶，郭顺宜入垦今彰化鹿港；雍正六年（1728年），郭奕荣入垦今新竹香山。②同安县：乾隆十九年（1754年），郭行足入垦今麻豆，长房下传六房，是为郭六合；稍后，郭川入垦今台北八里；郭植厚入垦今基隆市。嘉庆年间，郭盘衍入垦今苗栗苑里，郭朴直（活公）徙居宜兰。③南安县：乾隆初叶，郭宽入垦今台南佳里，后迁台南市；郭卜入垦今台北树林；郭云山、云河兄弟入垦公路北汐止。乾隆三十五年（1770年），郭恭亭入垦今新竹市。④安溪县：道光年间，郭畅入垦今台北坪林。⑤不详县别者：嘉庆年间，郭百年率众入垦今南投埔里；郭福富、郭景先后入垦今台北石碇。

来自广东潮州府者：饶平县：康熙中叶，郭德泉入垦今嘉义水上。

来自广东惠州府者：①海丰县：雍正八年（1730年），郭青山入垦今新竹新丰。②陆丰县：乾隆年间，郭成万入垦今苗栗镇。

来自广东嘉应州者：①镇平（今蕉岭）县：乾隆二十八年（1763年），郭鸿成入垦今台南市安平区。②梅县：乾隆年间，郭有风入垦今苗栗镇。

基于这种历史的血缘亲情，台湾郭氏族人对祖国故土充满了深厚的眷恋之情和寻根意识。即使在"日据时代"，日本占领者强制推行"皇民化运动"（即强制台胞改用日本姓氏）的淫威下，郭氏族人仍然保留了世代相传的姓氏、郡望、家族堂号，而且甘冒风险，千方百计返回祖籍，抄录族谱、家乘、拜谒祖祠、坟茔。

20世纪70年代以来，随着全球寻根热的兴起和海峡两岸探亲政策的开放，台湾同胞"血浓于水"的故国情怀，化为不可遏止的寻根热潮。据统计，从1987年10月到1998年底，往来内地的台湾同胞累计达1300多万人，实际往返内地的台胞达310万人，约占台湾居民总数的1/7，其中郭氏族人的寻根活动更为频繁。1994年11月，台湾郭氏宗亲组织，与泰国、印尼、新加坡、缅甸及香港等地的郭氏后裔，组成了"世界郭氏宗亲子仪公遗址寻根团"，来到秦、晋二省，谒祖朝宗。1997年8月，为纪念郭子仪诞辰1300周年，台湾郭氏

郭氏宗亲团在台湾故宫博物院留念

海外郭氏宗亲团在华县子仪公纪念堂前合影

1997年夏,世界郭氏宗亲总会秘书长郭时礼先生(右二)、泰国郭氏宗亲会秘书长郭远功先生(左一)来郭氏根祖地阳曲县北社(郭家堡村)寻根

后裔再次组团,其寻根联谊之情令人感动,体现了血浓于水的赤子情怀,也展现了中华民族无与伦比的凝聚力和向心力,对促进祖国的和平统一大业,具有深远的历史意义和现实意义。

为加强宗亲联谊,台湾郭氏族人聚居较多的十余个县市都组织了郭氏宗亲团,是当今海内外郭氏宗亲组织最多的地区。

移民后裔敬献五色土

台湾世界郭氏宗亲总会代表在台北中正机场迎接海外郭氏宗亲团

5 飘零异域 扬名海外

遍及世界各地的华裔、华侨，是炎黄子孙的重要支脉，是于国门之外建造的"华人社会"，是中华民族近代史上特殊的社会组合。据估计，目前世界的华裔、华侨约有1800多万人，主要集中在亚洲尤其是东南亚一带，其中以泰国、马来西亚、印度尼西亚、新加坡、越南、菲律宾、柬埔寨、老挝、缅甸为最多，在中国港、澳地区也有部分具有双重国籍的华裔同胞。

同我国的其他姓氏一样，郭氏最初迁徙海外约在明代中后期，迁徙的原因多种多样，迁居地也各有不同。但郭氏族人大规模迁居海外，是在清末的近代时期。在灾难深重、社会动荡的岁月里，郭氏族人以其开拓进取的精神，再度崛起。尤其是东南沿海一带的郭氏子孙，为适应社会经济深刻变化，求得生存发展的空间和机遇，或开拓沿海，创业港、澳，或漂洋过海远赴南洋，创造了郭氏族人近代史上的辉煌，为所在国或地区的社会经济、文化事业的发展做出了卓越贡献。

移民飘零过海的船图

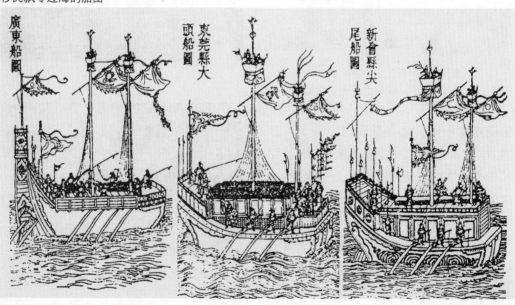

永安巨擘——郭乐家族

永安郭氏是中国近代史上最为著名的豪门望族之一，向以"工商两栖，经营有道"著称于世。永安郭氏虽然祖籍广东中山（原香山县），但其崛起及发展是在香港，以至习惯上以地望称之为"中山郭氏"，而以其所创企业集团称之为"香港永安郭氏"。

据族谱记载，永安郭氏其远祖为西周时虢叔。历经秦汉、魏晋、隋唐五代，子孙繁衍不衰。南宋淳祐年间，郭氏先祖郭致任广东南雄盐场总管，居住于南雄珠玑巷。因喜爱香山（即今广东中山）山明水秀，环境幽雅，遂定居于此。清末，其二十三代裔孙郭炳辉、郭标、郭乐、郭泉兄弟，漂洋过海，在澳洲墨尔本、悉尼等地谋生，创立了"永安果栏"（做水果生意的小店）。由于兄弟数人同心协力，艰苦创业，永安果栏很快发展成兼营土特产的批零货栈。之后又利用与当地外国银行及国内银号的业务关系，涉足金融业务，实力大增，生意兴隆，遂于 1907 年 8 月在香港创立了"永安百货公司"，提出了"经销环球百货"的口号，并别出心裁地设立了德育、智育、体育三部，对职工进行职业道德、服务规

民国年间上海永安百货公司大楼

"永安百货"金字招牌

范和业务技能训练,公司业务蒸蒸日上。

与此同时,又设立了"金山庄",为华侨办理各种事务,兼营进出口贸易。之后,又创立了永安水火保险公司,广泛吸纳社会游资,增强资本实力。到1931年,永安集团已成为拥有百货、保险、银号、货仓、酒店、地产、纺织等多行业综合性企业集团,积累资本达630万元,成为声名远播、举足轻重的华人集团。在中国两大对外港口城市——香港和上海站稳了脚跟。

此后,又经过郭琳爽(郭泉长子)、郭棣活(郭葵之子)数代人的努力,永安郭氏更是日益兴旺,成为富甲一方、海内外闻名的豪门望族和爱国人士。

郭乐(1874—1956)

广东香山(今中山)人,永安公司创始人之一。少年时协助父亲务农,后去澳大利亚谋生。先后做过佣工、小贩和店员。1897年开设永安果栏,任司理,并联合侨商果栏永生号与泰生号,于1905年与郭泉在斐济岛组织生安泰公司,自辟蕉园,广植果树。此后,在香港、上海、美国开设永安公司。晚年留居美国,1956年在美国逝世,终年82岁。

郭泉(1879—1966)

字凤辉,广东香山人,系永安公司创始人之一,郭乐胞弟。1895年赴澳大利亚墨尔本,后助其兄经营永安果栏。1905年又在斐济岛设立生安泰公司,复开辟果园,广植果树,任公司司理。此后在上海、香港开设永安公司,定居香港。1966年4月在香港逝世,终年87岁。著有《四十一年来经商之经过》《郭泉自述——永安精神之发轫及其成长史略》等。

郭琳爽(1896—1974)

又名启棠,广东香山人。永安公司创始人郭乐之侄,郭泉之子。也是永安郭氏第二代掌门人。1921年毕业于广州岭南大学,获农学学士学位。不久,被其二伯父郭乐派往欧美各国考察商情,回国后于1922年任香港永安公司监督,协助其父郭泉(时任香港永安公司司理)管理企业。1923年至1927年,先后赴英、美、德、日等国采购商品,并学习国外商业企业的经营管理。1929年被郭乐指名调到上海永安公司担任副司理,1933年升任总经理。1941年12月太平洋战争爆发后,日军侵占上海公共租界,上海永安公司被视为"敌产"而列为"军管"对象。1943年6月,改向汪伪"实业部"注册,并先后担任上海市政府咨议和市参议员。中华人民共和国成立后,永安公司实行公私合营,继续任永安公司总经理。从 1954 年起，郭琳爽先后当选为上海市人民代表，上海市政协第三届委员、常务委员，全国政协第三届委员，全国工商联执行委员，上海市工商联副主任委员。1974 年 10 月 27 日在上海逝世。终年 78 岁。

郭棣活（1904—1986）

广东中山人。生于澳大利亚悉尼。系永安公司创始人郭乐、郭泉之侄，郭葵之子。为永安郭氏第二代核心人物。1918～1923 年在广州岭南大学读书，后赴美国留学，入麻省理纽必弗纺织学院学习。1927 年归国，任上海永安纺织公司工程师、副经理、副总经理。中华人民共和国成立后，任上海市人民政府委员、华东财经委员会委员、上海侨联主任等职务。1953 年在安徽合肥与其他工商业者创办公私合营纺织厂。1958 年任广东省副省长。曾任中国民主建国会中央副主委、全国侨联副主席等职。当选为第一届至第五届全国人民代表大会代表，第一届至第六届全国政协委员、常委，广东省第二、三、五、六届人大代表，政协广东省第三届常委、第四届副主席。1983 年 4 月被选为广东省第六届人大常委副主任，并兼任中国工商经济开发公司董事、香港特别行政区基本法起草委员

会委员。1986 年 4 月 9 日在广东逝世。终年 82 岁。

如今永安郭氏，已是第三代“志”字辈大展宏图的时期，他们秉承永安郭氏爱国创业的传统精神，在各个经济领域中大显身手，使永安郭氏继续领时代之风骚，享誉海内外工商界。其代表人物有：永安集团主席郭志权、永安百货公司总经理郭志仁、友升国际公司总裁郭志娴等。

地产大王——郭得胜家族

在永安郭氏崛起的同时，广东中山郭氏另一支系、香港地产巨子郭得胜家族也应运而生。郭得胜家族其远祖也是虢叔，为汾阳王郭子仪后裔，南宋时由福建迁往广东南雄珠玑巷，后定居于中山。郭得胜（1911—1990），祖籍中山县石岐。自幼在故乡受私塾教育。小学毕业后，随父经营洋杂货批发，销售网遍及广州及上海等地。日本侵华期间，郭得胜与家人逃难至澳门，开设“信发百货商行”。战后，定居香港，在上海开办“鸿兴合记”，批发洋杂货及工业原料，以“东南亚洋杂大王”而著称。

20 世纪 50 年代中期，郭得胜以其强大的经营能力和良好的社会信誉，取得了

香港巨商"新鸿基财团"创始人郭德胜，在中山市起家的"宏发百货商店"

日本著名品牌"KYK"拉链在香港的代理权，生意日渐兴隆，资本与日俱增。1958年，郭得胜又与李兆基、冯景禧合作，成立"永业公司"，发展十分顺利。1963年又在永业公司的基础上，合力组织"新鸿基企业"，从事房地产业和证券业投资，再度取得巨大成功。

1969年，经过11年合作的三位老友，为了各自的发展，分道扬镳。郭得胜独力经营"新鸿基"地产。1972年新鸿基地产上市，在房地产业中崭露头角。1984年，郭得胜再度与冯景禧、李兆基、胡应湘等联手，

在广州兴建中国大酒店，再次扩大了自己的实力。

郭得胜虽然久居港澳，但对祖国和故乡一往情深，一生乡音不改，十分关注祖国的建设事业。20世纪80年代末，义捐1000万港币，在家乡兴建"中山纪念堂"，体现了炎黄子孙对故乡的一片深情。

1990年10月30日，新鸿基地产创始人郭得胜因心脏病发作逝世，享年79岁。郭得胜丧礼上，参加扶灵者包括李嘉诚、包玉刚、邵逸夫、霍英东、郑裕彤、李兆基、何添、利国伟等工商巨子，当时报刊评论，这10位扶灵者"就已掌握了半个香港的经济命脉"，郭老先生地位之显赫，由此可见一斑。郭得胜逝世时，新鸿基地产的年度纯利已高达24.6亿港元（1989／1990年度），比上市初期的5000多万港元，升幅接近50倍，可说是业内的佼佼者。其时，新鸿基地产的市值已达253.3亿港元，比1972年上市时的4亿港元增长62倍，在香港地产上市公司中仅次于长江实业（279.1亿港元）而居第二位。

郭得胜逝世后，新鸿基地产遂转由郭氏家族第二代掌舵。郭氏兄弟继承父业后，携手合作，不但顺利接班，而且令"新地"再上一层楼，1996年盈利突破100亿

元大关，1997年更创下141亿元的新高。另外，早年曾被媒体批评以家族方式管理的"新地"，在三兄弟引入西方先进管理模式后，在国际社会亦屡获殊荣，最近便压倒长江实业，被《Financial Intelligence Asia》选为亚洲最佳企业管理地产公司。

郭氏三兄弟均受过高等教育，并在集团内各尽其职。大哥郭炳湘毕业于伦敦大学皇家学院，拥有土木工程学士及结构工程硕士学位，在1972年新鸿基地产上市后不到三年，郭炳湘便已加入集团跟随父亲工作，深得父亲稳重严肃的营商作风。在郭得胜逝世后，"新地"由郭炳湘主持大局，出任公司董事局主席兼行政总裁，制订最高的发展策略及培训员工，并且负责对外联系。现为全国政协委员。虽然郭炳湘甚少现身社会公开场合或向媒体发表言论，因此并没有被冠以"超人"、"财主"等称号，但在其领导下，"新地"长期专注香港地产业务，成为业内龙头大哥，也为家族带来罕与匹敌的财富。

二弟郭炳江为伦敦大学工商管理硕士，在集团内主持工程管理、特别发展计划、建筑机械及电器工程和酒店项目。由于性格爽直健谈，郭炳江与传媒有较多接触，而作为虔诚的基督徒，亦经常出席见

证会；他的一头长发亦令人印象深刻，是三兄弟中最为人熟悉的。

三弟郭炳联为哈佛大学工商管理硕士，在集团内负责财务，包括公司策划及投资、商务发展、金融业务、保险、电讯及互联网业务，现为新意网数码通的主席。

郭氏三兄弟现均年过五旬，可谓是精力胆识兼备的盛年，"新地"近年作出的决策，亦颇能顺应市场的变化，楼盘销售速度冠于同业，并在预售市场中处于龙头位置。该集团在2000年盈利已重上百亿大

郭炳联博士

关,未来数年亦可望维持在较高水平。

进入 21 世纪以来,"新地"把投资目标转入大陆内地。2007 年 10 月 30 日,新地董事局主席兼行政总裁郭炳湘,前来郭氏发祥祖地——山西太原考察,受到了中共山西省委书记、省人大常委会主任张宝顺和副省长宋北彬的盛情款待,张宝顺书记对郭炳湘来山西进行投资考察表示热烈欢迎,并简要介绍了基本省情和社会发展情况,希望郭炳湘先生此行有所收获,对于双方洽谈的投资项目,省政府将鼎力支持,提供必要的便利服务。郭炳湘表示,山西人杰地灵,经济发展迅速,是投资者十分看好的地方,相信新鸿基和山西必将有广阔的合作前景。

亚洲糖王——郭鹤年家族

郭鹤年生于 1924 年,祖籍福建省福州市盖山郭宅村,系汾阳王郭子仪后裔南迁衍派。郭鹤年父亲共有兄弟六人:钦铮、钦嗳、钦端、钦江、钦宝、钦鉴。郭鹤年为钦鉴之子。19 世纪末 20 世纪初,大批广东、福建人漂洋过海,到南洋谋生,郭氏兄弟除长兄钦铮在家开设"万安"中药铺外,其余 5 人都先后到马来西亚经商。郭鹤年之父钦鉴于 1909 年来到马来西亚柔佛州的

马来西亚首富、"亚洲糖王"、"酒店大王"郭鹤年

新山。起初在咖啡店当店员,后来与侄儿郭鹤青一起接管四哥钦江创办的东升有限公司,经营大米、大豆、食糖等农副产品,逐步建立了颇具规模的东升公司。

1920 年郭钦鉴与来自家乡福州的郑格如女士结婚,先后生下三个儿子。郭鹤年生于 1924 年 10 月 6 日,行三,上有两个哥哥郭鹤举和郭鹤麟。当时郭家已成为当地小富,因此兄弟三人先后就读于当地最好的学校——新山英文书院及著名的新加坡莱佛学院,受到了良好的教育,为

其以后发展打下了坚实的基础。1942年日军占领马来西亚和新加坡,对米粮经营实行管制,郭鹤青被拘押数月,东升公司被迫停业。第二次世界大战结束后,东升公司重新开业,生意得到恢复和发展。郭鹤年在父亲的公司工作一段时间后,于1947年只身赴新加坡自立门户,创办了他生平的第一家公司——力克船务公司。次年,其父去世,郭鹤年返回马来西亚新山,在母亲郑格如的主持策划下,与长兄郭鹤举,堂兄弟郭鹤青、郭鹤瑞、郭鹤尧、郭鹤景等人组成了"郭氏兄弟有限公司"。继承东升公司的传统业务,经营大米、面粉、食糖等。郭鹤年以其广博的学识、出众的胆

香港船厂

魄,被推荐为公司董事长,时年25岁。

1952年,由于二哥郭鹤麟参加马共游击队被当时的英殖民政府杀害,郭家受到当局监视。于是郭鹤年到英国暂住并进行考察,悉心研究了企业的经营方法和国际贸易知识,尤其对蔗糖制作、经营作了深入研究。归国后,于1955年在槟城创办了马来西亚第一家糖厂,并租借土地种植甘蔗,短短几年内不仅控制了马来西亚糖业市场80%食糖的份额,而且通过多边交易,每年控制的食糖交易总量达150万吨左右,约占当时国际糖业市场的10%,获得了"亚洲糖王"的桂冠。

以后,以郭鹤年为首的郭氏家族又扩展到木材、酒店、航运、矿业、房地产、金融保险、国际贸易、电视、报业等各个行业,成为多元化的大型跨国企业,旗下的公司遍布东南亚、香港、斐济、智利、法国和德国等国家和地区,成为马来西亚首富,并跻身国际富豪的行列。郭鹤年本人也于1985年被评选为马来西亚企业家之首,荣获企业界最高荣誉奖项"金字塔奖"。

1933年,英国约翰·希尔顿出版了《Lost Horizon》(《消失的地平线》)。它的最大成就应该是为英语词汇贡献、创造了"Shangri-La"(香格里拉)这个词。香格里

成都香格里拉酒店

拉是一个没有战争、没有仇恨，只有一片宽容、安宁、祥和，并具有无与伦比自然美的与世隔绝的净土。

三十多年后，郭鹤年读了《Lost Horizon》，成为他心中一个挥之不去的梦幻情结，并在 70 年代初，变为他事业的里程碑——1971 年，他在新加坡创办了第一家"香格里拉"酒店。从此，他把自己酒店集团中所有五星级饭店都命名为"香格里拉"，并向酒店的每位来宾赠送《消失的地平线》，使得香格里拉再次深入人心。

1997 年香港回归祖国后，郭鹤年又进一步扩大投资规模，拓展产业，曾一度在港引起轰动。现在，他和他的长子郭孔丞已成为香港的永久性居民。郭鹤年如此偏爱香港，固然与香港所处的国际经济贸易地位，以及对中国未来的政治经济发展前景充满信心密切关联，但更深层次的原因，是他有热爱中华、报效桑梓的赤子情怀。他认为马来西亚是他生存发展的地方，所以他热爱这片土地，热爱马来西亚；但是他的父母和祖辈出生在中国，中国是他的父母之邦，是郭氏族人的祖根所在，因此，他也热爱这片故土，热爱中华。他说，他的心被分成两瓣，爱也分成两瓣，一半在马来西亚，一半在中国。1990 年金秋之际，郭鹤年曾亲赴山西，在郭氏发祥祖地——太原谒祖朝宗，委托山西省社会科学院中国家谱资料研究中心为其寻根溯源，并投资山西的经济建设，体现了血浓于水的故国情怀。

丰隆集团——郭芳枫家族

丰隆集团是新加坡、马来西亚，甚至是亚洲最大的财团之一。其创始人、集团总裁郭芳枫也是只身跨海、闯荡南洋的郭氏后裔。

郭芳枫

1911年出生于中国福建同安县莲花镇淝溪乡田洋村。据族谱所载，同安郭氏为郭子仪第六子郭暧嫡系后裔，辗转迁徙，落籍于同安。郭芳枫父母都是地道的庄户人。郭芳枫共有兄弟四人。他排行老二。1925年，年仅14岁的郭芳枫漂洋过海，投奔新加坡一位开五金店的远房亲戚，开始了打工生涯。

由于他聪明好学，勤奋守职，1931年晋升为公司经理。数年后，家乡的三兄弟也先后来到新加坡，于1941年合力开设了一家取名"丰隆"的五金小店。1945年，

丰隆集团执行主席郭令明（郭芳枫之子）

第二次世界大战刚刚结束，郭芳枫以其特有的商业敏感，调动所有的资金，以低廉的价格大量收购战争时期的剩余物资，转手出售，获得了巨额利润。借此东风，"丰隆"小店改组为下设六家分公司的有限公司，成为新加坡颇有名气的商业机构。

战后，随着各国经济的恢复，丰隆公司迅速转向房地产业和建材工业，成立了"丰隆公司城市发展公司"，又一次抓住了发展机遇，丰隆实力急速增长，公司盈利平均每年都在千万元以上，一跃而成为傲视狮城的产业巨头。丰隆业务开始向工业、金融、贸易、酒店等多元化发展。尤其是"丰隆金融有限公司"发展更为神速，短短10年时间开设了10家分行，之后又购买了新加坡、马来西亚、香港等多家金融公司的股权，在香港设立附属公司和联号。到1986年底，丰隆金融有限公司总资产超过11亿新元，约占新加坡30余家金融公司总资产的17%，成了信誉良好、实力雄厚的国际性金融集团。

郭芳枫作为华人后裔，在丰隆公司的经营管理上采用了具有东方特色的子承父业的"家族管理"理念。家族事业都由其子侄辈的郭令明、郭令祜、郭令灿等继承掌管。自1984年起郭芳枫小事不管，但重

大决策仍要过问。新、马工商界及新闻媒体虽然对丰隆集团的家长式管理模式颇有微词，但都不得不承认目前主宰丰隆集团的第二代郭氏族人"人才济济，后继有人"，体现了现代企业管理中的东方特色。

科技首富——郭台铭家族

鸿海集团是台湾最大的科技企业集团，是全球最大的个人电脑组装及准系统生产厂家。在全球资讯科技十大企业中排行第八，四次蝉联台湾科技首富。

鸿海集团的创始人、董事长兼总经理是郭台铭先生。郭台铭祖籍山西晋城市泽州县南岭乡葛万村，1950 年出生于台湾，排行老大。由于家境贫寒，15 岁时进入台湾"中国海专"求学，其学杂费都是自己到橡胶厂、砂砖厂和制药厂打工赚来的。艰辛苦难的童年，磨砺了郭台铭坚忍不拔、自强自立的性格和奋发向上的气魄。1973 年郭台铭服役期满后，进入复兴航运上班，晚上工余时间学习英文。一年之后，拿着母亲给他的 20 万元新台币，一半用于结婚，一半用于创业。

1974 年，郭台铭出资 10 万元与朋友合资成立"鸿海塑料企业有限公司"。由于缺乏经验，一年后亏了个精光，原股东都

郭台铭接受记者采访

逐一退出，郭台铭硬着头皮把公司顶了下来，改名为"鸿海工业有限公司"，从制造黑白电视机的按钮做起，一步步扭亏为盈。1977 年从日本进口模具设备，嗣后又陆续建立了电镀与冲压厂，为日后发展奠定了基础。

20 世纪 80 年代，世界进入个人电脑时代。鸿海公司便以电脑主机板、电子游戏机、连接器、机壳等产品为重心，以"量

大、低价"的策略，迅速占领市场，并进入计算机线缆装配领域。1985年，郭台铭在美国设立公司，开拓了国际市场，成功地打造出他的"连接器王国"。

20世纪80年代末，郭台铭又抓住中国改革开放的大好机遇，把着眼点放到内地，投资成立了"广东深圳富士康"集团，生产电脑接插器等精密组件，企业得到了飞速发展，在深圳和昆山分别设立了科技工业园区，成为"富士康"一个新的经济增长点。

也正是靠着在内地的投资和发展，郭台铭得以实施"扎根中国，放眼全球"的策略，实现了全球最大的电脑整机和零组件生产企业集团，以及全球个人低价电脑主要制造基地的经营目标。1999年，郭台铭连续合并了台湾岛内的华侨、广宇等企业，实现了企业生产、经营上下游的整合，从鸿海精密工业的单一公司，发展成企业集团，并开始跻身岛内大企业家的行列。到20世纪末，鸿海已在欧、亚、美三大洲成立了60多个海外制造中心及分支机构，成为全球最大的PC连接器、PC准系统制造商。继成功打入电脑主板与手机生产领域后，郭台铭又于2000年在捷克设立光通讯事业生产基地；2002年投资创立"群创光电公司"，进入液晶显示面板制造领域。除半导体产业外，鸿海的投资几乎

中信出版社出版的《郭台铭与富士康》

汕头大学出版社出版的《虎与狐》

机械工业出版社出版的《三千亿传奇——郭台铭的富士康》

遍及台湾岛内高科技领域。因此,郭台铭连续四年蝉联"台湾科技首富",在台湾《智富月刊》的台湾百大富豪榜排名首位;在美国《商业周刊》推出的 2002 年"亚洲之星"中,郭台铭在"亚洲最佳创业家代表"中排名首位;在 2002 年全球福布斯富豪榜上,郭台铭以 23 亿美元身价位居第 198 位。

自初创鸿海,郭台铭的奋斗目标就很明确,就是要成为台湾第一、亚洲第一、世界第一。为实现这一宏远目标,郭台铭创造了自己的经营理念和管理体系。自创业后,郭台铭就是不折不扣的工作狂。他认为,作为企业的老总、掌舵人,应该是第一个上班,最后一个下班的人。因而他每天坚持至少工作 15 个小时,加班到半夜三更更是常事,从 1974 年创业以来,他不曾休息过 5 天以上的长假。

在企业管理方面,郭台铭治厂如治军,严明纪律,信守规则。在用人方面,郭台铭的口头禅是"不管是高科技还是低科技,会赚钱的就是好科技"。他用人唯才,奖惩分明,对表现出色的员工与技术骨干,从不吝啬,给予巨额奖金,因而精英荟萃,人才济济,且具有很强的团队精神。

近年来,郭台铭又抓住国内"中西部"发展的机遇,于 2003 年在山西故乡投入 10 亿美元巨资,创建了占地 1000 余亩的太原"富士康科技工业园"暨"鸿富晋精密工业太原有限公司",成为山西引进的最大投资项目。

郭台铭既是商业巨子,又是社会贤达,多次大力赞助社会慈善事业。1999 年以来,先后捐赠 500 万元人民币,在家乡晋城设立了"爱物奖学金",每年资助 100 名困难大学生每人 5000 元。捐助 1000 万元和山西省残联发起了"爱心助残工程",救助了近 5000 名残疾人和残疾家庭,被聘为山西省残疾人福利基金会名誉理事长。2007 年被评选为"全国十大社会公益之星"。此外,他还出巨资帮助家乡修路、引水、办学,先后在山西捐助的善款达 1.4 亿元,充分体现了郭氏家族和炎黄子孙乐善好施、扶危济困、造福乡里、报效桑梓的优良品质。

除上述郭氏五大家族之外,香港莎莎国际主席郭少明亦以 7.6 亿港币排名香港超级富豪排行榜第 39 位。越南、柬埔寨、印尼、日本、美国、法国等地,也有许多著名的郭氏华裔。

郭琰

号绍智，又号若愚，广东潮安人，越南华侨，工商业者。少年贫苦，14 岁时赴越南经商。首创通合公司，苦心经营。40 岁后，业务日益发展，先后经营碾米、制糖、棉织、酿酒等实业，驰名越南商界。同时，他还从事航运和进出口贸易，其轮船常往返于西贡、汕头、厦门之间，货运直达欧洲。他为人俭朴，但对侨社及祖国公益事业，尤其是教育事业，却能慷慨捐助，除资助西贡堤岸各侨校外，还出资选送华侨青年留学深造。生前曾荣获中国政府颁发的嘉禾勋章，还获法国政府的荣誉骑士勋位等奖赏。1926 年 8 月，他独资捐助的堤岸平西中央市场（俗称新街市）建成，当地政府铸其铜像于市场前，以资纪念。

郭彪

祖籍广东潮州，1948 年生于柬埔寨，法国华人律师。1972 年到法国留学，先后考入巴黎第二大学和第十大学，连续 11 年攻读法律和政治，获法律、政治学硕士学位。他预计到法国华人的经济发展前景，在大学时代即侧重于攻读公司法、贸易法、不动产买卖法、税法、金融法、银行法等。毕业后，经过三年律师实习期，在巴黎商业区开办了郭彪律师楼。因待人以诚，服务有方，律师楼业务发展迅速。他以"华人律师要努力为华人服务"为座右铭，其服务对象主要为华人，华人占被服务对象的 85%。同时，他也为法国人、日本人、阿拉伯人提供服务，还兼任了法国华裔互助会和法国潮州会馆的法律顾问。

郭克明（1900—1975）

生于雅加达，印度尼西亚华人记者、作家。他曾在荷华小学及荷兰文初中学习。1922 年 6 月，毕业于雅加达荷兰文师范学校，之后到茂物荷华学校教书。他博览群书，酷爱写作，先后在荷兰及爪哇的荷文报刊上发表文章，如《王阳明》、《朱熹》等。1922 年 11 月，他应侯德广、朱茂山之邀，到《新报》（马来文版）工作。1923 年 1 月，又与侯德广、黄基福共同负责编辑《新报》的《明星》周刊。同年底，《明星》停刊，他转到《新报》任专职记者兼编辑。1925 年 11 月，洪渊源任新报社长，他任主编。他与朱茂山、洪渊源等人主持新报期间，坚持华人民族主义立场，形成新报集团，反对荷兰国籍法及各种殖民制度和政策，并主张华人参加印度尼西亚民族主义运动，使该报拥有较高声望，成为较多华人读者的喉舌。1925 年，他编写出版《中国简史》（荷兰文），还曾翻译出版孙中山的

《建国方略》等著作。1933 年,他第一次到
中国参观访问,因积极筹集中国红十字会
基金而受到该会的表彰。回印尼后,先后
撰写了《暴风雨中的中国》(荷兰文,1938
年出版)、《走向独立之路》(印尼文,1939
年出版)等著作,介绍中国并宣传抗日战
争。1942 年,日军占领印尼后,他被通缉,
潜居万隆。1948 年,他出版《记者生涯廿五
年》,详述了他在新报工作期间的经历。
1950 年,他加入印度尼西亚国籍,继续主
编一些期刊。1951 年,他第二次到中国参
观访问,对中华人民共和国各方面的建设
发展备加赞赏,后著有《到新中国去》
(1952 年出版)、《人民中国社会简介》等
书。1955 年,他又出版了《孔夫子》。1962
年,他先后到东欧及中国旅游,著有《百日
五万公里之旅》(1965 年出版)。他是一位
对新中国和社会主义制度友好的印尼华
人记者和作家。

郭茂林

1923 年生于台北,是日本华人建筑
师。1941 年在台北工专毕业后,被推荐到
日本东京大学建筑科当旁听生,师从著名
建筑师岸田及吉武。1946 年,被岸田研究
室聘为助手,入籍日本。1962 年,升任三井
不动产建筑公司顾问,后为 KMG 建筑事

"巨塔之男"郭茂林

务所负责人,并着手筹备建造东京第一栋
36 层的霞关超高层大楼的工作。1965 年
正式动工,1968 年竣工,带动了日本建筑
界跨入新领域,开创了日本建筑新纪元。
之后,他参与建造滨松町 40 层高的世界
贸易中心以及池袋 60 层高的太阳大厦等
数十栋超高层建筑,被誉为"向现代化挑
战的男子"、"巨塔之男"。

旅居海外的郭氏名人还有:美国华人
心脏病专家郭备德,菲律宾富商郭麦连

洛,美国著名华人律师郭丽华等等,郭氏族人的足迹可说是遍及了世界五大洲的许多国家和地区。特殊的生存环境,不平凡的人生阅历,促成这些海外游子焕发出特殊的民族精神、民族感情、民族向心力,不仅为所在国家和地区的社会发展、文明进步作出了巨大贡献,也延续和弘扬了炎黄子孙的赤子情怀、世宗香火和华夏文明的传统美德,有着特殊的"华人社会"结构和民族文化特色。

"神游万国半天下,归来还看自家山。"远离先祖故园的海外赤子,都有着故乡人所不曾体味的思乡寻根之情,报国荣邦之心。为寄托这种故国情怀,也为了在异国他乡的生存之便,旅居海外的郭氏侨胞,组成了各种形式的宗亲组织。据不完全统计,海外郭氏宗亲组织,多达 36 个(含中国台湾和港澳地区),成为凝聚郭氏族人的血缘纽带。

主要参考文献:

《二十四史》,中华书局点校本,1975年2月。

方诗铭、王修龄撰:《古本竹书纪年辑证》。

王国维:《今本竹书纪年疏证》;上海古籍出版社,1981年2月。

宋衷注、孙冯翼集:《世本》两种;(东汉)应劭纂:《风俗通姓氏篇》;(清)陈廷炜著:《姓氏考略》;(清)万光泰纂:《魏书官氏志补证》。以上四种均收入王云五主编、商务印书馆20世纪30年代出版的《图书集成初编》。

(晋)杜预撰:《春秋左氏传杜氏集解》,台湾中华书局聚珍仿宋版,1971年4月。

(汉)刘向集录、(南宋)姚宏注:《战国策》;(三国吴)韦昭注:《国语》。以上两种均收入《四库全书》。

(唐)林宝纂:《元和姓纂》;(宋)邓名世、邓椿年撰:《古今姓氏书辨证》。以上两种均收入《四库全书》。

(宋)罗泌纂:《路史》,台湾中华书局聚珍仿宋版,1971年4月。

何光岳著:《炎黄源流史》《周源流史》,江西教育出版社,1992年4月。

李吉、马志超著:《郭氏史略》,山西古籍出版社,1997年8月。

谭其骧主编:《中国历史地图集》,地图出版社,1982年10月。

葛剑雄主编:《中国移民史》,福建人民出版社,1997年7月。

杜若甫、袁文达著:《中华姓氏大辞典》,教育科学出版社,1996年10月。

高剑峰著:《中国100大姓》,甘肃人民出版社,1998年3月。

马世之著:《中原古国历史与文化》,大象出版社,1998年11月。

姜国民著:《郭氏之源在阳曲》,山西省阳曲县郭氏文化研究会内部印行。

山西省社会科学院珍藏的郭氏家谱三十余种。

人物篇
中　华
郭　氏

在历史发展的长河中，郭氏族人不仅以豪门望族的群体优势著称于世，而且代有英贤，人才辈出。他们之中有的叱咤风云，活跃于政坛；有的金戈铁马，驰骋疆场；有的才华横溢，享誉文坛；有的百工奇巧，成为科技精英……宛若繁星点点，璀璨夺目。

一　纵横政坛　叱咤风云

金台师事——郭隗

"金台师事,竹马欢迎",是流传甚广的一副郭氏楹联,也是对历史上两大郭氏名人——郭隗、郭伋生平事迹的高度概括。

郭隗为战国时期燕之谋士,是一位颇具传奇色彩的人物。当时燕国为齐国所败,被迫割地纳贿,深受其辱。燕昭王即位后,立志兴国,立榜招贤。郭隗即应聘而至,自荐于燕王。当昭王向他求教时,他首先给燕昭王讲了一段"千金买马骨"的故事:"古时有个富翁欲出重金购买千里马,派人带着黄金千两四处寻找。当好不容易找到一匹千里马时,这匹马已经死了。于是此人用五百两黄金将马骨买回。主人见状大怒,责问他:'为何花五百金买了一堆马骨?'他从容答道:'一匹死了的千里马遗骨尚且出五百金购买,可见我们的一片诚心,不久定会有千里良驹送上门来。'不到一年时间,果然就有人连续送来三匹千里马上门出售。所以大王要想招揽人才,请先从我郭隗开始。比我有才能的人听见此事,就会主动来到燕国。"昭王认为他讲得很有道理,就拜郭隗为师,建筑了华美

的宫室让他居住,并在生活上给予丰厚的待遇。不久,乐毅、邹衍、剧辛等一批贤能之士,闻风而至,于是燕国很快强盛起来,并由乐毅率师讨伐齐国,连下齐国城池七十余座,几乎灭掉齐国。

竹马欢迎——郭伋

郭伋(前39—后47),字细侯,扶风茂陵(今陕西兴平)人。其高祖父是西汉时有名的大侠郭解。郭解是河内轵(今河南济源)人,史书说他"布衣任侠行权,以睚眦杀人,当大逆不道"。其实郭解也是以仁为侠的,为人谦恭,常以德报怨,厚施而薄望,在西汉士大夫中享有很高声誉。

郭伋的父亲郭梵曾为蜀郡太守。郭伋从小就很有志向,西汉末年哀帝、平帝时他被辟召大司空府。王莽新朝时,郭伋为上谷大尹,迁并州牧。

东汉光武帝即位后,拜郭伋为雍州牧,再转为尚书令。他忠于职守,数次纳忠谏净。建武五年(29年),郭伋出为渔阳(今北京密云一带)太守。当时此地连年遭受战乱,"民多猾恶,寇贼充斥"。郭伋到任后,对民众示以诚信,对盗贼坚决打击,很快就使这个地方稳定下来。消除内患后,

汉光武帝刘秀

安居乐业。郭伋在渔阳担任太守五年，治理有方，当地的人口得到成倍增长。

由于郭伋治理渔阳成绩显著，建武九年（33 年），他又被任命为颍川太守。当时颍川境内山贼甚多，他们自恃山道崎岖，官军不易追捕，因而十分猖獗。临行前，光武帝召见郭伋，对他寄予厚望。郭伋到任后，并没有大动干戈去清剿山贼，而是采取怀柔政策招降他们，使数百山贼束手归降，然后郭伋又让他们各自回家，安心务农。郭伋的这一举动深得人心，很快就在颍川树立起威望。那些山贼的余党听到官府并没有治罪的消息后，纷纷从远方回来投降。

郭伋又着手对匈奴的防范。由于汉室衰微，加上连年战乱，匈奴乘机骚扰边境，百姓不堪其苦。郭伋一方面整顿军备，训练士兵，一方面加强防御，"设攻守之略"，使匈奴不敢再来寇边，远逃他方，民众得以

作为一位地方长官，郭伋是十分称职的，他宽法治，重然诺，因而深受百姓的爱戴。建武十一年（35 年），朝廷又改任他做

胡汉交战画像石刻

并州牧。临行前，光武帝亲自召见他，并赏赐他车马和许多衣物，还设宴席款待了他。由于郭伋曾担任过并州牧，对并州民众素有恩德，所以这次前往并州，所经之处，百姓老幼相携在道路旁迎接，甚至"有童儿数百，各骑竹马，道次迎拜"。而郭伋每到一地，总是先问民间疾苦，然后寻访当地德高望重者，向他们询问治理的方法。

郭伋是西汉末、东汉初一位出色的地方行政长官。在当时天下大乱、政权更迭之际，他能尽职尽责，维护地方的稳定和人民生活的安定，故而获得了很高的荣誉，也深受后人的好评。

绝域使者——郭吉

郭吉，西汉时人，生卒年不详。汉初，匈奴屡为边患，侵扰不已。汉武帝元封元年（前110年），武帝亲率十八万大军巡边，浩浩荡荡地陈兵朔方，以显示武力，震慑匈奴，并派郭吉去劝谕当时在位的单于。郭吉见到单于说："南越与汉朝多年交战，而今南越王已被斩首，头颅高悬于城门。如今你单于若敢于开战，武帝的大军已陈兵于前；若不敢开战，就赶快南面称

汉使者在漠北之地（古伯察绘）

臣，何苦总是忽战忽逃，藏匿于漠北苦寒之地呢？"单于听后，竟恼羞成怒，将郭吉囚于冰天雪地的北海折磨他，却又不敢与武帝的大军交战。从此，郭吉就像苏武一样，手持汉节，不辱使命，在漠北艰难地生活。可惜他没有等到返回朝廷，就死在了那个苦寒的地方。而匈奴单于也始终不敢再侵扰汉边，只是休养士马，并且多次派

使者要求与汉朝和亲。

郭吉虽不能像苏武那样在历经艰难之后功成而返，但他所表现出来的不屈精神和顽强斗志，却令人敬佩。

拦舆谏君——郭宪

郭宪，字子横，汝南宋（今安徽太和县一带）人。生卒年不详。郭宪生活的时代，正是汉室衰微、王莽当政的西汉末年。年轻时，他曾拜东海王仲子为师。一天，当时已官至大司马的王莽要召见王仲子，王仲子正准备出发，郭宪拦住他说："按照礼法，只有学生来求教，没有老师去教人的道理。先生您去见王莽，固然是畏惧权贵，却失去了礼法。您应当等到讲完课后再去。"王仲子听从了他的劝告，直到太阳快

王莽

落山时才去见王莽。王莽问他迟来的缘故，王仲子据实以告，王莽大为惊叹。

王莽篡位后，拜郭宪为郎中，并赐给他许多衣物。郭宪回家后，将王莽赏赐的所有衣服付之一炬，连夜逃到东海之滨躲了起来。王莽又恨又气，让手下去查找，却一无所获。

到光武帝建立东汉后，征拜郭宪为博士。建武八年（32年），光武帝要西征隗嚣，郭宪劝谏说："现在天下刚刚平定，不宜兴兵远征。"光武帝不听劝谏，郭宪急了，拦住皇帝的车驾，掏出佩刀将缰绳割断，可皇帝仍不听从。后来果如郭宪所言，颍川一带的军队趁皇帝西征之机起兵叛乱。在从前线返回的路上，光武帝与郭宪同车而行，感慨地说："恨不听子横之言啊！"

刑法大家——郭躬

郭躬（前1—后94），字仲孙，颍川阳翟（今河南禹州市）人，是东汉初期著名的法律专家。

史称郭躬"家世衣冠"。其父郭弘，"习小杜律"，以熟知法律、执法公允而在郡中闻名。他在郡中担任决曹掾（主管量刑和执法的官员）三十多年，用法平和，执法严

清代断案图

明，深得百姓赞许。许多案情复杂、难以评判的案件，经过郭弘决断，都能得到很好的解决，诉讼双方都能心服口服而"退无怨情"。

郭躬从小就学习法律，继承家学，年轻时候曾开过学馆，专讲父亲所传的"小杜律"，"讲授徒众常数百人"。后来他应辟召做了官，朝廷每遇曲理不明、疑窦丛生的案件后，便常向他咨询。汉明帝永平年间，大将军窦固率军出击匈奴，以骑都尉秦彭为副帅。秦彭屯兵别处，动辄以法杀人，窦固就以秦彭专权为由要处死他。郭躬却认为秦彭有权以法杀人，因为他率兵别屯，"兵事呼吸"，有事时必须当机立断，不能先行禀报。这样从法理来讲，秦彭自然不应处死。汉明帝认为他言之有理，就听从了他的建议，没有处罚秦彭。

还有一次，有一桩兄弟二人共同杀人

案,有司把握不定谁轻谁重而迟迟未能判决。汉明帝认为弟弟杀人是因为哥哥管束不严,就判定哥哥死罪,弟弟免于一死。传诏的官员却误传为兄弟二人都是死罪,于是刑部尚书要以矫诏之罪判其死刑。就此事明帝询问郭躬,郭躬认为理当罚金,因为法律有故意和失误的区别,他只是传诏失误,不应判其死罪。明帝又考虑这个官员和此事有牵连,恐其故意误传,郭躬说:"君子不逆诈,法律不能因主观认定而置人死地。"明帝认为郭躬推理有据,便赦免了那人的死罪,并任命郭躬为廷尉正。

郭躬承继父业,一直做到廷尉。史称他"家世掌法,务在宽平,及典理官,决狱断刑,多所矜恕"。永元六年(94年),卒于官。其子郭晊,亦明法律,官至南阳太守,"政有名迹"。郭躬的侄子郭镇也是少修家业,起初被辟召太尉府。汉安帝时,宫廷内乱,在迎立顺帝的斗争中,郭镇披坚执锐,手刃奸贼立下汗马功劳。顺帝即位后,被封为定颍侯,食邑二千户,拜河南尹,转廷尉。

郭镇子郭贺在其父死后本当袭爵,但他为把官职让给弟弟,就逃往他处。几年过后,顺帝命有司在各州寻找,郭贺不得已,出来接受了官职,后来也做了廷尉。

郭贺的弟弟郭祯、族弟郭禧,都因为明习家业、通晓法律而被任命为廷尉。郭禧的儿子郭鸿官至司隶校尉,被封为城安乡侯。颍川郭氏从郭弘到郭鸿,一门五世,世习法律,成为东汉初、中期著名的刑法世家。

颍川智囊——郭嘉

郭嘉(170—207),字奉孝,颍川阳翟(今河南禹州市)人,是东汉末年至三国时期曹魏集团的重要谋士。

郭嘉

郭嘉少有大志。他生当东汉末年天下大乱之时，从小就饱尝战乱之苦。年纪稍大后，他隐姓埋名，与当时的英贤俊杰秘密交往，不和一般官吏或士人往来，"故时人多莫知，惟识达者奇之"。最初，他先去投奔袁绍，在拜见袁绍后认为袁绍不知用人策略，并且优柔寡断，有谋无决，要与他一起成就大事，恐怕很难。后来经过曹操另一重要谋士荀彧的推荐，他又去拜见曹操。曹操向他请教如何能战胜比自己兵多势强的袁绍，郭嘉举出"绍有十败，公有十胜"的道理，从两方军心、民心、用人及两人性格、素质等方面分析，得出曹军必胜的结论，说的曹操心服口服，事后对人说："帮助我成就大事的，必定是此人。"

郭嘉投靠曹操后，充分发挥了自己足智多谋的才能，往往在关键时刻给曹操出谋划策，多次使曹军获胜。在与吕布作战时，曹军连续击败吕布，使吕布兵溃退守一城。由于长时间的战斗，曹军也兵困马乏。曹操想要撤兵休整，郭嘉以兵贵神速来劝阻。曹操听从了郭嘉的话，一鼓作气攻下了吕布固守的城池，生擒了吕布。

郭嘉出谋划策之屡屡成功，其原因是他对当时天下形势有着全面的把握和正确的认识，并能深入了解各方的具体情况。官渡之战时，东吴孙策已基本上统一了江东。听到曹军与袁绍在官渡决战的消息，孙策想乘虚而入，攻打许昌。曹军将领听说后都心存忧虑，害怕顾此失彼。郭嘉却认为孙策"轻而无备"，虽然有百万大军，但由于他在平定江东时，尽杀当时英雄豪杰，因而不得人心，即使进军中原，也"无异于独行"，并且断定他"必死于匹夫之手"。后来，孙策果然在率军渡江准备进攻许昌时，被一个名叫许贡的刺客杀死。

刘备兵败来投曹操，郭嘉以"一日纵敌，数世之患"的道理力劝曹操杀掉他以免后患，认为刘备"有雄才而甚得众心"，再加上关羽和张飞等一大批英勇善战的

刘备、孙权画像

将领愿为他冲锋陷阵,日后与曹军争霸天下的必是刘备。当时曹操正"奉天子以号令天下",招揽各方英才来树立自己的威望,因此未听从郭嘉劝告,以后三国鼎立局面的形成又验证了郭嘉分析的正确性。

在与袁绍子袁尚和三郡乌丸作战时,曹军许多将领害怕刘备、刘表乘机从后面偷袭。郭嘉审时度势地分析了局势后,力劝曹操出兵。曹军行至半路,郭嘉看到大军辎重过多,便提出轻装前进的建议,曹操欣然采纳,于是曹军又大获全胜。史称郭嘉"深通有算略,达于事情",曹操也经常感叹说:"只有郭奉孝最能知我意。"

可惜郭嘉寿数太短,仅仅活了38岁。郭嘉死后,曹操失去左膀右臂,悲痛伤心至极。他在给荀彧的信中,流露出深深的悲哀:"郭奉孝年不满四十,相与周旋十一年,阻险艰难,皆共罹之。又以其通达,见世事无所凝滞,欲以后事相属之,何意率尔失之,悲痛伤心。今表增其子满千户,然何益亡者,追念之感深。且奉孝乃知孤者,天下人相知者少,又以此痛惜。奈何奈何!"在追赠郭嘉封邑的表中,荀彧等人对郭嘉评价甚高:"军祭酒郭嘉,自从征伐,十有一年,每有大事,临制称变,臣策未决,嘉辄成之。平定天下,谋功为高。不幸

短命,事业未终。追思嘉勋,实不可忘。"

郭嘉子郭奕,字伯益,史称其"通达见理",嗣父爵。郭嘉孙郭敞,字泰中,有才识,官散骑常侍。

辅弼良臣——郭祚

郭祚(约448—515),字季祐,太原晋阳(今山西太原)人,是北魏孝文帝改革的重要助手之一。

郭祚出身名门士族,其七世祖是三国时期曹魏集团的著名谋士郭淮之弟郭亮。其祖父郭逸,先后以两女妻崔浩,后崔浩为北魏司徒时,郭逸曾官徐州刺史、假榆次侯。崔浩因编撰国史事被诛,连及郭家,郭祚的父亲郭洪之也被诛杀,郭祚因逃亡他乡得以幸免。

郭祚少年时有此灾难,自然孤单贫寒,加上其貌不扬,人们都看不起他。但他却因此刻苦学习,广涉经史,所写文章、信札频频被人称道。

孝文帝初,郭祚被举为秀才,对策上第,步入仕途,先拜中书博士,后转中书侍郎。因其学识和才干为当时的宠臣李冲所敬重,遂被举为尚书左丞兼给事黄门侍郎,成为孝文帝的近臣。郭祚为官清正,忠

心侍君,做事勤勉,很得孝文帝的赏识,故又专职为黄门侍郎,随从孝文帝左右。

太和十九年(495年),孝文帝由平城(今山西大同)迁都洛阳,郭祚因参与谋划迁都事宜有功而被赐爵东光子,后又迁散骑常侍,仍领黄门。是时,孝文帝锐意改革,效仿中原地区传统的典章制度、礼乐律令,承袭中原盛行的门阀制度,加之迁都草创,军事征讨不息,真是百废待兴。此时,郭祚奉旨从事注疏典籍、铨衡评定门第和官位品级等,尽心竭力,尤以主持注疏成就颇巨,深得孝文帝的赞赏。孝文帝在一次宴请百官时,曾举杯向郭祚劝酒说:"郭祚忧劳庶事,独不欺我……"可见孝文帝对郭祚是非常信任的。正因如此,郭祚一直被孝文帝留在身边,成为其重要谋臣。后孝文帝亲征南朝,以郭祚兼侍中,又官拜尚书,进爵为伯。太和二十三年(499年)孝文帝卒,年仅16岁的宣武帝即位,由辅政大臣咸阳王元禧等人奏荐,郭祚又兼任吏部尚书、并州大中正。

景明二年(501年)宣武帝亲政后,郭祚继续被重用。一次,宣武帝针对奸吏逃避刑罚之事下诏说,如果奸吏"永避不出,兄弟代之"。郭祚以为不妥,便直言进谏说:"法贵止奸,不在过酷……愚谓罪人既

逃,止徙妻子,走者之身,悬名永配,于眚不免,奸途自塞。"宣武帝采纳了郭祚的意见。这对避免恢复残酷刑律,维护孝文帝的改革成果起了一定作用。不久,郭祚为专职吏部尚书。其时,北魏政治已日趋腐败,士族求官之人很多,然郭祚仍能基本上保持清正。他很重视选官任人,每次选官慎重考察权衡,即使发现人才,也是斟酌再三才肯决定使用与否。所以,经他选用的官吏一般都较称职。

后郭祚奉旨外抚,为使持节、镇北将军、瀛州刺史,不久又转为镇东将军、青州刺史。在青州任内适逢天灾,百姓饥毙,郭祚"矜伤爱下,多所赈恤",当地人民始终感激和怀念着他。

郭祚解任回京,复任侍中、金紫光禄大夫、并州大中正,后又迁任尚书右仆射,参与朝中大事。正始元年(504年)十二月,朝廷议定:新律令由郭祚与侍中、黄门共同参议刊正。

郭祚壮年为官处事愈加谨慎练达,且能审时度势,以求进取。

当时官吏的选拔升迁多按门第品级和任职年限,而郭祚凡参与考课之事,均多向宣武帝请示,绝不擅自做主,因而又加散骑常侍。宣武帝要建明堂、国学,而郭

祚认为"边郊多垒，烽驿未息，不可于师旅之际，兴版筑之功"，便向宣武帝细说道理，并建议"宜待丰靖之年，因子来之力，可不时而就"，故更得宣武帝的宠信，史载"世宗末年，每引祚入东宫，密受赏赉，多至百余万……又特赐以剑杖，恩宠甚深"。遂迁尚书左仆射。

延昌四年（515年）正月，宣武帝死，年仅五岁的孝明帝元诩即位，由高阳王元雍主持政事，郭祚再次奉旨外抚，为使持节、散骑常侍、都督雍岐华三州诸军、征西将军、雍州刺史。然郭祚自恃是皇帝的师傅，志在封侯，故不屑于此职，引起元雍的不满。又因他厌恶领军将军于忠的恃宠骄恣，派儿子太尉从事中郎郭景尚游说元雍，欲使于忠出朝外抚，由此得罪了于忠。这年八月，于忠假借圣旨杀害了郭祚。

郭祚为官一生，虽仕途凶险，却能以崔浩之祸为鉴，谨慎从事，如履薄冰，且以其学识才干和清正勤勉深得孝文帝、宣武帝两代帝王的赏识和重用。史家对其评价颇高，谓之"祚达于政事，凡所经履，咸为称职，每有断决，多为故事"，但在晚年却以一念之差招致杀身之祸，使人甚感惋惜。

出将入相——郭震

郭震（655—713），字元振，唐代魏州贵乡（今属河北大名）人。系昌乐郭氏（亦称馆陶郭氏）后裔。郭震丰姿秀美，少有大志。16岁在太学读书时，家中送来四十万钱供其读书使用，恰在此时，有一身穿孝服的人登门求助。自言：因家中贫寒，无力举办丧事。郭震慷慨解囊，连求助者的姓名都没有问，即将四十万钱全部资助，太学同窗好友无不叹服。

郭震18岁时考中进士，授通泉县尉。因任侠仗义，广好郊游，私自铸钱，馈赠宾

突厥石人（昭苏县）

客,被人举报,召回京都由则天皇后亲自审讯。郭震慷慨陈词,豪迈雄健,深得则天皇后赏识,授右武卫铠曹参军,进奉宸监丞。及至吐蕃求和,则天皇后即派郭震为使节,巡视边庭,不久即上书陈说和谈利弊及"和亲筹边"大计,朝廷依计而行,终致吐蕃纳降内附。因而深受武后嘉许,进封主客郎中。

数年后,吐蕃受突厥蛊惑联兵寇掠凉州。武后即委派郭震为凉州都督,守御边防。郭震到任后,研究山川形势,据险守御,在南边硖口增筑和戎城,在北碛设置

白亭军,控制吐蕃、突厥的进军要路,拓展边境一千五百余里。同时兴修水利,屯田戍守,不仅有效地抵御了入侵之敌,而且使甘凉一带成为稻粱丰收、牛羊遍野的富饶之地。在任期间,郭震"夷夏畏服,令行禁止","河西诸郡置生祠,揭碑颂德"。

神龙中,因戍边有功,郭震升迁左骁骑卫将军、安西大都护。这时,西突厥首领乌质勒派人求和,郭震即与之亲自洽谈。时值天寒地冻,突降大雪,乌质勒因年老体弱,疲惫不堪,会谈返回后即猝然而亡。乌质勒之子娑葛认为是郭震用计谋杀了

双塔堡(今甘肃古浪县泗水乡双塔村)卫所

其父，准备率兵袭击。郭震部属见情势危急，力劝郭震连夜逃避。郭震襟怀坦荡，处变不惊，高卧营中。次日天明即身穿素服，仅带随从人员前往吊唁。中途与娑葛军相遇。娑葛惊疑不定，不敢贸然攻击，将郭震迎入军营。郭震在乌质勒灵前亲自祭奠，哀痛之情十分感人。其情其景，犹如三国时诸葛亮哭吊周瑜。之后，郭震留居西突厥营中十余日，帮助办理丧事。娑葛十分感动，不仅实践了和谈协议，而且贡献马匹、骆驼、牛羊十余万头。一场边境冲突，因郭震的大智大勇而化干戈为玉帛。朝廷也对郭震大加褒奖，加封他为金山道行军大总管。

之后，西突厥虽因内部纷争，与唐王朝关系时有波动，但终因郭震处置得当，并未发生大的事变。

然而由于唐朝权臣宗楚客等人从中作梗，派牛师奖为安西副都护，取代郭震统领甘、凉大军。为邀功请赏，又联络吐蕃进击娑葛，挑起边衅，安西四镇被娑葛攻陷。

于是，郭震上书朝廷，指斥宗楚客罪状。宗楚客反诬郭震勾连异族，图谋不轨，召郭震回朝准备治罪。郭震恐怕遇害，奏请留守边防，不敢回归京师。

及至唐睿宗即位，召郭震回京师为太仆卿。临行时，安西等地酋长、民众如丧考妣，沿途哭送。

景云二年（711年），拜郭震为同中书门下三品（相当于副丞相），迁吏部尚书，封馆陶县男。先天元年（712年）又出镇为朔方大总管，筑丰安、定远两城，屯田戍守。次年，改任兵部尚书、同中书门下三品。

在唐玄宗平定韦后和太平公主的内乱中，郭震因护卫有功，进封代国公，实封400户。不久，又兼任御史大夫，复为朔方大总管，出镇边防，以备突厥。临行前，玄宗在骊山检阅军队，一时兴起亲自击鼓发令，导致军容紊乱。郭震即刻上奏劝止。不料惹恼玄宗，以军容不整为名，怪罪元振，准备问斩。后经宰相张说等力谏，乃赦免死罪，流放新州。开元元年（713年）玄宗念及郭震往日功劳，起用他为饶州司马。但郭震经此挫折，快快不乐，赴任途中，病逝于馆所，时年58岁。开元十年（722年）追赠为太子少保。

纵观郭震一生，豪爽任侠，智勇兼备，出将入相，功勋卓著。但因不拘小节，触犯龙颜，快快而殁。真可谓"伴君如伴虎"，令人叹惜。

一代枭雄——郭崇韬

郭崇韬（？—926），字安时，代州雁门（今山西代县）人。五代时后唐大臣，父曰弘正。

郭崇韬为人机警，富有政治才干和军事谋略，初为李克用典谒，出使凤翔，办事得力；继随李克修，为河东教练使。李存勖继位后，对他尤为器重，天祐十四年（917年），任他为中门使，专掌机务，成为心腹。他一生的主要活动，是充当谋臣，辅佐李存勖夺取后梁政权。

天祐十八年（921年），郭崇韬随从李

契丹国地理图

存勖攻打定州（今河北正定县），包围了刘守恭的守将张文礼，久攻不克。此时，定州部将王都引契丹国主耶律阿保机亲统大兵南至新乐。诸将人心恐慌，纷纷要求撤兵退回魏州（今河北大名、魏县一带），李存勖犹豫不决。在这关键时刻，郭崇韬果断地指出："阿保机只为王都所诱，本利货财，非敦邻好，苟前锋小衄，遁走必矣！况我新破汴寇，威震北地，乘此驱攘，焉往不捷！"李存勖听从了他的建议，果然连胜两仗，辽兵退回幽州（今北京市）。定州随即也被攻克。

同光元年（923年）四月，李存勖在魏州自立为皇帝，建立了后唐政权，史称庄宗。郭崇韬被任命为检校太保、兵部尚书，充枢密使。

此时，后唐之宿敌后梁，乘庄宗称帝之初，根基未稳之际，出兵攻陷卫州，并在澶州、相州一带大肆骚扰、掳掠。后梁大将王彦章率兵攻陷德胜南城，进逼杨刘城。唐庄宗亲自率兵出城迎战，被梁军伏兵射伤，败退回城。后唐名将李嗣源（李存勖之养子，后继位为唐明宗）所率后唐之精兵，也被梁军围于郓州，切断了彼此间的联系，后唐上下人心惶惶。唐庄宗登城四望，束手无策。

郭崇韬分析了双方的情势后，向庄宗献计说："彦章围我于此，其志在取郓州也。臣愿得兵数千，据河下流，筑垒于必争之地，以应郓州为名，彦章必来争，既分其兵，可以图也。"建议庄宗每天出动小股兵力向梁军挑战，牵制梁军兵力，以掩护据河筑垒之唐军。王彦章果如所料，分兵来攻，激战数日死伤惨重，唐庄宗又乘机出兵，内外夹击，大败梁军。

杨刘城之战，郭崇韬在敌强我弱、唐军处境危急的情势下，断然避实就虚，置强敌于不顾，出奇兵攻敌之必争之地，决战决胜，破釜沉舟，表现出卓越的胆识和过人的军事才能。

此后，梁、唐互相攻伐，唐军连连失利，被梁占取了部分土地。此时又恰值李继韬在泽、潞叛变投梁，契丹依然不断侵扰幽、涿二州之际，宣徽使李绍宏等人，提议放弃郓州，与梁罢兵议和，李存勖也认为成败难卜，并为此忧叹感伤。唯独郭崇韬不以为然，他分析了梁军内部的虚实情况，大胆地为李存勖提出了一个出奇制胜的策略：即分兵坚守魏、博等五州，巩固杨刘防线，然后趁后梁重兵在外，梁都汴京空虚之机，以主力从郓州出发，直捣汴京，半月之内天下可定。李存勖十分赞赏他的奇谋。第二天,唐庄宗即亲率大军攻击梁军,俘获梁军主帅王彦章。紧接着就向梁都挺进,八天之后即攻入汴京。

灭梁战争之所以迅速取得重大的胜利,郭崇韬功居第一。于是,他被李存勖任命为侍中、成德军节度使,仍兼枢密使。此时,郭崇韬位兼将相,遂以天下为己任,遇事无所回避,常直言劝谏。后唐庄宗李存勖虽善于征战,但对政治一窍不通,只能共患难,不能共安乐。天下既定之后,他贪图声色犬马的腐化享乐,宠信宦官和伶人,郭崇韬屡加劝谏而不听。宦官嫌他碍眼挡道,又害怕他的显赫地位和声望,于是就到处造谣和诽谤,李存勖也渐渐对郭崇韬产生了不满。

对于自己的不利处境和险恶前途,郭崇韬并未丧失警惕,而是保持着一个政治家特有的清醒头脑。从长安迁都洛阳以后,四方藩镇平常送来的贿赂和赠遗,他违心地权且收下。第二年唐庄宗李存勖祭祀南郊时,郭崇韬把家中所藏财物全部奉献出来,赏赐有功将士,以此表明自己的廉洁,使那些诋毁他的人无话可说。后来唐庄宗到汴京时,他权行中书事,兼领冀州节度使,曾上书时务利害二十五条,请求庄宗施行,接着又陈述自己官职太高,

权势过重,请求辞去节度使职务,只担任侍中和枢密使。再后来,为了消弭毁谤,他又主动请求免去枢密院事。

同光三年(925年),客省使李严出使西川归来,称言西川可取。郭崇韬想建大功,以改善自己目前处境,便向庄宗建议,派王子李继岌率兵伐蜀。庄宗于是便任命李继岌为行营都统,郭崇韬为招讨使,于是年九月率兵六万讨伐西川。长途征战,唐军粮饷欠缺,郭崇韬便首先招抚军储丰富的凤州、故镇,而后大军直指成都。由于蜀国腐朽不堪,众叛亲离,蜀主之弟王宗弼又暗中与郭崇韬联络,以取代西川节度使为条件,作为内应,在此情势下,蜀主王衍闻风而降。唐军自洛阳出兵入成都平蜀,仅用了75天。

此次出师西川,李继岌名为西南行营都统,但郭崇韬望高权重,实际上全军都受他指挥。于是宦官李从袭协助李继岌争权,在洛阳的宦官也竭力向后唐庄宗和刘皇后进谗言,说郭崇韬入蜀有异心。后唐庄宗令宦官向延嗣入蜀,催郭崇韬班师。郭崇韬未到郊外迎接,向延嗣对此颇为不满。向延嗣回到洛阳,向庄宗呈报灭蜀战利清单时诬蔑说:"臣问蜀人,知蜀中宝货皆入崇韬之门……魏王府(指李继岌)蜀

人赂遗不过匹马而已！"庄宗疑信参半，拟派宦官马彦珪入蜀，察看郭崇韬动向。刘皇后则令马彦珪假传圣旨，命李继岌杀死郭崇韬。同光四年(926年)正月，马彦珪至蜀，与李从袭等合谋，以魏王的名义召见郭崇韬，出伏兵将郭崇韬及其二子廷信、廷诲一并杀死，籍没其家产。一位雄才大略、忠君报国的大臣，就这样遭受宦官的阴谋暗算，含冤离世。及至唐明宗即位，始得昭雪平反，赠还太原旧宅。崇韬有孙二人，保留了郭氏一支血脉。

郭崇韬秉性廉洁，为人明敏，头脑清醒，目光远大，擅长应对，颇有才干。虽然谈不上是一流的政治家，但在沙陀族将领为骨干的河东军事集团中，确是出类拔萃的军事参谋和政治人才。他不但能够审时度势，从军事战略的全局出发制订作战方案，而且能够谋及长远，从民心背向的政治高度把握形势。他帮助后唐庄宗灭掉宿敌后梁，使数十年的争战暂告平息，使饱经战祸的中原人民，有暂时的喘息机会，在历史上有一定的进步意义。

后周太祖——郭威

郭威(904—954)，五代时后周开国皇

后周太祖——郭威

帝，庙号"太祖"。郭威字文仲，邢州尧山人，父郭简为后晋顺州刺史。刘文恭攻破顺州，郭简被杀，郭威年方数岁，其母不久也死去，郭威依潞州人常氏为生。18岁投潞州李继韬部下为军卒。

郭威勇武有力，豪爽负气，深为李继韬所赏识。有一次，郭威酒醉杀人，为官府所拘押，李继韬暗中将其放走，后又招至麾下。后李继韬为唐庄宗所杀，其部众悉被收编。郭威因略通文墨、书算，升为军吏。

及至后晋为契丹所灭，郭威归附刘知远。刘知远起兵太原，即位称帝，封郭威为

契丹人生活图

执掌军务的枢密副使。刘知远在位一年便因病去世。太子刘承祐即位，是为汉隐帝，进封郭威为枢密使。当时河中节度使李守贞、永兴节度使赵思绾、凤翔节度使王景崇相继拥兵造反，朝廷屡次出兵讨伐，均无功而返。

隐帝遂命郭威率兵出征。郭威至河中后立栅筑垒，分兵围困。李守贞屡次突围，均被挫败，相持日久，城中粮草俱尽。郭威遂下令四面攻打，一举攻进城中，李守贞自焚而死。永兴赵思绾、凤翔王景崇相继归降，风雨飘摇的后汉政权转危为安。

之后，郭威又移师北伐，大败契丹，以功进封邺都留守、天雄军节度使兼枢密使，河北诸州郡皆听郭威节制。

因"权高震主"，汉隐帝与朝臣对郭威十分疑忌。于是隐帝与亲信李业密谋，诏令马军指挥使郭崇诛杀郭威及宣徽使王峻；诏令镇宁军节度使李弘义诛杀步军指挥使王殷。不料李弘义反以诏书密示于王殷，王殷即派人向郭威告急。郭威见事情紧急，即采用谋士魏仁浦之计，伪作诏书，宣称隐帝令郭威诛杀诸位将领。于是群情激奋，推举郭威起兵讨伐，以"清君侧"。

隐帝见郭威起兵造反，遂将郭威在太原的眷属全部诛杀，并派兵抵御郭威。然而此时郭威大权在握，声威素著，各镇节度使纷纷倒戈拥戴郭威，隐帝被郭允明杀死于赵村。郭威带兵入京，并派人刺杀欲继位称帝的刘氏宗室武宁节度使刘赟，迫使太后临朝听政，由郭威监国。次年正月，郭威正式登基称帝，改国号为周。是中国历史上唯一的郭姓王朝。

郭威生于乱世，长于军伍，勇武有力，豪爽负气，精通兵法，善抚将士，以军功累迁至枢密使高位。终以军事实力为后盾，取后汉而代之，是五代时期军人专权的代表人物。

由于郭威出身贫苦，深知民间疾苦和创业艰辛，即位后，轻徭薄赋，改革时弊，使北方社会政治、经济趋于好转,被誉为五代十国第一明君。

节义凛然——郭崇

郭崇(907—965),原名崇威,因避后周太祖郭威名讳,只称郭崇。郭崇世居应州金城(今山西应县),父、祖均为代北酋长。

史称郭崇"重厚寡言,有方略","弱冠以勇力应募为卒"。后唐清泰中,为应州骑军都校。及至后晋石敬瑭为换取契丹军事

支持,割让燕云十六州,自称"儿皇帝",应州遂为契丹所据。郭崇对石敬瑭割地称臣的卖国行为,深以为耻,不愿为契丹效力,于是毅然率部南下,投奔后汉。历任"郓、河中、潞三镇骑都校尉",戍守太原。

后汉高祖刘知远举兵起事时,以郭崇为前锋,率兵南下攻克汴京(今河南开封),加封护圣军都校,领郓州刺史。

郭崇后又从郭威平定河中,以功封防御史。乾祐三年(950年),郭威发动兵变,逼杀后汉隐帝刘承祐,控制后汉军政大权。郭崇先是奉郭威之命,与李筠率兵牵

石敬瑭

刘知远

后梁太祖朱温

制忠于后汉的慕容彦超,确保了郭威兵变成功;而后又亲率七百骑兵,在睢阳截获准备入都继位的后汉宗室湘阴公、武宁节度使刘赟。郭崇为郭威取代后汉,登基称帝立下大功,因而深受郭威倚重。

郭威登基后,改国号为周,史称后周。郭崇被封为京城都巡检使、修城都部署兼知步军公事。历任定武军节度使、陈州节度使。后加平章政事,出镇澶州。契丹畏其声威不敢南下侵扰。

周世宗继位之后,于显德四年(957年)亲征淮南。契丹乘虚南下,以万余铁骑掳掠边境。郭崇率兵迎击,攻取束鹿县城,斩首百级,俘获甚众。

显德七年(960年),赵匡胤发动陈桥兵变,黄袍加身,取代后周,建立北宋。郭崇感念周室之恩,向宋太祖请求致仕为民,太祖不准,为笼络人心,加封郭崇兼中书令(宰相),后改任平卢节度使。但郭崇仍时时怀念旧主,郁郁不乐,于乾德三年(965年)病逝,享年58岁。宋太祖深为惋惜,追赠太师封号。

郭崇生有二子,长子守璘,官至洛苑副使,其妻为明德皇后之妹。次子允恭,以父荫授殿直之官,后迁崇仪副使,死于常州任上。

郭崇生于五代战乱之际,应募从军,身经百战,以军功升迁至节度使、中书令高位,也可谓"生逢其时,尽其材用"。尤为难得的是,郭崇以一介武夫深明大义,对石敬瑭之卖国求荣,深以为耻,愤然南归;念周主知遇之恩,刻刻不能忘怀,其忠义之心,为人敬仰。

铁面御史——郭绣

郭绣(?—1715),山东即墨人。康熙九年(1670年)进士,历任吴江知县、江南道御史、湖广总督。

　　郭琇为官清正，耿直敢言，不畏权贵。康熙二十七年（1688年），河道总督靳辅奏请停止下河挑浚工程，另筑高家堰大堤，以为屯田，可增岁收数万。直隶总督于成龙则极力反对，主张"下河宜挑不宜停，重堤宜罢不宜筑。"户部尚书佛伦等奉命前往实地勘察，赞同靳辅意见。

　　郭琇则坚决支持于成龙挑浚河道的正确主张，并上书弹劾靳辅偏听幕僚陈潢，阻挠下河挑浚，借筑堤之名强行摊派、勒索扰民等罪状。双方争持不下，康熙遂令大学士、九卿、科道共议河工事宜，条陈利弊。最后采纳了郭琇的正确主张，罢免靳辅河道总督之职，将陈潢革职问罪，使这一关于国计民生的争端得以圆满解决。

　　事后，郭琇又上书直言，弹劾户部尚书佛伦、侍郎傅拉塔与大学士明珠、余国柱等结党营私、交通声气、"糜帑分肥"，偏袒靳辅的罪状，致使权势显赫的明珠等宠臣被罢官或降级。郭琇也因敢言直谏，擢升为太常寺卿、内阁学士。

　　次年九月，郭琇又上书直言，弹劾了原少府詹事高士奇、左都御史王鸿绪、给事中何楷、翰林陈元龙等"表里为奸、植党招摇"的一批昏庸朝臣，使朝廷吏治为之一新。

　　由于郭琇屡次直言上书，弹劾权贵，故而部分朝官大臣对之侧目而视，深为忌恨。山东巡抚钱钰、江宁巡抚洪之杰、佛伦等先后上书，攻讦郭琇，并诬称郭琇之父郭景昌原名郭尔标，曾入贼党，以罪伏法，郭琇伯父郭尔印系明末御史黄宗昌家奴，郭琇隐瞒家世，为其父滥请封典诰命，犯有欺君大罪。

古代浚河图

朝廷依据佛伦等人所奏,革去郭绣花翎顶戴及本、兼各职,追夺郭绣之父封诰,并将郭绣拘押到江宁问罪,发配充军,欲将他置之死地而后快。幸得康熙皇帝格外施恩,减去郭绣充军之罪,削职为民。

康熙三十八年(1699年),圣驾南巡,郭绣于德州迎驾,面陈蒙冤情节。声称:"吾生父郭景昌,为即墨县秀才,康熙十五年(1676年)去世,与贼党郭尔标并非一人。郭尔标一生并未娶妻,何能诬为臣之生父?伯父郭尔印也为安善良民,并无罪过。恳请圣上主持公道,昭雪申冤。"

于是,康熙帝责问佛伦事情原委,佛伦只得以"误疑郭尔标为郭尔印昆弟"进行搪塞,郭绣之冤始得昭雪。康熙帝在南巡时,又得悉郭绣为吴江县令时,政德卓著,深得民心,于是将他升任为湖广总督。

郭绣在湖广任内又多行仁政,屡有建树,并妥善处置苗民事变,深受康熙皇帝信赖。康熙四十二年(1703年),郭绣以年老多病上书皇帝,请求致仕。康熙下诏加以慰留,但部分朝臣因忌恨郭绣,多方罗织罪名,促使康熙皇帝再次将郭绣削职为民。

康熙五十四年(1715年),郭绣病逝。一代清廉正直的名臣,走完了其仕途坎坷的一生。但其德操品行深为后人所景仰,即墨、吴江两县分别将其列入乡贤、名宦,岁岁祭祀、瞻仰。

驻英大臣——郭嵩焘

郭嵩焘(1818—1891),字伯琛,号筠仙,湖南湘阴人,道光丁未科(1847年)二甲进士。当时正值鸦片战争之后,西方列强侵入中国,国内各种矛盾日益尖锐,1851年爆发了太平天国起义。曾国藩奉命

郭嵩焘

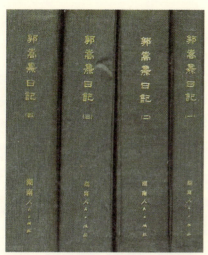

湖南人民出版社出版的《郭嵩焘日记》

对官僚买办垄断，主张发展民族工业，而与当朝政要意见不合，遂退出官场，主讲城南书院，弘扬国学，培育后进，学者称其为"养知先生"，自号"玉池老人"。著有《养知书屋遗集》、《礼记质疑》、《周易释例》、《毛诗馀义》、《大学中庸质疑》、《郭嵩焘日记》，是晚清著名学者。

常驻联合国代表——郭泰祺

郭泰祺（1888—1952），字保元，号復初，湖北广济人。幼时随父读书。1904年毕业于武昌中学。同年赴美国留学，入宾夕法尼亚大学，获博士学位。在校时任裴洛琴文学会会员、董事和美联社社员。毕业后曾一度任宾夕法尼亚报记者。1909年回国后，在武昌创办湖北方言（外国语）学校，自任校长。后又任武昌国立外国语学校校长。1912年任湖北都督府外交股长。1913年任黎元洪副总统英文秘书。1916年任北京总统府高等顾问，兼任外交部参事。次年任武昌国立商科大学校长。1918年初南下广州，任护法军政府参事，继任外交部次长。1919年1月，以中国代表团专门委员名义出席巴黎和会。1923年9月，任广州大本营外交部次长。1925年3

回乡筹办团练，创办湘军，郭嵩焘遂于1853年进入曾的幕府，协助曾国藩操办军务，镇压太平天国起义，深受曾的赏识。1863年因功升任广东巡抚，主持对外交涉事宜，后调任兵部侍郎。

随着对外事务的增多和洋务运动的兴起，清廷开始委派外交使节。1876年，郭嵩焘被委派为首任出使英国大臣，1878年兼任出使法国大臣，成为中国近代史上首次派出的重要使节。由于他积极追随李鸿章的外交策略，在处理"马嘉理"教案中与副使马锡鸿意见不合，遂辞职归国。

归国后，郭嵩焘又积极参与洋务运动，以求富国强兵。因他在洋务运动中反

参加国联大会的中国代表团主要成员,自左至右:罗忠诒、顾维钧、颜惠庆、郭泰祺、颜德庆

月,任军政府外交次长;12月被派为国民党湖北省党部筹备员(西山会议派)。1927年4月,宁汉分裂,任上海市临时政治委员会委员;5月任外交部驻江苏交涉员兼上海政治分会委员;武汉国民党中央执行委员会常务委员会第五次扩大会议议决,开除郭泰祺中国国民党党籍,并明令通缉。宁汉合作后,1927年8月,任南京国民政府外交部次长。1928年1月,代理外交部部长,同年任国民党中央宣传部上海办事处国际组主任。1929年2月,任驻意大利全权公使,未到任即被推定为立法院立法委员兼约法起草委员会秘书长。1931年5月,任广州国民政府委员。1932年1月,任外交部政务次长;5月任驻英国全权公使。1935年5月升任驻英国全权大使,1941年5月免大使职。任期内,兼任国际联盟理事会中国首席代表,多次代表中国出席国际会议。1941年4月(6月30日就职)至12月,任外交部部长。1945年5月,任国民党第六届中央监察委员。1947年4月,为出席联合国特别大会全权代表;7月任常驻联合国代表兼安理会代表。1947年至1949年任巴西特命全权大使。1952年

2月29日在美国病逝。终年64岁。

民国政要——郭澄

郭澄（1907—1980），字镜秋，山西阳曲人。早年就读于太原阳兴中学。1927年任中国国民党阳曲县党部常务委员。1928年北伐后，调国民党北平市党部任职，旋入北平中国大学政治系学习。1934年入国民政府铁道部，后调陇海铁路任职。1937年抗日战争爆发后赴重庆。1938年7月，入三民主义青年团，历任三青团山西支团干事、书记等职。1947年9月当选为国民党第六届中央执行委员，并任山西省党部副主任委员；11月当选为山西省参议会副议长。中华人民共和国成立前去台湾。1950年7月，任国民党中央改造委员会委员。1952年11月，任国民党中央委员会副秘书长。1954年1月，任国民党台湾省党部主任委员。1959年4月，任台湾省政府委员兼秘书长。1960年2月，当选为"国民大会"第三次会议主席团成员。1963年11月，连任国民党第九届中央委员。1965年9月，任国民党中央政策委员会秘书长。1966年2月，当选为"国民大会"第四次会议主席团成员；6月代理"国民大会"秘书长。1969年4月，连任国民党第十届中央委员，并于十一届全会当选为中央常务委员。1972年2月，连任"国民大会"第五次会议主席团成员，旋任"国民大会"秘书长；5月改任"行政院"政务委员。1976年6月，免"行政院"政务委员，改任"行政院研究发展考核委员会"主任委员；9月暂代"国民大会"秘书长；11月连任国民党第十一届中央委员，旋于国民党第十一届一中全会当选为中央常务委员。1978年2月，连任"国民大会"第六次会议主席团成员，旋再度任"国民大会"秘书长。1980年9月29日病逝于台北。终年73岁。

巾帼英雄——郭隆真

郭隆真（1894—1931），原名淑善，化名石衫、石珊、林一、林逸。女。河北大名人。回族。幼年随父亲启蒙。1913年春，入天津直隶第一女子师范学校。1919年五四运动爆发后，与周恩来、邓颖超等参加并领导天津学生五四运动，倡导组成天津女界爱国同志会，并两次参加赴北京请愿团；9月参与出版《觉悟》杂志，宣传革命思想，并与周恩来等组成觉悟社。曾三次被捕。1920年11月，赴法国勤工俭学。1923

年加入中国社会主义青年团,同年转入中国共产党。1924 年秋,与李富春等赴莫斯科东方大学进行短期学习。1925 年春回到北京,在李大钊负责之北方区党委领导下工作。旋被派到中国国民党北京市党部妇女部,任妇女委员会委员,创办《妇女钟》、《妇女之友》刊物,并为北京缦云女校主持人。1927 年 4 月被捕,判处 12 年徒刑,经营救,于 1928 年底被释放。1929 年初,赴上海;同年春,被中共派赴东北,在满洲省委从事职工运动工作。1930 年 3 月,任中共满洲省委职工运动委员会书记;同年夏,被派赴中共山东省委工作,任省委委员、青岛市委常委、宣传部长等职;同年 11 月 2 日被捕。1931 年 4 月 5 日在济南被杀害,年 37 岁。

中 人 氏
郭 物 华
篇

二　金戈铁马　驰骋疆场

拔胡将军——郭昌

郭昌,西汉云中(今山西大同)人,历事汉武帝、昭帝、宣帝三朝,是一位南征北战、戎马倥偬的军事将领。

西汉初年,由于国力虚弱,边衅四起。北有匈奴诸部为患,南有百越、西南夷作乱,以致汉高祖时有"白登之围",不得不以"和亲政策"安抚匈奴。经文帝、景帝休养生息,国力日渐强盛,到汉武帝时便有实力开疆拓土,对外用兵。郭昌世居代北、云中,与匈奴接壤,因而生性强悍,善于骑射,青年时即投身戎伍,屡立战功,晋职校尉。

汉武帝元光年间,大将卫青率师出雁门、云中,讨伐匈奴,郭昌随军征战,冲锋陷阵,英勇杀敌,因战功卓著,晋升中郎将之职。元鼎六年(前111年),南粤起兵反汉,依附南粤的且兰国君也杀死汉朝使臣,并阻断了汉朝与川、滇的联系。于是朝廷即派郭昌、卫文广率兵出征,同时征发巴蜀的罪徒从军,与当地八校尉分兵进剿,斩首数万,平定了叛乱。回师途中又乘势诛杀了且兰国君。当时,夜郎、且兰等西南夷部族,都依附南粤。南粤被讨平后,夜郎等小国均请求内附,于是在西南地区设置了牂柯、沈黎、文山等郡。元封二年(前109年),因滇王不肯归附朝廷,并策动其同姓的劳深、靡莫等部族侵犯汉朝边疆。汉武帝再次派郭昌以大将军的身份率卫文广等出兵讨伐,攻灭了劳深、靡莫等部族,兵临滇地。滇王俯首归降,派使臣入朝,接受汉朝封号,并将所属之地改制为益州郡。至此,西南夷的百余个小国全部归服,正式列入汉朝版图。郭昌为平定西南地区立下了卓越功勋。

元封四年(前107年),匈奴等部又蠢蠢欲动,边陲告警。朝廷征调时任太中大夫的郭昌为拔胡将军,晋封浞野侯,屯兵朔方,随时准备迎击匈奴的入侵。元封六年(前105年),西南夷又起战端,兴兵犯境,益州、滇中告急。朝廷又征调郭昌星夜南下,率兵平定叛乱。

汉宣帝时,加封郭昌为光禄大夫,受命治理黄河。他审时度势,因势利导,在章丘县一带裁弯取直,开渠取水,既减少了黄河水患,又造福于黎民百姓,深受民众爱戴。

纵观郭昌一生,驰骋疆场,征战南北,从汉武帝元光年间到元封年间,三十多年保卫边陲,拓土开疆,可谓身经百战,战功卓著。晚年又治理黄河,兴修水利,终身为国为民,确实是一位值得大书特书、青史流芳的历史名人。

曹魏干城——郭淮

郭淮(?—255),字伯济,太原阳曲人。其祖父郭全是东汉中后期时的大司农,父郭缊官雁门太守。

郭淮出身于孝廉,早年曾做过郡丞、丞相府兵曹议令史。建安二十四年(219年)魏、蜀秦岭分界后,他与魏国将领镇守于雍州,先后为军司马、将军、州刺史。

郭淮一生的功绩主要是在蜀汉战争上。作为谋士,他能审时度势,作出正确的判断;作为将军,他能当机立断,攻守自如。

郭淮颇具军事才能,他与先后镇守雍

汉高祖入关图

州的夏侯渊、张郃、司马懿等曹魏将领一起协谋方略、攻取防守，成为诸将军事方略的主要策划者。建安二十四年，魏将夏侯渊与蜀军决战定军山（今陕西勉县南），一战兵败而死，曹军因失主帅，一时不知所为，而蜀军仍在进攻之中。时郭淮为夏侯渊的司马，他与督军杜袭一起，收聚散兵，共推张郃为主帅，才使得曹军安定下来。次日，蜀军仍取攻势，列阵于汉江南岸，准备渡江。曹军新易主帅，军力虚弱，诸将都想阻汉水为阵，抵挡蜀军的进攻。但郭淮认为，如果阻汉水而设阵，定会使蜀军看出曹军的虚弱，使其奋力争夺，曹军就难以阻挡。不如远离汉水为阵，以示曹军强大，蜀军就不敢贸然进攻，即使蜀军敢于渡江而北，曹军也可乘其半渡而击之，取得胜利。曹军依照郭淮的计策，远离汉水设阵，蜀军果然疑惑，不敢渡江，退兵而归。曹操得知这一情况后，对郭淮大加赞赏，并让他继续担任张郃的司马。

魏明帝青龙二年（234年），蜀汉丞相诸葛亮在吸取前几次粮运不济、攻魏失利的教训后，一面从斜谷出兵攻魏，一面在渭水南岸的五丈原设屯田，以谋长期攻守之策。是时，郭淮与司马懿一起，屯军于渭水北岸。这年四月，诸葛亮引军进到郿县

司马懿

（今陕西眉县），为抵御蜀军进攻，司马懿出军渭南，以形成背水一战的态势。郿县西北25里，隔渭水有积石原，西北与陇山相接，形势险要，易守难攻。蜀军如果占据此地，进而扼守陇山，就会阻断魏国关中与陇西通道。郭淮分析形势，充分估计了诸葛亮的进军意图，力排众议，提出分军防守积石原的计划，并亲率士卒，于此设垒布阵。正如他所料，蜀军舍渭南而不争，猛烈攻袭积石原。由于郭淮先据此地，严密防守，才击退了蜀军的进攻。

在防守关中、陇西，与蜀汉相持的军事斗争中，郭淮善于谋兵料势，起到了将佐与统帅的作用。对于当地少数民族人

民,他也善于团结合作,帮助他们改进生产技术,过上安定的生活。他在关中 30 余年,除了着意于对蜀汉的防守之外,还常常深入氐、羌等少数民族的下层人民当中,了解他们的身世、生活、人口发展状况,与他们沟通感情,增进了解和相互间的信任,而且还不断地把一些游牧民族迁徙到内地,使之转为农耕生活,促进了他们与汉族的融合。正始元年(240 年),他将羌族迷当部族三千余户迁入关中,使之定居生活;与此同时,凉州少数民族首领休屠率部落二千余家归附雍州,他又将其迁徙于安定,曹魏因此而设西川都尉,管理这里的少数民族。正因为这样,郭淮多次得到少数民族地区人民的支持。魏明帝太和二年(228 年)蜀军复出陇右,而魏之陇西地区歉收,军粮无着,曹魏打算从关中运粮解决兵饷。这时,郭淮号召羌人,各家出谷,支持军用。羌人踊跃输谷,使军粮供应得到保证。

曹魏的雍州,地跨关中、陇西,是我国西北少数民族氐、羌的聚居地。能否正确对待少数民族,合理解决民族问题,不仅关系到少数民族人民本身的利益,而且也关系到曹魏的统一。郭淮身居雍州,以魏国的统一事业为怀,注意团结当地各族人民,不断加快这一地区的开发,其作用是不可轻视的。正像曹芳在嘉平二年(250 年)褒奖郭淮的诏书中所说,他"外御寇虏,内抚民夷","功绩显著"。为此,被擢升为车骑将军、仪同三司、持节、都督凉州诸军事。因其祖籍太原阳曲,赐爵阳曲县侯,是阳曲郭氏中第一个以祖籍为封爵的郭氏名人。其子郭统,袭阳曲侯爵位,官至荆州刺史。其孙郭正也袭封爵位,因阳曲在汉代属汾阳之地,改封"汾阳子"。

郭淮祖孙三代从"阳曲侯"到"汾阳子",皆以郭氏祖籍阳曲为封爵,是阳曲郭氏的一段辉煌历史。

文武兼备——郭彦

郭彦(? —569),太原阳曲人。北魏时,郭彦的祖先曾在关内做官,因之迁居冯翊(今陕西高陵)。其父郭胤曾任冯翊郡功曹,又做过灵武县令。

郭彦少年时就很有声望,但他真正走上仕途是在北魏孝武帝永熙三年(534年)。他的一生是在西魏和北周时期度过的,是这一时期著名的军政人才,既受到统治者的重视,又获得老百姓的爱戴。

永熙三年,北魏与东魏相互攻伐,东

魏大将高欢亲自率兵进逼北魏都城洛阳。八月，魏孝武帝离开都城洛阳，率百官到长安，以宇文泰为大将军、雍州刺史兼尚书令，军国大事决于一人。郭彦以父祖在关右做官的缘故，被宇文泰辟为西曹书佐，以后逐渐提升为虞部郎中。因有政绩，被封为龙门县子，封邑三百户。西魏文帝大统十二年（546年），朝廷令州内推选有声望的人统领乡兵，郭彦被拜为都督、持节、平东将军。大统十六年（550年），岷州羌人首领傍乞铁匆与汉人郑五丑等起义，郭彦随从大将宇文贵镇压了这支义军，并因军功拜为大都督，又封为车骑大将军、仪同三司、司农卿。西魏恭帝元年（554年）封兵部尚书之职。这年，朝廷决定攻打与北齐通好的南朝梁元帝，于是郭彦以兵部尚书职随从柱国、雍州刺史于谨南下讨伐江陵。江陵都城被魏军攻陷，梁元帝出城投降。因战功郭彦晋升为骠骑大将军、开府仪同三司。西魏恭帝三年（566年），宇文泰建六官制度，郭彦被拜为民部中大夫。

北周孝闵帝宇文觉登位后，派郭彦远离都城去做澧州刺史（今湖南澧县）。澧州之民不善农业，多以捕猎为生，朝廷的赋税制无法施行。郭彦任职后，劝民耕稼，施行了一些发展农业生产的措施，使澧州之

民学会了农业生产技术，粮食生产有了节余。从此，澧州不仅不要朝廷调拨粮食补给，而且储备了粮食，并开始向国家交纳赋税。由此，郭彦在东南部建立起善政爱民的威望。后来，北齐南安主冯显秘密遣使到郭彦处，通报欲归降北周的计划，并告知其部属不知此谋的实情。郭彦请示柱国宇文贵，宇文贵命令郭彦率兵去接应。

古代藉田图

北齐墓室壁画

适值北齐令冯显带领部下南下送粮，郭彦考虑到冯显部下一旦不听冯显投降命令的后果，就在北齐南下运粮的途中先把冯显接走。冯显的部下果然不愿投降，郭彦率兵奋击，俘获了所有部将。在南安不知事变、城防无备的情况下，郭彦率兵急驰，以冯显的外兵参军邹绍做向导，连夜赶到南安城下，令邹绍诈称冯显返回，打开了城门。因功晋爵为怀德县公，封邑一千户。不久，朝中发生变乱，命令郭彦班师回朝。回京后被派做河东道大使，后又做蒲州总管府长史，旋调回京都任工部中大夫。

北齐武帝天和元年（566年），任益州总管府做长史，后又升任陇右总管府长史。天和四年（569年）在任上去世。

两朝名将——郭衍

郭衍（？—611），字彦之。北周、隋两朝著名的军事将领。

郭衍父郭崇，曾于北魏末年事孝武帝为官，以舍人随其入关，后官至侍中。郭衍从小就骁勇刚武。宇文氏代魏建周后，郭衍深为周陈王宇文纯所器重，引为左右，并累迁大都督。其时，北周经常受北齐的威胁，郭衍奉诏从天水（今甘肃天水、秦安、甘谷等地）招募迁徙千余家人口，屯于陕城（今河南陕县），以镇守北周东部边境，官拜使持节、车骑大将军、仪同三司，一年内率众数次打败北齐军队的进攻。

建德四年（575年），北周武帝调集18万大军进攻北齐，并亲率六军攻打河阴城（今河南孟津县东）。郭衍随驾出征，请缨为前锋，一举攻拔该城，故以功授仪同大将军。第二年，周武帝再度伐齐，率大军围攻平阳城（今山西临汾市南），郭衍奉命从陈王阻击北齐援兵。周军攻占平阳后，北齐后主高纬亲率主力10万欲夺平阳。周武

古代水利工程

帝集结八万主力在平阳附近与齐军决战，大败齐军后，郭衍又率部乘胜追击，攻取高壁（今山西灵石县东南），接着，随从周武帝北上攻克并州晋阳城（今太原市南郊古城营）。北周建德六年（577年），周军攻破北齐都城邺（今河北临漳），北齐灭亡。在北周统一黄河流域的一系列战役中，郭衍屡立战功，因而加授开府仪同三司，封武强县公，并被赐鲜卑姓叱罗氏。宣政元年（578年）又为右中军大夫。

北周大象二年（580年），周静帝宇文阐年仅8岁，其外祖父杨坚擅权执政。同年六月，相州总管尉迟迥起兵反杨，"聚徒百万"，"称兵邺邑"。杨坚决定首先平定相州之乱。郭衍奉命随从韦孝宽、高颎东讨尉迟迥，先于武陟永桥城（今河南武陟县西南大虹桥）击溃尉迟军，接着又乘胜进逼邺城（相州治），在邺城南与尉迟军大战。邺城被攻破后，尉迟迥自杀，其子尉迟惇、尉迟祐向青州（今山东益都县）逃奔。郭衍率一千精锐骑兵乘胜追击，再次大破敌军，活捉尉迟祐，入据青州城，又于城北歼灭其残军，彻底粉碎了尉迟迥之乱。郭衍为巩固杨坚的统治立下汗马功劳，故被越级授上柱国，封武山郡公。

北周静帝大定元年（581年）二月，杨坚以隋代周，建元开皇，是为隋文帝。郭衍亦奉敕恢复旧姓郭氏。隋开皇三年（583年），隋文帝命郭衍为行军总管，领兵屯于平凉（今甘肃平凉）以防突厥犯境。又因关中产粮不够京城消费，隋文帝乃于开皇四年（584年）诏开广通渠，命郭衍为开漕渠大监，同宇文恺率水工凿渠引渭水，经大兴城（今陕西西安）北，东至潼关接黄河，漕运400里。广通渠的开凿，使关东粮食得以西运，缓解了关中粮荒，因而被时人称为"富民渠"。开皇五年（585年），郭衍为瀛州刺史，赴任后适逢秋雨成灾，瀛州属县多被水淹。郭衍亲备船筏和粮食救灾，并先开仓赈恤，后禀奏文帝，此举深得较体恤民情的隋文帝的赞赏，擢为朔州总管。朔州地处边远，粮食转运非常不便。郭衍便择地屯田，不仅做到了粮食自给，且"岁剩粟万余石"，使民众免受转输之苦，因而得到隋文帝的信赖。开皇九年（589年），隋平南陈，统一了全国。为巩固对江南的统治，隋文帝派晋王杨广出镇扬州（今江苏江都县），郭衍亦随从前往。其时，南陈故地反隋叛乱四起，郭衍受命为行军总管，先领精锐部队万余人屯于京口（今江苏丹徒）；接着于贵州南平定叛乱，生擒敌帅，缴获了大批舟船粮草；最后又平定了东阳、永嘉、宣城、黟、歙等诸地叛军，维护了全国统一的局面，于是又被授蒋州（今江苏南京）刺史。

在江南追随杨广期间，深得杨广厚爱，遂迁洪州（今江西南昌）总管。时太子杨勇日渐失宠，杨广阴谋取而代之，故而杨广密召郭衍与其暗地共谋夺嫡大计。此后，郭衍频繁来往于洪州和扬州之间，与杨广过从甚密。为了策应杨广，郭衍还在洪州"大修甲仗，阴养士卒"，暗中积累武装。仁寿三年（603年），隋文帝听信杨素等人谗言，废杨勇，立杨广为太子，郭衍亦被

授为左监军率，后转左宗卫率。仁寿四年（604年）七月，隋文帝临终前发现自己废立太子的错误，但为时已晚。杨广同杨素伪造圣旨，令郭衍和宇文述率兵控制了皇宫和东宫，并将隋文帝害死于仁寿宫，杨广遂即帝位，是为隋炀帝。时汉王杨谅闻讯于并州起兵讨伐杨广，"从谅反者凡十九州"，郭衍又奉杨广之命据守京城。

郭衍于隋炀帝袭位有功，故大业元年（605年）拜左武卫大将军。同年仲秋，隋炀帝率近二十万人沿通济渠南下巡幸江都，令郭衍统领左军，改授光禄大夫。大业五年（609年），郭衍从隋炀帝西讨吐谷浑，出

隋炀帝出游时乘的龙舟

金山道,大破敌军,纳降二万余户,又为隋炀帝开拓西部疆土立下战功。大业六年(610年)正月,郭衍卒于江都,赠左卫大将军,谥曰襄。

诚心至纯——郭荣

郭荣(约546—614),字长荣,自云太原(今山西太原)人。其父郭徽,为北魏同州司马、北周洵州刺史、隋太仆卿,与北周武帝宇文邕、隋文帝杨坚有旧。

郭荣是隋朝一员重要的军事将领,"容貌魁岸,外疏内密,与交者多爱之"。北周时,被当时担任大冢宰的宇文护看中,"引为亲信",并擢升他为中外府水曹参军。

北周初年在军事上与北齐仍属对峙局面,互相侵扰。一次,北齐军侵扰北周汾州(今山西隰县),身为水曹参军的郭荣,表现出非凡的军事才能,击退了北齐殷孝先的进攻,为保卫北周边境立下战功,被授大都督。这时,分布在离石(今山西离石)以西、安定(今甘肃泾川)以东过着农牧生活的稽胡部落,屡次侵扰北周边境。郭荣受命戍边,他于上郡(今陕西榆林)、延安(今陕西延安)之间筑五座守城,切断

稽胡进军的要路,遏制他们对边境的侵扰,"稽胡由是不能为寇"。为此,周武帝宇文邕擢升郭荣为宣纳中士。

在东征西伐的战斗中,郭荣既能与统治者保持一致,作战中又勇敢善战,因而为皇帝所赏识。一天晚上,杨坚和郭荣坐于月光下,赏月谈心。杨坚对郭荣说:"我仰观天象,俯察人事,北周气数已尽,我要取而代之。"在当时还是北周王朝的情况下,杨坚能和郭荣如此谈话,足见他们之间关系很不一般。

周武帝病逝后,北周军事大权落在外戚杨坚手中。北周大象二年(580年),杨坚由隋公进爵为王,因"荣少与高祖亲狎,情契极欢",故任相府乐曹参军、蕃部大夫。大定元年(581年),杨坚建立隋朝,郭荣升至内史舍人,晋爵蒲城郡公,授上仪同,累迁通州(今四川达县)刺史。隋仁寿初年(601年),位于西南的少数民族"僚"起义,屡次与隋军交战。隋文帝命郭荣为八州诸军事行军总管带兵镇压。从此,郭荣镇守隋西南边陲。

隋大业初年(605年),隋炀帝嗣位,任郭荣为武侯骠骑将军、左侯卫将军、银青光禄大夫。数年后,郭荣先后参加了镇压黔安(今四川彭水)、夷陵(今湖北宜昌)一

隋炀帝杨广

带由田罗领导的少数民族起义和征讨吐谷浑的战争。隋大业八年（612年），郭荣随杨广参加征伐高丽的辽东之役，因功进位左光禄大夫。隋大业九年（613年），随杨广再次进攻高丽，"亲蒙矢石，昼夜不释甲胄百余日"，又拜右候卫大将军。是年，隋朝大贵族杨玄感乘隋炀帝伐高丽之机，发动兵变，郭荣受命镇守太原讨伐兵乱。隋大业十年（614年），病逝于怀远镇（今河北怀

远），时年68岁，杨广为之废朝，赠兵部尚书。

郭荣是北周、隋王朝的重要军事将领，曾参加对高丽的讨伐战争，为隋朝统一中国立下了卓著战功。他是隋朝尽职尽忠的重要官僚，所以隋炀帝非常欣赏他的忠诚，称其为"诚心纯至如郭荣者，固无比矣"。

戎夷畏悸——郭知运

郭知运（667—721），字逢时，瓜州晋昌（今甘肃玉门关附近）人。

郭知运"长七尺，猿臂虎口"，年轻的时候以格斗勇猛而补秦州三度府果毅，后随大将郭虔瓘征讨突厥，以功加右骁卫将军，封介休县公。

郭知运的一生是在征战之中度过的。就在他加官晋爵后不久，突厥又进犯渭源，劫掠当地民众的牧马，于是朝廷命令他率军前往征讨。战斗中，他与另外两位大将互为犄角，大败突厥军。此役获胜后，郭知运晋封冠军大将军，兼临洮军使，封太原郡公，皇帝赏赐给他的金银数以万计。之后他又任陇右诸军节度大使、鄯州都督。当时已投降唐朝的突厥人阿悉烂等

又率众反叛，并且把朝廷委派的单于副都护张知运抓走了。郭知运奉命前去追捕，在一个山谷将突厥军打败，救回了副都护。唐玄宗开元五年（717年），他率军大破吐蕃，"献俘京师"，名震一时。第二年，他带领一支轻骑兵夜袭敌营，缴获了大量的精甲、名马和牛羊。不断的东征西伐和屡战屡胜，使他获得很高声誉，朝廷拜他为左武卫大将军，授其一子为官，并赐给他许多贵重的东西。而他也为唐朝西北边境的安定奋斗了一生，最后病死在军营中。

郭知运死后，皇帝命人将他的功劳刻在墓碑上，后又配飨太庙，谥号为"威"。

郭知运长子郭英杰，字孟武，也是一员勇猛善战的大将，官左卫将军、幽州副

甘肃大夏河谷

总管。开元二十三年（735年），郭英杰与其他将领率军和契丹军队大战，屯兵榆关。在这次战斗中，由于敌众我寡，加上一部分将领提前率兵离开战场，郭英杰苦苦死战，壮烈牺牲。

郭知运次子郭英义，字元武，"以武勇有名河、陇间"，和其父、兄一样，也是一员武将。"安史之乱"时，他官秦州都督、陇右采访使。安禄山部将高崇率兵进掠他管辖的地区，他假装劳军，准备了丰盛的饭菜请来叛军首领，暗地里却设了埋伏，将叛军全部俘虏。

因为郭英义武勇出众且勇敢善战，到史思明为乱河南、陕西时，朝廷把他作为一支重要的防御力量委以重任：史思明攻陷洛阳，攻掠陈、蔡时，皇帝诏他统淮南节度兵；叛军进兵关中，皇帝又诏他为陕西节度使、潼关防御使。因此，郭英义官运亨通，先是进御史大夫兼神策军节度使，到代宗即位后，以他为检校户部尚书兼大夫，后又以功赏封三百户，拜为尚书右仆射，加封定襄郡王。

但郭英义随后却渐渐居功自傲，"日骄蹇，为侈汰"，后终因内外交困而被人所杀。

再造唐室——郭子仪

郭子仪(697—781),华州郑(今陕西华县)人,唐朝著名军事家、政治家。

史称郭子仪身高"七尺二寸",体貌秀杰,出身士族,从小就受到良好的家庭教育。其父郭敬之任寿州刺史时,就让郭子仪学军习武。严格的训练,良师的指点,使郭子仪进步很快。武则天执政期间,实行军事改革,设立武举制度,郭子仪参加了考试,以武进士名列榜首。这时他大约三十岁左右,因"武举高等",朝廷任命他为"左卫长史",即掌管宫禁宿卫的官职。

后郭子仪奉命驻戍边地,因善于带兵,每战必胜,故频频得到重用。天宝八载(749年),朝廷在木剌山筑横塞军,设安北都护府,征调郭子仪为军使,并兼任九原郡太守。

郭子仪从做安北都护使起,就在边防前线一边练兵,一边守卫边防,把练兵和打仗有机地结合起来。在刻苦练兵的同时,郭子仪还特别注意熟悉周围的山川形势,所以每次外敌入犯,都被他打得落花流水。正由于他在边防前线训练了一支拖不垮、打不烂的过硬军队,所以后来在平

郭子仪像[日]圆山应举绘

定"安史之乱"过程中,才能出奇制胜,屡建功勋。

唐玄宗天宝十四载(755年)冬,郭子仪59岁,升任朔方节度使,奉命东进,讨伐安禄山叛军。唐肃宗至德元年(756年)初,年逾花甲的郭子仪进军河东,收复静

乐军镇(今山西右玉),又在振武军镇(今山西朔州市朔城区)大败安禄山部将高秀岩,收复云中(今山西大同)、马邑(今山西朔州一带),玄宗破例提升他为正三品御史大夫。同年,下井陉,拔常山,克赵郡,正拟直捣范阳时,肃宗即位灵武,急欲恢复两京,下诏班师,命为兵部尚书、同平章事,仍兼朔方节度使。至德二年(757年),郭子仪61岁,率军攻打潼关,破叛军于潼关。他的二子郭旰在攻永丰仓时阵亡。肃宗迁居凤翔,升郭子仪为正一品司空,兼任关内、河东副元帅(太子任元帅,即后之代宗)。其后,收复西京长安、东京洛阳,再造唐室,加封司徒、代国公。

唐肃宗宝应元年(762年),郭子仪66岁,再次受命为朔方、河中、北庭、潞辽泽沁等州节度行营使,兼任兴平定国副元帅,进封汾阳郡王,屯兵绛州(今山西新绛)以安定河东。四月,肃宗崩,代宗立,宦官程元振联合鱼朝恩离间郭子仪,使郭子仪再失兵权,充任肃宗山陵使。

第二年,诸镇兵乱再起,仆固怀恩屯兵汾州,阴召回纥、吐蕃寇西河,吐蕃军直抵奉天、武功,京师告急。代宗任郭子仪为关内副元帅,破吐蕃,再复京师。代宗自陕州入长安,赐铁券,并令画其像于凌烟阁。

代宗广德元年(763年),郭子仪67岁时,由河中至泾阳,单骑入回纥,破吐蕃。

代宗大历四年(769年),郭子仪73岁,自河中移镇邠州,立国防最前线,又前

《郭子仪单骑见回纥图》(北宋·李公麟)

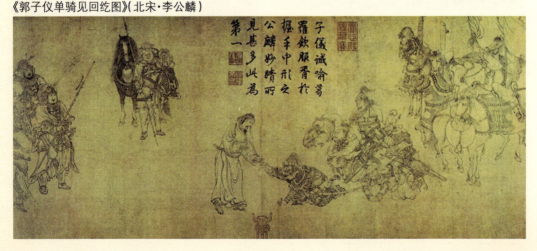

后六次破吐蕃，使其不敢入寇。

代宗大历十四年（779 年），代宗崩，德宗立，郭子仪 83 岁，诏为摄冢宰，充山陵使，赐号"尚父"，又进位太尉、尚书令。

德宗建中二年（781 年）六月十四日，郭子仪逝世于长安私第，时年八十有五。

郭子仪于安史之乱之际，唐室衰微之时，提孤军转战东西，两复京师，再造唐室，堪称中兴名臣。更难能可贵的是，他虚怀若谷，从不居功自傲，达则兼济天下，退则独善其身，给后世郭氏族人树立了光辉的榜样。无论是《新唐书》、《旧唐书》，还是《资治通鉴》，以及唐以来诸多文人学士的文集奏议，对郭子仪的评价都很高，其中尤以唐人裴垍的"权倾天下而朝不忌，功盖一代而主不疑，侈穷人欲而君子不之罪"的评论最为精到贴切。

戎马倥偬——郭守文

郭守文（935—989），太原人。一生戎马倥偬，为开创大宋基业和保卫边陲，立下显赫战功，为北宋初期著名军事将领。

郭守文父郭晖，后汉时为护圣军使，随郭威征战河中，死于战场上。郭守文当时 14 岁，郭威将其收留在帐下。郭威建立

辽祖州遗址

后周，是为周太祖，任命郭守文为左班殿直。陈桥驿兵变，赵匡胤建立北宋王朝。蜀地初平，宋太祖让郭守文知简州。当时剑阁一带流寇散匪颇多，郭守文却将当地治理得井井有条，寇匪多归附朝廷。潘美征岭南，曹彬平金陵，郭守文皆随往军中效力。

开宝九年（976 年），曹彬派郭守文担任护送使，护送南唐皇帝李煜去开封觐见宋太祖，李煜恐已为亡国之君，蒙受宋朝君臣羞辱，故不愿活着去见宋太祖。郭守

宋武帝刘裕

文劝慰李煜："国家只务恢复疆土,以至太平,岂复有后至之责耶?"李煜的顾虑才被打消,随郭守文赴开封,郭守文因此迁西京作坊使,领翰林司事。太平兴国元年(976年),郭守文随党进与北汉军战,大败北汉于团柏谷(在山西祁县东南60里,东接太谷,南接武乡)。当时秦州(今甘肃天水)刚刚归附,军民心存疑虑,加之其地与西夏为邻,若处置不当,则边患无穷。宋太祖鉴于郭守文机敏善辩,安抚南唐颇有方略,于是命郭守文前往秦州,晓谕军民。郭守文赴任之后,对边地各部落族人待之以

礼,陈说利害,使西北边陲得以安宁。

太平兴国四年(979年),宋太祖亲率大兵攻伐北汉。郭守文分兵北上,攻克代州,大破北汉刘继文所率精兵,切断北汉与辽国联络通道,并于满城击败辽南府宰相所率援军,为宋军攻取晋阳、吞灭北汉创造了有利条件。以功迁澶州刺史,肩负抵御辽兵南犯、保卫边陲的重任。

北宋立国之初,主要边患一为辽国,二为西夏。郭守文因善于筹边,屡受重任。雍熙二年(985年),郭守文调任武州团练使,主持西北防务,整修关塞,训练士卒,屡次挫败西夏的侵扰,先后征服了夏川、银川等地的25个少数民族部落,使一千六百余户内附北宋,解除了北宋王朝一大边患。

雍熙三年(986年),宋太宗统兵北上,收复燕云十六州。郭守文率部参战,奋勇争先,被辽兵流矢所伤,但他镇定自若,浴血苦斗。宋军士气大振,乘胜追杀,大获全胜。

郭守文深通兵法,富有谋略,但他深知"兵危战凶",决不轻启边衅,邀功请赏,只在迫不得已时才出兵反击。故而在他历任边防将帅期间,边境很少有战事发生,与邻边各少数民族部落关系较为融洽。在

当时的历史条件下,实属难能可贵。

郭守文不仅富有军事才能,而且以善于治水见称于世。他曾先后两次奉命率领军民丁夫堵塞黄河决口,一次治理汴水泛滥,保护了京都安全,拯救了黎民百姓。可谓"文可治国,武能安邦"的英贤俊杰。

郭守文历北宋太祖、太宗两朝,官居宣徽院北使、南使,北面行营都部署等职,可谓功勋卓著的一代名臣。无论南下抚慰后唐,还是北上平定甘陇、燕云,或者保卫边陲,治理黄河,都表现了"文事武功"的卓越才干。故而对他的去世,宋太宗十分惋惜,谥曰"忠武",追封楚王。

审时度势——郭文振

郭文振,生卒年不详,字拯之,金朝太原人。金章宗承安二年(1197年)进士。累官辽州(治所乐平,今山西昔阳)刺史,中都(今北京城西南)副留守。金宣宗兴定四年(1220年)二月,晋封为晋阳公。

金宣宗贞祐四年(1216年),昭义节度使必兰阿鲁带,权参知政事,奏请升辽州为节镇,认为郭文振有功当迁,"举以为将"。然而"廷议辽州城郭,人户不称节镇"(不够设置节镇的标准),于是郭文振以本

金朝开国者完颜阿骨打

职兼任宣差从宜都提控,治理辽州。

郭文振治事,颇有法度,宽严相济,深得众心。兴定三年(1219年)遥授中都留守,权元帅左都监,行河东北路元帅府事。因太原已于兴定元年(1217年)九月被蒙古军攻破,郭文振组织义军坚持抗元斗争,招降东山二百余村,迁老幼于山寨,得壮士七千,分驻营栅,防护秋收。郭文振养精蓄锐,伺机而动,上奏曰:"若秋高用兵,直取太原,河东可复。"兴定三年,与张开

部合力攻之,复取太原。次年,郭文振奏请升乐平县(今山西昔阳县)为皋州,寿阳县西张寨为晋州,金宣宗从之。

时金朝危机四伏,郭文振纵览天下大势,深感忧虑。上书痛陈时局:其一,用兵之后,郡邑萧条凄凉,官长已失,故武夫悍卒因缘而起,僭越名位,瓜分角逐以相侵攘,分裂之势已成;其二,地方豪强妄自扩张以尊大其权,飞扬跋扈无所畏惮,邻道相望莫敢谁何。朝廷信臣不复往来布扬声教,但令曳剌行报而已,且馈以酒食,悦以货财,共欺朝廷,朝廷权威已失。为收拾残局,力挽颓势,须审时度势,御得其道。"御得其道则天下狙诈咸作使,御失其道则天下狙诈咸作敌。有天下者审所御而已",希望金朝统治者有所更张。

兴定元年(1217年),蒙古军南下侵金,北方民众奋起抵抗,组成抗蒙义军。金宪宗欲恢复中都,征调山东驻军接应河北义军苗道润所部。因真定府(今河北保定)为叛军所据,金宪宗恐怕其从中作梗,下令郭文振与粘割贞、武仙等部互为掎角之势,共图中都。

然而,其时地方豪强之势力已成,金朝中央集权制已趋崩溃,故"不能尽用文振之言"。为利用地方豪强势力抵御蒙古

入侵,兴定四年(1220年)二月,金宣宗从右司谏术甲直敦等人之请,封建九公。郭文振被封为晋阳公。"九公皆兼宣抚使,阶银青光禄大夫,赐号'宣力忠臣',总帅本路兵马,署置官吏,征敛赋税,赏罚号令得以便宜行之。"

兴定五年(1221年)六月,尚书省奏驸马都尉安贞反状,宣宗虑其不实,谕郭文振、完颜开(时为上党公)"各守疆土,同心济难,毋以细故启衅端,误国事"。郭文振为金朝大局计,多方笼络安贞,娶其侄女为孙媳。"自结亲以来,安颇循率以从王事"。宣宗嘉其用意良深。兴定六年(1222年)春,蒙古军攻掠泽州(治所在今山西晋城市)、潞州(治所在今山西长治市),晋阳郭文振、上党完颜开、平阳胡天作三公府与完颜合达合兵共守河东。

元光元年(1222年),郭文振奏请起用前平章政事胥鼎,任以行省河北,诸公府、帅府并听节制以一事权,消弭纷争。朝廷不采其言。次年,诏郭文振率兵应援史咏,复河东。五月,辽州已不能守,郭文振徙其军于孟州(今河南孟县一带),以部将郝安守护沿山诸寨。时郭文振辞公府,诏不许。不久,郭文振部将与孟州防御使纳兰谋古鲁有隙,复徙卫州(今河南辉县、汲县一

带)。正大年间(1224—1232)在卫州卒。

　　郭文振怀抱经世之才，生逢金元乱世，虽难以实现其报国安民之志，但其治事之才、御敌之志，深为世人所称道，可称得上一代英贤俊杰。

义军首领——郭子兴

　　郭子兴，生卒年不详。其先世为山东曹州人，后迁居凤阳定远(今安徽凤阳)。其父郭公(失其名讳)精于星相占卜之术，游历四方，家无资产。当时凤阳县有一富翁，其女因目盲残疾，难以婚嫁，郭公娶之为妻，陪嫁之资十分丰厚，家境日渐富裕。郭公善于经营，遂成里中富户。生子三人，子兴排行第二。

　　子兴生性任侠，广为交游。元末群雄并起，子兴也散其家产，结纳豪侠壮士。至元十二年(1275年)春，子兴聚众数千，袭据濠州，自称元帅，举兵反元。当时明太祖朱元璋穷困潦倒，前往投靠。守门卫士见其形迹可疑，以为元人间谍，捆绑而入，禀告子兴。子兴见朱元璋相貌奇伟，亲自解去绳索，好言抚慰，收于帐下。其妻小张夫人，也精于相术，谓朱元璋日后富贵不可限量，于是为其养女马氏招赘为婿。马氏

元太祖成吉思汗

即"马皇后"。

　　初时，与郭子兴一同起事者，尚有孙德崖等四人，均自称元帅，日事掳掠，胸无大志，屡受郭子兴轻视。因而合谋伺机夺取郭子兴权柄，吞并部属。不久，另两支反元义军首领彭大、赵均用率其部众投奔濠州。因彭大富有谋略，与郭子兴相交日厚，而郭子兴对赵均用较为轻慢。于是孙德崖等乘机挑拨，鼓动赵均用将郭子兴拘押于孙德崖家中。幸亏朱元璋极力奔走，请彭

郭子兴

大出面，始将郭子兴救出。自此，郭子兴与赵、孙等人结下仇怨。

及至朱元璋攻占滁州，势力大振，郭子兴即率其部众投奔滁州。后朱元璋攻下和州，军势日盛，仍奉郭子兴为帅。此时，孙德崖屡败于元兵，势穷力竭，就食于和州。朱元璋开城容留。郭子兴也赶到和州。孙德崖怕郭子兴乘机报复，于是乘夜发难，两军发生混战，孙德崖为郭子兴擒获，而朱元璋在混战中为孙部所俘。

郭子兴本欲将孙德崖处死，以解心头之恨，但听说朱元璋为孙部所获，只得以交换朱元璋为条件，将孙德崖放还。

经此事变，郭子兴对孙德崖恨之入骨，必欲杀之而后快，但朱元璋以讨元大局为重，屡加劝阻。郭子兴郁悒成疾，发病而死。

郭子兴有子三人，长子早年战死，次子天叙，三子天爵，均为反元将领，后因受人唆使，与朱元璋反目成仇，先后被杀。独有其养女马氏与朱元璋患难与共，被封为皇后。小张夫人之女，也被朱元璋封为惠妃，生三子，被封为蜀王、谷王、代王。

明洪武三年（1370年），明太祖朱元璋下令追封郭子兴为滁阳王，立祠建庙，并手书郭子兴生平事迹，立碑于庙中，以报其知遇之恩。

骁勇善战——郭英（附郭登）

郭英，濠州（今安徽凤阳）人。生卒年不详。元末郭子兴据濠州起义，自称元帅，郭英与其兄郭兴投奔义军，后归于明太祖朱元璋部下，为亲信侍卫，常值宿朱元璋中军大帐。朱元璋呼郭英为"阿四"（郭英排行第四）。

郭英兄郭兴以军功授管军总管，进封统军元帅，围攻常州，昼夜督战，不解衣甲达七月之久。曾随朱元璋与陈友谅大战于鄱阳，献火攻之计，大破陈军。后随大将徐达扫灭另一劲敌张士诚，以功封镇国将军，大都督府金事，巩昌侯。

郭英自18岁投军，先后随朱元璋攻克滁州、和州、采石、太平等城邑，骁勇善战，屡立大功。在武昌一役中，陈友谅骁将陈同俭持槊冲杀，无人可敌，单枪匹马，直逼朱元璋中军大帐。朱元璋急令郭英出马抵挡，激战多时，身受数创，血透重甲，终将陈同俭斩于马下。

郭英接着随朱元璋攻下岳州，克襄阳，扫平江南州县；从徐达定中原，随常遇春攻太原，大败元军统帅扩廓铁木儿，连下兴州、大同；挥师西渡黄河，连克西安、凤翔、巩昌、庆阳，远征定西、登宁州及甘、凉一带，将蒙古族势力逐出河西走廊。以功封河南都指挥使。洪武九年（1376年）移镇元大都北平。

洪武十四年（1381年），又从颍川侯傅友德远征云南，与陈桓、胡海进攻赤水河路。因大雨，河水暴涨，诸军皆无法前进。独郭英所部斩木为筏，乘夜渡河，于拂晓直抵敌营。敌军以为神兵天降，惊恐溃散，生擒其首领乌撒、阿容。而后挥师疾进，连克曲靖、陆凉、邓川，渡金沙江，取北胜、丽

江。前后计斩首一万三千余级，生擒二千余人，收精甲数万，战船千余艘。

洪武十七年（1384年）远征军班师回朝，郭英以平定云南之功，封武定侯，食禄二千五百石。次年加靖海将军，镇守辽东。洪武二十年（1387年）从大将冯胜出金山，元将纳哈出被迫投降。嗣后又从大将军蓝玉远征至捕鱼儿海，至此，元朝残余势力基本扫平。

次年，郭英奉诏回京，典领禁军，赏赐甚厚。而其妹贵为宫中宁妃，宠信无比，郭氏一门尊荣显贵，王公大臣，无与伦比。郭英有子十二人：郭镇，尚永嘉公主；郭铭，为辽府典宝；郭镛，为中军左都督。郭英有女九人，二女为辽郢王妃，孙女为明仁宗贵妃。

郭英有孙数十人。其中最著名者为郭登，早年从沐斌远征云南腾冲，以功授都指挥金事。

明正统十四年（1449年），明英宗受奸宦王振蛊惑，前往大同，亲征瓦剌，郭登奉命随从护卫。王振为炫耀乡里，唆使明英宗绕道怀来县土木堡，在此被瓦剌统帅也先所掳，史称"土木之变"。

当时，郭登留守大同，督率军民严加守御。瓦剌兵久攻不下，也先遂以英宗为

明英宗朱祁镇

要挟，令大同守军出降，并派人入城索取金帛。郭登紧闭城门，以飞桥将使者独自接入城中，筹措二万金银，转交英宗，以赐也先。同时，密谋派遣壮士劫营救驾，但终因瓦剌兵防守严密，未能如愿。

英宗被掳后，由其弟朱祁钰即位监国，史称景泰帝。加封郭登为都督同知，大同总兵。景泰元年（1450年）春，郭登侦知敌寇数千骑，自顺圣川入营沙窝，遂率兵跟踪掩袭，大破敌兵，追至栲栳山，斩杀二百余人，夺回被掠人畜八百有余。自"土木

之变"后，明朝元气大伤，守边将士畏敌如虎，无人敢与其交锋。郭登以八百破敌数千骑，使军心士气为之一振。景泰帝加封郭登为定襄伯。之后瓦剌屡次来犯，均被郭登一一击退。

六月间，也先率兵数千，挟持英宗至大同城外，声称送还圣驾，要郭登开城门迎驾。郭登与同僚设计，具朝服迎驾于月城内，伏兵于城上，准备等英宗一入城门，即落下月城大闸，救驾退敌。也先挟持英宗进至城门，觉察情势不对，忙挟持英宗退兵而去。

由于郭登御敌有方，瓦剌屡次入寇均难以得逞，遂将英宗送还。

英宗还朝复辟后，不但对郭登守边之功不加褒奖，反而责怪郭登在"土木之变"时，不遵圣旨，不开城门迎驾。郭登答称："臣奉命守城，不知其它。"英宗为此怀恨在心。郭登也恐获罪，屡次上书请求罢职为民，并荐贤自代。不久即下诏召还京师，命掌南京中府之事。朝臣中也有人迎合英宗之意，罗织罪名，将郭登定为斩首死罪。英宗恐朝臣议论，又念郭氏祖孙多年效力王室，遂下旨免除郭登死罪，降为都督佥事，贬到甘肃立功赎罪。直到英宗死后，宪宗即位，才下旨恢复郭登伯爵之位，充任

甘肃总兵。不久召还京师，掌中府之事，总领神机营兵。成化八年（1472年），郭登病逝京城。追赠侯爵，谥曰忠武。

据《明史·郭登本传》载：郭登"仪观甚伟，髯垂过腹，为将兼智勇，纪律严明，料敌制胜，动合机宜"。且熟读兵书，喜好诗文。曾根据多年的实战经验，设计创制了"搅地龙"、"飞天网"、"偏箱车"、"四轮车"等攻防器械。内藏机关、火炮，上建旌旗弓弩，可钩环联络，布列成阵。尤为难得的是，"土木之变"时，他临危不乱，处变不惊，恪守"社稷为重，君为轻"之古训，以大局为重，处置得宜，挫败了瓦剌以英宗为要挟，攻城略地的图谋，力御强敌，保卫边陲，其胆略见识，实有过人之处。

筹边名将——郭师古

郭师古，字时用，号中宇，明代中叶南直隶扬州如皋（今江苏南通如皋）人。少年时喜欢读兵书战策，资兼文武。嘉靖末年，倭寇由水路进犯如皋，郭师古为当事者出谋划策，击退倭寇侵扰，被举为孝廉。中万历丁丑科（1577年）二甲进士，历官户部郎中、临清县令。时值粤东（广东）土酋"半天云"聚众作乱，朝廷以郭师古谋略过人，通晓兵法，遂派为广州知府，相机剿抚。

郭师古到任后，招募兵勇，筹划方略，先后斩获数千人，粤东于是平定。一年后，因父亲去世，郭师古丁忧闲居。后补巩昌知府。其时陕甘境内民多纷起，关中震动，边防告急。郭师古上"安边十五策"，详陈保境安民、防边御寇之策，朝廷深为嘉许，擢升为甘肃兵备道，坐镇酒泉，兼辖宁夏凉诸州事，教练士卒，整饬壁垒，严守边防，敌寇不敢侵扰，西北赖以宁静。郭师古因功升任左参政使。后因功招忌，为权臣

1593年，肃州兵备道郭师古巡视嘉峪关，在石关峡堡北侧岩壁上手书『北漠澄清』

所排挤，罢官归隐。晚年闭户读书，研究历代兵书战策，著有《百将传》、《筹边纪略》、《八陈图说》诸书。

雪耻驱寇——郭怀一

郭怀一（？—1652），福建人。早年随郑成功之父郑芝龙纵横海上，为其得力部将。后郑芝龙受清朝招抚，效力朝廷，郭怀一与另一部将何斌，则仍留居台湾，与其部属垦耕于离台南不远的二层行溪南岸，建立家园，人丁日繁。

郭怀一生性豪爽，仗义疏财，深受部众拥戴，被推为首领，时称"长老"或"甲螺"。《台湾地方史》称其"担任过多年的土美村长老"。故可推断，郭怀一与其部属垦

抗荷农民领袖郭怀一率众与荷军对垒图

耕之处，即今台南士美村一带。

台湾自古以来就是中国领土，据史书所载：三国时东吴黄龙二年（230年），吴将卫温即曾率军抵达台湾。隋唐、宋元之际，台湾与大陆联系交往日渐频繁。及至明末，荷兰人窃踞台湾，推行殖民统治，横征暴敛，欺压凌辱民众。郭怀一目睹台湾同胞备受入侵者的摧残凌辱，十分愤恨，立志"雪耻驱寇"。

南明永历六年（1652年）八月八日，郭怀一集众计议：荷兰夷人侵我疆土，掠我财物，横征暴敛，残杀无辜。反抗死，不反抗也死。与其束手待毙，不如轰轰烈烈反抗而死。于是议定八月十五日晚上，借中秋节赏月之名，宴请热兰遮城中荷兰官员，将其一网打尽；而后借送礼之名，攻下普罗文查城（亦称赤嵌，即今台南），一举推翻荷兰人的统治。

然而与会者中有一名叫"普仔"的部属，与郭怀一另一族人怯懦怕死，反对起事，因而遭到郭怀一斥责。二人赌气离开，又恐事败而受牵连，便前往荷兰政事厅告密。二人行踪为郭怀一部下知悉，于是郭怀一命各地首领立即返回，召集乡勇壮丁于次日一齐举事。

八月九日，郭怀一率起义部属一举攻占巴森堡，然后整队向普罗文查城进发。途中与各地响应起义的民众一万六千余人会师，兵分四路，直扑普城。荷兰守军见义军来势汹涌，弃城而逃，义军顺利入城。

荷兰殖民者急调各地精兵云集城外，向义军进行猛烈反扑。两军在赤嵌展开激战。一周之后，义军渐感弹药不足，补给困难；加之部众素无训练，死伤甚重，士气渐渐低落。

荷兰殖民者见久攻不下，又调集各地平埔族兵丁二千前来助战。平埔族兵丁凶悍异常，又善用毒箭。义军虽然奋起抵抗，终因寡不敌众，死伤惨重。郭怀一也身中三箭、五弹而死。

郭怀一死后，副帅刘贵率众向南退却，越二层行溪固守。后被荷兰人团团围困。中秋节后，义军残部与荷军在大湖附近展开最后血战，经七昼夜浴血奋战，义军将士五千余人全部壮烈牺牲。

事后，荷兰殖民者疯狂搜捕、屠戮汉族民众，血腥恐怖之气氛足足持续了半月之久，汉人被捕者四千余人，被杀一千八百余人，约占当时赤嵌地区汉族人口的五分之四。这是荷兰殖民者一次惨绝人寰的"种族灭绝"屠杀。

郭怀一领导的这次起义，虽然被荷兰

191

殖民者残酷镇压而失败,但却体现了中华民族不畏强暴、反抗外族入侵的凛然气节和民族精神,激励了千百万民众奋起抗争,为十年之后郑成功收复台湾,驱逐荷兰殖民者埋下了火种。

民国将领——郭松龄

郭松龄(1883—1925),字茂辰,辽宁沈阳人。15岁开始受业于同乡朱举人。1905年考入奉天武备学堂。1906年进永平府北洋陆军第二镇随营学校。1908年回

郭松龄

奉天,初任陆军第三十三镇哨长,后升任哨官统带。1911年加入中国同盟会。曾密谋起兵响应武昌起义。1912年3月,考入北京将校研究所。1913年任奉天督军署少校参谋,后考入北京陆军大学。1916年毕业,仍回督军署任职,曾充北京讲武堂教官,奉天讲武堂战术教官。1920年6月,张学良任东三省巡阅使署卫队旅旅长,任郭为卫队旅参谋长兼卫队旅第二团团长;7月直奉战争爆发,被派充前锋司令。1921年5月,任第八混成旅旅长。1924年9月,第二次直奉战争时,任镇威军第三军副军长兼第六师师长。1925年春,奉军撤销第一、三联军,改设京榆驻军司令部,任副司令兼第六师师长。11月,郭松龄通电脱离张作霖改称东北国民军,自任总司令,劝张作霖下野,声讨杨宇霆,率兵出关;12月24日,在新民县被奉军俘获,于解沈阳途中被枪杀。年42岁。

开国上将——郭天民

郭天民(1905—1970),湖北黄安(今红安)人。1926年入黄埔军校第六期学习。1927年加入中国共产党。同年12月,参加广州起义。1929年起,任工农革命军第四

郭天民上将

鲁豫野战军副参谋长，鄂豫军区副司令员，第二野战军第四兵团副司令员。中华人民共和国成立后，任云南军区第一副司令员，中国人民解放军军事学院高级系系主任，中国人民解放军训练总监部副部长兼军事出版部部长、院校部部长。1955年9月，被授予上将军衔。为第二、三届国防委员会委员。1970年5月26日在广州逝世。终年65岁。

军事学家——郭化若

师排长、副连长，中国工农红军教导大队大队长、支队长，红八师参谋长，独立第六师师长，第六十二师师长，江西军区参谋长，红九军团参谋长，第四方面军红军大学教育科科长，第四方面军第三十军参谋长。抗日战争时期，任中央军委第一局局长，晋察冀军区第二支队支队长、军区副参谋长，晋察冀军区第二军分区司令员，冀察军区司令员。1946年后，历任晋察冀野战军第二纵队司令员兼政治委员，晋冀

郭化若，生于1904年，福建福州人。又名俊英。1925年加入中国共产党。黄埔军校第四期毕业。曾参加讨伐陈炯明的第二次东征和北伐战争。1927年在三河坝参加南昌起义南下部队。次年赴苏联入莫斯科炮兵学校学习。1929年回国。后任中国工农红军第四军纵队参谋长，第一军团参谋处处长，第一方面军代参谋长，总前敌委员会秘书长，中央军委二局局长。曾参加文家市、吉安等战斗及中央苏区反"围剿"和长征。抗日战争时期，任中央军委一局局长、编译处处长，抗大三分校、延安炮兵学校校长。解放战争时期，任鲁南军区副司令员，华东野战军纵队副司令员、纵

一代儒将郭化若

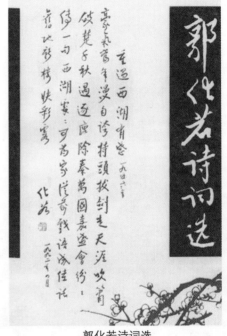

郭化若诗词选

队政委，第九兵团政委。曾参加鲁南、济南、淮海、渡江、上海等战役。新中国成立后，历任淞沪警备司令部、上海防空司令部司令员兼政委，南京军区副司令员，军事科学院副院长。长期研究中国古代军事理论、军事辩证法和毛泽东军事思想。是中顾委委员、第五届全国人大常委、第四届全国政协常委。1955年被授予中将军衔。曾获一级八一勋章、一级独立自由勋章、一级解放勋章。著有《军事辩证法》、《新教育教学法》、《孙子译注》等。

三　文坛俊秀　学界泰斗

东汉名士郭泰像

东国人伦——郭泰

　　郭泰(128—169),字林宗,太原介休(今晋中介休市)人。东汉时期一代儒林宗师。"林宗振汉"与"子仪鸣唐"是以往郭氏族史和家谱中大书特书的两件大事,郭林宗和郭子仪就像两颗明珠,一文一武、一前一后地镶嵌在郭氏的发展史上。

　　郭泰家世贫穷,幼年丧父,与母亲相

依度日。成人后,他身高八尺,容貌魁伟。母亲想让他为朝廷做事,但他却不屑斗筲之役,于是向亲友贷钱,长途跋涉到河南成皋屈伯彦处求学。经过三年刻苦学习,他终于读通"三坟"、"五典"等古籍,并"善谈论,美音制"。

　　郭泰学成后,游学于京师洛阳。符融初见郭泰,就为他的仪表、学识所折服,当即把他介绍给名士李膺。李膺对郭泰亦大加赞赏,认为他是少见的聪明、高雅、博学之人。年轻的郭泰受到李膺的如此青睐,众儒生自然对他刮目相看,一时名震京师。但郭泰无意进入仕途,后来向李膺辞行还乡,到黄河边上送行的车马竟有好几百辆。一次,郭泰散步时遇雨,头巾被淋湿,一角下垂。人们见他戴的头巾两角高低不一,争相效仿,一时竟被誉为"林宗巾"。

　　汉桓帝建和年间(147—149),太常赵典举荐郭泰,郭泰坚辞不受。永兴年间(153—154),司徒黄琼征召,他又不受。有朋友劝他应召入仕途,他婉言谢绝,表示立志要"优游卒岁"、"淡泊终处"。时人誉之为"郭有道"。

　　郭泰虽淡于利禄,不求仕进,但却有较明确的政治见解。东汉后期桓帝即位后,借用宦官之力将长期把持朝政的外戚梁冀诛灭。此后,宦官集团操纵朝廷大权三十余年,他们的统治加剧了社会的动荡不安,严重威胁了封建秩序。郭泰清楚地认识到这一政治局势对社会的严重危害,于游太学时通过义游、会友等方式,发动组织耿直官僚、名士、太学生等与作恶多端的宦官集团作斗争。太学生们以李膺、郭泰等人为首,对宦官集团口诛笔伐,甚至编顺口溜针砭时弊,扬清激浊,造成强大的舆论声势,当时被称为"清议",使公卿以下无不惧怕太学生的清议。李膺、郭泰等领导的太学生活动,得到朝野上下官僚、士人的支持。宦官们对此恨之入骨,诬称这些官僚与太学生结为朋党,图谋不轨,制造了震惊古今的"党锢之祸"。

"党锢之祸"导致太学生一千多人被捕,李膺、范滂、杜密等百余人死于狱中,各地被诬为"党人"而"死、徙、废、禁"者达六七百人。郭泰因没有公开批评朝廷得罪宦官,故在这场灾难中幸免于难。"党锢之祸"以后,郭泰归家,从此闭门讲学,有弟子数千人。

乐于奖进才德之士,是郭泰一生中极为突出的一个方面。郭泰奖进的对象以才德为标准,从不拘泥于门第出身。因此,他不仅同官僚、太学生频繁往来,而且与下层百姓相处融洽。只要才德兼优,他便极力奖进,引导其成名。史家称郭泰奖进人才"雅俗无所拘","恂恂善导,使士慕成名,虽墨、孟之徒,不能绝也"。

建宁二年(169 年),郭泰卒于家中,时年 42 岁,四方之士赶来会葬者成千上万。郭泰的志同道合者,共同为他刻石立碑。名士蔡邕还亲自撰写碑文。事后,他感慨地对涿郡人卢植说:"吾为碑铭多矣,皆有惭德,唯郭有道无愧色耳。"于是后人称此碑为"无愧碑"。

郭有道碑,又名郭泰碑(汉·蔡邕撰)

《郭象评传》书影（广西教育出版社）

玄学大师——郭象

郭象（？—312），字子玄，河南郡（今河南洛阳附近）人。魏晋时期玄学、清谈的著名代表人物。

郭象年轻的时候就很有文采，史称他"好老、庄，能清言"。魏晋时期是清谈和玄学兴盛的年代，门阀士族以清谈物议相标榜。当时清谈代表人物、太尉王衍曾评论郭象谈话如"悬河泄水，注而不竭"。郭象起初以清谈名家处世，以文章论述自娱，

因此州郡辟召不就。后来应辟为司徒掾，不久又升为黄门侍郎。东海王司马越掌权时，引他为太傅主簿，对他特别信任，把所有事务都交由他去处理。一时间"任职当权，熏灼内外"，却失去了当初人们对他的好评。

郭象生前死后卷入一场千古"版权纠纷"。魏晋之际盛行老庄之学，于是注疏《老子》、《庄子》蔚然成风，作注疏者有数十家之多。当时著名文士向秀也曾为《庄子》作解义，对社会上的玄学之风起了推动光大的作用，可惜他还有《秋水》、《至乐》两篇未及注完就去世了。郭象就依向

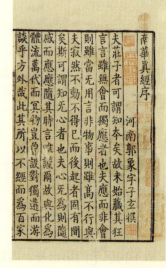

郭象《南华真经》

秀的解义,重新把《庄子》整理了一遍,又把《秋水》、《至乐》解出,并替换了另一篇《马蹄》,然后便以自己的名义流传于世。郭象此举,很为当时的人们非议,也频频为后世史家评说。但《四库全书简明目录》对此事的评价还比较公允:"……今乃向佚而郭存,以陆德明《庄子》释文所引向注互校,攘窃之迹,灼然可见。然象亦有所补缀改定,不可目为莠书。"

经文学家——郭璞

郭璞

郭璞(276—324),字景纯,河东闻喜(今山西闻喜)人。两晋之际著名的文学家、训诂学家。

郭璞父郭瑗,曾为晋尚书都令史,以公正方直见称。郭璞从小就喜好经术,长大后博学有高才,文章辞赋为一时之冠,却不善言谈。有一名叫郭公者,客居河东,精于占卜筮卦,郭璞就拜他为师,于是,他的阴阳五行、占卜之术亦十分精通。晋怀帝时,河东地区常受到匈奴侵扰,郭璞预感此地"黔黎将湮于异类,桑梓其翦为垅荒",便联络亲戚朋友数十家离开家乡,到江南避难。

郭璞过江以后,最初被宣城(今属安

郭璞《阴阳五要奇书》

徽省)太守殷祐任用为参军,不久又被丞相王导任为参军。这时郭璞已是 40 岁左右。大约在过江前后,他写了著名的《江赋》。晋元帝于建武元年(317 年)即位后,举行郊祀,他写了颇有气势的《南郊赋》,描绘了郊祀的盛大场面,希望晋元帝能"振西北之绝维,隆东南之桡柱,廊清紫衢,电扫坤宇",深受晋元帝赏识,并被任为著作佐郎。

晋元帝在位期间,郭璞上表了一系列奏疏,最主要者为《省刑疏》、《天变疏》、《皇孙生疏》、《谏留任谷宫中疏》。从现有资料来看,前三疏是针对当时天下刑狱泛滥,要求减少刑狱,大赦天下,实行无为而治,请晋元帝"无为而为之,不宰而宰之"。郭璞由此又被任用为尚书郎,这是他一生所任最高职务。

晋明帝为太子时,"与温峤、庾亮并有

据说由郭璞堪舆设计的温州古城

布衣之好,璞亦以才学见重,埒于峤、亮,论者美之"。但是,晋明帝于太宁元年(323年)即位后,温峤、庾亮备受青睐而身居要职,郭璞却一直身居僚属,沉沦于下位。于是,他写了一篇散文《客傲》,表达了自己既不能一展宏图,实现远大抱负,又不甘心像老子、庄子、老莱子那样隐迹于山川的愤懑心情。

晋元帝去世前后,郭璞以丁母忧去职,居暨阳(今江苏江阴),不久被大将军、扬州牧王敦任用为记室参军。

晋明帝太宁二年(324年)六月,王敦起兵反叛,要郭璞卜筮,预测吉凶。郭璞回答说,将军如要起兵,一定以失败告终。可能是因为郭璞曾受晋元帝和晋明帝器重,而且与温峤、庾亮友好,因而引起王敦猜忌(当时温峤、庾亮正在王导、郗鉴率领下准备征讨王敦),所以要找借口杀掉郭璞。不多时,郭璞被王敦在一个叫南风头的地方斩杀,时年49岁。王敦被平叛后,晋明帝追赠郭璞为弘农太守,故后世有"郭弘农"之称。

郭璞的一生是悲剧的一生,但他的文学成就和学术贡献却是多方面的:

第一,郭璞是晋室南渡之际的重要作家。他写有许多诗赋,如:《江赋》、《南郊赋》、《盐池赋》、《巫咸山赋》、《流寓赋》、《井赋》、《蚍蜉赋》、《登百尺楼赋》、《龟赋》、《蜜蜂赋》等。其中最著名的是《江赋》,是中国文学史上山水文学方面的重要著作,《晋书·郭璞传》中说"璞著《江赋》,其辞甚伟,为世所称"。《江赋》作为描写江海类的一代名作,被选入《昭明文选》。郭璞的诗作流传至今的共有22首,其中14首"游仙诗"最能代表他的文学成就,《昭明文选》选了其中7首,历代诗选中也有所选录。郭璞借"游仙诗"来抒发自己的人生遭际,表现出忧生避祸的情感。

第二,郭璞是我国神话学研究的鼻祖。他用多年工夫,花费了大量的精力,注释了《楚辞》、《山海经》、《穆天子传》,认为《山海经》和《穆天子传》中记载的神话故事都有其合理性和真实性,是较早认识到《山海经》和《穆天子传》价值的第一人。

第三,郭璞是我国晋代以前训诂学的集大成者,其突出的成就即是《尔雅注》。《尔雅》作为我国最早的一部字典,几乎囊括了当时所有的知识。但郭璞在《尔雅叙》中,却说他自己从小就学习《尔雅》,钻研了18年,觉得注释《尔雅》虽然已有十多家,但并不详备。于是,他缀集异闻,荟萃旧说,考万国之语,采谣俗之志,剟其瑕砾，搴其粮莠，事有隐滞，援据征之，完成了全部注释。《尔雅注》后被收入《十三经注疏》，为历代小学家们所注重，对晋代以后的训诂学产生了深远影响。此外，郭璞还注释了《方言》、《三苍》、《卜韵》等书。

《隋书·经籍志》著录有郭璞所撰著作十几种。《晋书·郭璞传》说："璞撰前后筮验六十余事，名为《洞林》，又抄京、费诸家要最，更撰《新林》十篇、《卜韵》一篇，注释《尔雅》，别为《音义》、《图谱》。又注《三苍》、《方言》、《穆天子传》、《山海经》及《楚辞》、《子虚》、《上林赋》数十万言。"可惜的是，郭璞的上述著述多已佚失，因而我们无法更加全面地考察他的文化成就与学术贡献。

郭璞是继东汉郭林宗之后郭氏家族中又一位文化名人。

妙笔生花——郭澄之

郭澄之，生卒年不详，字仲静，太原阳曲人，东晋时著名的文学家。

郭澄之少时即有才思，机敏过人。后步入仕途，始为尚书郎，后出任南康相、相国参军。义熙十二年（416年），随刘裕北伐，参赞幕府。刘裕攻占长安后，准备继续西征，僚属多有不同意见。刘裕询问郭澄之，他不作正面回答，却脸朝西背诵建安诗人王粲的诗句"南登灞陵岸，回首望长安"，意思是不同意再向西进伐。刘裕于是率师东还，由此可见其为人的聪敏机警。后官至相国从事中郎，封南丰侯。

郭澄之擅长于著述，《隋书·经籍志》著录其文集10卷，已佚，另有笔记体小说《郭子》3卷，记述魏晋间名士们的言谈轶事，文笔简洁生动，不乏精彩篇章。如描述许允新妇的故事云：

许允的媳妇是名门阮德的妹妹，容貌

郭澄之

奇丑。婚礼交拜后，许允便搬到书房居住，寄情诗书，决心永远不再进入新房。友人桓范劝解他说："阮家出嫁丑女给您，当有用意，应该留意观察她。"许允便到新房与新妇见面。他对媳妇说："妇女有德、言、容、工四德，您有几德？"媳妇回答说："新妇我所欠缺的只是容貌。士人有百行，您有哪几种品行？"许允回答说："我全都具备。"媳妇说："您好色，不好德，怎么能说全都具备？"许允面有愧色，于是对新妇很是敬重。

　　许允担任吏部侍郎，多任用自己的乡亲邻里。皇帝派遣虎贲武士拘捕许允，新妇急忙走出闺阁告诫许允说："对英明的君主只能用道理说服，很难用感情求免。"许允到了朝廷，明帝审问他，他据理回答："陛下不是让'荐举你所熟知的人'吗？为臣我所荐皆熟知的人，请陛下考核检查，是称职还是不称职。如果不称职，为臣应该承受罪责！"经过考核检查，结果许允所任命的乡亲邻里都是官得其人，于是朝廷很快就释放了许允。当时许允是穿着破旧的衣服被抓去的，皇帝还命令赏赐给他一套新衣服。许允刚被抓走时，全家人都大声号哭。只有许允媳妇说："不必忧愁，他很快就会回来。"于是就做小米粥等待许

鲁迅著《古小说钩沉》

允，时间不长，许允果然就回来了。

　　这篇文字，描述了一个德才兼备、应对敏捷、处变不惊、料事如神的新妇形象，笔墨简洁精练而又生动传神。虽然尚未脱离笔记体纪实窠臼，但可以说已深得小说文体之意趣。

　　郭澄之所著《郭子》一书，唐代犹存，贾全曾为之作注，可惜后来失传了。鲁迅在《古小说钩沉》中辑有八十余则佚文，从中可窥见《郭子》全书的概貌。

书画奇人——郭畀

　　郭畀（1280—1335），字天锡，号云山、退思，祖籍洺水（今属河北）。靖康之变后祖上居于京口（今江苏镇江）。业承家学，

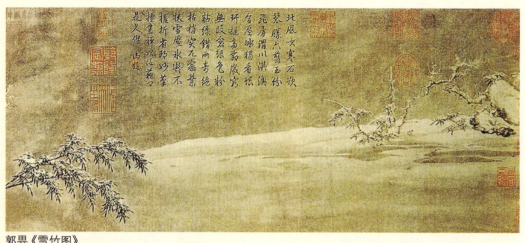

郭畀《雪竹图》

善长辩论，通晓蒙文，身材魁梧，蓄有长须，人称郭髯。20 岁时任镇江儒学学录。历任饶州路鄱阳书院山长、处州青田县腊原巡检，后调任平江路（今苏州）儒学教授，未及赴任，又改解为江浙行省丞相府掾吏。

郭畀为元代书画大家，书法学赵孟頫，曾代赵孟頫书写《松雪斋集》。赵孟頫作跋称许。画仿米芾，又师事高克恭，得其笔法，与无锡画家倪瓒为好友。酒后作画，兴到神来，为人所宝。山水有米家风范，尤善竹木窠石，极富天趣。著有《退思集》，身后由其子郭启袞

集编成。另有《云山日记》，记载他在镇江和游历杭州一年之事，其中有不少乡邦文献资料。相传，陆游的《自书诗卷》，为陆游告退归里时所作，曾一度在镇江流传。郭畀在镇江见到这幅珍迹后，仰慕陆游的诗

郭畀书法

名,曾为之题跋。传世作品有藏于日本京都国立博物馆的《幽篁枯木图》,《客杭日记》(现藏上海图书馆)、《四禽言诗卷》(现藏故宫博物院)。

因郭畀字天锡,历代著录中常将他与元代初年的鉴藏家郭天锡(字佑之,号北山,今山西应县人)混淆,二人实相差四十多年。

山水大师——郭熙

郭熙(1023—约1085),北宋时期北方山水画的代表性画家,以擅于描写山水寒林著称。河南温县(今河南孟县)人,字淳夫,世称"郭河阳"。生有异性,才爽过人。熙宁年间为御画院艺学,官至翰林待诏直长。初年多巧细工致,后学李成。山石爱用"乱云皴"、"鬼脸石"皴法;画树枝如鹰爪下垂,松针、杂叶相杂,笔力劲健,水墨明洁。他的创作活动旺盛期在宋神宗熙宁、元丰间(1068—1085)。他所画的寒林,渊深旨趣;画巨障高壁,长松巨木,尽显云烟出没,峰峦隐现之态。无论是构图、笔法,都被称为独步一时。苏东坡有诗云:"玉堂对卧郭熙画,发兴已有青林间。"晚年落笔益壮,常于高堂素壁作长松巨木、回溪断

郭熙《早春图》 此图为郭熙传世名作。通过对山间雾霭浮动及旭阳照射的描绘,细致而生动地画出严冬刚刚过去,春天悄然降临的微妙变化,从中传达出早春来临的喜悦之情。笔墨细腻而简括,更富于表现力。

郭熙《窠石平远图》 此图为郭熙晚年巨幅杰作。写北方深秋田野清幽辽阔的景色。画中近景为寒林秋树窠石清溪,远方山峦隐隐可见,画面上部空旷,展现出一派秋高气爽的优美风光。用笔硬劲而秀俊,全图情景交融,出神入化,显示出郭熙晚年炉火纯青的笔墨造诣。

崖、岩岫巉绝、峰峦秀起、云烟变幻之景。神宗赵顼曾把秘阁所藏名画令其定品目，郭熙由此得以遍览历朝名画，"兼收并览"，终于自成一家，成为北宋后期山水画巨匠，与李成并称"李郭"，与荆浩、关仝、董源、巨然并称五代北宋间山水画大师。

郭熙还精画理，提倡画家要博取前人创作经验并仔细观察大自然，有"春山淡冶如笑，夏山苍翠如滴，秋山明净如妆，冬山惨淡如睡"之心得感受，在山水取景构图上，创"高远、深远、平远"之"三远"构图法，为我国山水画的散点透视奠定了基础。

郭熙常游名山大川，实地写生。主张绘画要与现实生活相联系，反对"不可居"、"不可游"的虚无缥缈的山水，反对"因袭守旧"，主张在"兼收众览"的同时师法自然。《宣和画谱》著录御府藏其作品有《奇石寒林图》、《古木遥山图》、《烟雨图》、《晴峦图》、《幽谷图》、《平远图》等三十余幅。传世作品有元丰元年（1078 年）所作《窠石平远图》（藏故宫博物院）；《幽谷图》（藏上海博物馆）；《溪山访友图》（藏云南省博物馆）；《早春图》、《树色平远图》、《关山春色图》（藏台北故宫博物院）。著有画论《林泉高致》，为其子郭思纂集，为中国第一部完整而系统地阐述山水画创作规律的著作。

据画史记载，郭熙除画山水，也画人物。如为文彦博祝寿而画的《一望松图》，就画一老人以手抚面前大松，作引望之意。又如，在衡州为其子郭思作《西山走马图》，其山作秋意，深山中数人驰马出谷口，内一人坠下。人马不大，而神气如生。郭熙指之对郭思说："躁进者如此。"自此而下，得一长板桥，有皂帻数人，乘款段（马）来者，郭熙指之对郭思说："恬退者如此。"又于峭壁之隙，青林之荫，半出一野艇，艇中蓬庵，庵中酒植书帙，庵前露顶祖腹一人，若仰看白云，俯听流水，冥搜遐想之象。舟侧一夫理楫。郭熙指之对郭思说："斯则又高矣。"又，《宣和画谱》记载的郭熙作品中，有《子猷访戴图》，画的是王徽之雪夜乘舟访戴逵的故事。可惜这些人物画都没有流传下来。

书画大家——郭若虚

郭若虚世居太原，出身于北宋初期的豪门望族。其曾祖父郭守文历仕太祖、太宗两朝，官至宣徽院使、北面行营都部署。郭若虚娶仁宗弟东平郡王赵元弼之女永安郡主为妻,任供备库使。熙宁四年(1071年)冬,任辽国使节接待官,与辽国副使邢希古纵论书画。后又任西军左藏库副使。熙宁七年(1074年),郭若虚为赴辽国贺正旦副使,次年,因出使辽国,从者遗失金酒器及叛逃事,被降官一级。晚年事迹不详。

郭若虚生平酷嗜绘画艺术,尤精于画论画理。据其自云:"余大父司徒公虽贵仕,而喜廉退恬养,自公之暇,唯以诗书琴画为一适。时与丁晋公、马正惠蓄书画约,故画府称富焉。先君少死,躬蹈懿节,鉴别精明,珍藏罔坠。"可知其家素有收藏鉴别书画的传统。郭若虚自幼便受到很深的熏陶,为他日后从事绘画史和绘画理论的研究提供了文化背景。及至成人,郭若虚更是全身心地投入到书画收藏和创作之中。他曾说:"近年方购寻遗失,或与亲戚间以他玩交酬,凡得十余卷,皆传世之宝。每冥坐虚庭,高悬素壁,终日幽对,愉愉然不知天地之大,万物之繁,况乎惊宠辱于势力之场,料所作与奔驰天域者哉!"由此,郭若虚鉴赏绘画已达痴迷的程度和超脱的境地,真可谓独会于心、神游其中了。同时,他还常与朋友们共同品玩书画,互相切磋,受到不少启发,使他更深刻地认识了绘画艺术的规律,蓄积了广泛的知识和

郭若虚

翔实的资料,为他撰写画论著作奠定了基础。

熙宁七年(1074年),郭若虚以其深厚的理论修养、广博的知识、精到的鉴赏、长期的积累,撰成《图画见闻志》六卷。第一卷"叙论",是全书最有价值的部分,共包括16篇文章,叙述绘画理论问题,集中反映了作者对绘画艺术的见解主张,同时,也使我们窥见当时绘画理论的一般情况

和发展水平。在"叙论"中，郭若虚涉及了绘画的社会教育作用、绘画的时代性、绘画的题材选择、绘画的表现手法等等，深入而广泛地对绘画理论进行了探讨，对绘画理论有所发展，提出了若干可贵的见解，在中国绘画理论发展史上占有重要地位。卷二到卷四的"记艺"，汇录了自唐会昌元年（841 年）至宋熙宁七年（1074 年）二百余年间的重要画家共 284 人的小传，其中晚唐画家 27 人，五代画家 91 人，宋代画家 166 人。其编纂方式与《历代名画记》略有不同，即主要是按画家的社会地位分别列传，而不使用以往那种分品级的方法。在记述本朝画家时，郭若虚依其所画题材分科进行了记载。应该说，这种体例更科学一些。如，"故事拾遗"中，记叙了唐及后梁、前蜀画家轶事 27 则；在"近事"中，记叙了北宋、后蜀、辽及高丽画家轶事 32 则。内容包括画家的生平、师承、交往，以及民族间的绘画交流。这主要是为了解决画家传记的不足而设立的，为我们研究唐宋绘画史及其画家提供了宝贵的资料。

郭若虚的《图画见闻志》是一部重要的中国绘画史著作，在中国绘画史上占有重要地位，而郭若虚作为一名杰出的绘画史论家，亦将彪炳史册。

教育学家——郭秉文

郭秉文（1878—1969），字鸿声，江苏江浦人。近代著名教育家。早年毕业于英国剑桥大学，获美国哥伦比亚大学博士学位。归国后历任商务印书馆编辑，南京高等师范学校教务长，浙江大学、东南大学及中央大学校长，实业国际贸易局局长。抗战时任国民政府财政部常务次长，后任联合国粮农会议、货币与财政会议代表，国际善后救济总署副署长。著有《中国教育制度沿革史》（英文版）。

郭秉文在任南京高等师范学校和东南大学校长时，借鉴欧美等国的办学体制，在开设文史地、数理化传统学科的同时，又增设农、工、商、英文、教育、体育等多种学科，培养多种社会所需人才。在教育方针上，则倡导"平衡教育"，全面发展，既注意培养专业人才，又强调"通才教育"，这在当时来讲，可谓远见卓识。

基于这种办学方针，他先后网罗了柳诒徵、吴宓、竺可桢、熊庆来、陶行知、汪懋祖、茅以升、胡明复等一大批不同学科的专家学者为本校教授；同时又聘请梁启超、顾维钧、黄郛，以及美国的杜威、孟禄、

郭秉文

罗素，印度的泰戈尔等名流学者为客座教授，来校讲学。当时的燕京大学校长司徒雷登称誉他为东南大学"延揽了五十位留学生，每一位都精通他自己所教的学科"。

尤其为人称道的是，在招收新生入学考试时，不仅注重考试分数，而且加试智力测验，并于1920年秋季与北大同时开始招收女生。在校舍建设，图书、仪器的购置上也不遗余力，四处奔走，多方筹措。并在东南大学首建体育馆。凡此种种，都体现了一种求实创新的教育理念，为民国初期教育事业作出了贡献。

三晋才士——郭象升

郭象升（1881—1941），字可阶，又字允叔，别署可斋，晚号云舒、云叟，山西晋城县周村镇人。郭氏系晋城望族，书香传世。其父郭涣芝，博学多才，能诗善文，为郭氏"旗杆院"第二代举人。其兄郭象恒也于光绪年间乡试中举，任潞城县知县。故郭氏以"一门三举人"著称乡里。其弟郭象蒙也以文学见长，民国年间曾任解县县长。郭象升排行第三，天赋聪颖，有过目不忘之才。稍长，拜进士贾耕（沁水县人）为师，学业大进。父兄对他期望甚殷，为他起字"可阶"，隐喻"天可阶而升也"之意。郭象升也自视甚高，以为"金榜题名，如拾草芥"。然而乡试中因卖弄才学，多用僻典，词义深奥，试官不解其文，遂名落孙山。闻者为之不平，郭象升也由此看清了试官的昏聩，于是萌生了兴学育人的志向。乡试落榜后，即到高平县设馆授徒。未几，经人举荐入山西大学堂中斋肄业。宣统元年（1909年）再度赴试，中己酉科拔贡，名列前茅，深受提学使汪贻赞赏，称其为"劬学之士"，在其试卷上批曰："于千百人中得此一卷，令人惊叹欲绝。"保荐为"硕学通儒"。辛亥革命后,阎锡山兼任省长,推行"六政三事",由郭象升草拟了《山西全省天足总会公告》,倡导男子剪辫、女子放足,洋洋洒洒,文情并茂,各界交口赞誉,阎锡山也十分赏识,因而赢得了"山西才士"之名。先后被委为山西优级师范学堂教习、山西医学馆监督、民国通志局局长、山西大学文科学长,1918 年被推选为第一届国会议员、清史馆纂修。因目睹北洋军阀政府的腐败黑暗,遂于 1922 年辞去议员职务,由京返并。自题居所为"水镜楼",以标榜清高,淡泊明志。他常对人说:"咱是论事的,不是做事的。"多次婉拒了同乡政要马君图(即马骏)、晋军高级将领李生达(晋城同乡)的举荐。抱着"君子不党"、"不看一面"的消极态度,息身隐退,不与闻政事,而致力于文化教育事业和学术研究。曾任山西省图书博物馆馆员、国民师范高师部学长、教育学院院长、山西文献委员会常务委员等职,对山西文化教育事业的发展作出了一定的贡献。

郭象升"学问渊粹",博闻强记,文史造诣极深,尤长于辞章、考据。时人称之为"三晋翘楚"、"文坛重镇",民国年间许多重要的典章、文诰多出其手。如《故燕晋联军大将军吴公(吴禄祯)碑文》、《蔡松坡(蔡锷)墓石刻文》、《黄克强(黄兴)墓石刻文》等鸿篇巨制,均出自他的手笔。山西一些上层人士和豪绅巨富的题铭、碑刻,也多请他撰文,由太谷赵铁山书丹,榆次常赞春篆刻,三人珠联璧合,名噪文坛。

郭象升一生勤奋治学,笔耕不辍,生平著述达数十种之多,已印行的有《郭允叔文钞》、《文学研究法》、《渊照楼札记》、《经史百家拈解》、《清史讲义》、《简端录》、《云舒文集》、《云舒诗集》、《庄子说》、《荀子说》、《老子史谈》、《法言考》、《尚书金縢考释》、《东都事略别鉴》、《十种曲考》、《批十子全书》、《山西历代名贤概要》,涉及经、史、子、集各个方面。文学方面尤为擅长,诗、词、骈、文无不卓然成家,文艺批评也别具眼光。所著《山西文化史略》、《文字研究法》等,综论各种文体和文章选本,见解精辟,不囿于成说,集文学史与文艺批评于一炉,直斥当时甚为流行的《金圣叹批西厢记》、《聊斋志异》、《神童诗》、《千家诗》、《古文观止》、《古文析义》为"文学六蔽",倡导学术界有志之士应拓宽眼界,立异标新,不要局限到这些小圈子里,应到博大精深、丰富多彩的文化遗产中吸取营养。由他亲自选辑的《古文别集类案》,荟萃了自唐宋迄于清末的 111 家散文名著,共 144 卷 2900 多篇。逐一论述其学术渊源、风格流派。对未入选的 109 家也一一罗列,旁征博引,堪称一部古文汇集,也是一部文学史巨著。

郭象升不仅著述宏富,对山西地方文献的整理、研究也有巨大贡献。其中具有代表性的是他在主持文献委员会时,校刊印行的两套丛书,一是《山右丛书》,一是《山西献征》。《山右丛书》是民国二十三年(1934 年)由山西文献委员会编印的一部大型古籍丛书。这部晋人学术著作丛书,汇集了唐宋以来至清代的 28 位著名学者的重要著作,共计 38 种(附录 2 种)。既有文学、历史、地理、哲学名著,又有政治、经济、军事、宗教和训诂、考据及图书目录等名著,共 330 余卷,线装 102 册,于民国二十六年(1937 年)正式印行。该书不仅收录丰富,而且具有重要的学术价值和收藏价值,堪称山西历史文献的宝库,是从事山西古籍整理和文化研究的重要典籍。《山西献征》则保存了山西人物的大量史料,由其好友、三晋名士常赞春主撰,也是研究山西地方史志和历史文化的重要著作。

难能可贵的是,郭象升虽然早岁成名,誉满三晋,但他从不摆名士派头,不以学问骄人。为人温文尔雅,倡导学术自由,兼容并蓄。谁有一技之长,便赞不绝口,从不菲薄别人。自谓文章和书法可以观才、观学、观性,乃至可以观测其一生成就。他常说自己所服膺的学者,是孙诒让、皮锡瑞、章炳麟、刘师培、王国维五人。先后交接往来的也多为当时的名流学者,其中与古文大师刘师培交谊尤深。二人对相酬唱,谈诗论文,刘师培深为叹服,誉之为"山西一人"。刘师培遗作《刘申叔遗著》,均由郭象升搜集、校刊、付梓行世,可见二人交契之深。对于一些学有专长的学者名流,他往往移樽就教,重金礼聘。如邢予述因著有《墨辨玄解》一书,并对《易经》颇有研究,郭象升即专程前往,请他到校讲课;汪吟龙因撰《高宗事考信录》,他便驰函求教,聘为中文系教授;常乃德与他素未谋面,因见其在《大公报》副刊发表《故都赋》,便亲自登门拜访,约他授课。此外,如江瀚、李泰森、卫聚贤、常赞春等,均由郭象升出面,聘为山西大学文学院和教育学院教授。

郭象升不仅对名流学者优礼相加,奖掖后进,也不遗余力。他讲学于山西各高等学校多年,桃李遍布全省各地。他办学本着"中学为体,西学为用"之宗旨,在自己所熟悉、欣赏的书院模式的基础上,采

"西洋"科学之长，兼收并蓄，熔于一炉，形成有啥教师开啥课的开放状态。但对两周一次的作文抓得很紧，以此作为考核学生的依据。学校每届招生，国文、历史试卷，他总要一一审阅，尝自诩能从打落的废卷中发现人才。学生面试，他总要亲自询问，以探究其学养功夫和才具之高低。因而同事们戏称他"会相面"。讲学授课，他十分热忱、认真，几乎每班学生他都要亲自讲授一两门课程。讲课时旁征博引，深入浅出，循循善诱，诲人不倦。对学生从不疾言厉色，遇有学生调皮嬉戏或故意诘难者，他常常一笑置之："你们涉世浅，阅历不深，需经历炼、琢磨，始能成器。"对师生中不同的政治思想倾向、学术流派，他兼容并蓄，不加限制。若学生中有被警方拘押的，他总是积极奔走，疏通保释，颇有长者风范，深受教育界师生的推崇拥戴。

郭象升一生嗜书成癖，收藏宏富，"渊照楼"、"水镜楼"、"燕超楼"皆为其藏书室名，为民国年间山西著名藏书家之一。其藏书几经战乱，有所散佚。今山西省图书馆、山西大学图书馆、山西省博物馆均有收藏，为后人留下了一批珍贵的文化遗产。

郭象升早年思想开放，关心国事，曾

泽州岱庙

于1906年与山西大学中、西两斋毕业生武绍先、庞东生、刘劝功（懋赏）、梁硕光等创办《晋学报》，由刘劝功、杨兆泰任总董，郭象升与庞东生、仇少楼、张瑞生等任编辑，"欲发扬旧学，启迪新知，唤醒国魂，以振风化"。并在晋学报社附设《晋阳白话报》，提倡白话文运动。山西同盟会成立之后，《晋学报》即更名为《晋阳公报》，成为同盟会的机关刊物，由同盟会员刘绵训、王用宾等接办。对山西响应辛亥革命的行动，郭象升基本上采取肯定的态度，曾为民初的许多革命党人撰写墓志、碑铭。1927年，阎锡山改悬青天白日旗，誓师北伐，那篇慷慨激越、雄壮有力的檄文就是他应省府秘书长贾景德之请而作的。因而他曾引以为豪地说："山西投靠民党，我有定策之功。"晚年，思想渐趋落伍。而一场空前的民族浩劫，更把他推向了历史的悲剧舞台。1937年，日本帝国主义发动全面侵华战争，兵锋所向，山西首当其冲。在太原沦陷前，郭象升随山西大学、山西教育学院师生一同撤离，避居太谷。嗣后日军长驱南下，晋中平川尽入敌手。郭象升由太谷返回晋城，避居丹河下游的乡间。翌年春为日军所俘，押至北京，委以伪教育署长之职，欲借郭象升在学术、文教界名望，笼络名流学者。郭象升称病力辞不就。同年9月，苏体仁就任伪山西省省长，网罗山西知名人士，郭象升被胁迫至太原。1939年伪山西省文化委员会成立，梁小峰、常子襄、韩竹君、孙毅庵、冯司直均名列委员。为盛名所累的郭象升则被委以该会委员长。此举并非郭氏所愿，但又无计脱身，终陷于伪机构之中，他为之忧愤不已，常托病不出。某次，伪山西省教育厅日本顾问调任回国，伪教育厅设宴欢送，伪文化委员会多人应邀出席，郭象升仍托故缺席。为寄托情怀，聊度岁月，撰写了《山西历代名贤概要》和《山西地理纪要》两本小书。但终因心情抑郁，忧愤成疾，遂致卧床不起，又坚拒医药，惟求速死，由感冒而并发肺炎、痢疾，于1941年8月19日饮恨而逝，终年61岁。

一代文豪——郭沫若

郭沫若（1892—1978），四川省乐山人，祖籍福建省汀州府宁化县。清乾隆四十六年（1781年），先祖郭有元入蜀经商，定居蜀中，到郭沫若已是第六代。1892年11月16日（农历壬辰年九月二十七日），郭沫若诞生于四川嘉定府乐山县（今乐山市）观峨乡沙湾镇郭家。乳名文豹。据说是其母受胎时曾梦见过一只小豹子咬伤她左手的虎口，故起乳名文豹。又因为他在兄弟姊妹中派行第八，所以又叫八儿。在他入学时，起名叫开贞，号尚武。开贞是字辈谱名。由于他在日本留学时，有人误称他为"开贞女士"，所以在1919年，他首次发表新诗时，自署笔名"沫若"，从此之后，便一直以此为号。取笔名"沫若"，是因为其家乡有两条河，一条叫"沫水"，另一条叫"若水"。"沫水"，即大渡河；"若水"，古称"青衣河"，又名"平羌江"，也叫"雅河"。他以"沫若"为号，意在不忘故土。

郭沫若出身于中等家庭。曾祖父郭贤

林,字玉楼。祖父郭明德,字秀山,长年奔走江湖,四处经商,曾与弟弟郭明祥执掌过家乡沙湾头村政,为人豪爽仗义,闻名铜、雅、府三地,绰号叫"金脸大王"。祖母王氏,父亲郭朝沛(字膏如),母亲杜邀贞,都能吃苦耐劳,生性乐观,对郭沫若的成长有着深刻的影响。

郭沫若于 1897 年入私塾,1912 年中学毕业后,于 1914 年赴日本留学,1918 年入九州帝国大学医科学医。后弃医从文。1921 年,他与成仿吾、郁达夫等发起建立文学团体"创造社",同时还出版了他的第一部诗集《女神》。1923 年从日本回国,倡导革命文学。1926 年后,任广州中山大学文学院院长,同年参加北伐战争,任国民革命军总政治部副主任。1927 年在蒋介石清党后,写了讨蒋檄文《请看今日之蒋介石》;同年,参加中国共产党领导的南昌起义,并加入中国共产党。1928 年,因被国民党政府通缉,逃往日本。他在流亡日本时,从事中国古代史和古文字学的研究,先后写出《中国古代社会研究》、《甲骨文字研究》、《卜辞通纂》等重要学术著作。1930年,参加"左联"。1937 年,抗日战争爆发后回国,在周恩来直接领导下组织和团结国民党统治区的进步文化人士,从事抗日救

郭沫若

亡运动,曾任救亡日报社社长、中华全国文艺界抗敌协会理事、国民政府军事委员会政治部第三厅厅长、文化工作委员会主任。1941 年皖南事变后,他写了历史剧《屈原》、《虎符》、《孔雀胆》等,借古讽今,起到了显著的政治作用。1944 年,他发表了《甲申三百年祭》,总结李自成领导的明末农民起义失败的历史经验。其间还考证了先秦社会历史并评价各派哲学人物,撰写了

席,中日友好协会名誉会长,第一、二、三、五届全国政协副主席。1964 年任第三届全国人大副委员长,1978 年任第五届全国人大副委员长。是中共第九到第十一届中央委员。长期担任科学、文化、教育事业的组织领导工作,为发展中国的科学、文化、教育事业作出了卓越贡献。

郭沫若作为中国现代著名作家、诗人、历史学家、考古学家、古文字学家、哲学思想家,学识渊博,才华横溢,生平著述甚为丰富,涉猎文学、艺术、诗歌、戏剧、哲学、史学、考古学、古文字学等,有《沫若文集》和《郭沫若全集》行世。其中,《郭沫若全集》收集整理有他生前出版过的文学、

郭沫若塑像

北京郭沫若故居

《青铜时代》和《十批判书》,颇多创见。抗日战争胜利后,他对蒋介石独裁统治及其发动内战的阴谋进行了针锋相对的斗争。1946 年 1 月参加中国政治协商会议,1948 年 4 月当选为国立中央研究院院士。1949 年抵北平,任新政协筹备会常务副主任。新中国建立后,历任中国文联主席,中央人民政府委员,政务院副总理兼文化教育委员会主任,中国科学院院长兼社会科学部主任,中国人民保卫世界和平委员会主

郭沫若全集

历史和考古三个方面的著作,编为"文学编"、"历史编"和"考古编"。"文学编"共20卷,包括:诗歌(1～5卷),戏剧(6～8卷),小说、散文(9～20卷),自传(11～14卷),文艺论著(15～17卷),杂文(18～20卷)。"历史编"共8卷,包括:《中国古代社会研究》、《青铜时代》、《十批判书》、《奴隶制时代》、《史学论集》、《历史人物》、《李白与杜甫》、《管子集校》、《〈盐铁论〉注释》。"考古编"共10卷,包括《甲骨文字研究》、《卜辞通纂》、《殷契粹编》、《殷周青铜器铭文研究》、《金文丛书》、《两周金文辞大系图录考释》、《石鼓文研究·诅楚文考释》、《考古论集》。此外,他还主持编纂了《中国史稿》等历史巨著。1978年6月12日病逝于北京,终年86岁。

考古大师——郭宝钧

郭宝钧(1893—1971),字子衡,河南南阳人。1922年毕业于北京国立师范大学国文系。历任河南省立南阳第五中学校长,河南省教育厅视学、秘书等职,并曾参与创办南阳宛南中学。1928年参加中央研究院在河南安阳殷墟进行的第一次发掘。1930年转入中央研究院历史语言研究所任编辑。1931年参加河南古迹研究会。1930年和1932年,两次参加山东历城龙山镇城子崖的发掘工作。1932年和1933年,在河南浚县辛村,两次主持西周时期卫国墓葬的发掘工作。1935年和1937年,两次参加辉县琉璃阁和汲县山彪镇等地的考古发掘。1937年抗日战争爆发,随中央研究院迁往四川,兼任重庆社会教育学院和河南大学教授。1949年参加中国科学院考古研究所工作,并兼任北京大学教授。1950年春,主持殷墟洹北武官村大墓和洹南四盘磨等处的发掘工作。1950年至1953年,又三次参加辉县琉璃阁、固围村、赵古区、褚丘、石泉等地的考古发掘工作。1951年被中国史学会选为理事。1954年主持洛阳西郊发掘工作。1964年被选为第

郭宝钧

河北丰宁人。现代诗人。14 岁时，随家来到北平，先后上过中学、高级师范及工学院补习班。在投入抗日救亡爱国学生运动的同时，开始写诗。1937 年 9 月参加八路军，同年 11 月加入中国共产党。1941 年初到延安马列学院学习。抗日战争胜利后，从事地方行政工作和新闻工作。曾任中共热辽分局机关报《群众日报》副总编辑，中共中南局宣传处处长等职。中华人民共和国成立后，曾任中国作家协会秘书长，人民日报特约记者，《诗刊》编委。

诗歌集有《平原老人》(1951)、《致青

四届全国政协委员。1971 年 11 月 1 日病逝。终年 78 岁。著有《中国古器物学大纲——铜器篇本论》、《殷周车制的研究》、《中国青铜器时代》、《浚县辛村》、《殷周铜器群综合研究》、《记殷周殉人之史实》、《中国古代的铜器艺术》等。

现代诗人——郭小川

郭小川(1919—1976)，本名郭恩大，

郭小川

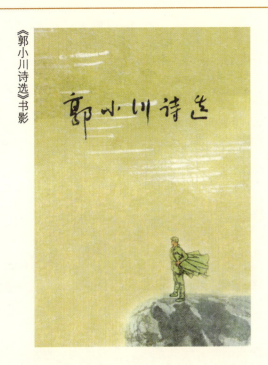

《郭小川诗选》书影

歌唱大家——郭兰英

郭兰英，1930年生，山西平遥人。1949年毕业于华北大学艺术系。后任中央戏剧学院演员，中国歌剧舞剧院演员、艺委会主席，中国文联第四届委员，中国音协第二、三届理事。1978年加入中国共产党，是第一、二、三、五、六届全国人大代表。1949年获第二届世界青年联欢节独唱奖。曾在

郭兰英

年公民》(1957)、《投入火热的斗争》(1956)、《雪与山谷》(1958)、《鹏程万里》(1959)、《将军三部曲》(1961)、《月下集》(1959)、《两都颂》(1961)、《甘蔗林——青纱帐》(1963)、《昆仑行》(1965)、《痛悼敬爱的周总理》，以及《郭小川诗选》(1977)、《郭小川诗选续集》(1980)。郭小川还长于杂文和评论，著有《思想杂谈选集》（与人合作，署名马铁丁，1956）及《针锋集》(1958)。尚有《小将们在挑战》、《旱天不旱地》等通讯和报告文学作品多部。

《白毛女》、《刘胡兰》、《小二黑结婚》等新
歌剧中饰主角。经典演唱曲目有《翻身道
情》、《妇女自由歌》、《我的祖国》、《南泥
湾》、《绣金匾》等。晚年又创办了"郭兰英
艺术学校",致力于艺术人才的培养。

国剧改革名家——郭小庄

郭小庄,1951 年生,台湾家喻户晓的
京剧(台湾称国剧)表演艺术家,在大陆和
海外文化界也享有盛名。祖籍河南省滑
县,出生于台湾台北。8 岁入台湾著名的大

郭小庄(杨之光绘)

郭小庄在河南大学艺术学院为"郭小庄艺术
奖学金"获得者颁奖

鹏戏剧职业学校学习。在校期间,她专习
花旦、刀马旦,兼及青衣。1979 年创办"雅
音小集",致力于京剧改革。郭小庄的成长
受到了著名画家张大千的关注和支持。
1979 年,欣然为郭小庄的剧团命名"雅音
小集",并亲自书写题字。"雅音小集"在继
承国粹传统的同时另辟蹊径,独树一帜,
在京剧革新方面取得了成功,成为台湾京
剧界最为著名的剧团。演出剧目有《白蛇
与许仙》、《感天动地窦娥冤》、《王魁负桂
英》等改良京剧。郭小庄因此被誉为"台湾
第一位致力于国剧现代化的人物"。

20世纪70年代，郭小庄涉足影视表演，在电影《秋瑾》中饰演秋瑾，获得了香港第二届"武侠影后"的荣誉。1980年毕业于台湾中国文化大学戏剧系。后留校任讲师。1982年赴美国纽约朱丽亚音乐学院研修西方表演学。曾荣获纽约林肯中心颁发的亚洲杰出艺人奖。

在致力于国剧事业的同时，郭小庄还心系祖国统一和海峡两岸的文化交流。2003年，她在河南大学艺术学院设立了"郭小庄奖学基金"，奖励学习优异的艺术人才。她关心家乡的艺术事业，表示将以河南大学艺术学院为基地，继续为河南艺术人才的培养做出努力。

青春偶像作家——郭敬明

郭敬明，"80后"作家代表人物，现今中国文坛上的一位具有符号性质的年轻作者，其作品更是创造了21世纪中国出版界的销售神话。1983年6月6日出生于四川省自贡市，母亲邹慧兰是当地银行的工作人员，父亲郭建伟在一家国有企业工作。

他从小广泛地阅读小说和散文，父母从不干预，由于大量阅读，潜移默化，文字

郭敬明

功底逐渐增长。后来在《人生十六七》上发表了他的处女诗作《孤独》。高二高三连续获第三、四届全国新概念作文大赛一等奖。让他一炮打响的《幻城》，从2003年1月底上市后至12月，累计销售84万册。据有关媒体报道，在2003年11月的全国文学类畅销书排行榜上，《幻城》名列第三；而他自己也在新浪网与《南方都市报》等媒体联合举办的"2003年度中华文学人物"评选活动中，被提名为"人气最旺的作

偶像剧《梦里花落知多少》海报

家"之一,与大作家王蒙、海岩排列在一起。当时(2003年1月),长篇小说《幻城》一面世,在北京的图书订货会上,就与池莉的《有了快感你就喊》以及《我是韩国人》一起挤入文艺社科类图书销售排行榜前三名,短短几个月便发行到50万册。有的读者买不到该书,竟然借来手抄,对作品的反应好评如潮。有的读者还建议将《幻城》续写、拍成电视剧、出版漫画本,等等。与此同时,在文学前辈和不少专家中

也引起了极大的反响。2003年3月27日,在鲜花和掌声中,郭敬明迎来了在上海大学专门为他举办的"《幻城》作品研讨会"。出席会议的有中国作协副主席叶辛,上海作协副主席赵长天,著名作家葛红兵等。为一位名不见经传的大学生作品举办如此研讨会,这在中国尚属首次。在这时,他又被春风文艺出版社买断了其在大学期间所创作品的首发权。2004年,郭敬明成立了自己的"岛"工作室,出版《岛》书系列。同年,作品《梦里花落知多少》被作家庄羽以抄袭自己所写的《圈里圈外》为由告上法庭,最终败诉。2005年出版小说《1995—2005夏至未至》,同年应陈凯歌之

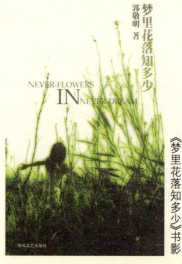

《梦里花落知多少》书影

意,改编电影《无极》为小说。2006 年,成立柯艾文化传播有限公司并出版发行量惊人的刊物《最小说》。2007 年出版《悲伤逆流成河》,一周时间销量突破百万册,为加印用尽北京所有出版纸张。同年 9 月底加入中国作家协会,成为该协会年龄最小的会员。2007 年 10 月,柯艾公司旗下以 hansey 为首的一批骨干力量跳槽,事业遭遇挑战。2007 年 11 月,首部以郭敬明作品改编的偶像剧《梦里花落知多少》开播。2008 年 4 月,荣登中国福布斯名人排行榜第 84 名并获创业先锋奖。2008 年 5 月 4 日,《纽约时报》在书评版显要位置刊发《China's Pop Fiction》(中国流行小说家)的报道:称"现今中国最成功的(原文为 most successful)作家是 24 岁的青春偶像作家郭敬明"。

第十届全国新概念作文大赛获奖作品选

"高考族"写手——郭佳音

郭佳音,1989 年 6 月 25 日生于太原。祖籍山西寿阳。先祖与清乾隆、嘉庆、咸丰朝的三朝进士,清代山西三大科举世家之一的祁韵士、祁寯藻、祁世长祖孙三代同村相居。不知是文化地理的影响,还是人文脉气的熏染,郭佳音自幼喜欢读书,在小学期间即开始发表习作,高中期间由山西古籍出版社正式出版了她的第一部个人作品集《伞下的晴天》。此书出版时,她刚满 18 岁。2007 年,参加复旦大学举办的应届高中生"博雅杯"征文比赛,获得优秀奖,被给予达到高考一本线即被该校录取的优先选拔资格。2008 年初,参加全国最有影响力的第十届"新概念"作文大赛,在决赛中获得一等奖。系新概念作文大赛举行 10 年以来,山西郭氏宗亲唯一一位获

伞下的晴天

郭佳音 著

山西出版集团
山西古籍出版社

《伞下的晴天》书影

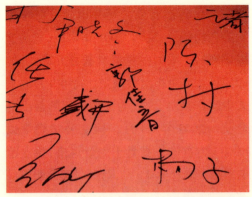

第十届全国"新概念"作文大赛郭佳音签名

得一等奖的参赛者。鉴于郭佳音以理科优秀学生的背景参加"新概念作文大赛"并获得优异成绩,北京大学经面试后,决定给予其 2008 年自主招生录取降分 30+10 分资格;浙江大学竺可桢学院更是经过全面考试,综合各种成绩,将其提前录取上了预科。一个应届高中生,被北京大学、浙江大学、复旦大学三所中国最著名的大学所同时看中,这种荣誉在"后 80 后"这一代郭氏宗亲中绝无仅有。

鉴于郭佳音的创作才华和优雅明快的语境表达,全国发行量最大、深受青少年喜爱的《萌芽》杂志与她签约,成为该杂志的重点作者。由于她的作品很好地反映了这一代人的忧伤与酷爱,无奈与愿景,个性与智慧,从而获得多位文评家的好评。《第十届全国新概念作文大赛获奖作品选》由人民文学出版社出版后,"新概念之父"、《萌芽》主编赵长天在接受《广州日报》、《文汇报》记者采访时表示:在这届新秀中,他印象深刻的是山西省实验中学高三学生郭佳音写的《雁阵》:"她写出了年轻人情感世界里特有的细腻、清新。让我很感动。"由于郭佳音创作前景十分看好,众多出版机构和报刊杂志纷纷约其稿件。可以预期,郭佳音将成为山西郭氏宗亲在文坛冉冉升起的一颗新星。

四 科技精英 钟灵毓秀

军械大师——郭谘

郭谘,字仲谋,赵州平棘(今河北赵州)人。生卒年不详,约生活于北宋仁宗、神宗时期。宋仁宗时举进士,历任通利军司理参军,济阴、馆陶县令,冀州、潞州知府,大理寺丞。

郭谘聪敏过人,精于术算,多技巧发明,尤其擅长于军械武器的改进创新。当时,契丹、西夏屡屡侵边,战事不断,郭谘先后发明了鹿角车、陷马枪、生皮甲、圆盾牌、独辕弩及柜马枪法,被朝廷推广运用,对抵御西夏、契丹骑兵袭扰,守御边防起了很大作用。尤其是他发明的独辕弩,强

中国古代骑兵作战用的云梯和弹射器

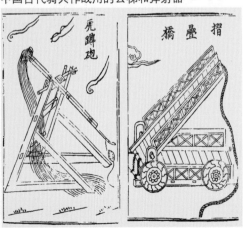

劲犀利,射程远,威力大,是当时最锐利的攻防利器。为此,朝廷特下诏,设立独辕军,招募士兵,由郭谘专门训练,并在各州军、道府大力推广,对提高宋军战斗力起了一定作用。

郭谘对水利事业也颇有研究,多次提出治理黄河的建议。他在任忻州知州时,开河渠,导汾水,兴水利,置屯田,造福一方百姓。难能可贵的是,他在兴修水利、关注国计民生的同时,念念不忘把兴修水利与富国强兵、抵御外侮紧密结合起来。正如他在上书朝廷的奏折中所言:"臣自冠武弁,未尝一日不思御戎之策。"

一次,他被派作"契丹祭奠副使",出使辽国,乘机考察契丹的山川地势、人口分布及军事情势。经考察,他认为:"幽燕地方不足三百里,无十万人一年之费",是一个贫寒苦瘠之地;而契丹部众系乌合之众,每次举兵南侵,要召集高丽、渤海、黑水、女真、室韦等国部众,不足二十万不敢南下,且因长途征战,粮食器械等后勤运输十分不便;"若能以术制之,使举不得利,居无所给,居不数年,必弃幽州而遁",燕云十六州之失地,即可收复。而他所策划的"制敌之术",御敌之道,核心就是"决黎阳大河(黄河),下与葫芦、溏沱、后唐河

以注塘泊、混界河,自东北抵于海,上溢鹳鹊陂,下注北当城,南视塘泊,界截房疆,东至海口,下接保塞。"依托黄河等山川险要,经过人工挖掘、疏浚,构筑起一道抵御契丹南下并围困燕幽等地的天然屏障,以阻断契丹南下的通途,限制契丹扩张的势力。

由于郭谘"未尝一日不思御戎之策",因此他把日常事务中的一些事项往往和富国强兵、抵御契丹、收复燕云失地联系起来。他初出仕通利军参军,因监税有方,声名鹊起。当时洺州肥乡田赋不平,多年来无法理清。转运使杨偕派郭谘以代理县令的身份前往查办。郭谘到任后,以"千步方田法"到四乡检测,核实了土地赋税,查出了占有土地而不出租税的百余家逃税大户,也纠正了四百余家没有土地而分担地税的不合理情况,为此增加税收八十余万。故而引起了各级官府、直到中央有关部门的重视,被召还京师,直接参与"议均田租"决策事宜。郭谘即陈上了"均括之法"四十条,对于整顿全国田租赋税起了很大作用,促进田赋收入有了较大幅度增加。

此外,他还向朝廷提出了"平燕议"的一套方略。精辟地指出:契丹之地,自瓦

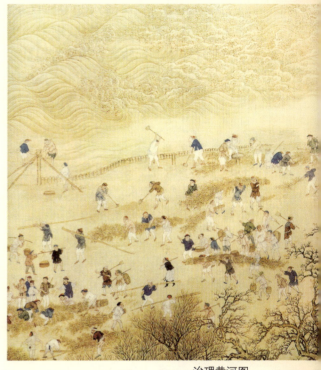

治理黄河图

桥至古北口,地狭民少……自古北口至中原、庆州,道旁统七百余家。契丹倘或南渡,其来既远,其粮匮乏。若我方以近待远,以逸待劳,以饱待饥,必操胜算。建议朝廷"合众河于塘泊之北界,以限戎马,屯兵自守";以"柜马车三千,陷马枪一千五百,独辕弩三万,分选五将,合力守御,不用半年时间,敌军粮尽援绝,不可久留,当遁迹沙漠,燕南自定,幽燕可取"。在此建

议之后，他还自告奋勇，表示愿驻边戍守。朝廷对郭谘的建议，十分赞赏，下诏尽快制作独辕弩二万件，由郭谘提举有司及南北作坊，制造军械。但由于主和派控制朝政，郭谘御边守土、收复失地的主张未能实现。

此后，郭谘又提出了"导洛入汴，四时行运"，充实京师，加强国防等一系列建议。朝廷也委派都水监杨佑一同筹商，可惜郭谘因病身亡，满腔报国之志付之东流。

郭谘一生虽然未居中枢要职，也非军政大员，但他时刻不忘御敌戍边、收复燕幽的国家大事，并能以自己所擅长的军械制造、水利知识，经世致用，报效朝廷，确属忠心可嘉，难能可贵。

天文学家——郭守敬

郭守敬（1231—1316），字若思，顺德邢台（今河北省邢台市）人。元代著名的天文学家、水利学家、数学家。

祖父郭荣，学识渊博，对天文、历法及水利均有很深的造诣。郭守敬在家庭的熏陶下，喜好读书求学，留心观察周围的自然现象。祖父也对他着意培养，先后让他

郭守敬塑像

拜名士刘秉忠、张文谦为师。郭守敬天资聪颖，刻苦用功，很快便崭露头角，对"经世致用"的天文历算、地理、水利尤有心得，成为一位"上知天文，下知地理"的青年学者。

元中统初年，雄才大略的元世祖忽必烈统一北方后，为医治战争创伤，发展农业生产，沟通南北水利交通，大力提倡兴修水利。经张文谦举荐，郭守敬面见元世祖，陈述了六条兴修水利的建议，深受元世祖嘉许。特委派郭守敬为提举诸路河渠

副使，与张文谦共同主持兴修水利、治理中原水患事宜。

郭守敬首先在家乡邢台小试牛刀，仅用40天工夫就疏通了达活泉水，将河水引入城中，分为三渠，灌溉城东千顷良田。

之后，又随张文谦亲赴西夏，整修淤塞多年的水利设施。当时有人主张弃置旧渠，另开新渠，郭守敬经实地考察后，拟定了"疏浚深挖旧渠，建闸筑堰，提高渠内水位，以利灌溉"的方案，仅用一年左右时间，便全部完工，将多年水患变为水利。

元朝建都大都以后，为把江浙的粮食等物资运到京城，征集民工开挖了济州河和会通河，连接成由杭州到通州的纵贯南北的大运河，但是从通州到大都这一段，还需要通过陆运。过去有人想开运河，因为水源困难，没有成功。郭守敬反复查勘，发现昌平东南的山下有白浮泉，水量较大，可作运河的水源。但是需要改变白浮泉的流向，沿途还要控制水量，困难仍然很多。郭守敬经过精密勘测，掌握了这一带的地形情况，选定了运河的走向，还作出了逐段筑坝设闸控制水量的规划。这段运河全长160里，不到两年，开河工程全部完成，南方的运粮大船可以直达大都。忽必烈命名这条运河为"通惠河"。在当时

来说，这条运河对沟通南北经济文化交流起了很大作用。

郭守敬不仅是一位水利专家，而且更是一位卓有成就的天文学家。当时通用的天文历法，为沿用多年的辽、金旧历，不仅有误差，而且无法适用于元代辽阔的疆域。元世祖平定南方后，即任命郭守敬为太史院同知院事（副使），协助太史院令王恂制定新的历法。

于是，郭守敬以唐代一行和尚所创之"大衍历"为基础，深入系统地对历代天文、历法进行分析研究。为便于观察日月星辰的运行，四时气候的变化，取得准确数据，郭守敬先后制成了简仪、高表、仰仪等十三种天文仪器；为了去外地观测，他又创制了一套携带方便的天文仪器，还制作了仰规变矩、导方浑盖等五种图表，与仪器互相参照使用。

郭守敬创制简仪，是对浑天仪的大胆革新。浑天仪是古代用来测量日月和星星位置的主要的天文仪器，但是构造复杂，转动不灵便，而且圆环很多，遮掩了一部分星星，不利于观测。简仪的功用和浑天仪相同，却结构简单，刻度精密。为了旋转顺利，还装了滚珠轴承，比欧洲应用滚珠轴承要早一二百年。郭守敬创制的这台简

仪一直保存到清朝初年,后来被法国的传教士销毁。现在南京紫金山天文台陈列的一台,是明朝正统年间仿制的。

郭守敬制造的天文仪器,精巧和准确的程度都超过了前人。清朝初年,西方的传教士汤若望来到中国,看到郭守敬创造的天文仪器,表示非常敬佩。他尊称郭守敬为"中国的第谷"。第谷是16世纪欧洲著名的天文学家,也制造了许多天文仪器,但他比郭守敬晚了三百来年。

郭守敬还是一位出色的天文观测组织者和领导者。他挑选了14名具有天文知识的官员,分为几个小组,带着轻便的仪器到各地去观测天象。在全国从东到西、从南到北设立的22个观测站、27个地点进行观测。郭守敬运用各地观测报来的数据进行精密计算,花了两年的时间,修成了一部新历法——《授时历》。以往的历法,不满一日的尾数大多用分数来表示,使计算十分复杂。郭守敬的《授时历》改用

古代天文观测台

了小数，计算出一年为 365.2425 日，和地球公转周期只差 26 秒，与目前世界上通用的格里历（即公历）的一年周期相同。《授时历》是在 1280 年颁行的，比格里历早了 302 年。郭守敬编制的《授时历》以 1280 年的冬至点作为推算的起点，大胆废除了以往历法沿用的向上追溯很多年的繁琐的推算方式。《授时历》对旧历法作了七项重要的改正，还有五项重要的创新，因而成为我国古代最好的一部历法。

郭守敬在天文历法方面的著作有 14 种，共计 105 卷。在古代天文学家中，他是著作最丰富的一位。

郭守敬作为一位杰出的天文学家、数学家和水利专家，不仅对元代农业生产发展作出了重要贡献，也给后世留下了一笔珍贵的历史文化遗产，不愧为中国历史上伟大的科学家之一。

医学博士——郭秉宽

郭秉宽（1904—1991），福建龙岩人。中国眼科学家。曾在厦门鼓浪屿教会学校读英语，后转至上海复旦中学读书。1924 年毕业后，考入北京协和医学院。1928 年赴奥地利，入维也纳大学医科学习。1934

郭秉宽

年毕业，获医学博士学位。旋在维也纳市立总医院眼科任住院医师。1937 年回到上海，在同济大学医学院任职。抗日战争爆发后，随同济大学医学院迁至江西吉安。1938 年任贵阳医学院眼科教授。1942 年初在重庆陆军医院眼科任职，并兼任宜宾同济医学院眼科教授，重庆上海医学院教授。1945 年抗战胜利后，赴美国考察，先后在纽约哥伦比亚大学眼科学院和纽约曼哈顿眼库进修角膜移植的操作技术。1946

年秋回国,任上海江湾国防医学院少将军医级教授。1949年5月,在上海医学院主持眼科讲座。1954年和1956年,先后两次率中华医学会眼科学会代表团出国访问。1956年加入九三学社,并被选为中央委员。1979年任上海第一医学院眼科研究所所长。著有《眼科学》、《中国医学百科全书》等。

工学博士——郭克悌

郭克悌(1898—1971),原名桂丹,字书堂,河南孟津人。1918年考入美国加州大学,继转普渡大学电机工程专业,获工学学士学位,毕业后在奇异电气公司任职。1925年归国,任天津特一区(旧德租界)公署总工程师,旋被聘为天津中美合办的大昌实业公司协理,后转任该公司沈阳、上海两地分公司经理。1937年抗日战争爆发,在上海主持大昌分公司时,参加扶轮社所组织的救护工作。南京沦陷前夕,经香港去西南,任云南跃龙公司协理兼发电厂厂长。1945年抗战胜利,国民政府经济部派其为专门委员,任冀北电力公司总经理,兼任北平分公司经理。1946年秋,派赴东北,接管满洲电业株式会社,并

改组为行政院资源委员会东北电力局,任总局局长。1948年3月,兼东北行辕政务委员会工商处处长,任辽宁省政府委员兼建设厅厅长;12月派赴昆明,任资委会西南办事处处长兼昆湖电厂总经理。中华人民共和国成立前去台湾。1949年4月,任台湾省工矿公司董事长兼总经理。1951年当选为中国工程师学会台湾省分会会长。1953年当选为总会常务理事,创办中原理工学院,被推为董事长兼首任院长。同年被聘为"中国红十字会"台湾省分会副会长。1957年兼任台湾大学水力发电工程系教授,后又担任铭传商专教务主任,并在中国文化学院、淡江文理学院讲授企业管理课程。1960年被选为国际扶轮社第三、四、五区(即台湾、香港、澳门)第一任区总监。1967年任国际扶轮计划委员。1968年被聘为设计考核委员会委员。1971年3月逝世。终年73岁。著有《水力发电工程学》。

化工专家——郭慕孙

郭慕孙,生于1920年,广东潮州人。1943年毕业于上海沪江大学化学系,获学士学位。后赴美国留学,入普林斯顿大学

郭慕孙

化工系。1946 年毕业，获硕士学位。1947年任美国碳氢研究公司化学工程师。1948年任美国可口可乐出口公司化学工程师。为美国化学学会会员，化学工程师学会会员。1956 年回国后，在中国科学院化工冶金研究所任职。后为中国科学院化工冶金研究所研究员、第三室主任、所长，中国科学院学部委员，中国金属学会常务理事，中国化学会理事，中国化工学会副理事长，中国化学工程学会理事，国家科委化学工程学科组副组长，冶金学科组成员。著有《流态化垂直系统中均匀球体和流体运动》《流态化浸取和洗涤》《固体流态化》《差压法测定汽水中含二氧化碳》《流态化技术在冶金之中之应用》《流态化冶金中的稀相传递过程》《快速流态化的两相流动机理的分析》等。

两弹元勋——郭永怀

郭永怀（1909—1968），山东荣成人。著名的空气动力学家，我国导弹、核武器的奠基人。幼年在石岛镇明德小学读书，毕业后考入青岛大学附中。1929 年考入南开大学预科理工班。郭永怀在预科时对光学颇感兴趣，1931 年转入本科时选择物理

郭永怀在作报告

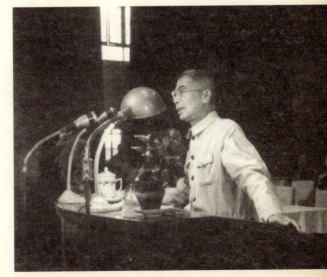

郭永怀塑像

专业。为了进一步深造，他接受顾静薇教授的建议，于1933年考入以著名光学专家饶毓泰为系主任的北京大学物理系。

当时，北京大学物理系有一批卓有成就的名教授。在这个优越的求学环境中，郭永怀的学业有了很大的长进。到1935年毕业时，他的成绩名列前茅。饶毓泰教授十分赏识郭永怀的才能，将他留下做自己的助教和研究生。在此期间，郭永怀还跟随郑华炽教授和吴大猷教授从事拉曼效应的研究。

七七事变后，郭永怀曾回家乡威海任中学教师。1938年，他辗转到昆明西南联大。为了实现科学救国、航空救国的夙愿，他改学航空工程。除选修航空和力学课程外，还协助周培源教授从事流体力学湍流理论的研究。

1939年，郭永怀考取中英庚款留学生，次年9月进入加拿大多伦多大学。半年后，他和钱伟长、林家翘3人都以优异的成绩和出色的论文获得应用数学硕士学位。1941年5月，他到美国加州理工学院，在航空大师T冯·卡门（Von karman）指导下从事研究工作。选择的课题是当时空气动力学的难题之一——跨声速流动的不连续性。1945年，他以这项重大研究成果获博士学位。

1946年秋，郭永怀应W.R.西尔斯（Sears）教授的邀请，到康奈尔大学共同创办航空研究院，并成为该院的3位主持人之一，他在此度过了10年科学研究的黄金时代。这其间，他把研究领域从跨声速转到新的前沿领域：粘性流体力学和高超声速空气动力学，并发表了一系列重要论文。除了教学和研究外，他还指导过多位研究生，这些人后来大都成了知名学者或担任重要的学术领导职务，如美国的A·里特（Ritter）、日本的鸟羽曛、中国的潘良儒教授等。1955年，康奈尔大学晋升他为正教授。1956年秋，郭永怀放弃了在美国取得的优越社会地位和生活条件，克服重重阻力，举家回到阔别 16 年的祖国。

回国后，郭永怀先后担任中国科学院力学研究所副所长、清华大学兼职教授、中国科技大学化学物理系主任兼教授，并任《力学学报》主编、二机部核武器研究院副院长、国防科委空气动力研究院筹备组副组长等职。1957 年被选为中国科学院学部委员。他在制订我国科技十二年发展远景规划，开拓我国的近代力学事业，培养力学人才，发展航天事业以及研制核武器等方面做了大量卓有成效的工作。1959 年当选为第二届全国人大代表和政协委员。1961 年加入中国共产党。1963 年主持召开全国第一届流体力学会议，1964 年任《力学译丛》编委会主任委员。

1968 年底，郭永怀赴西北核武器试验基地，参与核武器研制，火箭发动机、超低空导弹、反导弹武器研制和第一颗人造卫星的设计工作。12 月 5 日，离开基地返回北京时，因乘坐的民航班机在北京机场上空失事，不幸牺牲。12 月 18 日，中华人民共和国内务部授予他烈士称号。郭永怀主要著作有《作用在剪切流中物理上的力和力矩》、《二维可压缩无旋跨声速流》、《现代空气动力学的问题》等。

白衣使者——郭庆兰

郭庆兰，生于 1915 年，山西汾阳人。早年毕业于汾阳护士学校，后入北平协和医院从事医护工作。抗日战争爆发后，郭庆兰怀着一腔爱国热血，毅然决定投奔抗日前线，来到晋察冀边区"白求恩卫生学校"任教员，并兼护理工作。1942 年加入中国共产党。

1940 年 6 月，印度国际共产主义战士

郭庆兰

柯棣华来到晋察冀边区，并于 1941 年 6 月担任了"白求恩国际和平医院"第一任院长，成为郭庆兰的上级和导师。

郭庆兰与柯棣华第一次见面是在 1940 年 6 月。当时，郭庆兰是晋察冀军区白求恩卫生学校护理教员。他们一块儿工作，一块儿战斗，共同的事业，共同的志向，使他们产生了爱情。聂荣臻司令员对此很是赞称，边区人民也为此感到高兴。

郭庆兰与儿子柯印华

经党组织批准，1941 年 11 月 25 日，他俩举行了婚礼：一位印度出生援华抗日的国际主义战士柯棣华，一位中国出生参加抗日的汾阳郭氏郭庆兰，喜结良缘。

婚后，他们并肩战斗，为抢救抗日伤员忘我地工作。1942 年 8 月 23 日，柯棣华亲手接生了自己的儿子——聂荣臻司令员为其起了个很有意义的名字——印华。对印华的出生，柯棣华感到非常高兴，中印两国人民也为此而欢欣。

1942 年 12 月 8 日，由于过度的劳累，柯棣华连续发病，次日凌晨 6 时即离开了人世，年仅 32 岁。毛泽东、朱德、周恩来、聂荣臻等人写了挽词、悼文，宋庆龄在给印度人民和柯棣华家属的致电函中写道："不仅贵国人民和我国人民缅怀他，争取人类自由和进步的杰出战士们都缅怀他，未来将赋予他比今天更高的荣誉，因为他是为未来而战斗的。"

1958 年 8 月 9 日，由中国政府安排，郭庆兰带着 16 岁的儿子印华踏上了印度的国土。柯棣华全家老少到飞机场迎接自己的亲人，印华的奶奶在家倚门以待。当郭庆兰母子到达时，她激动得一下把印华紧紧地搂在怀里。8 月 23 日，孟买的许多妇女组织联合举行了隆重的庆祝会，以印度的方式,为印华庆祝 16 岁的生日。2004
年,值中、印、缅三国倡导的和平共处五项
原则 50 周年之际,郭庆兰又应邀前往印
度参加了纪念活动,并特地回到柯棣华家
乡孟买看望了全家老小。

郭庆兰与柯棣华的结合,为抗日战争
谱写了光辉的篇章,为中印友谊架设了永
恒的桥梁,为汾阳郭氏增添了时代的彩
环。

地质学家——郭文魁

郭文魁,生于 1915 年,河南安阳人。
1937 年毕业于北京大学地质系。1945 年
至 1947 年,先后在美国联邦地质调查所、
明尼苏达大学和联邦垦务局进修。曾任国
民政府资源委员会矿产测勘处副工程师。
新中国成立后,历任地质部 321 队队长,
地质部地质矿产司有色金属处工程师、副
处长,地质部资源计划司总工程师,地质
科学院室主任,矿床地质研究所所长,地
质矿产部地质研究所研究员、名誉所长,
北京大学教授,中国科学院地学部委员,
中国地质学会常务理事,中国矿物岩石地
球化学学会理事。1941 年,首次在云南东

郭文魁

部发现奥陶纪地层及第四纪冰川现象,后
勘测攀枝花铁矿,提出岩浆分异堆积成
因。对四川油气田进行了研究,指出了找
矿方向并为实践所证实。在矿床理论方
面,对岩浆岩成矿作用,金属矿床原生分
带,铜矿的成因类型、形成条件、分布规
律,内生金属成矿区域、成矿时代、成矿作
用,以及区域地质构造等进行了深入研
究,并取得重要成果。

主要参考文献：

《二十四史》中华郭氏人物传记。

《古今图书集成·明伦汇编·氏族典》中所收郭氏历代名人资料,中华书局影印本(民国版)。

李吉、马志超著:《郭氏史略》,山西古籍出版社,1997 年 8 月。

郭裕怀、张海瀛主编:《汾阳王郭子仪谱传》,书海出版社,1994 年 10 月。

山西省社会科学院家谱中心所藏 30 余种郭氏族谱。

台湾世界郭氏总会编印:《环球郭氏宗谱》(一、二、三辑),内部资料。

孙晓芬著:《四川的客家与客家文化》,四川大学出版社,2000 年 5 月。

王析主编:《影响中国的十家豪门望族》,中国人事出版社,1997 年 1 月。

武伟主编:《香港超级富豪排行榜》,当代世界出版社,2000 年 10 月。

刘应斗、祁隆主编:《华人大富豪》,改革出版社,1997 年 4 月。

徐友春主编:《民国人物大辞典》,河北人民出版社,1991 年 5 月。

中 人
郭 文 氏
篇
华

一　光前裕后　遗风垂范

　　郭氏作为源远流长、声名显赫的强宗大族，在历史发展的长河中，以其"崇文尚武"、开拓进取的精神风貌，仁孝、诚实、勤劳、俭朴的传统美德，繁衍播迁，与时俱进，形成了独特的人文特征和家族风范，也体现出中华民族所共有的伦理道德和文化特色。

郭氏祠宇图

1　族徽族歌　家族标志

先秦时期,古老显赫的部落、家族都有自己的族徽、族歌作为特殊的标记。郭沫若先生认为：族徽就是族名或者国名。郭氏作为古老虢国的后裔,在虢国的形成发展时期,当然也会有自己的族徽、族歌。

族徽源于氏族社会的图腾崇拜。"图腾"一词,来源于印第安语,原意为"属彼亲族"。远古时期,人们认为每个氏族均起源于某种自然物象或动、植物,只要该氏族的始祖母与之接触感应,即会衍生后代。所以图腾物象就成为该氏族祖先的象征,成为该氏族祭祀、崇拜的保护神,并进一步演化为与该氏族关系密切的共有标志——族徽。

郭(虢)氏的族徽就是古老的象形文字"虢"。关于"虢"字的含义,许慎在《说文解字》中有很贴切的解释："虢,虎所攫,画明文也,从虎。"段玉裁在《说文解字注》中更进一步说明："攫者,叉所执也。画者,有所划,故有明文也。""虎所攫画,故从虎,会意。"虢字左边的"孚"字则是"五指"(手)执叉的象形文字。据此分析和解释,"虢"字由象形和会意两部分组成,其原意是指执叉的勇士与张牙舞爪的猛虎在搏斗,也可视作执叉武士在驯服猛虎。在河南三门峡虢国墓地出土的虎纹青铜镜中,金文"虢"字的结构与《说文解字》的解释完全一致,虎的形象生动逼真。据此可以推断,作为氏族称号的"虢"字,其含义当是猎虎、驯虎的部族,"虢"字也是虢氏家族的族徽。久而久之,虢字便取代了虎形族徽,而成为部族的姓氏。这一由图形与文字相互替代、交叉使用,标志族徽的做法,直到现代仍不乏其例。如山东郭氏族徽是以带邑旁"郭"字为标志,以纪念其得姓先祖居于域之处郭的历史渊源。泰国郭氏宗亲总会的会徽,是在麦穗环绕的圆形图案中嵌

郭氏族徽

入篆体的"汾阳"两字,以此作为泰国汾阳郭氏的族徽和象征。台湾"世界郭氏宗亲总会"的会徽则是在象征全球、经纬交错的圆形会徽正中,嵌入一个篆体"郭"字,以此来作为环球郭氏的标志。

依据语音、图像相继产生或相辅相成的一般规律来推断,在虢(郭)氏族徽出现和形成的前后,应当还有可供郭氏族人祈祷、传唱,具有凝聚力和号召力的族歌产生和存在。由于历史文献阙失,古老的郭氏族歌已难以窥见其本来面目。但在台湾"世界郭氏宗亲总会"的纪念文集中,我们却看到了由郭仁勇谱曲、作词的《振郭家声》的郭氏族歌,其歌曲共计两段:

这一罕见的郭氏族歌,既抒发了郭氏族人追慕先贤、缅怀故国的情怀,也反映

振 郭 家 声

1 = G 4/4

中速、豪迈地

郭仁勇 词曲

6̣ 3 3 2 1 | 6̣ 1 1 3 5̣ − | 6̣ 6̣ 5̣ 1 2 3 | 2·3 6̣ 1 2 − |

1 振 我 郭家声, 振我 郭家 声, 四海 宗亲 一 条 心。
2 振 我 郭家声, 振我 郭家 声, 四海 宗亲 一 条 心。

5·3 6 6 5 | 3 1 2 3 6̣ − | 2· 1 2 1 2 3 | 1 − − − |

有 道家声远, 汾阳世泽 长 汾 阳世 泽 长。
壮 志展宏图, 中原好故 乡, 中 原好 故 乡。

6 6 6 1 6 3 5̣ | 1·1 6 1 2 3 2 | 5·3 6 6 5 | 3 5 2 3 5 − |

祖国 江山 多美丽,宗亲情谊 万年长, 振 我 郭家声, 团结 向前方!
求索 进取 攀高峰,辛勤创业 奔辉煌, 振 我 郭家声, 团结 向前方!

5·3 6 6 5 | 3· 5 6 5 | 1 − − 0 ‖

振 我 郭家声, 团 结 向前 方!
振 我 郭家声, 团 结 向前 方!

了郭氏族人求索进取、辛勤创业的精神风貌。

2　郡望堂号　文化表征

"郡望"和"堂号",是姓氏文化中的重要内涵,是区分不同姓氏、不同地域和识别亲疏的主要依据,也是寻根问祖、追源溯流的基本线索。在较为正规的族谱中,往往在姓氏前面冠以郡望(地望),在姓氏之后标明堂号,使人一看便知该姓氏起源发祥、支派族别的基本脉络。因而郡望、堂号是研究姓氏文化,查证家世渊源必备的基本常识。

"郡望"一词,是"郡"与"望"的合称。"郡"是行政区划,"望"是名门望族,"郡望"连用,表示某一地域范围内的名门大族,即州郡之望族。秦汉以后,随着家族的繁衍迁徙,各个姓氏原有的以血缘论亲疏的文化内涵逐渐被淡化,而以家族地望明贵贱的内涵成了姓氏文化最为突出的特点。姓氏古籍中常用之"郡望",指秦汉、魏晋至隋唐时期州郡显贵的家族,意思是世居某郡为当地所仰望,并以此而别于其他的同姓族人。

"郡"是春秋战国到秦汉几百年间逐渐形成的地方行政区划,是直属于君主的管辖区域。春秋时期,秦、晋、楚等国在边地设县,初意为孤悬于国土边陲的"飞地",后逐渐在内地推行。春秋末年以后,各国开始在边地设"郡",面积较县为大。战国时在郡下设县,逐渐形成县统于郡的两级行政区划制。秦统一中国后,分全国为36郡,后增加到46郡,郡下设县,成为封建社会中央集权的行政区划。汉至隋唐继承了秦代的郡县制度,但具体地域划分有所不同。到宋代,"郡"的行政区划已经作废,但"郡望"作为专指某些地域内某一名门望族的习惯用语却保留下来。后世子孙即使迁往他乡异地,往往仍以原籍或始祖发祥地的郡望作为标志。

郡望的形成是一个漫长的过程,既要有同姓族人的长期聚居,又要在这些族人中不断产生高官大吏或当世名流,才能在当地形成长久的政治、经济、文化等方面的优势,成为人们仰望的家族,造就不间断的声望。郭氏郡望的形成也不例外。比如太原,原本就是"郭"姓的发源祖地,从西周末、东周初起就不断有郭氏族人聚居于此,而秦汉、魏晋时期,太原郭氏名人辈出,如东汉儒林领袖郭林宗、大司农郭全、雁门太守郭蕴以及曹魏时期的大将军郭

古代乡村社祭图

淮等等,因此太原理所当然地成为郭氏最有名的郡望之一。东晋著名谱学家贾执撰著的《姓氏谱》在排定太原五大姓时,郭姓就是其中之一。又如颍川,也是从东周时期起就成为郭氏族人的聚居之地,郭氏在这里族大人多,尤其是两汉以来多出高官大吏,如刑法世家郭弘及其子孙,三国谋士郭嘉、郭图等,从而在当地形成许多优势,获得很高声望,自然发展成为郭氏的郡望之一。

据唐代林宝所撰《元和姓纂》所载,郭氏郡望主要有太原(阳曲)、冯翊、京兆、颍川、华阴、中山(鼓城)、馆陶(昌乐)、曲沃、河东(闻喜)、河内、广平(邯郸)、略阳、武昌、敦煌等十几个。嗣后子孙繁衍,播迁各地,又派生出西平郭氏、雁门(代郡)郭氏、洛阳郭氏等新的郡望。经过唐末五代中原战乱、士族南迁、宋室南渡和明清移民等社会变革,郭氏子孙更是枝柯遍布,落地生根,并以其族人聚集之地冠以新的地望。如:安徽亳县郭氏、肥东郭氏;江西庐陵郭氏、吉水郭氏;湖南湘阴郭氏、澧县郭氏;湖北麻岗郭氏、黄石郭氏;福建长乐郭氏、同安郭氏、泉州郭氏、惠安白奇郭氏、上杭郭氏;广东大埔大麻郭氏,以及台湾郭氏、琼崖郭氏、天津郭氏、黑水郭氏……形成一大批新的支派郡望。

郡望形成主要是在两汉、魏晋、隋唐时期,是以"门第相尚"的士族门阀制度为其历史背景和社会基础。宋元以后随着郡的建置取消和科举制度的日渐完备,士族门阀制度早已成为历史。宋元以后形成的支派郡望,只是标明姓氏家族地望的习惯称号,失去了原有郡望的真正内涵。所以郭氏族人在续谱、修谱、谒祖朝宗时,往往追溯魏晋、隋唐时的原有郡望,以此作为寻根认祖、区分派别的重要依据。

郡望之外，与姓氏文化紧密相关的另一个重要标志是"堂号"。

"堂号"，本意是厅堂、居室的名称。古代居室，前为堂，后为室。堂为日常待客、议事，或祭祀祖先的场所，室为生活起居的地方。

因古代同姓族人多聚族而居；往往数世同堂，或同一姓氏的支派、分房集中居住于某一处或相近数处庭堂、宅院之中，堂号就成为某一同姓族人的共同徽号。同姓族人为祭祀供奉共同的祖先，常在其宗祠、家庙的匾额上题写堂名，因而堂号也含有祠堂名号之含义，是表明一个家族源流世系，区分族属、支派的标记，是家庭文化中用以弘扬祖德、敦宗睦族的符号，是寻根意识与祖先崇拜的体现。

堂号不仅书写于宅院厅堂、宗祠祖庙、族谱封面，而且也题写于店铺、字号、书斋别墅、文集书画及日常生活用具上，用以区分姓氏族别，作为本族标记，具有浓厚的文化内涵和实际意义。

堂号，有广义和狭义之分。广义的堂号与姓氏的地望相关，或以其姓氏的发祥祖地，或以其声名显赫的郡望所在作为堂号，亦称"郡号"或总堂号。同一姓氏的发祥祖地和郡望不同，会有若干个郡号。如

李姓郡（望）号有：陇西、赵郡、顿丘、渤海、中山、江夏、范阳、汉中、代北、鸡田、柳城等三十余个；王氏有：太原、琅琊、京兆、元城、汲郡等三十八个；张姓有：清河、范阳、太原、京兆、南阳、中山、安定、河内等四十余个。

狭义的堂号，也称自立堂号。在同一姓氏之间，除广义的郡号之外，往往以先

汉族祭祀祖先图

世之德望、功业、科第、文学或祥瑞典故自立堂号。其形式多种多样，五花八门，不胜枚举。若按每姓一个堂号来计算的话，全国至少有数千甚至上万个，是姓氏文化中有待开发、整理、研究的资料宝库。

据族谱文献所载，郭氏族人的堂号也分为两大类，第一类是以郡望、地域所在地命名的广义堂号，即"郡号"，如太原、颍川、冯翊、华阴等；第二类为自立堂号，有"尊贤堂"、"续古堂"、"诒政堂"、"世德堂"、"敬爱堂"、"叙伦堂"、"由义堂"、"崞阳堂"、"汾阳堂"、"七凤堂"等等。其中以"尊贤堂"出现最早，以战国时燕昭王招贤纳士，筑"金台"师事郭隗为典故。以"汾阳堂"最为著称。"汾阳堂"是纪念唐代名臣、汾阳郡王郭子仪的丰功伟绩而命名的堂号。出生于陕西华县的郭子仪，因平定安史之乱、再造李唐王朝而功业盖世，声名显赫，生前绘图凌烟阁，死后陪葬皇陵。因郭氏祖籍为山西汾阳（两汉隋唐时的汾阳，是指今太原阳曲），故封汾阳郡王。他子孙众多，宗支庞大，史称有"八子七婿"，个个战功卓著，位高权重。及至李唐王朝覆亡，五代交替更迭，中原战乱，士族南迁，郭子仪的子孙后裔迁徙避难，辗转播迁，宗支衍派遍布大江南北。明清之际又

漂洋出海，徙居东南亚各地。郭氏子孙多以"汾阳"后裔为荣。特别是东南亚和海外华裔中的郭氏族人，90%以上都尊奉汾阳王为其先祖，宗祠族谱多冠以"汾阳"二字。"汾阳堂"成为郭氏族人凝聚血亲、光前裕后的旗帜和纽带。子仪公故里和汾阳遗址成为海内外郭氏宗亲寻根认祖的朝宗圣地。

3 楹联题铭 名人掌故

在郭氏宗祠、祖庙的匾额、庭柱上，一般都有由名人文士撰写、篆刻的堂号、楹联诗句。这些楹联题铭，文辞华丽，用典精当，对仗工整，朗朗上口，不仅给人以优美的艺术享受，而且极其精练地概括了本族的历史渊源和文化特色，准确、生动地记述了历代英贤俊杰的丰功伟业。既是家族文化的表征，也是家族精神风貌的升华和总结，具有很高的史料价值和文学价值。现选录几副，以供赏析。

宗祠楹联

相国家声远，
汾阳世泽长。

晋水功勋世族，
汾阳将相传芳。

晋水功勋绵祖德，
汾阳将相旧家风。

派出汾阳将相两朝济美，
堂居晋水簪缨百世传芳。

先祖汾陽王子儀公
泰國郭氏宗親總會成立三十週年敬頌

二歷總司　兩升都座
功蓋天下　而主不疑
位極人臣　而衆不嫉
四作元帥　九年中書

山西　郭裕懷　敬題

原山西省副省长、政协主席郭裕怀
为泰国郭氏宗亲总会成立三十周年敬
颂先祖汾阳王子仪公的题词

世界郭氏宗親總會

泰國郭氏宗親總會成立三十週年誌慶

郭姓祖先　系氏顯赫
生息繁衍　枝葉茂發
源遠流長　人才輩出
汾陽公生　名耀史冊
功勳蓋世　再造唐室
保國平亂　後代稱述
簪纓家聲　堂皇往迹
勉我族羣　傳承聖哲

世界郭氏宗親總會永久名譽副理事長　郭哲水　敬題

世界郭氏宗亲总会郭哲题词

谱衍汾阳念祖德之贻谋世传忠孝，
堂居晋水承天朝之宠渥罔替簪缨。

汾阳诗礼传家科甲科名未即光绳祖武，
晋水簪缨奕世尽忠尽孝已绍克裕孙谋。

谱有由基汾阳而富阳螺阳
家道悠然天道之开泰，
堂乃步构世德而世爵世禄
宗功并此臣功以流徽。

名人掌故

金台师事(郭隗),
竹马欢迎(郭伋)。

北官史表(郭槐),
东国人伦(郭泰)。

道学千古(郭忠孝),
纲目一人(郭子仪)。

功盖天下,
再造唐室(郭子仪)。

4 族规家训 规范伦理

中国历代家庭,无论是豪门望族,还是庶民百姓,都非常重视伦理道德的教育和行为规范的约束。所谓"伦",是指人与人之间的关系,"理"是道德和准则。"伦理"就是处理人们相互之间关系应遵守的总则。中国家庭伦理道德范畴十分广泛,有忠孝、仁义、诚笃、守信、亲亲、尊长、贞节、义行、睦邻、互助等若干内容,但最根本的核心是"孝悌"二字。中国有句古话:

"万恶淫为首,百善孝当先。"亘古至今,人们一直认为"孝悌"是为人之本。在家庭关系中,父母子女之间的亲亲关系最为重要,兄弟之间的和睦友好则是家族团结兴旺的基础。因而各个家族都十分强调"父慈子孝,兄友弟悌"的人际关系和家庭氛围。对于孝子、贤孙,人口众多的家庭,历代都予以褒奖。如《二十四孝》中的"郭巨埋儿"就是其中之一。这种愚孝在今天看来实在令人难以理解,但在封建社会中却被奉为典范,大肆渲染。对于不肖子孙,都按家法族规予以严厉的惩处,或送官府究治,甚至开除族籍。而忤逆公婆的媳妇,也会按"七出"条例,一纸休书送回娘家,使

郭巨为母埋儿图

其娘家蒙受最大耻辱。为了对族人进行有效的管理约束，协调家族、家庭成员中的利害关系，明确其长幼尊卑的等级序列，规范其伦理道德，解决家庭中的矛盾冲突，培养教育子孙后代，保证本家族的长盛不衰，各个家族都制定了本族的族规、公约、家训、家戒。

族规、家训作为宗法制度的产物，在封建社会前期就已出现。例如东汉马援的《戒兄子严·敦书》，讲的就是子侄等晚辈如何读书做人的道理，就其内容而言，可以说是封建家训的雏形。而北齐时颜之推的《颜氏家训》，则已经是比较完整意义上的家训了。在宋以后的封建社会后期，在近代家族制度形成和发展的过程中，家训族规迅速多了起来，每个家族必有一部乃至数部族规家训，大部分被编辑在族谱家乘之中，或镌刻在祠堂之内。其内容一般都有所谓重纲常、祭祖先、孝父母、友兄弟、敬长上、亲师友、训子弟、睦邻里、慎婚姻、严治家、尚勤俭、力本业、戒奢侈、完国赋、息争议等条目，是家庭、家族中父祖长辈教育族人、子孙如何修身、齐家、读书、居官、为人处世的劝诫训勉之辞，也是规范家人族众的思想言行及伦理道德的基本原则和注意事项。绝大多数族规家训都

体现了"合乎礼教，规范伦理"，"注重教化，明刑弼教"，"符合国法，修身齐家"等基本原则，既有宣扬纲常名教、维护封建宗法的因素，也蕴含有中华民族的许多传统美德，同时也体现了不同姓氏、家族的精神风貌和文化特色。

如安徽亳县郭氏所制定的《家训勤勉八则》，明确提出了"孝父母"、"笃友恭"、"亲宗族"、"训子孙"、"慎婚姻"、"严承嗣"、"勤职业"、"敦节俭"等修身、齐家的基本原则和治家规范，体现了封建社会末期一个寻常百姓家庭严谨治家、敦宗睦族、勤勉自励、安分守己的文化心态。这也是一般家庭教育的基本模式。

湘西的《武陵郭氏公定规约》，其涉及内容较为丰富，管理监督程序较为严密，伦理规范和处罚条例更为详明。这一"公定规约"共计八章一百余款，主要内容为"饬纪纲"、"严罚则"、"慎公产"、"隆祭吊"、"保孤嫠"、"弭纷争"、"重教育"、"崇谱牒"，是约束管理同姓若干宗支门派的大型公约和族规条例。该"公定规约""以维持善良风俗，改善旧习，补足政府法令所不及为宗旨"，并在与政府法令相抵触时及时修改，显示了家法族规具有补充国法的作用和功能，以及与国法政令大体接

施行族法——杖刑图

轨的特性,是体现族权与政权相互作用的典型例证。它明确规定:除设立族、房两级理事会外,该族还成立监事会,并组织评议会来裁断族内各种纠纷,质询有关全族公共事业的运行情况。该族采用的若干惩罚办法,如罚处公役、送充兵役、押游一境等,都很有时代特色。

而泰国郭氏宗亲总会制定的《郭氏祖训》,则以"尊祖"、"敬宗"、"事亲"、"睦族"为主要内容,在体现"仁孝"为本的中华传统文化的同时,侧重强调了"尊祖、敬宗"的内容,体现了海外游子寻根谒祖、报本思源的赤子情怀。

附录　族规家训三则:

安徽亳县郭氏家训

（清）　冯煦撰

家训勤勉八则

一孝父母　人非甚不肖,未不显然不孝父母者,然或阳修承顺之文,中鲜爱敬之实,此愈于不孝有几。吾所谓孝,内尽其诚,外谒其力,父母在,则委曲养志,父母殁,则哀慕终身。既以自责,兼以望族人尔。

一笃友恭　父母者,身之本也。兄弟者,同气连枝人也。兄弟讲友恭,则一家和。一家和,则父母顺。和顺之气满庭帏,家道有不日昌者乎。《棠棣》之篇备言之矣。凡我族人允宜三复。

一亲宗族　九曲之水,发于昆仑,千寻之木,始于拱把。故本支百世,分有亲疏,谊原一体。凡我子孙,休戚相关。不但萃处一方者,岁时婚娶丧葬诸事,礼数宜周,即远在他府者有便亦必时通音问。至于张公艺之九世同居,范文正公之广置义田,又在族人自勉之耳。

一训子孙　父兄之教不先,子弟之卒不谨,从来匪类多属失教之人。幸生旧族,产下子孙,无论为士为商,五六岁后即须使之读书,讲明立身大节,将来始不至玷辱祖宗。不然一时姑息,贻患无穷,可不戒哉,可不戒哉。

一慎婚姻　男女匹配,人道伊始。凡我族中为男择妇,为女择婿,务期良善人家,父母素有教训者,方与之结姻。切不可误信匪人,致贻羞辱,亦不得妄攀豪贵,反受欺凌。

一严承嗣　礼云:不孝有三,无后为大,明嗣续之,重也。不幸无嗣即当继嗣。但继嗣之法,亦应知亲疏,序分必亲。亲分不愿承继,方许另立疏房之贤者。切勿苟且于一时,致贻争论于日后。

一勤职业　国有四民,各专一业,业之不勤,与无业等。凡我子孙,务宜随分尽力,黾勉厥事,慎勿嬉游浪荡,流为匪民。至于失身胥役,发肤不保,辱族玷宗,尤宜永禁。

一敦节俭　创者多俭德,守者多奢华。祖宗苦俭约,不知几经积累,家道始克。裕及子孙,承其基业,任意耗费,曾不旋踵。货财立尽,虽曰家运,岂非人事使然。吾见此等人,既深恨之亦甚怜之,更愿与族人共戒之。

武陵郭氏公定规约

武陵郭氏,系于明代初期从江西吉水迁至湘西。该族“半读半耕”,一直没有出过显赫的人物。族中原有的谱牒散失于太平军之役。1937年,该族重修族谱,又因抗日战争爆发,故而未能完成。这一“公定规约”于1947年续修族谱时经合族户主大会讨论通过。

第一章　饬纪纲

一　本规约按照地方习惯，征诸多数人之意见，召集合族户主大会，讨论通过制定之。

一　本约以维持善良风俗，改善旧习，补足政府法令所不及为宗旨。

一　本族设理事会，办理关于伦常、祠产、祭吊及约载之一切事项，有随时议处并代表对外参加一切公共组织，与署名、诉愿、送惩之权，理事会定额七名，其人选以品行端正、学识优长者为合格，但素无不正当行为之人亦为合格。

一　理事之产生由全族户主大会一票联选，得票多数者为当选。再就当选理事中票选一人，为理事长。理事会以每年清明、中元、冬至节前五日为例会期。如有事故发生，经宗人请求，得理事长之许可或理事二人以上之同意，得随时召开临时会议。

一　理事会开会，由理事长先期召集，应签订监事二人出席。

一　本族设监事会，办理补助理事会推行本约之一切事项。有考察理事会之办事及核算公用账目、随时提出质问及弹劾不良分子之权。

一　监事会暂定额三人，其人选以熟悉计算、明达事理者为合格，但素无不正当行为之人亦为合格。

一　监事之产生由户主大会一票联选。再就当选监事中票选一人为主席。监事会以每年清明、中元、冬至节后五日为例会期。如有事故认为须开会提出质问时，得随时召开临时会议。

一　监事会开会由主席先期召集，并应通知理事长出席。

一　理事、监事之任期定为三年。理事、监事之人数因时事之需要，得建议增减。

一　理事如有放弃职责及发现自行违反公约时，得由监事会之动议，召集户主大会，议决改选或予以警告。如属单独行为，则提出罢免，另推一人递补。监事会发现类似上项行为时，由理事长援例办理之。

一　每房设房理会，办理一房范围内之一切事项，以五人或三人成立之。其产生、职权、任期，皆准用族理事会之各条。

第二章 严罚则

一 本约为补足政府法令所不及，特规定罚则如左。

关于伦纪之紊乱部分：

甲 子对亲生父母有语言忤逆，使其父母不能容忍而投诉到族者，责其子跪求宽宥，誓不再犯。

乙 因语言过激，其父母将欲杖之，其子抗拒不逃而反肆口谩骂者，处体刑五十。

丙 抗拒其父母而演成对斗之形势者，处体刑一百。

丁 对嫡母、继母而演上项行为，处减一等。对伯叔及庶母减二等。

戊 媳对翁姑之泼形，发现与乙项、丙项相类似，处荆刑五十。其夫闻知而不立加制止者，并罪其夫。发现与甲项、丁项相类似，责令跪求宽宥，誓不再犯。

己 弟对兄因口角相争演成对斗，致其兄鳞伤血浃者，处依丙项减三等。

前项对斗，如其起因，兄实有占强阿私之陷匿，处其兄工役五日，责令跪叩龛前，誓不再犯。

庚 夫对妻因口角相争而演成凶斗，其妻鳞伤血浃而奔诉到族，处其夫工役十日，责令跪叩龛前，誓不再犯。

前项行为之起因，如其妻实有使泼逞凶令人难忍之状态，但责其夫跪叩誓戒，免处工役。

辛 妻对夫应守贞顺而从之常道。如有不守妇道，动辄使泼谩骂以凌其夫，使其夫不能忍受而奔诉到族者，处荆刑二十。

前项使泼之行为，如持有伤人武器，无论其夫受伤与否，均援戊项处办。

壬 卑对尊因什物之争执而演成斗殴，其尊属有伤可验，五服以内之卑属处体刑二十，五服以外者处工役十日，并应跪叩龛前，誓不再犯。

上列各项被处之人，如有再犯处，较初次加百分之五十。

又因血统关系，且其尊属原有杖之之心，故沿用体刑，然亦蒲鞭，以示辱而已。

本约定为五等折算，如处一百，减一等，即为八十。工役由理事会用为蒲茸祠基，整理附近道路。力不胜任时，得缴代役金。

关于风化之败坏部分：

一 子弟因人格堕落而发现窃人财物之罪行，或伙人窃盗，甚之藏匿窃犯于私室，经查询认实者，处体刑一百或送官究惩。

上项恶行之发现，如系经人捉获或窃犯口供，其家属应自动呈请严惩。

一 子弟因不勤事业而发现赌博财物，与类似赌博之恶行，或聚会赌徒于室，以图牟利，经查询认实者，处工役二十日，并押游一境示戒。

上项恶行之发现，如系机关拿获或被人指控时，其家属应自动呈请究办。

一 子弟因不谨行检而发现姘识他人妇女，或诱藏他人妇女于暗地，如经对方家属拿获或指名控诉时，我方家属应自动呈请究惩。

前三送惩与呈诉之文件，理事长均应署名。

一 子弟有不务正业、恒日游荡惯行、参入赌场歹类、玩视伦纪、专作一切违反政令之行为者，理事会应提出警告制止。制止不遵，得由理事长传唤宗祠。宣示其行为后，处一月以上之工役或径送充兵役。

第三章　慎公产

一 公产系指动产、不动产而言，其管理方法分公管、分管两种。

甲　关于不动产租课额之增减。

乙　关于动产息率额之增减。

丙　关于变更动产而成为不动产之可否与价格。

丁　关于祭吊之日期与范围。

戊　关于修葺祠宇、续修谱牒之时期与范围。

己　关于佃赁公产人之进退。

庚　关于临时发生必须动支公款事项之可否数目。

以上属公管，应由理事三人以上之建议，交会通过，并送监事会考核决定之。

子　关于租课收管之一切事项。

丑　关于动产经手、存放之一切事项。

寅　关于清明扫墓与冬至祠会用品之购备。

卯　关于补葺祠宇物质之购备。

辰　关于临时发生公款支出之账目。

以上属分管，由理事会择定人选指派之。其人数多寡，视事项之繁简而定，但不得每房指派一人形成，名为公有，实已照股分配，此为败坏公款之起因。决定人数时须慎之。

一　分管动产人须于每年冬至节，将经管金额本息收齐，随同账目交给理事会转交监事会，查算无讹后，再续行领管。

一　购备用品、物质，经手人之账目，须于事竣时将账交理事会核算后，并送监事会审计核销。

上项账目之经手人，如查出确有讹混、浮报、浪支等情弊，监事会得提出弹劾，交由理事会责命赔偿。如系蓄意舞弊，除斥退不准再管外，并处以罚金。其罚金数，依犯情之轻重酌定之。

第四章　隆祭吊

祭与吊，是人子不忘其祖、一腔孝忱之表现。尝见大宗望族，其丁口并未式微，演成宗祠如破庙，祖墓同荒阜，其起因由于二三怠惰分子所导坏，是最堪痛恨之事。特为垂戒于左。

一　清明扫墓与冬至祠祭，应每户一人，不得无故不到，尤不得以小孩备数。犯者，罚工役一日。

一　扫墓便带清理山界，是应办之

事。然只查明对方所蓄意，不得倚势人众，轻起事端。

上项清理界限时，如见有被人侵占与损坏墓山所有物，应归报理事长，开会讨论对付方法。然亦只图获到相当条件而即止。

一　祠祭应衣冠整洁，必敬必恭，不得轻佻浮哗，了无敬容。犯者，罚工役一日。

一　参加祠祭之人，对于公共事业如有意见贡献，或认为不当而提出质问，须婉言陈述，不得恶言相加，演成相争互骂之状态。犯者，罚工役五日。

上项陈叙之意见如系中要，理事长当予以接收，提交大会讨论处理之。

一　祭品食物之丰啬，概由理事会指定范围，入祭人不得妄加讽刺。如有因食物不丰而竟问罪于购备人时，该房理事长应予制止。制止不遵，如在宴前则斥退，不准入座。否则，罚工役六日。

一　宴后临散，如因酗酒而肆口谩骂，是大不敬之状。处以三次不准入宴，并条布事由示警。

以上被罚戒之犯，再犯时处加二等，三犯时处加四等。

第五章　保孤嫠

孤儿寡妇，乃单弱无力之人。凡属族邻，皆负有提携扶植之义务。兹恐递传以后亲疏易地，不免途人视之。特规定保护方式于左。

一　孤儿寡妇如生活上现有万难之险象时，该房理事长应采营救近亲之方式，量力资助，或代为通挪。然此亦指短期接济而言，非谓长期供应也。如有过吝而竟丝毫不与，或房理事长力有不逮，得由族理事长提议，以大会名义贷用转给之。

一　孤儿寡妇如行为上现有不正当之恶状时，该房理事长应采管制辖属之方式，予以剀切之开导，或提出警告，以期悟改。然此亦指性情习染而言（如怠惰骄奢之类）。如确有违背本约，触干法纪之事实，应报由族理事会按轻重议处。

一　孤儿寡妇如其遗产尚丰、不免被他人侵蚀时，该房理事长应自动报明族理事长，会同该家亲友，组一监督遗产亲属会，推人管理出纳，按年清算一次。其组织、人数、权限、义务，别制简章定之。

一　前条遗产如系遗孤所有，其监督会之组织更为重要，应制定简章，呈报行政官署核准施行。

第六章　弭纷争

本约为弭息一姓内部之争端，图谋减轻双方之损失起见，特规定办法于左。

评议程序

一　本办法称当事人为申请人、被申请人。

一　凡族内遇有一切争执，该当事人应于衅起一日内，以口头详述事实报明族理事长。如认为必要解决时，预签订洞达事理、负有族望之理事三人至五人为评议人，关系人为当然人。上项评议人，族、房理事及监事均得被签。

一　前项评议签订后，由族理事长确定日时，说明事由，先期通告之。评议人不得无故不到。

一　评议会以族理事长为评议长，如族理事长遇有应回避时，临时公推一人为本一案之评议长。

一　祠内设评议席（以长形方桌为宜），评议长首座，各评议人分坐两旁，申请人、被申请人分东西坐于距议席五尺之下，关系人坐于距议席五尺之两旁。初由理事长指唤申请人陈述事实，述毕再唤被申请人陈述事实。双方陈述以简而明为宜。

一　评议人如听清双方陈述后,开始讨论。讨论详明,随即提出主张,以备决定。

一　前项主张之意见,以取得各评议人在三分之二以上之同意为决定。如同时有两主张时,则应征求其他评议人,以得赞同多者为决定。申请人、被申请人除备评议之咨询外,对于讨论事实不得参言。如提出主张时,尤不得出首强争。但事实如有遗漏,得起立声明再补叙之。

一　关系人除备评议咨询外,对于赞同主张,无参加权。

一　决定主张后,由评议长对双方宣示理由,分别执行。

一　所有本日食用各费,或责成一方面负担,或指定双方分担,概由评议人连同决定人评议要旨。

一　纷争系包民事、刑事而言,评议人直以推事、检事之大权操于一手,应如何加意考虑、讨论、綦详,以期达到无枉无纵之正的。

一　评议人负有教、戒、罚之全权,应以勤劳、明察、慈惠之本,能阐扬行政司法之主旨,无党、无偏、互励、互戒,以期将事

了楚。

一　评议人应立于双方公共立场,平情静气,明咨暗忖,不使事实有丝毫不明。设地处身,反复审察,以询出远因而将其症结剔除,以取得双方信仰、咸服之结果。

第七章　重教育

一　教育原分三个阶段:第一段是家庭教育,第二段是学校教育,第三段是社会教育。尝见有家长对于幼孩之行动漠不关心,迨其习染已深,纵踏上第二段学校,教师亦无法灌以技能。此其咎不在教师而在家长,族、房理事长应随时检举而加以警告。

一　幼孩自七岁达十二岁为学龄时期,此时唯一义务即是求学。国民小学遍立,专为便利此种儿童。尝见有一班家长,几乎不知有此,族、房理事长应随时予以警告。

一　政府为求义务教育之普及,施行强迫,曾颁明令罪其家长。今后如有无因而容留小孩在家厮混,自将学龄糊涂度过,岂不可恨。族理事长应援引政府罚例,实行罚处。

一　我国实业落后,进步较迟,由于

全国文盲太多。今后如有藉口牧牛、砍柴需人，年复一年使小儿学龄虚度，是不但贻误其子一生，抑且影响国家进步。族理事长应援引政府罚例，处加一等。

一　本约为爱惜幼孩学龄起见，规定理事会每年清明例会，应调阅本保户口册，检举本宗失学儿童计有若干，以便分别警告。

一　私塾为旧时代之文化，于现时代不切用。且其规程深于教育有妨。如有住近学校而偏遣子入塾，族理事长仍应援例议处。

一　家庭环境无论顺逆如何，高小是人生必要之学籍。现各乡中心高小相继成立，所费亦非过钜，安得以无力谢之。族理事长得按其环境议处。

一　祠产之蓄积，如力能创办族学，更为美满。否则亦应提出一部分设立半日夜课学校，使失学之少壮子女，得有识字之门径。是亦急要事件，也愿我宗人共勉之。

第八章　崇谱牒

一　谱原限三十年后为续修期间（我族创修于民国二十六年）。谱牒将竣时因国乱当头，政府为巩固国防，勘定檀树坪为战时飞机场。吾族基产、坟茔正置其中。无奈政府命令，只得房屋迁居。忙碌忧虑，谱牒停止，延至迄今。叨世界清平，我宗人等发起续修。兹以后，就遵守三十年续修一次为常例。

一　族谱是我族一脉，自始祖而下，继继承承之总记载。品其庄严尊重，自应殊于他种书籍。承领人须于每年六月曝晒一次，以免虫蛀。

一　谱内人所必看之各种（如公定规约、字派、茔山图等），均已刊发副本随发，俾便浏览，以免多次翻谱，发生左列之各项：

暗自涂改者罚。

欠缺不完者罚。

油污墨染者罚。

茶水浸漫者罚。

壳页发现撕扯破痕者罚。

其他不如前完整之各状者罚。

一　上列各项，承领人须慎防。倘不幸发生，应迅赴族理事长报明。如有相胥隐讳而经察觉，处罚加一等。

一　长生谱之设，原冀各支今后人丁之生殁，便于随时记载，免后此续修稽考之难。兹规定各房理事长为编记人，每年清明节为编记期。

一 谱仿欧式,横列五栏,由编记人按派、辈、尊、卑分栏填载(载法:某名,某之子,号某某,生于某年某月某日某时。某之配,生于某年某月某日某时。以上生者,某名。某之父,某之母,没于某年某月某日某时,葬某地、某山向。官职、学籍、投军、外游、新迁等均填载)。各支填载历五年后,由族理事长指定日期,调集到祠,查览一周。如有讹错遗漏,责令补改,准期以行。后此续修,必无生没年月日时未详之遗憾也。愿族、房理事长注意之。

附 则

一 本规约如有与政府法令抵触时,由后任理事长提议,议决修改之。

一 规约如有不适合国情或条文认为须增减时,得由理事会五人以上之建议,召集户主大会,经过半数人到会,三分之二以上之表决修改之。

《武陵郭氏续修族谱》,1947 年本。

家风·祖训

(录自《泰国郭氏宗亲总会成立三十周年纪念特刊》)

圣 谕

敦孝弟以重人伦　笃宗族以昭雍睦
和乡党以息争讼　重农桑以足衣食
尚节俭以惜财用　隆学校以端士习
处异端以崇正学　讲法律以警愚顽

——引自湘阴汾阳堂《郭氏族谱》

祖 训

尊 祖

物本乎天,人本乎祖。
木培其根,枝叶盛茂。
水养其源,河海纳吐。
比人禽兽,谁不震怒。
惟豺与獭,生知报哺。
亦有狐狸,死首邱顾。
何以为人,不念尔祖。
时祀匪懈,受天之祐。

敬 宗

惟祖有功,惟宗有德。
亦有积德,以衍今日。
宗之有祖,惟尔之食。
宗之有类,惟尔之锡。

贻孙其谋,子以燕翼。

敷时绎思,寝成斯变。

雨露时隆,悽惨怵惕。

人不敬宗,是谓伐德。

事　亲

父兮生我,母兮鞠我。

不离于里,不属于毛。

饥寒衣哺,疾痛抑搔。

子路负米,虽贫亦多。

温裯一绝,痛恨如何。

亦有慈鸟,守林夜号。

报德罔极,棘入伊蒿。

哀我人斯,三复蓼莪。

睦　族

惟吾氏族,人百其身。

惟吾氏族,其初一人。

一木而分,一气而陈。

陈陈相因,是以百身。

身有其心,亦一其心。

大小相恤,礼义相成。

患难相扶,疾病相临。

尔族既睦,受天之庆。

格　言

饮水思渐,缅怀祖先。

追踪寻根,祖先渊源。

探讨源流,宏扬祖德。

承先启后,世泽长流。

　　　　——引自《环球郭氏宗谱》

家有黄金用斗量,不如养儿送学堂;

黄金有价书无价,书比黄金分外强。

一片青山景色幽,前人田地后人收;

后人收得休欢喜,还有后人在后头。

　　　　——引自《吕居堡郭姓家谱》

绿树千条需知有本,

清泉万道要想其源。

德由宽处积,福从创中求。

为人当于世人益,凡事求其心所安。

处世无奇唯忠唯恕,

治家有道克勤克俭。

　　　　——引自《花寨村郭姓家谱》

5　字辈排行　尊卑有序

辈分是指同一血缘关系中的世代,即

标明家庭成员在同一血缘链条中所处的位置。字辈名是指姓名中用以表示辈分的字。姓名中嵌入一套排列有序的辈分字，就可清楚地表明血缘关系生生不息、循序渐进的传承关系。它是以血缘关系为基础的宗法制度及其观念的产物，也往往成为寻根认祖或联宗续谱的凭借。

先秦时代，由于以嫡长子继承为核心的庶嫡有别的宗法制度十分严格，而"因生赐姓、胙土命氏"的姓氏制度尚在发展之中，常会有一些新的姓氏或宗支产生，因而在起名用字时，只重排行，不重辈分。所谓排行字即表示兄弟长幼的顺序，主要是孟（伯）、仲、叔、季，相当于我们今天的老大、老二、老三、老四，如郭姓始祖中之虢仲、虢叔、虢季，就表示其兄弟大小的排行顺序。

辈分字的命名制度，萌芽于汉末，形成于南北朝时期，唐、宋时已日趋完善。此时的辈分字不再是由父辈为儿辈临时确定，而是由家族统一为后来的世世代代的子孙规定好的辈分序列。当新的一代子孙诞生后，就按规定好的辈分字对号入座。我国使用辈分字历史最为久远，并且从未中断的，是创立和传承儒家学派的孔、孟两大姓氏。

郭姓的字辈排行，在隋唐之际已广泛运用。如郭子仪兄弟共计十一人，每人名讳中均嵌入一个"子"字。郭子仪的八个儿子，每人名字中都带有日字偏旁，其孙辈名字中则带有金字偏旁。嗣后，由于宗支衍派的大规模播迁，家谱的中断、阙失，迁居各地的宗支失去联络，形成以始迁祖为血缘纽带，聚居地域为网络的字辈排行，俗称字辈谱。现择其具有代表性的宗支字辈附录示下：

福建南安蓬岛新厝及屏山派

字行（由一世至五十五世）

德祖梓宜郎	应良显用仁
克予夏尔叔	元世人卿相
治朝重正方	令公家谱远
颖守系声长	孝悌伦滋笃
诗书业益张	福来基泽厚
贻燕万年光	

福建惠安白奇仲远公派系

仲仁谏怀	闻甫百里
瑞天定朝	清廉启国
家修廷献	文明行为

必有克成　用垂式壳
裕尔子孙　以介景福

台湾鹿港通观公派

（由一世至二十八世）

祖汾阳忠烈承恒
原泉晋侯冠垂昌
家尚光厚益昭章
宜宗修恭伦庭训

广东澄海县城内郭厝字派辈序

族谱辈序

修慎佳德　懿训永锡
受天之宠　奕千万亿
祖武维绳　诗书科第
其祥长发　忠孝仁义

广东揭西棉湖乡大楼向来祖派

起易朝进恭宽信
敏惠常尃良辉光（原订）
桐华传世芳庆绵
紫盛谋昭映奕长（续订）

广东大埔大麻天锡公派竹林公房

（由十二世至三十七世）
台湾台中石岗凤仪公派同

国士尚玉　若时朝升
巨庆奇遇　奕世如初
贤昆济美　德业载光
贻谋丕显　衍绪永昌

（民国十九年续订）

广东大埔天佑公派

皇恩照锡　经纶大通
尚国诰命　金章传封
奕廷宣裕　乃启承宗
鸿集荣华　继统嗣功
中书世守　汉道学充
燕贻繁盛　庆积昌隆

江西泰和派

巨嵩霸仙整　二尧仅美积
正相以永廷　嘉元会孔承
懋有良时荣　万千隆昭庆
宏文继忠武　泰和修德仁

江西卢陵麻岗广国公派

同人大有　履谦中孚
克绍无图　文蔚道载
乃曰鸿儒

湖南澧县支派

世德光前业　家兴裕祚昌
经学招启佑　开国华文章
道登崇本定　宏仕遇明良
有志培行泽　绍继永联芳

湖南益阳派

光彩焕文章　风昭宗林蔼
宏宣启宇祥　士者国之宝
鱼为席上珍

湖北麻城派

名臣学士　功在朝廷
亲仁世泽　有道家声
大德恒存　光宗耀祖
继惠长兴

河南博爱派

立孝献瑞　爱国新民
修信定邦　希和显贵
正义浩然　万世兴存

河南信阳派

修纪开子良　大木启元祥
同心永继祖　传家万世长

浙江宁海长洋派

得伯孟仲季　安万与光兴
如述宏承永　学正大朝廷
忠孝传家法　诗书启后人
贤豪开国运　顺性重天伦

江苏宿迁归仁派

锡汝嘉猷　以承严训
世守祖光　周昭丕基

事成期有志　绳武振家邦

贵州清镇凤巢乡派

江苏沛县派

树基於山石　宜思源报本

四川华阳县派

维宏安廷左　世秉尚士光
朝中孙子百　肇辅振家邦

人文凤朝廷　荣宗永耀祖
德配恩光厚　金玉祚华堂

（清代乾隆年间启用统一字辈）
诗书贻远泽　仁义绍真修
锡祚基伟烈　嘉谟秩大猷

四川云阳派

正宗惟言在　存厚启嗣云
可继如三易　应试上祖廷
理学声名远　儒风化泽长

（民国初年续订二十字）
敦笃居道佑　思志图全球
教育遂国应　学崇远启由

二　报本思源　传承文明

"慎终追远，报本思源"，是郭氏族人的传统美德，也是郭氏家族文化的一大特色。在长达两千多年的历史长河中，郭氏子孙无论是达官显贵，或是庶民百姓，无论是土生土长，或是漂泊异域，他们时刻牢记着共同的血缘根本，用各种方式表达着自己的赤子之心。

早在春秋时期，郭氏族人就遵照平王封序阳曲"转虢为郭"的旨意，借用"虢"字的谐音"郭"字，作为自己的姓氏，以寄托对故国的眷恋和哀思。经过两千多年的繁衍生息，郭氏族人已发展成遍布神州、扬名海外的一大族姓。令人感佩的是，经过三千多年的沧桑巨变，当今仍然保留着"阳曲"（山西太原阳曲县）、"虢镇"（今属陕西宝鸡市）、"虢亭"（今属河南荥阳市）、"虢城"（今属山西汾阳市）的故名、旧址。而以郭氏族人命名的"郭家庄"、"郭家堡"、"郭庄"、"郭村"更是难以胜数。

郭氏族人之所以具有这种无比顽强的生命力和异乎寻常的凝聚力，除社会发展的历史背景和客观因素之外，还缘于其在繁衍播迁的历史进程中，逐渐形成的一套较为严密的宗族机构和管理制度，从而构成了以血缘传承为纽带，聚处地域为网络，交叉覆盖的宗族体系和社会环境，为郭氏族人的繁衍生息提供了适宜的条件。

在中国古代宗法社会里，修宗谱、建宗祠、置族田、立祖茔是族人的四件大事，具有慎终追远、报本思源、敦宗睦族、凝聚血亲、光前裕后、传承文明的教化功能，也是寻根问祖、通籍联宗的重要凭据。

郭氏根祖地阳曲龙头柏

1 族谱家乘 凝聚亲情

族谱,也叫家谱、宗谱、家乘,是中国古代宗法社会中著录家世渊源、传承世系、宗族事迹及名人传记的典章文献,即宗族或家族的史书。

由于文献阙失,现在已很难确认最早的郭氏家谱产生于何时、何地,是哪个家庭。张澍《姓氏寻源》中提及的"汉郭辅碑",和宋代欧阳修《新唐书·宰相世系表》中的郭姓世系,可视为较早的郭氏族谱的雏形。宋、元、明、清以至于民国、当代,郭氏族人纂修的族谱,数不胜数。虽历经浩劫,但散处于民间和收存于各相关部门的

郭氏族谱木函

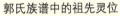

郭氏族谱中的祖先灵位

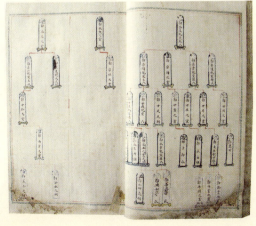

族谱,仍数以百计。仅据现已出版的《中国家谱总目》、《上海图书馆馆藏家谱提要》、《台湾区族谱目录》、《中国家谱目录》(山西省社科院编著)4种专著统计,现存世的郭氏家谱即达353种,大量散存于民间的郭氏族谱尚不在内。郭氏族人对家谱的撰修和保存的重视程度于此可见一斑。

家谱的纂修是宗族的大事,不仅要有严密的组织机构,严格的工作程序,严谨的谱书体例,还要有一定的人力、财力为基础。

首先,要组建以族长为首的家谱编委

会,俗称"开设谱局",由主修(一般由族长担任)、倡修、编修、监修、协修、校阅等组成,其人数多少主要看宗族大小、门派多少而定。

其次,筹措修谱经费。一般由族田、族产的收入来支付,以及族中有钱人捐助。此外每个入谱的男丁都须交纳一份谱银。

再次,要调查登记。将拟定的谱例分发各处房支、门派,要求族众主动提供相关的资料(丁口册等)。尤其是族众散居于众多州县的高门大族,各房支要责成专人限期登录,收集相关资料。

最后,谱书修成后,要举行隆重的祭谱、拜谱仪式,族众齐集祠堂,祭告祖先。先将谱本一套(或数套)存放祠堂,然后由族长按房、支发谱,每房、支一套,并编列序号、登录在案。每年元旦、清明,或春、秋两季祭祖时,要求藏谱之家携带谱本,入祠堂查验,谓之"会谱"。如保存不善,或有遗失篡改,将会受到严厉的惩罚。

在门第等级观念盛行的宗法社会里,族谱是血缘传承世系的重要凭借,是贯彻嫡长子为核心的宗法制度的依据,也是科举入仕、通婚联姻的档案,社交场合的"名片"。因此,名门望族都强调秘藏族谱,严禁示人,以免同姓、异宗攀附、冒认。即便是庶民百姓,也将族谱视为家族的根本,是祖传圣物,除非有朝宗祭祖、婚丧大事,决不轻易出示,以免丢失、损毁。一些原来贫贱之家的宗族,在暴发后,往往要攀附名门,冒认祖先,以显示其高贵血统、祖宗余荫。如后唐重臣郭崇韬,本为雁门之族,却追认汾阳王郭子仪为远祖,在率兵西征、路过河中时,祭拜汾阳王墓冢,成为后世笑柄。

阳曲四门郭氏族谱谱序

2　宗祠祖庙　血缘圣殿

宗祠,也称祠堂、家庙,是宗族祭祀祖先的地方,被称为血缘崇拜的圣殿。人类对祖先的崇拜由来已久,早在氏族社会已经盛行。在殷墟遗址中，就发现有为祭祀墓主而建造的享堂。到周代，由于宗法制度的确立，庙制逐步完备，对于不同身份、不同阶层的宗庙、祠堂的建筑规模和祭祀程式都有不同的要求。然而，真正意义上的民间祠堂，到西汉时才开始出现。魏晋至隋唐由于官方的禁令曾一度中断。宋元之后，又开始出现了家庭祭祀的家庙和宗族群祀的宗祠。

郭氏族人对创立宗祠及祭祀祖先，历来都十分重视。由于郭氏源于周初的虢国，作为天潢贵胄、位高权重的王室卿士，又是王畿之内的诸侯大国，因此在受封之后的虢国都邑，定会有自己的宗祠、祖庙。虽然由于史料文献不足，难以对当年虢国的宗祠家庙作出具体的描述，但从三门峡虢国墓地出土的大量精美的青铜礼器、酒器来推断，虢国当年宗祠的规模及豪华程度，仅次于周天子的王侯级别，即为"诸侯五庙"的规制模式。

及至春秋时期晋献公灭掉虢国后，虢氏族人沦为亡国之民，虢氏的宗庙社稷被迁徙、毁弃。然而，在一些虢氏后裔聚居的地方，仍建有祭祀祖先的宗祠、家庙。据明代成化本《山西通志》所载，当东虢的一支后裔被迫迁至晋北的崞县一带，在重建家

祖先神龛

园、修筑崞县城时，又假借神人相助筑城的故事，建起了具有纪念意义的"崞阳堂"，以寄托对祖先的追慕和崇拜之情。

"崞阳堂"是见之于文献记载的最早的郭氏祠堂，依据其历史背景和郭氏迁居崞城（崞县）的历史文献来推断，它的出现距今已有二千多年历史。在 2000 年出土于汾阳大向善村的《唐故上大都督上骑都尉郭府君之碑碣并序》中，也有"自姜嫄履迹，乃诞隆周，王季君临，爰生虢叔，褒称郭氏，命翼宗周，表望太原，建社阳曲"的

记载。"建社阳曲",即郭氏宗祠社庙建于阳曲,其时在"褒称郭氏",即"由虢转郭"的春秋时期,与郭氏被迫迁居崞县的时间大体相符。

另据 1961 年全国文物普查发现,目前国内现存最早、保存最好的一座祠堂建筑,是山东长青县孝里铺孝堂山郭孝子祠,是华夏第一民间祠堂。

孝堂山原名巫山,山高仅三十余米,既无奇松怪石,也无流泉飞瀑,但因华夏第一名祠郭孝子祠而闻名于世。

石祠建于何时,因何而建,历史上说

山东长青孝堂山郭氏汉代石祠

法不一,最为流行、也最有影响力的说法是,石祠为晋代大孝子郭巨而建。祠后古墓即郭巨之墓。据《古今图书·明伦汇编·氏族典》转引《尚友录》所载:郭巨为晋代隆虑人,"家贫,养母尽孝,每供馔,母必分与孙。巨谓妻曰:'儿分母馔,贫不能供。子可再有,母不可再得。'欲埋其子。掘地三尺,得黄金一釜,上有丹书曰:'天赐郭巨,官不得夺,人不得取。'"从此,郭巨便成了天下闻名的孝子。巫山也因此而更名为孝堂山。

对于这一说法,历代学者多持怀疑态度,墓中之人是什么人也难论断,但此座石祠建于汉代,属于郭氏,则确定无疑。从孝堂山石祠历代石刻来看,目前保存刻制时间最早的题记是在东汉。其一是"平原隰阴邵善君以永建四年二十日来过此堂,叩头谢神明";其二是"泰山高令明永康元年十月廿一日,故来观记之"。永建是汉顺帝刘保的年号,永建四年是 129 年;永康是汉桓帝刘志的年号, 永康元年是 167 年。可见早在东汉时,这座石祠已久享盛名,比晋代郭巨早一百多年。

孝堂山石祠,坐北朝南,平面为长方形,单檐悬山顶,墙壁、梁柱、屋脊、屋瓦,全部用青石制成。石祠面宽 4.15 米,进深

2.15 米,选材精细,构筑科学。北墙下有一块贯通东西的祭台石,有力地说明了孝堂山石祠确实是一座祭祀性建筑。石祠的墙壁、瓦当、立柱上存有许多珍贵的汉代石刻画像,山川、草木、禽兽、人物、楼阁、车骑等,应有尽有。还有伏羲女娲图、王母献寿图、王者出行图、外宾来朝图、百戏图、行乐图、狩猎图、征战图、宴乐图……琳琅满目,丰富多彩,既是唯一存世的汉代建筑标本,也是汉代生活的场景再现。

此外,在石祠内还保留着东汉以来,魏晋南北朝,乃至隋唐的历代名人和达官显贵的游览题记,为我们留下了许多珍贵的历史资料,堪称是独一无二的国宝级文物,是郭氏族人对华夏文明的重大贡献,是中华郭氏的荣誉和骄傲。

在中国封建社会里,一向有"以孝治天下"的文化传统,因而"郭巨埋儿"被列为"二十四孝"之一,在郭氏族人中更是广泛流传,成为中华郭氏的一大传统美德和文化特色,在郭氏族人繁衍生存的地域,往往衍生、附会出与此相关的种种传说。如在孝义市的大孝堡、汾阳市的孝臣村,都有郭巨埋儿的传说,以及由此而产生的村名、地名。"以孝治家"、"以孝为先",已成为郭氏族规、家训的重要内容,成为郭

孝堂山郭氏墓石祠铭记(局部)

氏的一大文化特色。

除长青郭孝子石祠之外,在历代正史中也有关于郭氏修建祠堂的记述。如《宋书·郭原平传》就记载了会稽永兴孝子郭原平,敢于违反朝廷禁令,为其父母建造墓祠的史实。据史书所载,早在晋代时期,为维护士族门阀制度,朝廷就颁发了严禁庶民百姓违规建造祠堂的法令:"诸葬者,皆不得立祠堂、石碑、石表、石像。"致使两晋南北朝时,祠堂祖庙近乎绝迹。但是在南朝刘宋时期,会稽永兴孝子郭原平,却仿效汉代旧制,为其父建造了两间小屋以为祠堂(墓祠),每逢岁时节令,供奉祭祀,可谓干犯天谴。所幸官府并未深究,因以孝行著称乡里,被收入《宋书·孝义传》中。

魏晋以后,民间祠堂的发展相对缓

孝堂山郭氏墓石祠画像（局部）

慢。至宋代，由于理学盛衍，儒家"三纲五常"的伦理道德观念得到加强，"孝为百行之首"。朱熹在《家礼》中规定："君子将营宫室，先立祠堂于正寝之东。"而且，"或有火盗，则先救祠堂，迁神主遗书，次及祭品，后及家财"。祠堂被视为高于一切，为家族命运之所系，具有神圣不可侵犯的地位。因此，名宦巨贾，豪门望族，均建祠堂，以显其本，以祭其祖。宗法、血缘观念由此而得以强化。

明清时期，宗族制度处于成熟发展阶段，祭祀祖先作为家族的重要活动，受到人们的高度重视，祠堂成为家族具有凝聚力的象征。所以在族规、家训中，立祠堂、重祭祀占有相当突出的位置。祠堂的营建成为全体族人共同的主导意识，尤其是明代后期更为普遍。祭祀对象主要是受姓始祖、当地始迁之祖、开派之祖和以功德、爵位著称的历代先祖。在祖先崇拜和追源溯流心理支配下，祠堂祭祀祖先往往至数十世、上百世之远。如吴姓以泰伯为祖，姜姓以姜尚为祖，王姓以周灵王太子晋为祖，郭姓则以虢叔为始祖。

由于祠堂祭祀先祖的范围、内容不等，所以祠堂有总祠、支祠、分祠等不同类别和称谓。一族合祀者为总祠或宗祠，分支各祀者为支祠、分祠。祠堂的规制，视家庭人口的众寡和族田、族产的多少而定。一般为数开、数进的宫殿式建筑，富裕家族的祠堂则异常富丽堂皇，最大者竟有二三十进宅院。

祠堂里安放祖先的神主牌位，上面书写某某祖先的名讳、生卒年月，原配、继配氏姓，有的红底黄字，有的白底黑字。神主牌位被认为是祖先的灵魂所在，因而也叫"灵位"。灵位的安放也有一定的规矩。正中神龛地位最高，安放供奉本族始祖；左龛为"崇德"，供奉有功名出仕、德泽于民的先祖；右龛为"报功"，供奉捐资赠产、大修祠堂、购置族田、创办义学等有功于本族的先祖。此外，其他历代祖先的神主牌位则按"左昭右穆"的顺序分别安放于偏殿、侧室。除受到出族之罚外，一般男子死后其神主牌位都可进入祠堂。也有部分族人，因敬奉佛教出家为僧，或娶娼妓为妻及操业卑贱并因而不得参加考试者，均不得在宗祠立位。

族长一般由长门嫡派出任，按照族规家法主持管理祠堂，并选派族中子弟负责日常有关事务。祠内不得堆放粮食、柴草、棺木及其他杂物，不得让人借宿，不得让工匠做工，也不得开设茶坊，特别是不得在祠内聚赌，或是将宗祠赁于他人。有些宗族特许族内的文人在祠内读书或会文。到清末民初，不少宗族还利用祠内的空房创办小学。对于祠内的财产，如祭桌、祭器等，祠堂的执事人员都应随祭随藏，并逐一登记入册，禁止族人私自借用。也有些宗族允许族人在婚丧诸事时借用祠内器用什物，但在事毕后应立即送还。有些家法族规中还有维护宗祠周围环境的规定，如不得将宗祠附近之地作晒场和工匠的工地，不得在通往宗祠的道路等处拴系牛

羊、摊晒、堆积杂物等。为了保护好宗祠，有些宗族雇用专人来进行管理，另一些宗族则由各房或各支来轮流"值年"。在宗祠的房屋有所损坏时，他们就应及时进行维修。

宗祠中举行的最隆重的仪式是对祖宗的祭祀。大多数宗族每年举行春秋两祭，也有的宗族实行四时祭祀，即每年春、夏、秋、冬各祭一次，具体时间无统一规定，多在民间传统节日，如清明、夏至、秋分、冬至、春节等。遇有子孙科举，或晋升官爵，或受朝廷的恩荣赏赐，也可开祠堂特祭。在祠祭日的前夕，有关执事人员应清扫宗祠，布置祠内的享堂，并按照本族的祭规准备好各色祭品。祭品不应过奢，

祭祖香炉

祖先灵位神龛

但也不得数量不足或质量稍次。大祭前执事的子孙应先期练习祭仪，并有明确分工：有主祭人、分祭人、司赞、司祝、司爵、司筵、纠仪等执事人员，分别负责主持、司仪、读祝词、管祭品和祭器、纠察纪律等。在祠祭日，合族成年男子都应与祭。即便散居到数十里、数百里以外，每年或每两三年也须与祭一次。

祭祖的原则是"必丰、必洁、必诚、必敬"，其中最根本的是"敬"，就是对冥冥之中的祖先心存敬畏，虔诚信奉，"事死如事生"。祭祀祖先最主要的礼仪是"三牲"、"三献"与"尸祝"。"三牲"是指牛、羊、猪三种供品，也称"太牢"，古代只有帝王、圣贤才能享用。二品以上官员可用猪、羊各一只，五品以上用羊一只。五品以下人家，只用猪一只。猪羊供品，统称"少牢"。"三献"是"初献、亚献、终献"三道上供程序。"尸祝"，其中"尸"是指象征死者、代替死者受祭的人，对"尸"致祝词，并为鬼神传话的过程为"尸祝"。"尸"，一般由臣下或晚辈充任，后世改用神主、画像来代替。

祭祖的大致程序是：1. 主祭人向祖宗神位行礼；2. 族长离开享堂，迎接牺牲供品；3. 初献，在供桌上摆放筷子、羹匙、盏碟；4. 宣读祝词；5. 焚烧明器纸帛；6. 奏乐；7. 族人拜祖；8. 二献，上羹饭、肉；9. 三献，上饼饵菜疏、果品；10. 撤去供品；11. 族人会餐（古人称为享胙），分发供品（也称散胙）。

但在实际祭祖程序中，三牲、供品、祭器香烛都被事先陈设整齐，届时由主祭人率领族人跪拜、致辞，程序上大为简化。

祭祖的经费开支，一般从族田、族产公共收益中支出，若有不足部分则由族人捐助或摊派。

宗祠，除祭祀之外，还是处理族中重

大事务和族人纠纷的场所，多由族长主持，约集众人，按族规家法进行处置，因而宗祠也就成为行使族权的场所，具有宣扬教化伦理、凝聚约束族人的重要功能。

由于宗祠祖庙在族人生活中占有如此重要地位，因而郭氏族人每次迁徙到他乡异地，都要建立郭氏宗祠，大的宗祠多以"汾阳堂"为号。

20世纪40年代以来，由于战争和人为的破坏，大部分宗祠家庙均被毁弃，也有相当一部分被改作学校、仓库或机关单位的办公场所。到80年代中期，随着改革开放的深入发展和全球寻根热的兴起，劫后余生的宗祠家庙得到了重视和保护，有的被列为文物保护单位，也有的作为对外开放、供海内外游人参观的旅游景点，或海外华裔侨胞、台湾同胞寻根问祖的朝宗圣地。

阳曲县弘扬郭氏根祖文化暨寻根祭祖活动主会场

阳曲县弘扬郭氏根祖文化暨寻根祭祖活动祭台

3 寻根谒祖 落叶归根

　　20世纪70年代以来，随着全球寻根热的兴起，海外郭氏侨胞及港、台地区的郭氏后人，本着"寻根问祖，宗亲联谊"的宗旨，先后组成了各种形式的郭氏宗亲组织，通过各种途径，归国省亲，谒祖朝宗。其中台湾和泰国、新加坡等东南亚地区的郭氏宗亲社团成立最早，活动也较为频繁。如泰国郭氏宗亲总会早在1965年就已成立，不仅有完备的组织机构和管理章程，而且定期举行大规模的宗亲联谊活动。值得称道的是，世界各地的郭氏宗亲组织，在寻根问祖、报效故国的同时，弘扬了中华民族"尊师重教，培育人才"的优良传统，捐资办学，兴教育人。各郭氏宗亲组织几乎无一例外地设立了奖学基金会，用以资助、嘉奖成绩优异的郭氏学子，培育郭氏后人，光大郭氏家风。这实在是一件光前裕后、造福子孙的功德义举。

随着对外经济文化交流的日益发展，海外华裔侨胞归国省亲、谒祖朝宗的夙愿得以实现。海外郭氏子孙的故国情怀化作滚滚的寻根热潮，涌向郭子仪生活、战斗过的地方。故国的郭氏宗亲和有关部门，也以满腔热忱盛情接待了一批又一批的异域游子和台湾同胞，描绘出一幅幅宗亲联谊、中外交流的亮丽画卷。

早在 1991 年春天，山西省社会科学院中国家谱资料研究中心（以下简称"家谱中心"），应新加坡郭氏宗亲会寻根问祖的要求，运用收藏丰富的郭氏族谱资料和实地考察的结果，经过一年多的努力，终于理清了汾阳王郭子仪的世系源流以及在山西的活动概况和遗物、遗迹。1992 年 12 月，家谱中心向新加坡有关方面通报了查证情况。新加坡郭氏宗亲会会长郭明星、秘书长郭祖荫获悉后，专程到家谱中心了解查证情况。当郭明星在相关的族谱资料上看到他先世的迁徙世系时，高兴地跳了起来，并说："你们的资料太过硬、太珍贵了，真棒！"郭明星和郭祖荫还亲自到汾阳市，对明万历年间修建的汾阳王庙遗址进行了考察和访问，并捧走一块明代的汾阳王庙砖以资纪念。1993 年春，家谱中

心与汾阳市合作，录制了《汾阳与汾阳王》录像带，随后将查证资料和录像带寄给新加坡郭氏公会。新加坡郭氏公会又将这些资料与录像带转给海外郭氏审阅，最后他们共同议定于 1993 年 12 月 17～20 日，在新加坡召开世界郭氏宗亲团体联谊会，并特邀家谱中心牵头组团赴会，向与会代表报告查证情况。查证报告在会上宣读

大槐树移民后裔代表敬献三牲、五谷、百果

新加坡郭氏宗亲代表团团长郭祖荫先生讲话

后，引起了各个代表团的高度重视。最后，会议商定，1994年10月，以世界郭氏宗亲团体联谊会的名义，组织世界各国的郭氏宗亲团代表回山西汾阳寻根谒祖。1994年秋，为迎接世界各国郭氏宗亲团体的到来，家谱中心将三年间关于郭子仪的研究成果和重要资料，疏理成《汾阳王郭子仪谱传》一书。该书中有三件珍品对世界各国郭氏宗亲团体吸引力最大。这三件珍品，第一件是故宫南薰殿珍藏的"唐郭子仪像"。这幅郭子仪像是唐代宗赐绘凌烟阁所藏之故物，传至清代的南薰殿珍藏。海外郭氏宗亲团体从来都没有见到过如此庄重威严的汾阳王郭子仪的画像。第二件是汾阳王郭子仪的墨宝——《唐郭汾阳王书诸葛亮后出师表》影印件。第三件是唐朝宰相杨绾为汾阳王妻霍国夫人王氏撰写的神道碑。这三件珍品，对海外郭氏宗亲团体来说都是第一次见到，因而备感

珍贵。台湾世界郭氏宗亲总会还用他们编纂的《环球郭氏宗谱》与之交换。《汾阳王郭子仪谱传》一书的出版发行，进一步增进了海外郭氏与山西的深厚感情。

当山西省社会科学院中国家谱资料研究中心和汾阳市政府积极为海外郭氏寻根问祖筹备各项工作之时，郭子仪故里——陕西省华县也于1993年4月收到了我驻泰国使馆领事部希望帮助泰国郭氏宗亲查寻郭子仪故里及历史资料的函件。在陕西省侨办的统筹之下，广泛征集资料，进行实地考查，写成了《唐代名将郭子仪故里·陵墓在陕西有关情况的调查》，寄达泰国郭氏宗亲会秘书长郭远功先生。

同年9月，郭远功先生专程来秦、晋二省考察寻根。在陕西华县、礼泉等地查

海外郭氏宗亲团参观太原市郊天龙寺

看了郭子仪的故里、故居、墓地及西安碑林中的"郭公家庙碑",走访了郭子仪故里华县西马村的郭氏后裔,并幸运地在礼泉县子仪公墓地挖出了失散已久的明代墓碑。

郭远功先生此行收获良多,先后向台湾世界郭氏宗亲总会、新加坡世界郭氏宗亲团体联谊会做了专题汇报。新加坡世界郭氏宗亲会秘书长郭祖荫先生于1994年5月、9月两次赴秦、晋二省实地考察,为郭氏宗亲回国寻根预先做好准备。

1994年11月,由泰国、印度尼西亚、新加坡、缅甸及台湾、香港等8个国家和地区的78人组成的"世界郭氏宗亲子仪公遗址寻根团"漂洋过海来到秦、晋二省,谒祖朝宗,寻根联谊。

"寻根团"先后在山西省汾阳市瞻拜了"汾阳王纪念堂"、"郭子仪衣冠冢"及爱子村等遗址;在陕西走访了郭子仪故里华县西马村,并专程赴礼泉县郭子仪墓地祭祀先祖。数十位海外宗亲当场慷慨解囊,为修建郭子仪纪念馆捐资数十万元。

"寻根团"每到一地都受到热烈欢迎,山西省副省长郭裕怀、陕西省副省长姜信真及两省侨办等有关部门接见并宴请了"寻根团"全体成员。在此期间,"寻根团"

海外郭氏宗亲代表团登临长城

全体成员还先后参观了太原晋祠、平遥古城,西安雁塔、西安碑林、秦兵马俑等名胜古迹,拜谒了黄帝陵,目睹了伟大祖国的壮丽河山,了却了寻根谒祖的夙愿。

1997年8月,为纪念郭子仪诞辰1300周年,山西省郭氏文化后援会、省侨办、台办和山西省社科院家谱中心,又作了大量准备工作,并出版了李吉、马志超编写的《郭氏史略》一书。海外郭氏宗亲组织,也再次组团归国,前往陕西华县,山西汾阳、太原阳曲谒祖朝宗,其爱国敬祖之心弥深弥厚,其寻根联谊之情令人激奋,体现了血浓于水的赤子情怀,也展现了中华民族无与伦比的向心力和凝聚力,对于促进中外文化交流,实现祖国和平统一大业,具有深远的历史意义和现实意义。

"亲不亲,故乡人;同姓氏,根连根。"这一脍炙人口的古老民谣,体现了中华民族注重血缘、眷恋故乡的文化情结,也是中华传统文化的一大特色。尤其是飘零异域、客居他乡的游子流民对于乡情、宗亲体认更为深切。因而近代以来，"同乡会"、"宗亲会"等以血缘为纽带或以地域为网络的民间社团组织便应运而生。据不完全统计，由旅居海外的郭氏华裔和港、台郭氏族人组成的郭氏宗亲会即有三十余个，遍及东南亚地区及部分欧美国家。其中规模较为完备、宗亲活动较多的是台湾的"世界郭氏宗亲总会"和泰国郭氏宗亲总会。

台湾"世界郭氏宗亲总会"成立于1982年，至今已有整整26年时间。会址设在台北市内湖区。第一、第二、第三届理事长均由郭寄峤担任，第四、第五届（现任）理事长由郭汝霖担任，常务理事兼秘书长由郭时礼担任。该会主要活动于台湾本岛，并与一些国家和地区的郭氏宗亲组织相互交往。1997年在纪念郭子仪诞辰1300周年活动时，曾由郭时礼先生率团来山西、陕西、河南等地谒祖朝宗，参观旅游。目前，台湾省台北市、高雄市、基隆市、彰化县、新竹县、宜兰县、桃园县、板桥市共有郭氏宗亲分会10个。台湾"世界郭氏宗亲总会"还致力于搜集、整理郭氏各种文献资料和研究成果，先后编印了《环球郭氏宗谱》一、二、三辑，对郭氏文化研究有相当的参考价值。

泰国郭氏宗亲总会成立于1965年，首届理事长为郭春炎，现任理事长（第十七届）为郭振，副理事长兼秘书长为郭远功先生。郭远功先生曾数次率团归国寻根问祖，并亲赴晋、陕、豫三省实地考察，搜集、整理有关郭氏资料。特别是在1993年实地考察中，不辞艰辛，长途跋涉，终于在陕西礼泉县当地政府和民众的大力支持和配合下，找到了湮没多年的汾阳王郭子仪墓址、墓碑，为郭氏宗亲的寻根谒祖活动做了大量工作。同时，受泰国郭氏宗亲总会委托，于1995年编撰印行了《泰国郭氏宗亲总会成立三十周年纪念特刊》，为弘扬郭氏宗族文化作出了贡献。

泰国郭氏宗亲总会成立三十周年纪念

特刊 郭婉容题

篤親興仁

特刊 郭婉容题

泰国郭氏宗親總會成立三十周年紀念特刊

郭婉容敬题

三 故国山河 风物纪盛

故国山河记载了郭氏族人开拓进取的创新精神，抒写了郭氏族人的史诗篇章，也遗存了大量的文物古迹，展示了当年郭氏族人的英姿风采和活动轨迹，是郭氏家族文化中弥足珍贵的历史遗产，也是郭氏后人寻根谒祖、瞻拜先贤的人文景观。

虢叔钟拓片

1 虢国墓地 世界奇迹

虢国墓地位于河南省三门峡市上村岭,是春秋时期南虢贵族的墓地。墓地以南约4.5公里的李家窑遗址即是当年南虢国都上阳的居地。上村岭墓地南北长400米,东西宽200米。20世纪50年代中期修建三门峡水库时,黄河水库考古工作队在上村岭虢国墓地共发掘了大小墓葬234座、车马坑2座、马坑1座,出土珍贵文物9179件,其中青铜器181件,带铭文的14

件,是一次很有意义的发掘。其中一座编号为1052的墓葬,是当时墓区中面积最大、出土器物最多的墓葬。这座墓出土7鼎6簋,在椁室西侧出土2件铜戈,戈内部铸有"虢太子元徒戈"。由此断定墓主是虢太子元,成为那次发掘中身份最高的墓葬。墓西10米的1051号车马坑内共埋车10辆,马20匹。另一座1820号墓的死者为女性,身上披有一组由500多颗鸡血石组成的串饰,相当罕见。同时出土的铜盘、铜鬲铭文为"苏貉作用",可以推断当时虢国与苏国世代通婚,苏国嫁女到虢国,

虢国博物馆

虢国墓葬出土的珍贵文物之一　　虢国墓葬出土的精美文物之二　　虢国墓葬出土的精美文物之三

1820号墓的墓主就是嫁到虢国的苏女。三座车马坑中保存完整的马车，可以复原，也是那次重要的发现之一。

20世纪80年代末，上村岭虢国墓地连续发生盗墓事件，有不少文物被盗掘，情况十分严重。从1990年开始，河南省的文物考古部门，组织力量对被盗残墓进行抢救，到1992年，已清理墓葬7座，车马坑及车坑4座，出土文物万余件。这些墓葬均在虢国国君墓的北区内，其中2001号、2009号两座大墓已被确定为虢国君之墓，2006号墓亦属虢国的贵族墓，出土了大批精美文物，成为近年举世瞩目的考古发现之一。

此次出土的文物，礼器中的铜鼎共有10件，其中7件的形制、纹饰相同，只是大小依次递减，最大的一件高达40厘米，最小的一件高约25厘米。鼎内壁铸有铭文，应是列鼎。鼎内壁铭文曰："虢季作宝鼎，季氏其万年子子孙孙永宝享用。"铜鬲口沿内侧铭文曰："虢季作宝鬲，其万年子子孙孙永宝享用。"另三件是专门随葬用的明器。乐器中有一套铜甬钟，按大小排列，出土时锈蚀较重，隐约可观察到上面铸有文字。这些礼乐器中都有作器者"虢季"二字。

兵器中有玉柄铜心铁剑，是我国迄今发现年代最早的人工冶铁制品。剑长33厘米，采用铁锻制而成，用铜心与其相接，再将铜茎心嵌入玉茎管内。玉剑首，在剑首的茎间还有镶嵌的绿松石，极为华美。出土时，剑身外还包裹了一层丝织物，然后装在用皮革制成的剑鞘里，可见其珍贵异常，被誉为天下第一剑。

内棺盖上主要放置玉器,其中有璧、圭、琮、柄形饰、戈,还有多种动物饰件,如虎、鹿、狗、鸟、龟、鱼及牛头、马面等,形象生动逼真。此外,该墓出土的铜编钟铭文中,有"虢季作器","用义其家,用与其邦"之语,俨然出自宗主国君之口。器铭中的"虢季",应是这座墓的主人。墓中出土的各类器物的数量和规格,都远高于 20 世纪 50 年代发掘的虢太子墓,应是虢国的一代国君。

第 2009 号墓也在上村岭虢国墓地北区,是迄今为止在这里发掘的规格最高的一座九鼎大墓。该墓出土文物 3600 多件,在 200 多件大型青铜器中,多铸有"虢仲作器"的铭文,而且有部分为实用器。墓主人面部的玉覆面为成组的玉佩饰,应是汉代高级贵族墓葬出土的殓服"玉衣"的雏形,具有重要的研究价值。随葬乐器 4 套,甬编钟 1 套、纽编钟 1 套、石磬 2 套、铜铙 1 件,经专家测音,为实用乐器。还有几件直接用黑笔写在玉片上的"遣册",内容涉及送葬者的姓名与所送物品的名称、数量等,这不仅是我国考古发现的最珍贵的书法标本,而且对该墓的断代也有极大的参考价值。

综观两度考古发掘资料,可将上村岭

虢国墓地分为北、中、南三区。其中北区的墓葬规格及死者身份最高,是虢国国君的兆域所在;南区的墓葬规格及死者身份较低;中区的墓葬规格及死者身份介乎二者之间,略低于北区,但却较南区为高。整个墓地排列有序,等次分明,反映出周代宗法及丧葬制度的一些特征。

从出土文物考察,可知此虢国源于西

虢太子兵器

虢国墓葬出土的玉器

虢，是雍州虢仲之国的延续，其肇始年代早于平王东迁，约当西周晚期宣、幽之世。虢国地处宗周与成周之间，其文化特征与西安、洛阳一带的周文化近似或略同，属典型中原文化系统。上村岭虢国墓地的发掘，对于研究西周晚期虢国文化、历史、丧葬制度等，及其与其他国家的关系，提供了前所未有的重要内容和考古依据，被称为全国考古十大重要发现之一。

为进一步做好对虢国墓群的保护、整理、发掘研究工作，弘扬中华传统文化，振奋民族精神，三门峡市在国家及河南省有关部门的大力支持下，先后在墓地遗址建起了"虢国墓地遗址博物馆"、"虢国车马坑博物馆"，并组织力量对"虢仲墓"、"虢季墓"开始发掘，使之成为展示虢国历史的文物旅游景点，也是海内外郭氏子孙谒祖朝宗、瞻拜先贤的必到之处。

（附注："虢国墓地"一节主要参阅书目资料有：《上村岭虢国墓地》，科学出版社1959年版；《虢国墓地发掘又获重大发现》，《中国文物报》1992年2月2日，以及其他相关的发掘报告、简报等）

虢国车马坑博物馆

位于河南省三门峡市春秋路北侧，是在西周虢国车马坑遗址上建立起来的一座专题性博物馆。始建于1984年，占地面积100200平方米，属仿古歇山式建筑。

馆内有三个陈列内容，即虢国简史、三门峡历代碑碣石刻艺术、虢国车马坑遗迹和复制的1车4马13人。此外还经常举办一些临时性展览。馆内花木茂盛，环境清幽，在国内外享有盛名。

虢国是西周时期的诸侯封国，其都城上阳，位于今三门峡市东李家窑村一带，贵族墓地在市区北上村岭。虢国车马坑遗迹，是1956年黄河三门峡水利枢纽工程建设时，在上村岭发现的，由国家黄河水库考古队所发掘，经原全国人大常委会副委员长、中国科学院院长郭沫若的建议，予以原地原状保护。此坑为长方形，坑底南北长15米，东西宽3.82米，深4.1米，坑内保存有战车5辆，战马10匹，由北向南排列。车为木质结构，独辕双轮，车上施漆，由车轮、车厢、车辕等部件组成，保存完整，形象清晰。每辆车的下边压有两匹马，马头朝北，排列整齐，系杀死后埋葬的，车厢底下还发现狗的骨架。同时出土的还有大量的铜车饰、铜马饰及其他陪葬品。虢国车马坑，是我国目前已发现的东西周相交时期保存最为完整的一处遗址，

虢国车马坑博物馆

是研究春秋战国历史和车辆发展史的重要实物例证,具有重要的历史、科学、艺术价值。

2 令公故里 名垂青史

唐汾阳王郭子仪是"再造唐室"的一代名臣,是郭氏族人中功业显赫、名垂青史的人物,也是海内外郭氏后裔最为推崇的列祖先贤。当今海内外郭氏苗裔多自称为汾阳王后裔,"汾阳堂"自然而然成为郭氏引以为荣的郡望堂号。郭子仪故里陕西华县西马村和陕西礼泉县的汾阳王郭子仪墓,以及西安雁塔区丁家村的郭子仪园林,也就成为海内外郭氏寻根谒祖的首选之地。

郭子仪故里——华县西马村

华县位于陕西省八百里秦川东部,南依秦岭,北临渭河,东接华阴,西连渭南,古称华州郑县。

华县历史悠久,人杰地灵,自然资源得天独厚,人文旅游景点丰富多彩。该县莲花寺镇西马村,为唐汾阳王郭子仪故

陕西礼泉县郭子仪墓碑

海外郭氏宗亲祭拜汾阳王墓

里,村南有郭子仪招魂冢遗址;县城附近的郭子仪祠,建于宋代,有九百多年的历史,为历代郭氏后裔及当地民众追念郭子仪的祭祀之所;杏林镇五龙山上,有郭子仪六子郭暧之墓,也为旅游胜地及郭氏后裔祭奠之处。

西马村位于华县城东 5 公里处的罗汶桥东。西为罗汶河,北临二华干渠,南靠县城——柳枝公路,东边与南马村、北马村为邻。此村为郭子仪故里,是他的出生地。因郭子仪六子郭暧也出生在这里,而郭暧为唐代宗驸马,故又称为驸马村。

村庄原址在现址北一里之处。原址因地势低凹,常有洪水进村,故从 1977 年

后,村民陆续搬迁到现址。搬迁前的老村共 65 户,其中郭姓占 45 户,他姓(王、杨、樊)占 20 户。现在全村共 150 户,其中郭姓就有 320 人,占全村总人数 60%以上。

子仪公故里欢迎海外郭氏宗亲

老村共有北、中、南三道巷。据老人们讲，老村很大一部分房屋原来都是郭子仪的故宅，他出生的地方，在老村南巷。

据村人郭竟成说："文化大革命"前，郭氏家族每年有两次隆重的祭坟拜祖活动。大年初一，郭氏家族的各户男性，不论年龄大小，都必须去族长家的郭子仪神位烧香叩头，再去东关郭子仪庙中烧香叩头，然后才能按每家去的人数领取份子（烧饼和徽子）。清明节，每户的男性必须去郭子仪招魂坟（现在的白家河小学处）和五龙山吊纸坪的郭暖墓上坟扫墓，同样也按每家去的人数分份子。

爱子村南，沿公路边村口，竖立有"唐汾阳王故里"石碑，原为嘉靖己未春正月华州知州朱茹所立。碑高 1.5 米，连基座高约 2.3 米，宽 0.72 米，厚 0.2 米。原石碑由华县文物管理会收藏，现立石碑是 1994 年 8 月由华县人民政府照原石碑样式刻制后在原地重立的。

汾阳王郭子仪墓

唐代名臣、四朝元老、汾阳王郭子仪，于唐德宗建中二年（781 年）病逝。唐德宗下诏褒封，赠太师衔，谥号"忠武"，特赐陪葬肃宗建陵，配享代宗庙庭，绘图凌烟阁。

依朝廷旧例，一品大员坟高丈八，特诏增高一丈，共二丈八尺，墓前马道翁仲、石羊、石马，规模宏伟壮观。

郭子仪墓地位于陕西省礼泉县东北 15 公里建陵以南，昭陵乡坡里阳村南 300 米、礼相路以东 300 米交汇处。因年代久远，坟丘几乎湮没，仅余 2 米多高的圆形土丘，现存明代万历年间墓碑一幢，基座损毁，碑身幸由当地民众保护，深埋地底，得以保存。1993 年泰国郭氏宗亲会郭远功先生归国朝宗谒祖时，始在当地官员和民众的陪同指引下，发掘出来，重见天日。墓碑高 2.32 米，宽 0.95 米，厚 0.5 米。碑面阴刻楷书三行，左上排为"巡按陕西监察御史毕懋康立"；正中为"唐汾阳王郭子仪之墓"，右下排为"醴泉知县因果志建"。据《陕西通志》及《醴泉县志》记载，此碑当立于明万历三十八年至四十年（1610—1612）之时。

郭子仪墓碑及墓址的发现，引起了当地政府的高度重视和海内外郭氏子孙的热切关注。近年来在当地政府的大力支持下，郭子仪墓已修葺一新，成为礼泉县重点保护文物和人文旅游景点，每年都有海内外郭氏子孙来此朝宗谒祖，祭祀扫墓。

郭子仪招魂冢

陕西省华县西马村南 1 公里处，有一片高高的台地，这就是郭子仪招魂冢遗址。

当年郭子仪去世后，为唐肃宗陪葬于陕西礼泉县建陵，所以华县郭子仪故里的郭氏后裔为了便于就近祭祀他，就在华县西马村南建起了郭子仪招魂冢。相传冢里埋藏的是郭子仪的一双战靴。现存的此冢建于何时，已无确考，大约不会晚于明朝。明万历二年（1574 年）至万历七年（1579年），石元麟任华州（治所在华县）知州，曾经在此立一通"汾阳王之墓"的石碑。清朝康熙年间（1662—1722），曾经对郭子仪招魂冢遗址有一次扩建。清乾隆时（1736—1795），陕西巡抚毕沅也曾在此立碑，以纪念郭子仪。民国年间，华县西马村郭子仪招魂冢连同属地约有几十亩。今墓园占地五亩，有墙圈起，园内柏树参天，密布成林。墓冢坐北朝南，底面周长约 20 多米。前面有一砖砌门楼，上为石刻颜体"敕建王坟"的横眉。

郭子仪园林遗址

汾阳王郭子仪园林遗址，在今西安市雁塔区丁家村以南，北山门口村以北地区，历杨路边，现已建成高科技电子城，雁塔区文化局已在路边竖立大石碑，以作纪念。黑底红字，楷书横写凹刻，上排刻着"唐大通坊"，中排刻着"郭子仪园林遗址"，下排刻着"西安市雁塔区文化局一九九三年十月"。

据《长安志》记载："唐大通坊，南北三百五十步，东西六百五十步，西部有永安渠水流过。"坊东南隅有左羽将军窦连山宅，另有郭子仪园林，引永安渠水为池，有亭榭园林。

子仪公的故居，除前述遗址外，在西安市城区尚有两处，一在亲仁坊（今之城南，西安冶院及屯窑村一带）东门之北。宅内通永巷，家人三千相出入者不知其居，唐代著名诗人刘禹锡以诗记述了宅院的

唐大通郭子仪园林遗址

胜景："旬令园林好,王公游赏频。岂无花下侣,远望眼中人。斜日渐移影,落日纷委尘。一吟相思曲,惆怅江南春。"二在平康坊(今西安城南和平门外至建西、建东街,东濠与标新街之间)南门之东,近临菩萨寺,宅址在今之石油仪器厂一带。

韩城子仪公塑像

周原村大禹庙、郭子仪庙,在今韩城市新城区之东,黄河之畔,距市中心约3公里,此庙原名大夏禹王庙,创建于元大德五年(1301年),距今700多年。迄今南大殿和正殿保存完好,具有较高的历史和艺术价值。彩色绘画总计168幅,内容为花鸟人物,龛内有三组彩色塑像共12尊,主神为禹王坐像,居殿中央,两旁侍陪4尊。左为三头六臂驾龙腾云的黑虎灵官,两旁侍者2尊。右为唐名将汾阳王郭子仪夫妇并坐像(当地人供其夫人为送子娘娘),两旁有侍者2尊,整个塑像制作精良,生动逼真。殿龛有壁画,殿墙东绘有《西游记》中唐僧取经西天途中孙悟空收降红孩儿的故事;西为郭子仪《宴庆图》、《受降图》,一幅绘两个场面,结合绝妙。龛墙壁上绘有《四君子》、《八仙过海》、《天官赐福》等,庙中还保存有五架神楼和造型

不同的三十多尊塑像。

郭子仪祠与牌楼

郭子仪祠位于华县东关,宋至和元年(1054年)由华州知州崔辅所建。嘉祐六年(1061年),华州知州赵刚邀请太原文人王彰撰文,在祠内竖立了"唐汾阳郭忠武王碑"。

明嘉靖三十四年十二月十二日(1555年1月23日),华州发生大地震,郭子仪祠被毁,石碑也倾倒折断。嘉靖三十七年(1558年),华州知州朱茹修复了郭子仪祠。隆庆元年(1567年),在陕西布政使甘茹的督促下,依照北宋郭子仪祠断碑,重新镌刻,再次竖立。

郭子仪祠的牌楼位于大门前,上题:"功盖天下,再造唐室。"

清同治元年(1862年),郭子仪祠堂以及牌楼又毁于战火中。同治十三年(1874年),牌楼重建,祠堂也于这年前后修复。修复后的郭子仪祠,坐北朝南,有上殿三间,前殿三间。上殿内塑有郭子仪像。重建的郭子仪牌楼,横跨祠前东西向大路,四柱三间三楼,歇山顶,八角翘起,斗栱排列。牌楼右面一间,横额题"功盖天下";左面一间,横额题"敕建唐汾阳王祠"。这个

牌楼一直是华州(华县)人的骄傲,民间素有各级官员到此要"文官下轿,武官下马"一说。

现在的郭子仪祠上殿已经倾塌,前殿尚存。高2.7米、宽0.15米、厚0.36米的北宋王彰撰文的石碑,则保存完好。

郭暖墓

据明代《华州志》载:"唐郭驸马墓,州西南之岭上。"这是说,唐朝郭子仪的六儿子、唐代宗驸马郭暖的坟墓,在华县县城西南的山岭上。埋葬郭暖的这座山岭叫五龙山,位于华县县城西南5公里处。

从山下沿羊肠小路盘旋而上,即可见到保存基本完好的郭暖墓。现存墓冢高约2.5米,占地约100平方米,东北面建有砖砌墓门,正对着郭氏故里西马村。

五龙山郭暖公墓地

3 阳曲祖庭 故土情深

太原阳曲是郭氏得姓受氏的祖庭,天下郭氏皆出自太原阳曲。历经两千年风雨沧桑,郭氏祖庭仍屹立于阳曲大地,享誉中外的"汾阳"故地,就是古阳曲。阳曲的郭氏人文资源十分丰厚,历历可数。

汾阳故址故县村

阳曲作为郭氏的根祖之地,至今还存有隋唐汾阳故址——东黄水镇故县村。

据《山西通志》、《太原府志》、《阳曲县志》等史志文献所载,自汉魏至隋唐,阳曲建置屡有变更,或曰阳曲,或曰汾阳,治所也屡有迁徙,在今阳曲县境内仍有汾阳古城遗址,即今阳曲县东6.5公里之东黄水镇故县村。隋开皇三年(583年),隋文帝以其本人姓杨,恶"阳曲"之名,改名阳直,开皇十年(590年)移阳直县于东黄水镇故县,开皇十六年(596年)改阳直为汾阳,"因汉旧名也"。

隋炀帝时又改汾阳为阳直,移治木井城。木井城为东魏孝静帝所筑,因城中有井,以木为甃,故名木井城,今古井尚存,井口青石板上有24道井绳磨出的凹痕。

阳曲县北社村（郭家堡）明代郭郡马饮马槽

唐武德三年（620年）于隋之故城西45里处又置汾阳县，武德七年省，又改阳曲县。

　　以上东汉、隋、唐三朝汾阳故治均在今阳曲，因而汾阳成为阳曲的别名，汉魏、隋唐时期的汾阳多指阳曲而言。汉魏、隋唐时的郭氏名人，其封爵、食邑也多冠以"阳曲"或"汾阳"二字。如：曹魏阳曲侯郭淮、郭统，汾阳子郭正，祖孙三代均以其祖籍阳曲为爵号。唐代汾阳郡王郭子仪虽然出生于陕西华县，因其祖籍故里在汾阳（阳曲），故以汾阳为其爵号。

　　因此，汾阳郭氏后裔追寻汾阳遗迹，不仅要到今日山西汾阳市去拜谒汾阳王郭子仪纪念堂，也要到阳曲祖庭观瞻祭拜，追怀三朝汾阳故址，体味郭氏文化的渊源所在。

宗祠祖庙　古堡民居

　　太原阳曲作为郭氏的发祥祖地和郡望所在，郭氏人文资源和历史遗踪十分丰厚。既有上阳、下阳、南社、北社、白家社等纪念"序封阳曲"的村落古堡，也有历代郭氏族人创建的宗祠祖庙和古老民居。

　　如高村乡北社村郭家堡，就是历代郭氏族人的繁衍生息之地，历经数百年风雨沧桑，仍人丁兴旺，屹立至今。据传，郭家堡堡门上的堡名石刻，即唐代遗物。在相邻的南社村路旁，仍有郭氏族人竖立的石碑。"南社"、"北社"是否即"表望太原，建社阳曲"的郭氏社庙遗迹，尚需进一步考证，但南、北二社，郭家古堡，为郭氏族人

隋唐汾阳县城故址——故县村一角

故县村

阳曲县北社村(郭家堡)明代郭郡马府

隋唐汾阳古城——阳曲县故县村遗存的古井

阳曲县南社村现存郭氏隋唐时期所建天王寺

的聚居之地则毋庸置疑。

再如,泥屯镇白家社村,古有明代郭郡马祠堂,现有《明诰封巫阳乡君郭门朱氏墓志铭》一块,载录了郭郡马一门的功业。此村原有六个郭姓"神轴",即郭氏六门祭拜祖先的神主谱图,可见其宗支庞大,人丁兴旺。可惜"文化大革命"时四个"神轴"被毁,现存的两个移放于郭氏宗祠,被加以保存,从中可以看到明代以来郭氏族人的传承谱系,是阳曲郭氏的一份珍贵文化遗产。

故国情深　落叶归根

"故国山河在,春城草木深。"随着郭氏文化研究的深入发展,"天下郭氏出太原,郭氏根祖在阳曲"这一历史论断,不仅为海内外郭氏族人所公认,也得到专家学者和社会各界的认同。作为中华郭氏的第一祖庭,太原阳曲日益受到世人瞩目。

从上世纪 90 年代以来,在中共阳曲县委、县政府的大力支持下,以原阳曲县政协主席姜国民为主的一批有识之士,开始着手阳曲郭氏文化研究,搜集整理了一大批阳曲郭氏的文献资料,实地考察了阳曲郭氏的多处文化遗迹,先后发表了十余篇阳曲郭氏的相关论文,编印出版了《郭

山西省委副书记金银焕，省委常委、太原市委书记申维辰等视察阳曲

阳王"郭子仪家族，并由此而迁至河南光州固始，而后入闽开漳，漂洋出海，成为港台地区及海外郭氏的主流支派；一支由太原阳曲迁居介休，孕育了东汉名士郭林宗家族，并由此而再迁江苏、山东，分派江西、湖南，成为江南郭氏渊源；一支由太原阳曲南下河东，经由洪洞大移民播迁河南、安徽；另一支则由太原阳曲迁抵上党沁水流域，而后南下中原。基本上展示了"天下郭氏出阳曲"的历史渊源。

1996 年，新华社记者拍摄《全国百家姓发源地》时，根据文献记载，确定阳曲为郭氏发源祖地，并对其进行了拍摄、录制。

1997 年，世界郭氏宗亲组织与山西太

氏之源在阳曲》的专门论著，并在阳曲县大盂镇东南窊重修了阳曲郭氏祠堂，联络和接待了海内外一大批寻根谒祖的郭氏宗亲，使郭氏祖庭重放光芒，受到了郭氏族人和社会各界的高度关注。

1995 年 10 月，泰国郭氏宗亲总会在举行该会成立 30 周年庆典活动时，编印了《泰国郭氏宗亲总会成立 30 周年纪念特刊》，特刊封二绘制的《子仪公后裔迁徙图》中，标示了从阳曲迁往各地的支脉衍派：一支由太原阳曲迁至冯翊、华阴，再到陕西华县（华州），形成了享誉中外的"汾

郭台铭先生回郭氏祖籍阳曲县恩亲

太原市市长张兵生陪同郭台铭先生参拜阳曲县郭氏纪念馆

原——陕西华县联合举办纪念汾阳王郭子仪诞辰 1300 周年活动时，不少海内外郭氏宗亲组织也纷纷前往阳曲谒祖朝宗。

港台地区及海外郭氏著名人物，也先后前来太原、阳曲寻根祭祖，报效桑梓。如汾阳王郭子仪后裔、亚洲糖王、马来西亚首富郭鹤年先生，早在上世纪 90 年代，就曾两次来到太原，谒祖朝宗，并从山西省社科院家谱研究中心查到了其远祖郭仲

远的有关资料，复制了珍藏于故宫南薰殿的郭子仪画像，供奉于自己家中，还在太原投资创办了可口可乐公司，成为海外郭氏第一个投资山西的华裔侨胞。

原籍山西晋城的台湾科技首富郭台铭先生，在多次捐助山西慈善事业的同时，在太原又创建了富士康工业园区。2006 年 10 月，又亲赴阳曲郭氏祖庙祭祖朝宗，并在实地考察后，提出了在阳曲县

创建镁合金基地的设想。2007年9月16日,在太原国际煤炭博览会期间,筹办了"富士康之光"大型烟火晚会,为振兴山西经济作出了贡献。

近年来,在阳曲县委、县政府的大力支持下,阳曲郭氏宗亲会正式成立,由阳曲县县委委员、人大代表、经贸局局长郭红拴出任会长,主持日常工作。同时,由他兼任主任的"阳曲县弘扬郭氏文化办公室",作为县政府办事机构,也担负着协调各方面有关弘扬郭氏文化的工作。如多次邀约、聘请专家学者进行实地考察,组织专题论证,筹划有关阳曲郭氏文化的整理、研究、开发规划,把郭氏人文资源的开发研究,提到了发展阳曲经济、社会以及文化强县建设的重要议事日程,对弘扬郭氏文化起到很大的推动作用。

郭台铭先生在阳曲县郭氏宗亲会郭红拴会长的陪同下向郭氏先祖行跪拜礼

　　2006 年 10 月 9 日,91 岁高龄的世界华人宗亲会终生名誉顾问爱新觉罗·瑞仲在阳曲县弘扬郭氏根祖文化暨寻根祭祖活动仪式上题词

　　2006 年 10 月,原山西省政协主席郭裕怀在山西省阳曲县弘扬郭氏根祖文化暨寻根祭祖活动上讲话

阳曲县邀请中国姓氏文化专家召开郭氏之源在阳曲专家论证会

2007 年 10 月 18 日，中共太原市委副书记郭振中在阳曲县"弘扬郭氏文化，构建和谐阳曲"座谈会上讲话

2006 年 10 月 9 日，中共太原市委常委、宣传部部长范世康在阳曲县"弘扬郭氏根祖文化暨寻根祭祖活动"仪式上讲话

河南郭氏宗亲会副会长郭予在阳曲县"弘扬郭氏文化，构建和谐阳曲"座谈会上讲话

4 今日汾阳 依然辉煌

"汾阳",今属吕梁市。由于"汾阳"的建置沿革历代多有变更,史学界对此颇有争议。据史书载,两汉至于隋唐,汾阳的地域多在今阳曲、静乐一带,郭子仪封为"汾阳郡王",即因其祖籍阳曲在汉、隋、唐时为汾阳别称。20世纪90年代初,山西省社会科学院家谱研究中心张海瀛、尹协理、马志超等,曾多次到汾阳县实地考察,发现了一批与汾阳王郭子仪相关的史料、遗址及其后裔,整理成文后,得到海内外郭氏宗亲组织的认同和当地政府的高度重视,并在汾阳县县城南街设立了汾阳王纪念堂,与虢城村、爱子村等汾阳王遗址一道,构成了一组郭氏人文景点,成为海内外郭氏子孙观光瞻仰的名胜之地。

郭子仪纪念堂及虢城村、爱子村

汾阳王郭子仪纪念堂位于山西省汾阳市南门街东侧,原为明代建筑。1994年10月重新整修。该堂坐北向南,占地4920平方米。入山门,东西有垂花门,东院为花

郭子仪手书《后出师表》局部

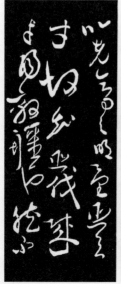

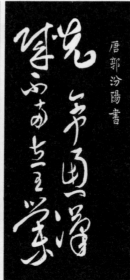

园格局,西有藏经楼。东、西两侧有厢房各九间。纪念堂大殿五间,进深三间,卷棚与戏殿合而为一,皆悬山顶,砖木结构,颇为壮观。殿内设紫微阁,汾阳王郭子仪塑像置于神台之上。山墙挂子仪公八子图像,两侧展出汾阳王的生平系列文献。

供台上铜炉银烛为后人祭祀所设。大殿两侧为偏殿,面阔三间。西殿有虢城、爱子村简介及郭氏后裔迁徙图,并陈列依原件复制的明万历年间汾阳王庙碑及高璋县长所写之跋文。

东殿陈列有历代汾阳王庙遗物及稀世珍宝——子仪公手书《后出师表》石碑。碑文烫金熠熠生辉,更体现出其狂草雄姿之势。

虢城村,位于汾阳市城南10公里处,属汾阳市城关镇。据考,子仪公先祖周文王弟虢叔、虢仲所建立的古虢国为晋所灭后,虢氏族人迁聚于此。《太平寰宇记》载:汾州虞、虢二城,晋献公假道灭虢,迁其人于此,筑城以居之。虢,音转为郭,虢城村因之成为郭氏一派的聚集之地。现在该村多存古迹,尚有夯土城墙、古城门及众多遗物。原村貌为典型古城堡格局,城墙围

汾阳出土的墓碑

村,辟有四门,为凤仪门、映旭门、鸿文门等,城门均为拱券式砖石结构。鸿文门城楼供周文王神位。与虢城村遥遥相对的村南虢义(虞)河南畔虞城村,相传为虞国遗民集聚地,有西河古虞碑碣和唐代经幢等文物。

爱子村,位于汾阳市城东18公里处307国道东侧,属汾阳市冀村镇,为汾阳王六子郭暧的官邸所在,也是郭暧封邑之一。明碑载:"爱子村,人盈千户,地及千顷。"经探掘,村周围5里内的5米深处始见古村庄遗址。据郭氏家谱记载,明末山崩(洪水)村毁,郭氏后裔多远走他乡,今日之爱子村为灾后重建。村属境内之田园地名多以郭家祠堂、郭家花园、郭家茶台、郭家粮仓等命名。根据出土的"暧子村郭"字样印章和斧钺等文物鉴定,可知爱子村的郭氏当年确属名门望族。村民郭德起现藏家谱,上溯至七代祖的名讳,表明他们确是子仪公的后裔。

近年来,汾阳郭氏族人又加大了郭氏文化的研究力度。以汾阳王后裔郭世科为主的郭氏族人,通过实地考察,先后发现、搜集、整理了唐初《唐故上大都督上骑都尉郭府君之碑碣并序》、《唐故大将军郭君之碑》、《大唐宋府君墓志铭并序》、《唐故

天水赵夫人墓志铭并序》等珍贵石刻文献,以及《郭村郭氏支谱》家谱,为汾阳郭氏研究提供了新的实物佐证。

2006年7月27日,经各级相关部门批准,正式成立了"山西省郭氏文化研究会",选举山西省原文物局局长郭士星为会长;聘请原山西省常务副省长、原山西省政协主席郭裕怀为名誉会长;原山西省社科院副院长、中国家谱研究会副会长兼秘书长张海瀛,原中国家谱资料研究中心主任李吉等为顾问,从而聚集了一支研究郭氏文化的骨干力量。该会先后出版印行了《郭氏源流考》、《汾阳郭氏郭村支谱》、《郭氏文化》等著作,创办了《郭氏研究》内部刊物,联络、接待了大批海内外郭氏宗亲组织和郭氏名人,把汾阳郭氏研究推向了一个新的高度。

5 文豪旧居 风韵犹存

乐山市沙湾郭沫若旧居

清代建筑风格的郭沫若旧居坐落在川南乐山市沙湾镇的"沫水街"中段。该建筑始建于清咸丰年间,后逐步扩建,到郭沫若的父亲主持家政时,方形成现在的规模,是--座亦商亦居的四进木结构平房建

郭沫若旧居博物馆

动。后面花园内有石栏假山、水池亭台、草坪山坡、翠竹绿柳和四季花卉。从这里可远眺峨眉的第二峰绥山和睡美人。家塾"绥山馆"也处于后院幽静的环境中。

乐山沫若堂

沫若堂坐落在风景秀丽的四川乐山市凌云山灵宝峰上，这是郭沫若家乡人民为纪念他百年华诞而修建的，系全国第一座郭沫若纪念堂。这幢一百多平方米的华屋由青砖砌柱，白灰刷墙，三面环廊，在两株高大苍郁的银桂掩映下，显得格外典雅

筑，商号名"郭鸣兴达号"。

整座建筑占地面积980平方米，共有大小房间36间。宅院按功能可分前中后三部分：前面临街是商号，中部是家人起居处，后面是花园和家塾"绥山馆"。现经整修仍保留原貌，如前面的商号，郭沫若父母的起居室，郭沫若1892年11月6日诞生的地方——第二进的一间小屋，还有他举行婚礼的"新房"：中式的花木格窗、重实的黑木太师椅、镂空的雕花床上挂着麻布蚊帐……旧居的其他房间，是展览陈列室，其中有许多珍贵的历史照片、书稿和著作，为游客展现了郭沫若一生的文化活

郭沫若故居墨香苑

庄重。大门上方挂着楚图南先生写的"沫若堂"横匾，字体凝重有骨力。两旁是著名作家马识途撰书的对联：

峨眉钟灵，大渡铸魂，中华唯怀，黎庶系心，笔落摇山河，真是文豪本色；

女神惊世，屈原壮魄，雷电为颂，洪波度曲，诗成泣鬼神，果然名士风流。

堂门内放置着郭沫若的石膏胸像，墙上挂满了反映郭沫若生前各个时期的照片。由著名雕塑家叶毓山创作的3米高的郭沫若全身铜像巍然屹立于2米高的台基上，再现了郭沫若1939年从重庆回乐山向乡亲们作抗战讲演时的情景。

铜像背后，相隔2米多的阶沿坎上，嵌着一幅石刻《文豪降生图》。

铜像周围，青翠葱茏的桢楠树遮天蔽日，花草丛中放置着数只近1米长的石龟，龟背上刻着甲骨文，让人顿时想起郭沫若是古文字学家，更让人联想到郭沫若与五千年传统文化的内在联系，为沫若堂增添了浓郁的文化氛围。站在塑像前，极目远望，境界开阔。但见乐山城高楼林立，扑风洲芳草萋萋，峨眉含黛隐约于天边，岷江、青衣江和大渡河奔腾于眼前。江鸥翩跹，渔舟穿梭，云影浮沉，烟波迥旷，风景如画。沫若的名字，正是取之于眼前的大渡河（沫水）和青衣江（若水）。文坛巨星的不朽英名，永远和家乡美丽的山水融汇在一起。

沫若堂背后有"鼎堂碑廊"（"鼎堂"是郭沫若的别名之一）。廊庑覆盖下的2米多高、20米宽的雅石上，刻着郭沫若1961年撰写的长诗《蜀道奇》全文手稿，那龙飞凤舞的遒劲笔迹，散发着豪放不羁的神韵，一如作者本人的性格。廊柱上"公生明，偏生暗；智乐水，仁乐山"的对联，也是按郭老的遗墨镌刻，既放射着哲理的光芒，又与他的乡名相切。

由此往右转，又是一个碑廊，刻着毛泽东1944年11月21日和周恩来1946年12月31日分别写给郭沫若信的全文手迹。毛泽东写道："你的史论、史剧有大益于中国人民，只嫌其少，不嫌其多，精神绝不会白费的，希望继续努力。"

碑廊右边，是附属于沫若堂的郭沫若学刊编辑部、郭沫若研究资料中心和小会议室，三幢小巧玲珑的房舍依地势相连，形成一个幽静优美的庭院。

6　通惠遗泽　缅怀先贤

北京德胜门西大街 60 号有座通惠祠，是专门纪念元代科学家、水利学家郭守敬的祠堂，现名郭守敬纪念馆。

大都是元朝的都城，以前江南运粮来，都是从大运河运到通州，再用牲口驮到北京，每年要花很多运费，而且一到雨季，人畜患病，损失严重。因此，元朝政府对修整运粮河一事非常重视，开工那天，忽必烈令丞相率领百官参加典礼。

这条运粮河，在金代已开通，但后来由于年久失修，河道湮没。郭守敬在其遗址重新开浚，修成以后粮船直抵积水潭。元世祖忽必烈看到舳舻蔽水，非常高兴，赐名"通惠"。此后，通惠河的名字一直传至今天。

通惠河的开浚，使南北大运河畅通无阻，粮船直达北京城里，而且使沿河土地得到灌溉，还解决了城市的水源问题。

为纪念郭守敬的功绩，在北京积水潭的进水处建立了郭守敬纪念馆。纪念馆建于高阜顶上的原通惠祠内，北面高耸花岗筑起的水城门，南面是波光粼粼的广阔湖水。跨越数十级登山台阶，进入山门，过一层殿堂，院正中立有郭守敬半身大理石塑像，其后红漆门窗的三层仿古楼阁为纪念正厅，里面陈列着有关郭守敬生平业绩的文物资料。

现存于世的郭守敬纪念地还有两处，一是河南登封市东南部城镇周公祠内的"郭守敬观星台"，一是郭守敬故乡、河北省邢台市活泉公园"郭守敬纪念馆"。

"观星台"位于周公祠内测景台北 20 米处，是郭守敬作为"四海测验二十七所"中的一所。同周公测景台一样，主要是通过测量日影的长短，来确定冬夏之分、纬度的高低和一回归年的长短。

郭守敬观星台的形制，主要由一覆斗式砖台和量天尺组成。砖台高 9.46 米，上

北京西海郭守敬纪念馆

方每边宽 8 米,底边各长 16 米;北壁正中有一直立的缺口,正对量天尺。北壁西翼有踏道,可拾级回旋而上。台上北端有三间硬山瓦屋一栋,是明嘉靖七年(1528 年)重修时建的。现存观星台所在的祠庙建筑全部是清代遗构,但依旧保持着初建时的基本形制。

邢台郭守敬纪念馆,建于活泉公园。一进门处立有 4 米多高的郭守敬铜像,他举目远望,神情凝视,手执四卷图纸,分别代表他在天文、水利、数学和仪器制造方面的成就。郭守敬铜像后是观星台,仿河南省登封市郜城观星台而建。纪念馆门前有大幅陶瓷壁画,画中郭守敬坐于桌旁,左手拿尺,右手握笔,正在凝神思考。纪念馆内设三个展厅,雕梁画栋,古朴典雅,厅内有介绍郭守敬早期活动的邢州治水沙盘、图片等,有反映郭守敬在仪器制造、天文历法方面成就的浑仪与简仪模型、窥几模型、元太史院模型等。

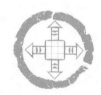

四　人文蔚起　科甲连绵

科举制度是隋唐以来任官取士、步入仕途的主要途径，也是各个姓氏光宗耀祖、振兴家声的头等大事。

自隋唐科举取士，郭氏人文蔚起，科甲连绵，冠带相继。郭汤盛先生与郭增辉先生，分别依据《中国人名大辞典》、《明清历科进士题名碑录》，辑录了《唐、宋、元三代郭姓进士名录》和《明清两代郭姓进士名录》。计唐代5人，宋代32人，元代1人，明代238人，清代242人，总计518人。其中山西77人，福建62人，江西59人，河南55人，陕西40人，河北39人，以上六省达363人，约占70%，其余分布于全国各省。

以上六省中的秦、晋、豫、冀四省为郭氏主脉——虢公后裔太原郭氏的发祥、祖居之地；江西为唐末五代中原战乱，郭氏族人大举南迁的落足、聚居之地；福建则为明清之际，郭氏族人又一次大举南迁的聚居之地。而山西作为郭氏主脉的发祥祖地，位列全国之首。这就从另一个侧面客观、真实地反映了郭氏起源发祥及繁衍播迁的历史轨迹。

虢太子墓出土的曲体龙文盆

（一）唐宋元三代郭姓进士名录

（郭汤盛辑自《中国人名大辞典》）

唐代　5名	郭　震（籍贯不详）　郭承嘏（陕西华州）　郭　旷（籍贯不详） 郭正一（定州鼓城）　郭行余（籍贯不详）
宋代　32名	郭　贽（湖北襄邑）　　郭　威（福建晋江）　　郭　谘（直隶平棘） 郭　琪（福建仙游）　　郭　纯（山西洪洞）　　郭知微（江西吉安） 郭知章（江西吉安）　　郭　印（四川成都）　　郭忠孝（河南开封） 郭　杞（江西雩都）　　郭磊卿（河南仙居）　　郭　颐（浙江寿昌） 郭申锡（河北魏县）　　郭知运（浙江盐官）　　郭文振（山西太原） 郭用中（浙江平阳）　　郭　维（安徽当涂）　　郭　劝（安徽项城） 郭　稹（河南开封）　　郭　附（江苏吴郡）　　郭　峻（江西雩都） 郭　思（河　　南）　　郭孝友（江西吉安）　　郭汝贤（福建浦城） 郭　彖（安徽和州）　　郭应龙（江西新淦）　　郭　闻（广东番禺） 郭祥正（安徽当涂）　　郭正孙（四川邛州）　　郭　昱（籍贯不详） 郭邦彦（河南阳翟）　　郭　侯（福建漳州）
元代　1名	郭　嘉（河南濮阳）

（二）明代郭姓进士名录（共238名）

（自明太祖洪武十八年至崇祯十六年）

姓　名	籍　贯	科　甲
郭　翀	山西潞州壶关	洪武辛亥科一甲第二名
郭　邻	山西潞州长子	洪武辛亥科三甲
郭　迪	山西临汾	洪武乙丑科二甲
郭　资	河南武安	洪武乙丑科三甲
郭　弘	河南祥符	洪武乙丑科三甲
郭　琳	陕西蒲城	洪武乙丑科三甲
郭　祥	山西临汾	洪武乙丑科三甲
郭子和	湖广益阳	洪武乙丑科三甲
郭　真	浙江瑞安	洪武戊辰科二甲
郭　彧	直隶蒙城	洪武甲戌科三甲
郭文昌	福建晋江	洪武甲戌科三甲
郭子卢	江西泰和	洪武丁丑科三甲
郭士道	江西万安	洪武丁丑科三甲
郭　秩	山西祁县	洪武丁丑科三甲
郭守愚	浙江慈谿	建文庚辰科三甲
郭景曜	直隶建德	永乐甲申科三甲
郭　庆	江西星子	永乐甲申科三甲
郭道源	四川万县	永乐甲申科三甲
郭　震	直隶凤阳临淮	永乐甲申科三甲
郭　廉	四川叙州富顺	永乐辛卯科三甲

姓　名	籍　贯	科　甲
郭公绪	江西吉安泰和	永乐壬辰科二甲
郭在恭	江西南昌丰城	永乐乙未科三甲
郭处靖	江西吉安吉水	永乐乙未科三甲
郭　显	江西吉安吉水	永乐乙未科三甲
郭　廉	福建福州闽县	永乐戊戌科二甲
郭　瑛	广东广州番禺	永乐戊戌科三甲
郭　循	江西吉安庐陵	永乐辛丑科二甲
郭永清	湖广岳州巴陵	永乐辛丑科三甲
郭　智	直隶太平芜湖	永乐辛丑科三甲
郭　瑾	江西万载	永乐甲辰二甲
郭　逞	福建兴化莆田	宣德丁未科二甲
郭仲南	浙江金华兰谿	正统己未科三甲
郭　安	河南开封襄城	正统戊辰科三甲
郭　本	广西柳州融县	景泰辛未科三甲
郭　纪	山西大同县	景泰辛未科三甲
郭　佑	浙江衢州常山	景泰辛未科三甲
郭文博	直隶松江	景泰甲戌科二甲
郭仲珣	直隶开州	景泰甲戌科二甲
郭　舒	福建漳州龙溪	景泰甲戌科三甲
郭　澄	四川重庆涪州	天顺丁丑科二甲
郭　良	山东东昌馆陶	天顺丁丑科三甲

姓　名	籍　贯	科　甲
郭　经	江苏苏州昆山	天顺庚辰科三甲
郭　镇	江西南昌丰城	天顺庚辰科三甲
郭　昇	河南颍川卫	天顺庚辰科三甲
郭　玺	山东兖州城武	天顺甲申科二甲
郭　瑞	江西吉安吉水	天顺甲申科二甲
郭缉经	江西吉安庐陵	天顺甲申科三甲
郭　鼎	山东东昌武城	天顺甲申科三甲
郭　进	陕西西安咸宁	成化丙戌科三甲
郭　镗	山东东昌恩县	成化丙戌科三甲
郭　忠	直隶广平肥卿	成化己丑科二甲
郭　铪	直隶广信弋阳	成化己丑科二甲
郭　铨	直隶广平成县	成化己丑科三甲
郭　定	山西泽州高平	成化乙未科二甲
郭　伦	四川重庆长寿	成化乙未科三甲
郭　秩	江西吉安泰和	成化乙未科三甲
郭　琪	福建福州闽县	成化乙未科三甲
郭　仲	江西宜春	成化乙未科三甲
郭　资	福建汀州上杭	成化乙未科三甲
郭　宗	江西省鄱阳	成化戊戌科二甲
郭祥鹏	江西吉安泰和	成化辛丑科二甲
郭文旭	福建福州闽县	成化辛丑科三甲

姓　名	籍　贯	科　甲
郭　文	陕西凤翔麟游	成化辛丑科三甲
郭　紘	浙江台州临海	成化辛丑科三甲
郭秉昭	湖广郴州桂阳	成化辛丑科三甲
郭　绪	河南开封太康	成化辛丑科三甲
郭　玉	山东东昌恩县	成化甲辰科二甲
郭　镛	安徽凤阳县	成化甲辰科三甲
郭　珠	四川叙州富顺	成化丁未科二甲
郭廷珪	河南开封仪封	成化丁未科三甲
郭　桂	陕西西安咸宁	弘治庚戌科三甲
郭　濬	直隶真定平山	弘治庚戌科三甲
郭　伦	陕西西安华州	弘治庚戌科三甲
郭　瑀	直隶滦州	弘治癸丑科三甲
郭　浃	湖广武川兴国	弘治癸丑科三甲
郭东山	山东莱州掖县	弘治丙辰科三甲
郭　经	直隶永平庐龙	弘治丙辰科三甲
郭　道	湖广永州永明	弘治己未科三甲
郭　韶	山西平阳霍州	弘治己未科三甲
郭　璋	直隶兴化	弘治乙丑科二甲
郭　瑾	江西吉安庐陵	弘治乙丑科二甲
郭　楣	浙江杭州海宁	弘治乙丑科二甲
郭　銮	江西临江新喻	弘治乙丑科三甲

姓　名	籍　贯	科　甲
郭善光	山东东昌临清	弘治乙丑科三甲
郭　郊	直隶广平肥乡	正德戊辰科三甲
郭　仕	江西吉安泰和	正德戊辰科三甲
郭　震	山西平阳蒲州	正德戊辰科三甲
郭　梡	浙江台州临海	正德辛未科二甲
郭　清	福建兴化莆田	正德辛未科二甲
郭九皋	江苏江都	正德辛未科二甲
郭维藩	河南开封仪封	正德辛未科三甲
郭五常	河南汝宁西平	正德辛未科三甲
郭登庸	山西山阴	正德甲戌科三甲
郭　楠	福建泉州晋江	正德甲戌科三甲
郭　田	陕西西安蓝田	正德甲戌科三甲
郭凤翔	河南开封祥符	正德甲戌科三甲
郭　叙	江西袁州宜春	正德丁丑科二甲
郭　波	福建福州闽县	正德丁丑科三甲
郭萝麒	顺天府涿州	正德丁丑科三甲
郭　漳	湖广长沙	正德丁丑科三甲
郭持平	江西吉安万安	正德丁丑科三甲
郭希愈	山西壶关	正德丁丑科三甲
郭日休	福建兴化莆田	正德辛巳科三甲
郭　宝	河南卫辉获嘉	嘉靖癸未科三甲

姓 名	籍 贯	科 甲
郭时叙	山东济南济阳	嘉靖癸未科三甲
郭 铉	山西太原代州	嘉靖癸未科三甲
郭弘化	江西吉安安福	嘉靖癸未科三甲
郭秉聪	山西襄垣	嘉靖丙戌科二甲
郭 冠	河南汝州郏县	嘉靖丙戌科三甲
郭凤仪	河南开封祥符	嘉靖丙戌科三甲
郭宗皋	江西吉安万安	嘉靖己丑科二甲
郭春震	江西吉安万安	嘉靖己丑科二甲
郭从朴	山东莱州掖县	嘉靖己丑科二甲
郭应奎	江西吉安泰和	嘉靖己丑科三甲
郭 圻	山西泽州高平	嘉靖乙未科二甲
郭 鋆	山西泽州高平	嘉靖壬辰科三甲
郭希颜	江西南昌丰城	嘉靖壬辰科三甲
郭 朴	河南彰德安阳	嘉靖乙未科二甲
郭 鎜	山西泽州高平	嘉靖乙未科二甲
郭廷冕	山西太原文水	嘉靖乙未科二甲
郭朝宾	山东兖州东平	嘉靖乙未科二甲
郭万程	福建福州福清	嘉靖乙未科二甲
郭 乾	直隶河间任丘	嘉靖戊戌科二甲
郭 纮	山西太原平定	嘉靖戊戌科二甲
郭惟清	江苏昆山	嘉靖戊戌科三甲

姓　名	籍　贯	科　甲
郭大鲲	广东潮州海阳	嘉靖辛丑科三甲
郭维宁	直隶镇朔卫	嘉靖辛丑科三甲
郭维藩	广东潮州揭阳	嘉靖甲辰科三甲
郭公遇	福州福宁福安	嘉靖甲辰科三甲
郭邦光	山东东昌冠县	嘉靖甲辰科三甲
郭钥	浙江金华兰谿	嘉靖丁未科三甲
郭仁	直隶苏州长洲	嘉靖丁未科三甲
郭民敬	山西山阴	嘉靖丁未科三甲
郭中	河南开封祥符	嘉靖丁未科三甲
郭应聘	福建兴化莆田	嘉靖庚戌科二甲
郭立彦	福建泉州晋江	嘉靖庚戌科三甲
郭良璞	福建泉州晋江	嘉靖庚戌科三甲
郭文辅	山西阳曲	嘉靖癸丑科三甲
郭嵩	湖广潜江	嘉靖癸丑科三甲
郭士髦	山西潞安壶关	嘉靖癸丑科三甲
郭汝霖	江西吉安永丰	嘉靖癸丑科三甲
郭斗	河南封丘	嘉靖癸丑科三甲
郭志选	山西汾州平遥	嘉靖丙辰科三甲
郭东	山西泽州高平	嘉靖丙辰科三甲
郭孝	浙江杭县仁和	嘉靖己未科二甲
郭廷臣	江西南昌	嘉靖己未科二甲

姓　名	籍　贯	科　甲
郭天禄	直隶保定定兴	嘉靖己未科三甲
郭大伦	山东青州博兴	嘉靖己未科三甲
郭文和	金吾左卫(军籍,属今北京市)	嘉靖壬戌科二甲
郭棐	广东广州南海	嘉靖壬戌科二甲
郭　良	福建泉州惠安	嘉靖壬戌科三甲
郭梦得	福建泉州同安	嘉靖壬戌科三甲
郭谏臣	直隶苏州长洲	嘉靖壬戌科三甲
郭崇嗣	直隶广平肥乡	嘉靖乙丑科三甲
郭庭梧	河南卫辉新乡	嘉靖乙丑科三甲
郭四维	山东东昌夏津	隆庆戊辰科三甲
郭　堵	山东兖州曹州	隆庆戊辰科三甲
郭　庄	陕西巩昌徽州	隆庆戊辰科三甲
郭有金	陕西西安朝邑	隆庆戊辰科三甲
郭子直	浙江嘉兴崇德	隆庆辛未科三甲
郭宗磐	福建泉州晋江	隆庆辛未科三甲
郭子章	江西吉安泰和	隆庆辛未科三甲
郭　汝	山东兖州济宁	隆庆辛未科三甲
郭如暄	四川叙州富顺	隆庆辛未科三甲
郭惟贤	福建泉州晋江	万历甲戌科三甲
郭卫阶	四川叙州富顺	万历甲戌科三甲
郭师古	江苏扬州如皋	万历丁丑科二甲

姓　名	籍　贯	科　甲
郭元柱	四川叙州富顺	万历丁丑科二甲
郭显忠	河南开封太康	万历丁丑科三甲
郭万里	山西平阳太平	万历庚辰科三甲
郭贵元	江西南康星子	万历庚辰科三甲
郭正域	湖广武昌江夏	万历癸未科二甲
郭廷良	福建漳州漳浦	万历癸未科二甲
郭　实	直隶真定高邑	万历癸未科三甲
郭　陛	陕西西安咸宁	万历癸未科三甲
郭如川	四川叙州富顺	万历癸未科三甲
郭　俊	陕西西安渭南	万历丙戌科二甲
郭应时	福建漳州海澄	万历丙戌科三甲
郭如鲁	陕西西安朝邑	万历丙戌科三甲
郭日烜	福建泉州同安	万历己丑科二甲
郭光复	顺天府固安	万历己丑科二甲
郭士吉	直隶真定南宫	万历己丑科二甲
郭如星	河南新安	万历己丑科三甲
郭维宁	河南开封祥符	万历己丑科三甲
郭维祯	四川夔州巫山	万历壬辰科三甲
郭嗣涣	山西泽州高平	万历壬辰科三甲
郭　渭	河南卫辉新乡	万历乙未科二甲
郭九有	陕西西安泾阳	万历乙未科三甲

姓　名	籍　贯	科　甲
郭佳镇	直隶广平邯郸	万历戊戌科二甲
郭一鹗	江西吉安庐陵	万历辛丑科三甲
郭尚友	山东平渡潍县	万历辛丑科三甲
郭　炜	江西临江清江	万历辛丑科三甲
郭尚宾	广东广州南海	万历甲辰科三甲
郭士望	湖广黄州蕲水	万历甲辰科三甲
郭一轮	江西九江德安	万历甲辰科三甲
郭之琮	山西平阳蒲州	万历丁未科二甲
郭允厚	山东兖州曹县	万历丁未科三甲
郭增光	直隶大名	万历丁未科三甲
郭如楚	福建泉州晋江	万历丁未科三甲
郭存谦	直隶保定雄县	万历丁未科三甲
郭志仁	山东济南海丰	万历庚戌科三甲
郭　亮	河南卫辉新乡	万历庚戌科三甲
郭兴治	直隶河间东光	万历庚戌科三甲
郭如闇	江西吉安庐陵	万历癸丑科三甲
郭　巩	直隶永平迁安	万历癸丑科三甲
郭继开	四川叙州富顺	万历丙辰科二甲
郭兴言	河南洛阳	万历丙辰科三甲
郭竹徵	山东莱州胶州	天启壬戌科三甲
郭都贤	湖南长沙益阳	天启壬戌科三甲

姓　名	籍　贯	科　甲
郭捍城	山西榆次	天启壬戌科三甲
郭建邦	直隶宁国旌德	天启壬戌科三甲
郭慎独	直隶大名东明	天启壬戌科三甲
郭　广	山东济南齐东	天启壬戌科三甲
郭必昌	福建泉州晋江	天启乙丑科三甲
郭绍仪	浙江嘉兴平湖	天启乙丑科三甲
郭维经	江西吉安龙泉	天启乙丑科三甲
郭九鼎	广东广州东莞	崇祯戊辰科三甲
郭永泰	山西汾州介休	崇祯戊辰科三甲
郭文灿	河南开封祥符	崇祯戊辰科三甲
郭景昌	河南洛阳	崇祯戊辰科三甲
郭之奇	广东潮州海阳	崇祯戊辰科三甲
郭之祥	江西吉安吉水	崇祯戊辰科三甲
郭凝鼎	山东兖州汶上	崇祯戊辰科三甲
郭卫宸	山西平阳太平	崇祯辛未科二甲
郭连城	山西平阳平陆	崇祯辛未科三甲
郭万象	不详	崇祯甲戌科三甲
郭启科	四川重庆铜梁	崇祯甲戌科三甲
郭佳胤	河南归德宁陵	崇祯丁丑科二甲
郭九围	陕西巩昌陇西	崇祯丁丑科三甲
郭文祥	福建福州福清	崇祯庚辰科二甲

姓　名	籍　贯	科　甲
郭伟业	陕西西安耀州	崇祯庚辰科三甲
郭启宸	福建漳州海澄	崇祯庚辰科三甲
郭贞一	福建泉州同安	崇祯庚辰科
郭弥芳	山西沁州沁源	崇祯壬午科特用
郭际昌	广西梧州苍梧	崇祯壬午科特用
郭符甲	福建泉州南安	崇祯癸未科二甲
郭承汾	福建泉州晋江	崇祯癸未科三甲

（三）清代郭姓进士名录 共242名

（自清世祖顺治十六年至光绪三十年）

姓　名	籍　贯	科　甲
郭一鹍	河南洛阳	顺治丙戌科三甲
郭皇畿	山西平阳太平	顺治丙戌科三甲
郭鹏霄	山西文水	顺治丙戌科三甲
郭　镇	山西交城	顺治丙戌科三甲
郭肇基	山东金乡	顺治丙戌科三甲
郭知逊	山东潍县	顺治丙戌科三甲
郭　亮	江苏上元	顺治丁亥科三甲
郭　方	山西长治	顺治丁亥科三甲
郭四维	山西猗氏	顺治丁亥科三甲
郭一鹗	河南洛阳	顺治己亥科二甲
郭金铉	河北安平	顺治己亥科二甲
郭之培	河北任丘	顺治己亥科二甲
郭一元	河北魏县	顺治己亥科三甲
郭行义	陕西咸宁	顺治己亥科三甲
郭如俨	陕西泾阳	顺序己亥科三甲
郭　熙	河南夏邑	顺治壬辰科二甲
郭　础	江苏江都	顺治壬辰科二甲
郭　潜	浙江海宁	顺治壬辰科二甲
郭　菜	河北清苑	顺治壬辰科三甲
郭　瑄	福建南安	顺治壬辰科三甲

姓　名	籍　贯	科　甲
郭世纯	福建晋江	顺序乙未科二甲
郭日瑹	江西南昌	顺治乙未科二甲
郭士璟	江苏江都	顺治乙未科三甲
郭　章	福建闽县	顺治乙未科三甲
郭怀琮	陕西高陵	顺治乙未科三甲
郭　谏	山东济南齐东	顺治戊戌科二甲
郭　昌	河南太康	顺治戊戌科二甲
郭连城	山西繁峙	顺治戊戌科三甲
郭佩璆	江苏长洲	顺治戊戌科三甲
郭指南	陕西安塞	顺治戊戌科三甲
郭茂泰	陕西泾阳	顺治己亥科三甲
郭尧都	陕西高陵	顺治己亥科三甲
郭懋动	山东益都	顺治辛丑科二甲
郭景汾	山西闻喜	顺治辛丑科二甲
郭为瑛	福建福安	康熙甲辰科三甲
郭命新	山西盂县	康熙甲辰科三甲
郭鼎铉	山西文水	康熙甲辰科三甲
郭天锦	福建晋江	康熙庚戌科三甲
郭　恒	陕西蒲城	康熙庚戌科三甲
郭　昂	江苏宝应	康熙庚戌科三甲
郭　琇	山东即墨	康熙庚戌科三甲

姓　名	籍　贯	科　甲
郭允屏	陕西高陵	康熙癸丑科三甲
郭伟峨	山西曲沃	康熙丙辰科二甲
郭文炳	河北蠡县	康熙丙辰科三甲
郭之祚	河北保安	康熙丙辰科三甲
郭治	山东平山	康熙己未科三甲
郭允升	山东滨县	康熙己未科三甲
郭遇熙	河南新乡	康熙己未科三甲
郭徽祚	河北武强	康熙戊辰科三甲
郭嶷之	山西介休	康熙甲戌科三甲
郭于蕃	四川富顺	康熙丁丑科三甲
郭九同	山西猗氏	康熙庚辰科三甲
郭杞	陕西耀县	康熙庚辰科三甲
郭志	江苏江都	康熙癸未科三甲
郭兆垣	山东汶上	康熙癸未科三甲
郭仪韩	陕西蒲城	康熙丙戌科三甲
郭孙顺	江苏吴江	康熙壬辰科三甲
郭洁	陕西蒲城	康熙乙未科三甲
郭嗣龄	江苏江都	康熙乙未科三甲
郭应元	福建永春	康熙辛丑科三甲
郭稷	山西临晋	康熙辛丑科三甲
郭绍璞	山西翼城	康熙辛丑科三甲

姓　名	籍　贯	科　甲
郭　美	福建闽县	雍正癸卯科三甲
郭　樏	江西安福	雍正癸卯科三甲
郭　振	湖南常德	雍正甲辰科二甲
郭　位	江西万安	雍正甲辰科三甲
郭如歧	河南商丘	雍正甲辰科三甲
郭石渠	贵州安化	雍正丁未科三甲
郭孙俊	湖北当阳	雍正庚戌科三甲
郭怀芳	山东金谿	雍正癸丑科三甲
郭日槐	广东三水	雍正癸丑科三甲
郭　擢	河南洛阳	乾隆丙辰科三甲
郭为峤	山西猗氏	乾隆丙辰科三甲
郭　琮	河北冀县	乾隆丙辰科三甲
郭肇鐄	江苏全椒	乾隆丁巳科三甲
郭赓武	福建晋江	乾隆丁巳科三甲
郭肯堂	山西沁源	乾隆丁巳科三甲
郭　磊	河南商丘	乾隆丁巳科三甲
郭新邻	河南商丘	乾隆丁巳科三甲
郭　定	山西沁县	乾隆丁巳科三甲
郭世奇	河南洛阳	乾隆丁巳科三甲
郭之铨	江苏全椒	乾隆己未科三甲
郭伟人	山西沁水	乾隆己未科三甲

姓　名	籍　贯	科　甲
郭　裕	河南舞阳	乾隆己未科三甲
郭锦春	江苏高邮	乾隆己未科三甲
郭　滦	湖北孝感	乾隆己未科三甲
郭　植	福建古田	乾隆壬戌科三甲
郭　锈	云南赵县	乾隆壬戌科三甲
郭　迈	福建同安	乾隆壬戌科三甲
郭如阜	山西夏县	乾隆壬戌科三甲
郭之屏	山西榆次	乾隆乙丑科三甲
郭良贵	云南新兴	乾隆辛未科三甲
郭天禄	四川义县	乾隆辛未科三甲
郭乙山	河南仪封	乾隆辛未科三甲
郭天性	河北昌黎	乾隆壬申科三甲
郭　柯	山东冠县	乾隆壬申科三甲
郭兴让	山西平遥	乾隆甲戌科三甲
郭绍宗	广东澄海	乾隆丁丑科三甲
郭六宰	河南信阳	乾隆丁丑科三甲
郭卫城	江西建昌	乾隆丁丑科三甲
郭世谊	河北大兴	乾隆丁丑科三甲
郭成巍	甘肃岷县	乾隆丁丑科三甲
郭祚炽	江西建昌	乾隆辛巳科二甲
郭　镛	江苏元和	乾隆辛巳科二甲

姓　名	籍　贯	科　甲
郭元澍	江苏全椒	乾隆辛巳科三甲
郭　玑	山西临晋	乾隆辛巳科三甲
郭　寅	山东历城	乾隆己丑科三甲
郭绥光	江西吉水	乾隆辛卯科二甲
郭士衡	山西大同	乾隆辛卯科三甲
郭　燮	福建侯官	乾隆壬辰科三甲
郭在逵	山西介休	乾隆庚子科三甲
郭　乾	浙江鄞县	乾隆庚子科三甲
郭依山	山西文水	乾隆甲辰科二甲
郭祚炳	江西建昌	乾隆甲辰科三甲
郭　均	江苏甘泉	乾隆丁未科二甲
郭世谊	江西南昌	乾隆癸丑科二甲
郭　楷	甘肃武威	乾隆乙卯科三甲
郭龙光	福建福清	嘉庆丙辰科三甲
郭泰成	山西汾阳	嘉庆乙丑科二甲
郭承恩	山西潞城	嘉庆乙丑科三甲
郭　圩	山东潍县	嘉庆乙丑科三甲
郭阶平	河南洛阳	嘉庆乙丑科三甲
郭志青	河北天津	嘉庆乙丑科三甲
郭大经	江西万载	嘉庆戊辰科二甲
郭仁图	福建闽县	嘉庆戊辰科二甲

姓 名	籍 贯	科 甲
郭承休	山西寿阳	嘉庆戊辰科三甲
郭尚先	福建莆田	嘉庆己巳科二甲
郭安龄	山西襄县	嘉庆己巳科三甲
郭淳章	山西安邑	嘉庆辛未科三甲
郭恒辰	山西山阴	嘉庆甲戌科二甲
郭大钟	陕西咸宁	嘉庆甲戌科三甲
郭在磐	江西湖口	嘉庆甲戌科三甲
郭 璋	山东潍县	嘉庆丁丑科三甲
郭应辰	安徽全椒	嘉庆己卯科三甲
郭维城	湖南长沙	嘉庆己卯科三甲
郭聚奎	河南信阳	嘉庆己卯科三甲
郭鸣高	福建德化	嘉庆己卯科三甲
郭文汇	江西新建	嘉庆庚辰科二甲
郭象升	浙江金华	嘉庆庚辰科二甲
郭琼宴	福建闽县	嘉庆庚辰科三甲
郭彬图	福建闽县	道光壬午科三甲
郭应轸	河南洛阳	道光壬午科三甲
郭熊飞	山东潍县	道光壬午科三甲
郭道生	安徽合肥	道光壬午科三甲
郭梦龄	山东济宁	道光癸未科二甲
郭维暹	河南洛阳	道光癸未科二甲

姓　名	籍　贯	科　甲
郭安钰	山西定襄	道光癸未科三甲
郭世闻	江西湖口	道光癸未科三甲
郭如翰	湖南湘潭	道光癸未科三甲
郭道闿	湖北孝感	道光丙戌科二甲
郭觐辰	江西新建	道光丙戌科二甲
郭其观	云南河阳	道光丙戌科三甲
郭牖心	陕西蒲城	道光丙戌科三甲
郭景僖	山西阳曲	道光己丑科三甲
郭昌年	福建侯官	道光己丑科二甲
郭利宾	湖北蕲水	道光壬辰科二甲
郭柏荫	福建侯官	道光壬辰科二甲
郭锡恩	云南河南	道光壬辰科二甲
郭思仪	山西介休	道光壬辰科三甲
郭　樟	河南光县	道光癸巳科二甲
郭维键	四川资县	道光癸巳科三甲
郭永锡	山西介休	道光乙未科三甲
郭望安	福建嘉义	道光乙未科三甲
郭超凡	贵州贵筑	道光乙未科三甲
郭世亨	河北大兴	道光丙申科二甲
郭绍曾	山东蓬莱	道光丙申科二甲
郭沛霖	湖北蕲水	道光戊戌科二甲

姓 名	籍 贯	科 甲
郭名杰	江苏江浦	道光戊戌科三甲
郭礼图	福建闽县	道光辛丑科二甲
郭廷肇	汉军正蓝旗	道光辛丑科三甲
郭凤冈	江苏吴县	道光辛丑科三甲
郭汝诚	山东济宁	道光辛丑科三甲
郭先本	四川合县	道光辛丑科三甲
郭师泰	河北天津	道光甲辰科三甲
郭维藩	汉军镶红	道光甲辰科三甲
郭骥远	山西潞城	道光乙巳科二甲
郭印瑚	山东滕县	道光乙巳科二甲
郭志融	广东清远	道光乙巳科三甲
郭祥瑞	河南新乡	道光丁未科二甲
郭椿寿	山西安邑	道光丁未科二甲
郭嵩焘	湖南湘阴	道光丁未科二甲
郭种德	山东恩县	道光丁未科三甲
郭定柱	河北临榆	道光丁未科三甲
郭桐生	河南新安	道光庚戌科二甲
郭 珍	陕西扶风	道光庚戌科三甲
郭鉴襄	辽宁铁岭	（失记）
郭梦惠	山东潍县	咸丰癸丑科二甲
郭长清	河北临榆	咸丰丙辰科三甲

姓　名	籍　贯	科　甲
郭应霖	河南河内	咸丰己未科二甲
郭云汉	陕西三原	咸丰己未科二甲
郭从矩	山西长治	咸丰庚申科二甲
郭家修	河北邯郸	咸丰庚申科三甲
郭程先	河南辉县	咸丰庚申科三甲
郭深基	山西榆次	同治壬戌科三甲
郭炳南	陕西潼南	同治壬戌科三甲
郭怀仁	安徽合肥	同治癸亥科二甲
郭芳兰	河北新城	同治己丑科三甲
郭乃心	广东南海	同治戊辰科三甲
郭　椿	山西右玉	同治戊辰科三甲
郭庆新	浙江鄞县	同治戊辰科三甲
郭庆治	湖南长沙	同治辛未科二甲
郭增禄	山西长子	同治辛未科三甲
郭　源	云南晋宁	同治辛未科三甲
郭安仁	山西五台	同治甲戌科二甲
郭兆福	福建侯官	同治甲戌科三甲
郭万俊	四川清溪	光绪丙子科三甲
郭汝材	广东南海	光绪丙子科三甲
郭廷谨	陕西蒲城	光绪丙子科三甲
郭敬佑	山东乐陵	光绪丙子科三甲

姓　名	籍　贯	科　甲
郭庆棠	江西新建	光绪丁丑科二甲
郭 笃	陕西岐山	光绪丁丑科三甲
郭曾炘	福建侯官	光绪庚辰科二甲
郭赓平	江西万载	光绪庚辰科二甲
郭 翊	山东历城	光绪庚辰科二甲
郭雅詿	陕西三原	光绪庚辰科三甲
郭鸿宾	陕西韩城	光绪癸未科三甲
郭曾程	福建侯官	光绪己丑科二甲
郭集琛	湖北黄陂	光绪己丑科三甲
郭以诚	广西桂林	光绪己丑科三甲
郭集芬	湖北黄陂	光绪庚寅科二甲
郭 同	安徽太湖	光绪庚寅科三甲
郭曾淮	福建侯官	光绪壬辰科二甲
郭兆春	湖北麻城	光绪壬辰科三甲
郭育才	山东莱县	光绪甲午科二甲
郭传昌	福建侯官	光绪甲午科二甲
郭书堂	河南项城	光绪甲午科三甲
郭家葆	河南信阳	光绪甲午科三甲
郭南溪	陕西商县	光绪甲午科三甲
郭 灿	四川资县	光绪乙未科二甲
郭景象	山西孝义	光绪乙未科三甲

姓 名	籍 贯	科 甲
郭兆禄	福建福安	光绪乙未科三甲
郭恩赓	山东潍县	光绪戊戌科二甲
郭日章	陕西汉阴	光绪戊戌科二甲
郭显球	江西新建	光绪戊戌科三甲
郭宗熙	湖南长沙	光绪辛丑科二甲
郭则澐	福建侯官	光绪辛丑科二甲
郭立山	湖南湘阴	光绪辛丑科二甲
郭铭鼎	河南偃师	光绪辛丑科二甲
郭家声	河北武清	光绪辛丑科二甲
郭毓璋	陕西华县	光绪辛丑科三甲
郭寿清	江西吉水	光绪甲辰科二甲
郭钟美	安徽合肥	光绪甲辰科三甲
郭辅唐	陕西渭南	光绪甲辰科三甲

主要参考文献:

《泰国郭氏宗亲总会成立三十周年纪念特刊》,1995 年 10 月内部编印资料。

陕西华县郭子仪研究会编印:《郭子仪研究》,内部资料。

郭世科主编:《郭氏源流考》,中国文史出版社,2005 年 11 月。

山西郭氏文化研究会编印:《郭氏文化研究》,内部资料。

罗哲文、刘文渊、刘春英编著:《中国名祠》,百花文艺出版社,2002 年 1 月。

李文郑编著:《中华姓氏对联鉴赏》,中州古籍出版社,1999 年 9 月。

张继仲著:《山西历史政区地理》,山西古籍出版社,2005 年 1 月。

山西省社会科学院家谱中心所藏郭氏族谱。

高可、刘克文点校:《山西通志》光绪版,中华书局,1990 年 10 月。

中共阳曲县委、县政府组织的历次郭氏文化研究会及社会调查的文献资料及图片。

一　典籍文献　史海觅踪

家庭是社会的细胞,宗族是血缘传承的群体,古往今来,无论是帝王将相、庶民百姓，无不植根于家庭文化的血缘体系，无一超然于宗族交融的社会网络。从某种意义上讲,五千年的华夏文明,就是不同血缘的姓氏种族,在各个历史时期繁衍生息、播迁交融、兴衰更替的总汇。姓氏家族文化必然涉及人类学、社会学、历史学、经济学、考古学等多个学科,也必然会著录、留存于各学科的典籍文献之中。反之,凡著录记述有关姓氏源渊、繁衍播迁及其盛衰荣辱、社会功业和代表人物的经、史、子、集和金石碑碣、文物古迹,也均属于研究姓氏家族文化的文献典籍。依据其文化内涵和著录体系,大致可分为:考辨源流、明晰世系的姓氏专著;记载史实、记述人物的经传史志、族谱家乘;可资借鉴的金石碑碣、考古发现等。

郭氏族谱

1 姓氏专著 考辨源流

中国姓氏历史悠久,内涵丰富,门类庞杂,异彩纷呈。历代研究姓氏学的著述十分丰富。据统计,古代记载姓氏的书籍多达400种左右,流传至今的尚有七十多种,其中宋、明、清三代著述最为丰富。这些姓氏书籍大多涉及郭姓,其内容包括姓氏起源、历史演变、郡望支派、历代世家大族的兴衰及其代表人物的活动情况,等等。

《元和姓纂》

《元和姓纂》10卷,唐代林宝纂。该书首列皇族李氏,其余均依唐韵206部分别排列。每姓均记载其姓氏来源及各家谱系。对唐人姓氏则尤为详尽,共计收录姓氏1232个。

书中论得姓受氏之源,多源于《世本》、《风俗通》,并引证《百家谱》、《英贤传》、《姓苑》诸书,旁征博引,取材宏富。宋代郑樵作《通志·氏族略》多取材于此。但林宝编写该书前后历时仅二百余天,其考辨、援引尚有谬误、遗漏之处。

该书对郭姓的记述较为详尽,不仅追溯了郭氏得姓受氏之源,而且逐一列举了太原郭氏、冯翊郭氏、京兆郭氏、颍川郭氏、华阴郭氏、中山鼓城郭氏、武昌郭氏、略阳郭氏、馆陶昌乐郭氏、广平邯郸郭氏、河东闻喜郭氏、敦煌郭氏等14支郭氏,以及诸郡郭氏的郡望和代表人物。是著录郭氏郡望最多的姓氏书籍之一。

现将有关郭氏记述记录于下:

郭

周文王季弟虢叔受封于虢,或曰郭公,因以为氏。《公羊传》云:虢,谓之郭,声之转也。《左传》:齐有郭最,燕有郭隗。后汉司徒郭丹。郭泰字林宗。

太原阳曲 汉末大司农郭全代居阳曲,生缊,缊生淮、配、镇。淮,魏雍州刺史,生奕。配,城阳太守,裴秀、贾充并其婿也。镇,尚书郎、谒者仆射、昌平侯。镇七代孙祚,后魏左仆射、东光文贞公。曾孙士谦、士伦。士谦玄孙伷,驸马。士伦,唐仓部员外,赠深州刺史。曾孙珍,桂州都督。

冯翊 魏雍州刺史淮孙正,

因官冯翊,居焉。裔孙彦,周兵部尚书。孙福始,唐绥州刺史、夔城男。

京兆　西魏右仆射郭嵩,雍州刺史淮八代孙也。生衍,隋左卫大将军、洪州刺史、武山公,生赟、嗣本、俭。赟,隋武强公,生依宗,依宗生袭庆、袭业。袭业生味邱,申州刺史。味邱生液,驸马都尉、秘书监。液生岫、峋。袭庆,台州刺史,生味先、味贤。味先生景华。味贤,陈州司户,生雄、孺华。雄,吏部郎中,孺华,校书郎。嗣本,职方郎中、司农卿、怀仁公,生绍宗、齐宗。绍宗,徐州刺史,齐宗,司农郎中、怀州刺史。曾孙商州刺史求,校书郎。俭生敬宗、肃宗。敬宗,濮州刺史,曾孙南金,硖州刺史。肃宗孙涣,荣州刺史,生佐殷、曙。佐殷,剑州刺史,曙,兼殿中御史。肃宗少子袭征左拾遗。

颍川　北齐黄门侍郎平章事待举(案:唐书世系表:郭待举,相高宗,生二子秦初、秦方。此作北齐相,未详),生秦方,兄秦初,生润、纳。润,起居舍人,纳,给事中、陈留采访使,生贡、谟、霸。纳兄孙,监察御史、凉州都督、阳翟公。郭孝恪,颍川阳翟人,生待封,左卫将军,待聘,宋州刺史。

华阴　隋大将军蒲城公郭荣,称本太原人,后居华州,生福善,唐兵部侍郎。荣弟宏道,同州刺史、邬国公,生敬君、广庆(案:唐书世系表:广庆作广敬)。敬君生依仁。广庆,左威卫大将军,礼部尚书。生昶,庆州刺史,云本尉氏。太尉中书令汾阳王子仪云:荣,叔父进之后。进曾孙通,美原尉,生敬之,天宝中渭、吉、寿三州刺史。生子琇、子仪、子英、幼贤、幼儒、幼明、幼冲(案:唐书世系表:敬之十一子,尚有子云、子暡、幼谦、子珪四人)。子琇生晔。子仪生曜、旰、晞、曙、晤、暧、曙、映。曜太子少保,生锐、锋,锋光禄少卿。旰鸿胪卿同正,晞工部尚书,生钧、钢、鍊、铦、锜、铱、镳、镶。钧兵部员外。钢兼监察御史。鍊太常丞。锜京兆仓录。曙试鸿

胪卿。晤兵部郎中,生锵、锅、铤、
镳。暖驸马、右军常侍,生铸、钊、
钣、铦。铸右庶子,钊卫尉少卿。钣
驸马、殿中监。曙左金吾将军,映
右庶子。子云,左领军将军,生
昕,检校左仆射、碛西节度。子
瑛,延州司法,生晛。幼贤,单于
副都护,生昉、晓。幼儒,成都少
尹,生旷、暄、晟、晖。暄,河南丞。
幼明,少府监、太原公,生煦、晅、
暎、皓、晫。煦鸿胪少卿。皓兼殿
中御史。幼冲太仆卿、太子詹事,
生昈、晦。子珪、幼谦早亡。

中山鼓城　唐中书侍郎、平
章事、颍川男郭正一,生忠,通事
舍人。

馆陶　唐齐州刺史致仕郭
善庆,状称林宗之后。生元振,
兵、礼、刑三尚书、平章事、代国
公。生晟,鸿胪卿、左骁卫将军。
生珹,膳、兵二员外。

曲沃　唐蒲州刺史子贱。

河内　晋郭默,今无闻。

武昌　晋有郭讷,弟察,生
翻。

略阳　后汉有郭整,六代孙

荷。

广平邯郸　汉有郭纵,以铁
冶富埒王公。

河东闻喜　晋建平太守郭
瑗,生璞,著作郎,生骜。

敦煌　晋太傅左长史郭瑀。

诸郡郭氏　唐左武将军、太
原公郭知运,生英杰、彦英、协,
状云:本太原,徙居晋昌。协生
嘉,将作少监。彦英,检校仆射、
剑南节度。光禄少卿郭仁勖,冯
翊人,或云本党氏。生茂祎。茂祎
生崇礼、崇默、崇嗣。崇礼,济州
刺史,生震、观、豫。震,左司员外
郎。观,拾遗。豫生图,图生降,降
鸿胪卿,生同知、同节。崇默襄州
刺史,生恒。崇嗣生损,库部员
外、工部郎中。郭虚已,京兆人,
生恕、弼、彦、枢。恕少府少监,彦
绵州刺史、枢京兆兵曹、右骁卫
将军、北庭都护。郭虔,齐州历城
人,给事中。郭邻,浚仪人,主客
郎中。郭奇,洛阳人,兵部员外。
郭诠,栎阳人,司勋序、知制诰。
郭慎征,秋官司郎中。郭奉,万年
人,仓部员外。郭文简,建兴高平

人,生叔畅,右拾遗、刑部员外。郭洽,秘书郎。郭翰,晋陵人,邠州刺史。郭怀,魏郡贵乡人,生偲,兄逼远,生傪。

《古今姓氏书辨证》

《古今姓氏书辨证》40 卷,宋邓名世、邓椿年撰。该书对《元和姓纂》一书考辨尤为详博,同时又以《熙宁姓纂》、《宋百官公卿家谱》等姓氏书籍互为参校,取其长而辨其误,弥补了史传之不足。

该书从北宋政和年间着手编撰,成书于南宋绍兴年间,父子相继,历时 20 余年,用力之勤,考辨之精,为各姓氏书籍之冠。原书久已散佚,后从《永乐大典》中辑出,收入《四库全书》。该书不仅对郭姓起源作了详细介绍,而且对虢仲、虢叔创立的东、西二虢的兴衰作了周详的考辨,纠正了《新唐书·宰相世系表》中对东、西二虢记载失实和谬误之处。是研究郭氏及其他姓氏文化不可或缺的重要著作。

郭

出自姬姓,周武王封文王弟虢叔于西虢,封虢仲于东虢。西虢地在虞郑之间。平王东迁,夺虢叔之地与郑武公。楚庄王起陆浑之师伐周,责王灭虢。于是平王求虢叔裔孙序,封于阳曲(案:唐书世系表:此下尚有"号为郭公,因以为氏",文义方顺)。后魏郭崇播,本党氏,改焉。贾执《姓氏谱》定太原五姓,隋唐定山东八族,其一皆曰郭氏。谨按:春秋齐大夫有郭荣、郭周父,则郭公之后得姓者,初仕齐。又唐表误以楚武王为庄王,合改正。

《路史》

《路史》47 卷,南宋罗泌撰。该书广泛搜罗了前代多种典籍文献,对虢国及其他各国姓氏的地理分布状况皆有详细介绍,可补众家姓氏书籍之不足。

该书首次提出了"东虢"、"西虢"、"南虢"、"北虢"、"小虢"五虢的概念,并对五虢的建置情况、历史沿革、传承关系、地理方位及遗址古迹,作了较为详尽的记述。尤为珍贵的是,指出古代党项族之"禺郭"即是"禺虢"的结论,这对研究起源于少数民族的郭姓有着重要参考价值。

虢(郭) 仲之封,为西虢,

在岐。今凤翔虢县。《通典》云：岐州虢县，西虢也。东迁之际，自此之上阳，为南虢矣（或云：叔自此之上阳，妄）。其处者为小虢，秦灭之（秦武公十一年，鲁庄七年）亦俱曰郭。《公羊》曰：虞、郭。郭究碑言：郭叔。《礼记注》：虢或为郭，在武都南百里有虢城。《集韵》引《传》：郭，音虢。

东虢 叔之封，制也。今郑之荥阳有虢亭。《世纪》以成皋为东虢，叔之封，故《通典》以洛之汜水为东虢国，即制邑。《左传》云：制，岩邑也，虢叔死焉。制，今在孟之汜水，汉之成皋。台冢在焉。《水经》：济水南历虢公台。《皇览》云：基址及冢尚在。或云仲封者，非。《左疏》亦云东虢制也。贾逵、虞翻等谓叔为西虢，仲为东虢，误。

南虢 上阳是。上阳城在陕县之硖石镇西三十六里，常阳驿之东南。夏阳即今日之下阳。服氏亦云在此。下、夏字通。杜谓：河东太阳。亦非。马融云：叔封下阳，仲封上阳。《疏》哀二：地即虢

邑，不得二人分封其处。今虢之虢，《略正》曰：南虢，以其仲后所都，故亦号西。《九域志》：周封虢仲，非。《世纪》云：虢仲为西虢，不在此。《春秋公子谱》：上阳，虢叔之后，亦非。

北虢 男爵，今陕理西四十五里故虢城是。《汉志》弘农陕，故虢。世一以州治城，为即古虢国。是为大阳。《汉志》：北虢，在大阳，东虢在荥阳，西虢在雍。今按：陕、平陆，皆汉之大阳地。天宝元年，守李齐物开漕，得古铧，有平陆字，改焉。佑以此为仲邑，仲后也。

夏阳 序之封，晋灭之（僖二年），今陕之平陆（见《欧志》、《广记》）。汉夏阳城又在韩城东北百三十。

《姓氏寻源》

《姓氏寻源》，清代张澍撰。该书根据历代有关文献记载对郭氏姓源作了较为详细的考证。首次引用和著录了郭氏起源于夏商时期的郭哀、郭御的说法，不仅提出了郭氏有多种起源的论点，而且把郭氏

的起源时间上溯到夏代，郭氏的发祥之地也扩展到齐、鲁一带。在该书中，还引用了《汉郭辅先生碑》和《郭公家庙碑》等相关资料，与《新唐书·宰相世系表》、《北史》、《五代史》等正史相互印证，纠正了郭子仪先世传承关系中的不当之处，具有较高的学术价值。

郭氏　《括地志》云：夏禹御郭哀。《抱朴子》云：禹乘二龙，郭支为御。《三一经》云：商有郭崇。《白虎通》云：武王师郭叔。一说箕子号郭叔，此郭姓之始。而《风俗通》云：本自王季子虢叔之后。又云：氏于居者，城郭园池是也。《急就篇》注：齐地有郭氏之墟。盖古国，齐灭之，后亦为郭氏。齐有郭荣，其族也。又按：郭与虢同，周文王季弟封于虢，或称郭公。一云郭为晋灭，公子丑奔周，遂为郭氏。《春秋左传》云：攻虢则虞救之。《公羊》作郭。《左氏》、《谷梁》作虢，字异音同。《公羊传》云：虢谓之郭，声之转也。《汉郭辅先生碑》云：其先出自有周王季之中子，为文王卿士，食采于虢。至于武王，赐而封之。后世谓之郭。春秋时为晋所并，遭战国、秦汉，子孙流分，来居荆土，氏国立姓焉。《宰相世系表》云：郭氏，武王封虢叔于西虢。后平王东迁，夺虢叔地与郑武公，楚庄王伐周，责王灭虢，于是求虢叔裔孙序，封于阳曲，号曰郭公。虢之谓郭，声之转也，因以为氏。《世系表》又云：汉有郭亭，亭曾孙光禄大夫广智，广智生冯翊太守孟儒，子孙自太原徙冯翊，与家庙碑合。又云：后汉大司农郭全代居阳曲，生蕴。蕴生淮、配、镇。镇官谒者仆射，封昌平侯，裔孙徙颍川。一云郭泰裔孙自介休居魏州昌乐。又中山郭氏世居鼓城。又隋之邬王庆，本山东郭氏。见《隋书》。隋之郭衍，介休人。周武帝赐姓叱罗氏，隋文帝开皇元年复姓郭氏。见《北史》。成姓改为郭氏者，成沘是也。晋天福时之郭海金，则突厥之族。郭威本潞州人，常氏之子。幼随母适郭氏，故冒其姓。均见薛居正《五代史》。

《汉语大词典》第八册（1991 年 12 月第 1 版）

虢〔guō，《广韵》古伯切，入陌，见。〕① 古国名。西周文王弟虢仲之封地，故城在今陕西省宝鸡市东者，是为西虢。虢叔之封地，在今河南省成皋县虢亭者，是为东虢。平王东迁，西虢徙上阳，地在今河南省陕县东南，称南虢。西虢徙后，其支族留居原封地者，称小虢。此外，虢仲有别支居于今山西省平陆县大阳之南、滨河之北者，称北虢。史称"晋假道于虞以伐虢"者，即指此。② 姓。虢叔、虢仲之后，以国为姓。后亦改作"郭"。

郭裕怀、张海瀛主编：《汾阳王郭子仪谱传》（书海出版社，1994 年）

郭氏之根在山西

据史籍记载，郭氏出自姬姓，起源于山西。华阴郭氏亦是由山西太原迁去的。郭氏是以封国名转化而成的姓氏。在古代，"虢"与"郭"同，因以为氏。

据记载，虢的宗庙社稷在下阳（今山西平陆县境），史称北虢。平王东迁时，西虢迁都于上阳（今河南陕县境），史称南虢。明末清初学者王夫之（1619—1692）指

出，虢有三：荥阳之虢亭，为东虢；山西平陆下阳，滨河之北，是为北虢，系宗庙社稷之所在；陕州（今河南陕县）上阳为南虢。

《左传》载，僖公二年（前 658 年）夏，晋献公假道于虞以伐虢，克下阳。因下阳为宗庙社稷所在，故下阳亡而虢亡。《春秋直解》曰："虞恃虢，虢恃下阳。下阳，虞、虢之塞邑也。无下阳，由无二国矣。"北虢灭亡三年后，即公元前 655 年，晋献公复假道虞国，克上阳，南虢亡。晋献公军回师途中，又灭虞。至此，虢、虞皆亡。

晋献公灭虢、虞之后，迁其国人于汾阳，此即汾阳之小虢城、大虢城及虞城之由来。换言之，迁居汾阳小虢城、大虢城之郭氏，乃是郭氏开宗立姓之始祖的群体后裔。《太平寰宇记》在谈到虞城与虢城之得名时写道："虞、虢二城，相传晋灭虞、虢，迁其人于此，筑城以居之。"

如果说，阳曲为虢叔之后裔虢序之封地的话，那么，汾阳之小虢城、大虢城，则是虢叔后裔集中聚居之地；如果说阳曲是郭氏得姓之地的话，那么，汾阳则是郭氏的根之所在。在历史上，郭氏总是将虢叔看作他们开宗立姓之始祖的。明代罗伦《郭氏族谱序》曰："郭得姓自周虢叔。林宗振汉，子仪鸣唐，太原、汾阳著望天下，上

下数千年,由二人而郭氏大焉。"

按照虢叔为郭氏得姓始祖说,虢叔正宗后裔之集中聚居地——汾阳虢城,自然就是郭氏根之所在。郭林宗振汉,郭子仪鸣唐,这是郭氏誉满天下的凭借,同时也是太原、汾阳著望海内外的凭借。郭林宗和郭子仪都植根于汾阳,这不仅是由于郭氏之根在汾阳,而且还因郭林宗的故居和墓地都在汾阳,郭子仪的封地和庙宇也都坐落在汾阳。汾阳与郭氏借以扬名天下数千年的这二位名人是融为一体的。

郭林宗,名郭泰,字林宗,太原介休人。生活在东汉时期,是太学生首领,与李膺等友善,名震京师。归乡里后,屡拒征召。党锢之祸起,闭门讲学,弟子数千。周游列国,名扬天下。死后,四方之士皆来会葬,志同者为其刻石立碑,现仍有石碑矗立于太原傅山碑林。

唐代郭子仪的品德和业绩更为人们所崇拜和敬仰。明朝万历二十三年(1595年),为顺乎民心,干脆以郭子仪的封号取名汾阳。"先有汾阳王,后有汾阳县",这就是汾阳的历史。以郭子仪的封号取名汾阳后,汾阳人对郭子仪更加尊敬。由于郭子仪长期生活、战斗在山西,食封之地在山西,所以郭子仪、郭子仪的夫人以及郭子仪的后裔都与山西直接相关。

郭子仪长子郭曜,封太原郡公。次子郭旰,随父由山西出发,攻克潼关,在攻打永丰仓(陕西华阴县境)时阵亡。四子郭昢(音破),封为清源县开国男。五子郭晞,封为乐平县开国男。六子郭暧与代宗之女升平公主结为夫妇,郭暧袭封为代国公,升平公主追赠为虢国大长公主。七子郭曙,追封为祁国公。八子郭映,封为寿阳县开国男。

郭子仪的侄子郭晛(音宪)封为晋阳县开国男,郭煦封为太原县开国男,等等。

清乾隆《汾州府志》载,郭子仪的后裔郭企忠,字元弼,金太宗天会四年(1126年)出任汾州知事。正值石州阎先生率众数万围攻汾州,汾州官吏担心内变,提醒郭企忠注意。但企忠很有把握地说:"吾于汾人有德,保无灾。"遂率军民坚守。待援军赶到,里外合击大破石州阎先生军。由此可见,郭子仪在汾州影响深远。

不仅在汾阳,整个三晋大地都有关于郭子仪的足迹、传说和遗迹。从至德元年(756年)初,郭子仪率军赴河东平叛收复云中、马邑,打开东进河北的通道开始,他多次赴河东、河中平叛,从北到南、从东到西,踏遍了三晋大地。山西历来是兵家必争之地,唐高祖李渊就是誓师晋阳,然后下汾晋、取关中,建立了李唐王朝的。山西是李唐王朝的发迹之地,所以唐朝皇帝格外重视。在平定"安史之乱"过程中,主帅郭子仪"匡济之功,多出河东"。值得注意的是,唐太宗平叛的地方和留有遗迹的地方,郭子仪都倍加重视。唐高祖武德二年(619年),王行本据蒲州反叛,吕崇茂据夏县反叛,李世民奉旨率师讨伐。途次汾阴县(今万荣荣河北),曾在张瓮、解店(今万荣城)、古城三地屯兵。战事结束后,在上述三处各修建东岳庙一座,在解店、张瓮两处,又分别盖乐楼一座,此即万荣飞云楼之由来。传说,郭子仪曾多次到解店东岳庙瞻仰,并登上飞云楼缅怀太宗皇帝"金戈铁马,气吞万里如虎"的丰功伟绩。

据史籍记载,在山西洪洞县城东北霍山南麓,东汉建和元年(147年)创建一寺庙,取名俱庐舍寺。唐初,李世民下河东,曾在这里会战过,战后写了一首雄浑豪放的诗,名曰《广胜寺赞》,全诗如下:

鹤立蛇行势未休,五天文字鬼神愁。
龙蟠梵质层峰峭,凤展翎仪已卷收。
正觉印同真圣道,邪魔交闭绝纵由。
儒门弟子应难识,穿耳胡僧笑点头。

所谓"广胜",就是"广大于天,名胜于世"的意思。郭子仪瞻仰俱庐舍寺,感慨万千。代宗大历元年(766年),郭子仪奉命赴华州平定周智光谋叛。次年,在灵州又大败吐蕃军。大历三年,郭子仪回到河中。大历四年,便上疏代宗,奏请扩建重修俱庐舍寺。

《霍山志》载:大历四年五月二十七日奉牒,晋州赵城县东南三十里霍山广胜上古育王塔院一所,右河东观察使司徒兼中书令汾阳郡王郭子仪奏:"臣据朔方,左厢兵马使开府仪同三司试太常卿五原郡王李光赞状称:前件塔,接山带水,古迹见存,堪置伽蓝,自愿成立。伏启奏置一寺。为国崇益福田,仍请以阿育王为额者,臣准状牒州,勘责得耆寿百姓陈仙章等状,为光赞所请,置寺为广胜,伏乞天恩,遂其诚愿。如蒙特命,赐以为额。仍请于当州诸寺选僧住持洒扫。"中书门下、河东观察使,奉敕宜依,仍赐额为"大历广胜之寺"。

郭子仪的疏奏获准后,亲自组织人员主持扩建重修工程,竣工后,郭子仪便以太宗皇帝《广胜寺赞》诗名,取名曰"广胜寺"。此即洪洞广胜寺之由来。时到今日,洪洞民间依然流传着很多郭子仪的故事。

在古代北虢宗庙社稷所在地下阳（今山西平陆县境），也有很多关于郭子仪的传说，人们对郭子仪极其尊敬。在与平陆毗连的芮城县博物馆内，还保存有为郭子仪祝寿图。这幅祝寿图，高约 1.6 米，长 3 米许。是用金丝彩线绣成立体图案固定在屏风上的。立体感很强，称曰"堆卷"，是国家一级文物。

晋剧《打金枝》，更是山西家喻户晓、妇孺皆知的传统剧目。这是描写为郭子仪祝寿的一出戏。升平公主不去拜寿，驸马郭暧回宫怒打金枝，闯下大祸，郭子仪绑子上殿请罪。代宗不但没有指责，反给郭暧加官晋爵，并劝其夫妻和睦相处。代宗谕郭子仪曰："不痴不聋，做不得阿家翁。儿女闺阁中语，不必挂怀。"许多晋剧名角就是以《打金枝》为拿手戏的。清同治九年（1870 年），老十三旦侯俊山进京演出《打金枝》，名震朝廷，誉满京师。1948 年春，毛泽东主席到晋绥，贺龙元帅点名让演《打金枝》。1952 年全国首次戏曲观摩演出，晋剧《打金枝》又进入中南海。其后，几经加工，拍成影片，搬上银幕，广为流传。

总之，郭子仪是以山西为基地，大败叛军取得收复两京的显赫战功的。郭子仪的食封之地在山西，手书狂草复制件收藏于山西，子孙后代很多封邑亦在山西，汾阳王庙建于山西。郭氏凭借郭子仪的英名，誉满天下，汾阳凭借郭子仪的英名著望海内外。

姜国民：《郭氏之源在阳曲》（选自山西省阳曲县政协《文史资料》单行本）

三朝汾阳归阳曲

《阳曲县志》清道光二十三年版第一卷正文第二页记载："阳曲之得名始于汉……隋隶地太原郡，开皇六年文帝自以姓杨恶其曲之名，改曰阳直。十六年改曰汾阳，因汉故名……唐属并州，武德三年于隋之故城西四十里又置汾阳县，七年省，复阳曲。"这个记载同《汉书》、《后汉书》、《晋书》、《隋书》、《旧唐书》、《新唐书》中地理志关于阳曲的记载是一致的。从这些记载中可以看出，在汉、隋、唐朝间，曾三次称汾阳，两次称阳直，但最后都并于阳曲。现在阳曲县境内大盂镇古城村、东黄水镇的故县村均为阳曲、阳直、汾阳县治所在地。《太原府志》明万历年版在古遗迹篇中记载："汾阳在府城北七十里，汉为汾阳，隋初改阳直，唐又改今名。"中国地图出版社出版的《中国历史地图集》第五册第 17—18 页，隋大业八年的河东诸郡，图上所标的"汾阳"正好在阳曲县东黄水镇的故县村。

阳曲在汉、隋、唐时期,有时一县改数名,有时一地分数县,但有一条始终不变,即当时的汾阳、阳直、阳曲同在今阳曲这一地盘上。《新唐书·地理志》记载阳曲是:"畿本阳直,武德三年析置汾阳县,七年省阳直,更汾阳为阳曲……有赤唐关、天门关。"文中讲的赤唐关、天门关,无论古时还是现在均在阳曲境内,说明古时阳曲与今阳曲大体是一致的。从地理位置上讲,阳曲的大面积土地处在汾河拐弯处的北岸,古时讲山南水北为阳,阳曲县称之为阳曲、汾阳是有着地理学依据的。

郭氏之源始阳曲

郭氏是如何得姓的?《新唐书·宰相世系表》记载是:"郭氏出自姬姓,周武王封文王之弟虢叔于西虢,封虢仲于东虢,西虢之地在虞、郑之间。平王东迁,夺虢叔地与郑武公。楚庄王起陆浑之师伐周,责王灭虢。于是平王求虢叔裔孙序,封于阳曲,号曰郭公。虢谓之郭,声之转也,因以为氏。后汉末大司农郭全,代居阳曲,生蕴,蕴生淮、配、镇。镇,谒者仆射、昌平侯。裔孙徙颍川。"

《新唐书》的这段记载至少讲清了四个问题,一是郭氏来源,郭氏来自姬姓,由虢叔之虢按声转为郭。二是阳曲是郭姓开宗之地,因郭序封于阳曲,号曰郭公。三是阳曲是郭氏居住延续传宗接代之地,因郭全"代居阳曲",还繁衍了数代人。四是阳曲是郭氏祖籍地,因为"裔孙徙颍川",郭氏之后代离祖籍地阳曲而迁往他地。

子仪祖籍为阳曲

唐朝的汾阳王郭子仪由于功劳大,加之《打金枝》一戏久有盛名,使国内的许多人知道郭子仪,国外也有不少人知道汾阳王,这样就对郭子仪的祖籍是何处有了不同看法。《新唐书·宰相世系表》记载是:"华阴郭氏亦出自太原,汉有郭亭,亭曾孙光禄大夫广智,广智生冯翊太守孟儒,子孙自太原徙冯翊。后魏有同州司马徽,弟进。"从所列表中可看出郭子仪是郭进的六世孙,郭敬之的儿子。又据颜真卿为郭子仪之父郭敬之作的碑文说:"其先盖出周之虢叔,虢或为郭……代为太原著姓。汉有光禄大夫广德,生孟儒,为冯翊太守,子孙始自太原家焉。后传徙于华山之下,故一族今为华州郑县人。"由这两段史料和《新唐书》关于"郭氏出自姬姓……"的记载,便可看出无论是郭子仪的父亲,还是郭全得姓,都是同一个来源。华阴郭氏是从太原迁来，颍川郭氏是从阳曲迁来，实际上都从阳曲迁来。阳曲历代均属太原郡，到《新唐书》写成之日的宋代，阳曲县衙已移治太原城中，成为首府首县。以郡而言，阳曲可为太原代之，而且阳曲已是郭氏开宗传代之地，当然郭子仪祖籍为阳曲是没有疑问的。

关于郭子仪的祖籍，我认为以下几种说法是欠妥的。

（一）有人认为郭子仪去过汾州即今汾阳县，而且有郭子仪的庙，故郭子仪祖籍在汾阳。我们知道郭子仪到汾州是广德二年（764 年）二月十日，目的是收抚仆固怀恩所统领之朔方军。完成任务后于十六日回到河中（今永济）。郭子仪在汾州的日子很短，直到明万历时在汾阳才有了郭子仪祠。而且明代华州和泾阳县也有郭子仪祠。如此推理，郭子仪的祖籍有了三处，而郭子仪领兵打仗到过的地方就更多了。三国时的关羽，以后不少朝代修了很多关公庙，山西就有很多地方有关公庙，但关羽祖籍只有一个。郭子仪祖籍也只能有一个，就是阳曲。

（二）有个别文章在论说郭子仪时，将《新唐书》记载的"虢叔裔孙序封于阳曲"改为"封虢叔裔孙序于山西"，将"郭全代居阳曲"改为"郭全代居太原"。这样一改，郭子仪的祖籍要到现在全山西的 100 多个县中去找，要到唐朝太原府所属的县中去找，结果就找到了文中所需要的郭子仪的祖籍，却单单忘记了《新唐书》中的"封于阳曲"、"代居阳曲"。这种对历史不尊重的做法是非常欠妥的。

（三）历史上封爵，除宗室之外，功臣大都封于其祖籍或姓氏发源地，有人认为郭子仪被封为汾阳王，他的祖籍就是在现在的汾阳县。我们都知道，现在的汾阳县，在秦朝为兹氏县，晋改为隰城县，唐改为西河县，明始改汾阳县。唐时的汾阳与明时的汾阳是不一样的。从地理上讲，唐时的汾阳在太原城北，明时的汾阳在太原城南，两地相距数百里；从时间上讲，太原之北的汾阳在汉、隋、唐三朝均称汾阳，太原之南的汾阳在明朝才改为汾阳县，时间上相差数百年。唐宝应元年（762 年），封郭子仪为汾阳王，比郭子仪到汾州的时间还早二年。唐代皇帝封王只能在唐时的汾阳，绝不会到数百年之后的汾阳。

郭氏在郭子仪前封号"汾阳"者尚有郭正。郭正是阳曲人，是阳曲侯郭淮的孙子。郭正封为汾阳子，这与阳曲在汾水之阳有关。郭子仪封为汾阳王也与此类同。

这更证明了郭子仪的祖籍在阳曲。

郭氏名人出阳曲

阳曲作为郭氏的发源与得姓之地，郭氏后裔在这块土地生存延续，因而养育出许多郭氏名人。现将《太原府志》(明万历版)第二十卷和《阳曲县志》(清道光版)人物篇中记载的郭氏人物选录如下：

"后汉郭淮，字伯济……进封阳曲侯。"

"淮弟配，字仲南，位至城阳太守……"

"晋郭奕，阳曲人……初为野王令，太康中为尚书。"

"郭澄之，阳曲人……封南丰侯。"

"后周郭彦，阳曲人……晋爵怀德县公。"

"唐郭震，字元振，其先本阳曲人……"

还有郭廷璋任仪封县训导，郭经任西安府推官，郭正奇任定州知州，郭景僖任刑部主事，郭景仪任元氏县知县，郭连隆任贵州朗同营参将，郭有成任曲沃县把总……郭公后代从阳曲分散各地，使郭氏家族更兴旺起来。

郭氏名人不少，事迹很多，因受篇幅所限不能全部录载。

郭氏寻祖来阳曲

阳曲不但为郭氏之源地，也是郭氏传宗之地。1990年全国人口普查，阳曲有姓氏333个，超过2000人以上的姓氏有11个，占总人口的55.92%，其中郭姓有4875人，按数量占第6位。这些郭姓居民和阳曲其他居民欢迎居住在外地的郭姓宗亲来阳曲看一看，访一访。

唐朝汾阳古城的遗址，在阳曲县东黄水镇故县村，村中有眼水井，是隋时建成的，历经唐宋元明清各代，世世代代的人饮用此井的水，井绳拉开的24道石槽仍留在井口的石头上。

高村乡北社村的郭家堡虽经数百年的风雨，仍然屹立，郭家堡堡名的碑石仍嵌在堡门的上方。

泥屯镇的白家社村有郭郡马(夫人为宁化王第四女)祠堂留下的《明诰封巫阳乡君郭门朱氏墓志铭》，从1200字的碑记中可看到郭郡马与夫人的生活片断和业绩。此村原有6幅郭姓神轴，"文化大革命"时被烧掉4幅，但从现存的2幅中也可看到郭氏家族几十代的变化。

还可看一看高村乡南社村路旁的碑石。这是该村名叫郭崇的人在任湖广岳州推官期间回乡立下的。此外，该村还有一位叫郭涵人的所遗留下的经书手抄本。

郭紫峻:《山西崞县郭氏源流》(选自《环球郭氏宗谱》)

本人远祖为东虢贵族之一支,故远祖等最先被迫迁。初迁当战国时代,地点在雁门关南,即秦始皇所筑内长城之崞山。此一"崞"字,据传为远祖所自创,盖有失封邑而迁至一山地之慨,故在"郭"字右旁去"邑",左旁加"山",并名该山坡地为"崞山",自立堂号曰"崞阳堂"。该地系一军事要区,乃在崞山旁,依山傍水,筑一座坚城,并将县治所在地扩平,迁至崞山城,改原平为"崞县"。此一"崞"字,除用之于"崞山"及"崞县"外,再无别用。

"崞山城"成为崞县之县治后,远祖又被迫迁到崞县同川上庄村之北岗,在此居住颇久。以现存坟地面积及代数估计,定居于上庄北岗,最少在五十代以上。后遭天灾,又自北岗迁到上庄村之南寨。自远祖等迁到南寨之四支派传到本人,已历25代,惜宗谱未及携出,无法详记,愧对列祖列宗。

考上庄村共有郭姓宗人约在五六百户以上,俗称"三郭",即先后三次迁居该村者,后两者宗派与本支宗派本出一源,约在宋、元、明时代,分别迁入本村,成为一大宗派。平日敦亲睦族,表现得非常合作团结。

郭时礼:《郭(虢)氏渊源之探讨》(选自《环球郭氏宗谱》)

郭氏始祖"虢叔"

郭氏出自姬姓,与周王室同源,自周武王灭商纣建立周朝,武王于公元前1122年登基立国,分封诸侯,全国共分七十一诸侯国。周文王之弟、季历三子"虢叔"公,为伐商纣的重臣骁将,建立功劳,遂被封于西虢,其土地在今之陕西省宝鸡县虢镇,虢叔成为西虢侯国的第一位君主。受武王封地于西虢,以地名"虢"为封姓,成为虢氏始祖。上述记载为探讨郭子仪家世之多数传记史料所记载。

晋代《抱朴子》一书记载夏有郭支,《三一经》记载商有郭崇等郭氏先贤,均早于以国为姓氏的虢氏。

郭(虢)氏渊源之传说虽有多项,但以出自周朝皇室的"虢叔"后裔为主流。

虢姓即是郭姓之古姓

"虢"字是个古老的文字,"虢"与"郭"音相似,虢姓即是郭姓之古姓。贵族受封地为姓,有名有氏,平民有名无氏。据《说文解字》解释,"虢"像一个人手执铁戟与虎搏斗,寓意威武勇猛。到了平王东迁夺西虢地与郑武公,又封虢叔裔孙序于阳曲,虢谓之郭,声之转也。虢姓即是郭姓之古姓也。

《新唐书·宰相世系表》记载:郭氏出自姬姓,周武王封文王之弟虢叔于西虢,封虢仲于东虢。西虢地在虞、郑之间,平王东迁,夺虢叔之地与郑武公。楚庄王起陆浑之师伐周,责王灭虢。于是平王求虢叔裔孙序,遂封于阳曲,号曰郭公。虢谓之郭,声之转也,后太原就成为郭氏又一得姓之地。

《左传》、《史记·晋世家》等史书记载:公元前655年,晋献公假道于虞以伐虢,将雄踞黄河两岸由虢仲、虢叔后裔所建立起来的虢国和位于晋、虢之间的虞国消灭,毁其宗庙,迁其族人,将虢氏、虞氏遗民举族迁徙至今汾阳县的虢城、虞城,二城就成了虢、虞遗民的集聚流放地,而且从那时起,虢国遗民改虢为郭——这便是汾阳郭氏之祖。

汾阳王郭子仪始祖"虢叔"

珍藏于西安市碑林博物馆内的《郭公庙碑》,系子仪公为纪念逝世的父亲敬之公建家庙于唐代宗广德二年(764年)时所立,由唐颜真卿撰并书子仪公家世。

碑文称:溯其先盖出周之虢叔,虢或为郭,因而氏焉,代为太原著姓,汉有光禄大夫广意(广德),生孟儒为冯翊太守,子孙始自太原家焉。后迁徙于华山之下,故一族今为华州郑县人……隋有金州司仓履球……生凉州司法昶……生美原县主簿通……以上资料证实,郭氏出自周之虢叔,起源于太原;汉光禄大夫广意(广德)、冯翊太守孟儒及履球、昶、通,为子仪公之直系祖先,惟尚缺其余祖先之名字。

唐朝肃宗(756—762年在位)宰相苗晋卿为郭子仪之父撰写的《寿州刺史郭公神道碑》中,称其为周虢叔之胤,其内容与《新唐书·宰相世系表》(74卷)郭子仪之家世内容相符。但《新唐书·宰相世系表》另记述西汉河陵侯郭亭(?—前156年)为其祖先:郭亭曾孙光禄大夫广智,广智生冯翊太守孟儒……发生"广意"与"广智"之名字偏差。

现代著名历史学家岑仲勉在《全唐文札记》一文中,针对上述矛盾说:今依石刻《郭公庙碑》则作"广意"及"孟儒"为是。依此解释类推,郭子仪家世之传记史料中应以《郭公庙碑》铭文为探讨之最重要依据。

东虢侯国大本营河南三门峡市

虢国墓地出土于河南省三门峡市,现

已清理发现 12 座,其中九鼎大墓 1 座,已初步被证实为东虢侯国君主虢仲之墓,其中青铜器近 3000 件,尚在考证中,资料欠详。其墓园规模之大,不亚于秦始皇兵马俑,可证当时东虢国力之强盛。虢仲大墓的发现,证实虢仲统治的侯国,大本营在黄河之南,今之河南省三门峡市。

据传陕西省岐山县京当公社曾出土西周厉王时代的标准器,器物虽小,但铸造工艺灵巧坚固,纹饰华丽生动,为一件精美的艺术品,口沿内有铭文 6 字"虢仲作始(姒)尊鬲"。"始"即是"姒"字,此器是虢仲为妻姒氏作的器物,此器后被命名为"虢仲甬",据传珍藏于宝鸡市博物馆内。但经著者调查,宝鸡市博物馆内现并无"虢仲甬"。

虢仲大墓出土于河南省三门峡市,"虢仲甬"出土于陕西岐山,同一个人的遗物出土于相隔数百公里的不同地区,令人困惑。虢仲统治的虢国,其地区确实在哪里,仍待查证。

古虢国有四:西、东、南、北,东、西二虢国是公元前 11 世纪周武王分封诸侯国时所建。西虢开国君主是周文王弟虢叔,封地封姓于今之陕西省宝鸡市东部虢镇。东虢亦为周文王弟虢仲的封国,在今河南荥阳。公元前 770 年周平王东迁洛邑(今之洛阳)时,西虢有一部分氏族随之东迁于黄河之北(亦即虞、郑之间)今之山西省平陆县,称为西虢分支,亦称北虢。在黄河之南(今河南陕县)地区建国者为南虢。留在西虢"虢镇"的虢氏原族,国号小虢,亦称城虢,有虢国大本营之意。

系出自皇族显赫家世,代代出贤能

综合探讨郭氏渊源,应以汾阳王郭子仪为纪念其父敬之公所立之《郭公庙碑》铭文为第一手资料,然后依次以《寿州刺史郭公神道碑》、"虢季子白盘"之铭文、出土于三门峡市的虢仲大墓出土的资料及《新唐书》、《旧唐书》、《左传》、《晋世家》等史书为考证依据。

子仪公于《郭公庙碑》铭文内,承认虢叔为其始祖,广意、孟儒、履球、昶、通为其直系祖先,自应不得存疑。

溯我郭氏,自周武王灭商纣登基立国,郭氏始祖虢叔公受封为西虢侯国的第一位君主,封地封姓,至今已到 3100 多年,可称最早得姓之宗族,系出自皇族,源远流长,代代出宗贤。其后郭氏后裔,散居全国各地及东南亚、美国等地。依据台湾省有关机关之统计,我郭姓在台湾地区之姓氏中高居第 14 位。据国家统计局最近统计，郭氏在各姓氏人口数中，排名第18位，可称大宗族之一。

郭迪乾：《郭氏宗支源流》（选自《泰国郭氏宗亲总会成立三十周年纪念特刊》）

查我郭氏自有姓以来，已具三千余年悠久历史，始祖支公夏时开族。这位支公是夏朝孔甲大夫，住于城外七里。孟子曰"三里之城，七里之郭"，古时城外七里地方叫做郭。支公住于城外七里，即是住于"郭"之上，于是便以郭为姓，称为郭支，因此开了郭族。查姓氏九类之中，有一类以居住地方为氏，如城姓、郭姓、园姓、池姓等。郭支史迹见于晋代《抱朴子》一书，这位支公开了郭族。这是开族于夏朝一系的郭氏历史。

《风俗通》云：氏于居者，城、郭、园、池是也，又郭与虢同，周文王之弟封于虢，或称虢公。望出太原、华阴、冯翊。按太原即今之山西省太原府，华阴即今之陕西省同州府，冯翊即今之陕西省大荔县。

至于开族周朝一系的始祖大公，乃是周文王的季弟，追本溯源，为黄帝姬姓后裔。据《姓纂》记载：周文王季弟虢叔受封于虢，或曰郭公，因以为氏，望出太原、华阴、冯翊。《公羊传》指出："虢谓之郭，声之转也。"

武王都镐京大封同姓功臣，封文王季弟于虢，这个虢字，即是古时的"郭"字。叔被封于虢，于是便以虢为姓，又名为郭公，这是以国为氏之一系，与地系以居为氏不同。郭姓既出自古之虢国，但当时虢国情形如何，就不单纯了。因为周朝初年，以虢为国者，不仅一个，除《姓纂》记载周文王季弟虢叔受封于虢之外，其时尚有"西虢"、"南虢"、"小虢"、"东虢"以及"北虢"等不同的虢国，其中的"西虢"是周武王二弟虢仲的封地，位于今之陕西省宝鸡县东方，也就是当初西周发源地。后来平王东迁，西虢随迁到上阳，即今之河南省陕县东南一带，并号为"南虢"，春秋时期被晋所灭。另外，西虢随平王迁徙时，有部分留在西岐未走，则被称为"小虢"，后来也被秦国所灭。另外，周文王尚有一个叫虢叔的弟弟，也被封于今之河南省成皋的虢亭，称为"东虢"，后来灭于郑国。而虢仲的别支，有迁于今山西省平陆县一带，被称为"北虢"，后来史书上所记载的晋国假道于虞而灭虢的故事，指的正是此"虢"。

周代的虢国，既然有这么多，则后世的郭氏，又是来自哪一个虢国呢？对此问题，虽无具体的结论，但郭氏在早期历史上，是活跃于山西、河南、陕西一带的一个古老姓氏。周代初年的虢国虽多，但都是分自姬姓的周朝王室，所以在姓氏源流考据上，郭氏是我国源远流长的姓氏。

郭氏之源自周初的虢国已如上述，然而《姓氏考略》却有与上文不同的记述。以上两种对郭氏之源流考证，都言之成理，不管系出自何支，总之源远流长，郭姓已成一大宗族矣。现在，根据《姓纂》的记载，发源于山西、陕西一带的郭氏，是跟我国多数姓氏一样，后来逐渐向东南播迁的。东汉时期，安徽省各地已有郭姓族人。著名历史学家李济博士曾提供了一项十分具体的考据分析说："郭氏出自周王室之姬氏。后汉有郭全者，居于阳曲（今属山西省），已历数世。华阴郭氏，亦为太原分支，中山（今属安徽省）郭氏居于鼓城，昌乐（今属山东省）郭氏，亦太原之分支也。"由李博士这项资料的分析可知，郭氏最初的发源地，应该是在山西，而周初的众多虢国之中，仅有一个"北虢"位于山西境内，灭亡经过也有明文记载。如此前后印证，则郭氏很可能源自这个国。嗣经周、秦、汉以至于唐，凡一千八百余年。唐朝天宝十四年，安禄山串通外胡内侵，郭子仪为统帅，率兵十五万平乱，卒克复长安，收复洛阳，功在国家，后由唐肃宗封于汾阳，为郡王。子仪公（汾阳王）为中兴唐室大功臣，经文纬武，功安唐室，在位廿载，德政惠民，积有余庆，福禄寿考，百子千孙。我族至唐，蔚成大族矣。嗣后宗支繁衍，播迁大陆各地，宋元以还，更播殖海外，遍布环球矣。

郭经南：《福建郭氏源流志略》（选自《环球郭氏宗谱》）

郭氏系出姬姓，与周王室同源。周武王封文王季弟虢叔于西虢（虞、郑之间）。平王东迁，夺虢叔之地与郑武公。楚庄王起陆浑之师犯周，责王灭虢，平王遂求虢叔裔孙序，封于阳曲（今属山西），号曰郭公。虢、郭同声之转，其后延用而为姓也。

郭氏之源流，始于黄河上游，而后东移、南迁、西徙、北上，分布于整个华夏，并继续扩展至周邻，而延伸于南洋群岛以及世界各地。

福建原系混沌之地，经汉族三次南迁之影响，始逐渐开发，成为鱼米之乡。此三度南迁一在两晋五胡乱华时代，二在唐末衰乱、盗匪猖獗时代，三在赵宋为异族侵扰时代。

据闽东新宁（闽江口南岸长乐县）芝

山北峙溪福惠庙（即汾阳王庙）后梁银青光禄大夫、摄新宁县令王想于后梁开平二年（908年）六月二十四日所立碑铭序略谓："唐僖宗咸通间（咸通系懿宗非僖宗），余避乱入闽后，因汾阳王子孙郭嵩（子仪公之曾孙、曜公之次孙、锋公之二子。当时入闽，其实尚有嵩公之叔镕等）由河南光州固始县，奉王（子仪公）香火至此，即立为福惠庙……"又据闽南泉州同安郭山族谱世系说明略谓："一世祖镕公，系唐汾阳王第六子状元驸马暖公之四子，于唐懿宗咸通间（860—873）与侄嵩公等，从王审知（河南固始人，唐昭宗时，继从兄王潮为福州武威军节度使。唐亡，受后梁封为闽王）之从弟王想入闽……"（按：王想与子仪公之后裔，似有深厚"友谊"。王想在上项碑铭序中曾谓"余食王之德，慕王之功，尝欲叙当年之伟德……未暇，敢以邻州铭，移刻庑下"可以窥见）复据泉州晋江石湖钱山谱郭氏源流考略谓："汾阳王六子暖公，仕于河南光州，家于固始。唐昭宗（889—903）时，王审知移固始之民而邑于闽……"由此说明，唐末衰乱，盗匪猖獗，豫南光州十余邑，首当其冲，不但人民纷纷避乱，政府亦曾大规模移民，福建之郭氏，多系此时移入。

嵩公率子赟公（见松莲派旧谱世系说明）与叔镕公等入闽后，镕公仍继续沿海南下。嵩公与赟公外，尚有次子贽公与三子贵公，惟贽、贵二公资料未详，从略。赟公传恂公，恂公又传二子：长赟公（尚文），分居泉州晋江高桂坊伐俊龙（东街），成为晋江俊龙始祖；次曰质公，于后梁开平初年（907年），析居仙游县大蜚山下郭宅宫。后子孙又传衍至仙游碧溪及兴化县大蜚山（谅系取仙游大蜚山之名而名）与莆田县魏塘等地，成为仙游、兴化、莆田支派。十五传至义重公，义重公生有三子：即德会公、德祖公及尧若公（尧若公有子瑚、琏、璜三公，其他资料未详，从略）。

义重公长子德会公，七传至世德公（仁齐），迁入同安县长兴里梨山保，称为松莲派，成为松莲始祖。世德公有子三：长曰应原公，守故里同安长兴梨山，成为梨山始祖；次曰应福公，分居同安城内前街，成为前街始祖；三曰三原公，分居同安北门，成为北门始祖。应福公十二传至拱照公，于清嘉庆（1796—1820）间，徙台湾北港仔嘴，成为渡台祖。

义重公次子德祖公，六传至文达公，迁入漳州龙溪升平，成为升平文达公派始祖。文达公十五传至宗仕公，徙台湾，亦成为渡台祖。——以上根据嵩公各支派世系说明等节录。

据《台湾姓氏堂号考》(杨绪贤编著),所引述蓬岛郭氏家谱载:"入闽始祖为郭子仪裔孙郭嵩,于唐咸通间,自河南光州固始县,随王审知从弟王想入闽,家于新宁(长乐),子孙传衍仙游、莆田及南安之蓬岛乡。"兹又据蓬岛家谱世系之说明略谓:"一世祖德昭公,于宋宁宗(1195—1224)时由德化县山坪头迁入南安县蓬岛乡。"因德昭公先祖资料未详,《台湾姓氏堂号考》所引述蓬岛之家谱,笔者又付之阙如,无从查考,兹仅凭上项两项资料及现有资料观察:后者是固有原始家谱,前者谅是嗣后补列家谱,但补列家谱资料,似尚未完整。第一,德昭公入蓬岛以前,漏列最重要德化县;第二,嵩公入闽当时,尚有长子赞公及叔镕公等;第三,依据一般伦理,入闽始祖,似当依序尊崇让与长者,冠列始祖时,似宜加予慎重考虑;第四,嵩公除长子赞公外,尚有次子赘公及三子贵公。德昭公究属何房派下,似亦应有所交代。

兹依据上项记载可知,蓬岛德昭公是属于子仪公之长子、曜公之次子、锋公之二子嵩公之后裔。以上是嵩公入闽繁衍情形。

镕公于唐懿宗咸通间(860—873)与侄嵩公等入闽后,又继续沿海南下,由新宁(长乐)经仙游、莆田、兴化(宋太平兴国四年设兴化县)等县,而入同安郭山锣鼓山下定居,卒葬郭山石屏山。在现有资料中,堪称为"汾阳"入闽始祖。镕公传尚舍公,尚舍公传致政公及初助公。致政公守故里郭山,四传至敬夫公,敬夫公有子四:长曰炎公,守同安郭山,称为郭山祖;次曰明公,于宋淳熙四年(1177年)分居同安尾白礁及漳溪升平等地(同安与龙溪交界处,邻海沧,与厦门禾山对岸),称为白礁祖;三曰烈公,于宋淳熙十二年(1185年)赘居同安马巷洞庭村(即马巷后村十八乡,与金门大嶝岛斜对岸,面临台湾海峡、太平洋),称为洞庭祖;四曰贞公,于宋淳熙十四年(1187年)迁居南安下邦、安平等地(邻水头、南安与晋江交界处),称为南安祖。郭山炎公之孙,如夔公之次子(名失传),于宋末元初徙广东潮州潮阳县贵屿,与郭姓族人聚居,为贵屿分支祖。洞庭烈公十三世孙植厚公,于清乾隆年间徙台湾基隆,亦为渡台祖。——以上根据《同安郭山族谱》等节录。

镕公次孙、尚舍公次子初助公,由同

安郭山迁居漳州龙溪，成为龙溪分支祖；传至世员公，分居龙溪锦湖，又成为锦湖始祖。

（**编者按**：本资料依据刘炎得自日本某图书馆收藏旧谱，基隆郭朝木编入郭氏宗谱，经郭德安查证。这是否属实，仍有待考证。因龙溪一系另一谱载榴阳始祖十二世员公于初唐高宗总章二年随归德将军陈政入闽平乱，遂开族龙溪，远在子仪公之前，先后时代相距甚远也。）

世员公弟世荣公，分居曲边郭井，后又迁居泉州晋江蔡埭，复成为晋江蔡埭始祖。世员公传志温公及志裕公，分居锦湖湖西（属龙溪县）及湖东（属同安县），再成为湖西、湖东始祖。志温公第九世孙由怆公，于明永历五年（1651年）徙台湾台南麻豆，亦成为渡台祖。——以上根据《龙溪锦湖》等世系及说明节录。

上列资料，系子仪公六子暖公、四子镕公入闽传衍情形。此外，尚有暖公其他支派，因先祖资料未详，无从考证者，如：

据泉州晋江石湖钱山南窗公派源流考略谓："暖公曾孙头公，为王审知参军，家于兴化；八世孙政公，于宋高宗（1127—1162）为晋（晋江）邑令，不回本籍（谅系指兴化）；政公三子铉公（彦通），仕于元皇庆元年（1312年），移居晋江石湖（为石湖始

祖）；铉公三房之孙南窗，分居晋江钱山（为钱山始祖），公居次，兄弟四人，长守故里；后三往同安岭兜（贵盛）；四在吴会（又成为岭兜吴会始祖）。"因记述欠详，世系无从查考。

又据闽东福宁府寿宁县（邻浙江省）郭氏迁台世系考略谓："明初（1368年）由浙江龙泉括苍乡迁入福建寿宁蕃坑之子仪公六子暖公裔孙（名失传）数传至侯一公（子推），分居寿宁斜滩，成为斜滩始祖。"其他资料未详，世系亦无从查考。

以上系子仪公六子暖公后裔入闽情形。

子仪公三子晞公入闽仅有下列记载："晞公袭父职，拜为招讨使，随唐帝平闽后，另设府第及祠堂于福建兴化府（唐时未设府）。自此一脉传衍，后又分三支发展：第一支柳江公，分在泉州惠安之白城；第二支柳海公，分在漳州龙溪之大棚；第三支柳溪公，分在漳州龙溪之涂仔里。"——以上录自柳溪公世系说明。兹以上项资料蠡测：晞公行军入闽时间，可能比曜公、暖公之后裔为早。暖公四子镕公入闽后，由新宁（长乐县）续经仙游而入同安。经仙游之目的，谅系探视晞公之后裔乎？又有嵩公之孙质公，析居仙游，可能亦与

晞公后裔不无关系？惜无资料，均无从查考。

子仪公七子曙公之十四孙福安公，原居华州，任宋徽宗（1101—1125）武职。后南调镇守闽西，家居龙岩，成为龙岩始祖。传宣议公，宣议公传十六承事郎公，十六承事郎公于南宋分居上杭郭坊，成为上杭始祖。上杭尚未设邑前，仍为大姓，支传各地亦众，其中一支，七传至十郎承事公，十郎承事公有子五：即子仁公（天钰），徙广东嘉应州，资料未详，从略；子义公（天锡）于宋末迁广东潮州象湖，后又溯韩江定居大埔大麻，成为大麻始祖；子礼公（天爵）及子智公（天佐），均分居漳州，资料未详，从略；子信公（天佑）迁广东大埔陂，成为高陂始祖。此系子仪公七子曙公后裔入闽唯一支派。——以上系根据上杭郭氏族谱序及广东大埔大麻郭氏源流等节录。

此外，尚有祖籍资料散佚，无从确定世系之子仪后裔者，如：

据闽西龙岩铜砵郭氏先世纪录略谓：子仪公裔孙，龙岩铜砵始祖铉、炼、均贤三公，于宋咸淳元年（1265 年），由晋南迁入赣、闽交界处之箭竹，再由箭竹迁入闽西龙岩，初在龙岩西北四华里之郭山（居后命名）屯垦，后又徙居铜砵乡，成为郭山、铜砵始祖。

又据泉州惠安白奇（或作百奇、百崎）家谱及谱序略谓："五季之乱，家于浙江杭州富阳县副家村，子仪公后裔德广公，于元末授职来泉，因干戈仓剧，弗克返朝，延至明洪武九年（1576 年）始依例占籍，卜居晋江（成为晋江始祖）。至孙仲远公，分居惠安白奇（又成为白奇始祖）……"

尚有子仪公裔孙、漳州南靖始祖以德公（道容），于明太祖洪武五年（1372 年）随军入漳，原居长泰方城，后迁居南靖涌口庙兜社，十三传至崇饱公，于清代雍正五年（1727 年）徙台湾淡水，成为渡台祖。

以上系闽东、闽南、闽西现有郭氏资料。至于唐高宗总章二年，随归德将军陈政（陈政于仪凤二年病故，由其子陈元光率领）入闽开漳之益公（陈元光将佐之一）及涉公（河南光州固始人），家于漳州龙溪廿八都埭乡；和基隆谱等所载"暧公二子钊公之夫人，带同三子（即仲文、仲恭及仲辞三人）逃入同安县为始祖"；与尚编列之闽北部分资料，以及其他误漏、不全之资料等，俟将来搜集齐全、查考、整理后，再为补正。

由现有资料显示：福建之郭氏，多在唐末衰乱时代，由赣、浙迁入，先至闽东，而后南移,多聚于闽东及闽南。入闽之郭氏,几乎"汾阳"天下,以子仪公长子曜公及六子暖公之后裔为最,其次,为子仪公七子曙公之后裔。郭氏入闽后,又继续向外扩展。现多分布于粤东、琼州及南洋各地,尤其台、澎为数最多。据 1978 年台湾区户政口卡资料统计,郭氏人口已达 258759 人,位居全省第 14 大姓,其中绝大多数均是由福建迁入。

郭氏虽分太原、华阴、冯翊及汾阳四大堂号(派系),其实汾阳派系,源出于华阴,因唐中叶子仪公贵显,封为汾阳王,后裔子孙,仍继续悬挂"汾阳"堂号,久而久之,独树一帜。实际华阴与冯翊均系太原分支,太原系郭氏之发祥地。

台湾郭姓源流考(一)(节录自《台湾区姓氏堂号考》)

郭氏:目前为台湾区第 14 大姓。明天启年间(1621—1627),郭怀一由福建入垦今台南市近郊,率众抗荷。今台湾区郭氏人口总计为 258759 人,分布较多之县市依序为:台北市、高雄市、台北县、台南县、高雄县;分布较多之乡镇市区依序为:高雄市前镇区、台北市士林区、台北三重、台北市松山区、新竹市。

郭氏堂号有:太原、华阴、冯翊(以上系郡号)、汾阳。

郭氏姓源有三:(一)出自姬姓:《新唐书·宰相世系表》载:郭氏出自姬姓,周武王封文王弟虢叔于西虢,地在虞、郑之间。平王东迁,夺虢叔之地予郑武公。楚庄王起陆浑之师犯周,责王灭虢,平王遂求虢叔裔孙序,封于阳曲(在今山西省),号曰郭公。郭或作虢,同声之转,其后因以为氏。按周时,除西虢外,尚有东虢、南虢、北虢、小虢诸国,亦皆属姬姓之后。(二)以居处为氏:《风俗通》载:以居住为氏,如城、郭、园、池……皆是。郭,字义为外城,即因住外城,而以郭为氏。(三)郭支、郭崇之后:《抱朴子》载,夏有郭支;《三一经》载,商有郭崇。夏时已有以郭为氏者。

《新唐书·宰相世系表》又载:东汉郭全,世居阳曲。华阴郭氏,亦为太原分支;中山郭氏,居于鼓城;昌乐郭氏,亦太原分支。足见太原实为郭氏发祥地,族人遂以"太原"为其郡号。郭氏,初见于今山西、陕西,后渐东南移,东汉时,已有徙居山东、安徽,其后再迁闽、粤。唐初,陈元光入闽开漳时,将佐中有郭益者,随之入闽。又,澎湖郭氏家谱载:始祖光州固始人郭淑翁,唐初随陈元光入闽开漳,家于龙溪郭埭乡。

唐中叶，陕西华阴郭子仪，平安史之乱，中兴唐室，封汾阳王，其后遂以"汾阳"为堂号。据蓬岛郭氏家谱载：入闽始祖为郭子仪裔孙郭嵩，于唐咸通年间（860—873）自河南光州固始县随王审知从弟王想入闽，家于新宁（长乐芝山乡），子孙传衍仙游、莆田及南安之蓬岛乡。

郭氏之入粤，《台北县志·氏族篇》据该县金山乡郭氏居民谓：其先世居山西，六百余年前(时约元初)入粤。

明、清二代，郭氏族人渡海到台者，除前述郭怀一入垦今台南近郊外，兹依籍别，列述如下：

来自福建漳州府者：（一）龙溪县：永历五年，郭由怆入垦今台南麻豆，传至四世郭焕为下传八房，是为郭八房。雍正年间，郭光传入垦今台南县。乾隆年间，郭其读迁今澎湖马公，郭振德、郭安政、郭长等，先后入垦今台北万里。（二）南靖县：康熙中叶，郭锡瑠入垦今彰化，乾隆初年，移垦今台北市，募资开圳，灌溉台北盆地，后人感念其恩，将圳道取名瑠公圳。雍正五年，郭崇饱入垦今台北市内湖。乾隆年间，郭砒石、元记、纯直兄弟入垦今台北金山；郭荣兴入垦今万里。（三）平和县：乾隆年间，郭朝球入垦今万里；郭阿叶入垦今台北瑞芳。（四）不详县别：雍正三年，郭光天入垦今桃园龟山；稍后，郭崇嘏、郭龙文、郭玉振、郭樽等，先后入垦今桃园大园、龟山。

来自福建泉州府者：（一）惠安县：康熙末叶，郭顺宜入垦今彰化鹿港；雍正六年，郭奕荣入垦今新竹香山。（二）同安县：乾隆十九年，郭行足入垦今麻豆，长房下传六房，是为郭六合；稍后，郭川入垦今台北八里；郭植厚入垦今基隆市。嘉庆年间，郭盘衍入垦今苗栗苑里。（三）南安县：乾隆初叶，郭宽入垦台南佳里，后迁台南市；郭卜入垦今台北树林；郭云山、云河兄弟入垦公路北汐止，乾隆三十五年，郭恭亭入垦今新竹市。（四）安溪县：道光年间，郭畅入垦今台北坪林。（五）不详县别者：嘉庆年间，郭百年率众入垦今南投埔里；郭福富、郭景先后入垦今台北石碇。

来自广东潮州府者：饶平县：康熙中叶，郭德泉入垦今嘉义水上。

来自广东惠州府者：（一）海丰县：雍正八年，郭青山入垦今新竹新丰。（二）陆丰县：乾隆年间，郭成万入垦今苗栗镇。

来自广东嘉应州者：（一）镇平（今蕉岭）县：乾隆二十八年，郭鸿成入垦今台南市安平区。(二)梅县:乾隆年间,郭有凤入垦今苗栗镇。

台湾郭姓源流考(二)(节录自《台湾姓氏之研究》)

早在荷兰人占据的时期,台湾岛上便已出现了郭姓先民的踪迹。1624年(明天启四年),荷人窃台。到了1652年,亦即南明永历六年,有一位郭怀一起义驱逐荷人,事情虽然没有成功,郭怀一最后也以身相殉,然而却发扬了中华民族传统的忠君爱国精神,也为台湾的整个郭氏家族,留下了一段弥足珍贵的光辉史料。

据说,当时郭怀一壮烈成仁时,他的弟弟仍然居住在现台南市的赤嵌,并且自此子孙繁衍,成为最早期开发台湾的功臣。后来延平郡王东征,驱除荷兰人出海,他的手下又有许多姓郭的相继入台,于是郭氏家族在台湾的基业,自此奠定。

台湾的郭氏,绝大多数都是当年中兴唐室的汾阳王郭子仪的后代子孙。这段光荣的源流,有以下两项文献可资证明:

(一)《崇正同人系谱·郭氏条》略谓:在唐中叶郭子仪封汾阳郡王,有八子七十二孙。其第七子郭曙第十四世裔孙郭福安,原居华州,任宋徽宗朝武职,南调镇守闽西,家于龙岩,为该派郭氏南来播族之始也。

(编者按:在曙公裔孙入闽以前,尚有子仪公长子曜公、三子晞公及六子暖公裔孙,均在唐末即已入闽。)

(二)台北县汐止镇蓬岛郭氏家谱略载:"祖嵩,初为光州固始人,于懿宗咸通年间,奉汾阳王香火,从王审知从弟王想入闽。想假以新宁令,乃家焉。其裔孙并由新宁传衍于仙游、兴化、莆田、泉州、漳州等地。"

(编者按:与嵩公同时入闽者尚有其子赟公及叔镕公,这两项文献,对于郭氏入闽的时间和途径,虽有不同的说法,但是他们的祖先,很显然都是来自山西的汾阳。因此台湾的郭氏家族,当然也是历史名将郭子仪的后裔。)

据台北县金山乡的郭氏世代相传说:他们的祖先是山西人,约在六百年前的元代初年,首先播迁到广东,再迁徙到福建漳州府南靖县的钱半堡马坑乡丁兰社,然后又由漳州渡海到台。

另外《崇正同人系谱》上的一段记载,也说明了闽、粤、台三地郭氏家族的亲密关系。该谱指出:"谱载一世祖十六承事郎者,即福公也。传至九世,有十三郎一支,分支于竹山下,至十二世念二郎,迁居广东肇庆,而念二郎生十三世仲一、仲二、仲三、仲四、仲五五人。时已入明之中叶,仲一迁嘉应石寨河具村,仲二亦迁居石寨神下村,仲三留居竹下大平内,仲四迁居长乐郭公塘。而仲一之裔,到十五世时,已是清初,有福联、能定、仁升、仁龙四人,又迁居增城之池岭、官塘各乡。"

此项文献所提到的一世祖福公,指的正是郭子仪第七子郭曙的后裔郭福安。

不过郭氏之入闽,实际上还要早。据《漳州府志》记载:在唐代初年开漳圣王陈元光到达闽南时,他的偏裨诸将之中,便有郭益其人。这位郭益,究竟跟山西汾阳有没有关系,由于文献无征,不得而知,但却可以确定至少在唐初郭氏已经入闽。

如上所述,闽、粤、台的郭氏家族,老家都在山西的汾阳,那么汾阳的郭氏,又是怎样来的呢? 这个问题,现代的考古学家李济博士曾经提出答案说:"郭氏出自周王室之姬氏。后汉有郭全者,居于阳曲,已历数世。华阴郭氏,亦为太原分支,中山(在今安徽省)郭氏居于鼓城(今河北晋县治),昌乐(今山东省)郭氏,亦太原之分支也。……郭姓初见于山西、陕西二省,后向东南移动,至后汉时,已迁至山东、安徽二省,其后再迁入闽。"

由此可知,山西地区正是郭氏家族的发祥之地,天下的郭氏家族,都是辗转分支自这个地方。

李济博士已经明白指出我国的郭氏家族,是从周朝王室的姬姓分支出来的,具有极高贵的血统。而实际上,当初郭氏的得姓,还有一段颇为曲折的经过。

原来距今3100多年前,当周武王取得天下之后,大行分封诸侯,曾经把两个叔叔分别封于虢,一个号为虢仲,一个号为虢叔。虢叔的封地,在今陕西省宝鸡县之东,虢仲的封地在河南省成皋县之虢亭。后代虢仲的别支又曾经自陕西发展到现在山西省的平陆县境。《春秋》上面提到过的"晋假道于虞以灭虢",指的正是这个虢国。这几个虢国,在历史上都昙花一现,很快地分别被秦国、郑国和晋国所灭。于是他的子孙也就纷纷以国为氏而姓了虢。然后又由于"虢"音与"郭"音极为相近,所以才转音成为郭姓。

关于郭氏的这段曲折得姓经过,大多数的姓氏古籍上都有记载,包括《姓纂》所说的"周武王季叔虢叔,或曰郭公,因以为郭,声之转也",以及《名贤氏族言行类稿》所说的"公羊传云:虢谓之郭,声之转也。《左传》齐有郭最,燕有郭隗,燕昭王筑台而师事之,致士先从隗始"等。

不过过去也有学者认为郭氏之得姓,还要早于周朝。这种说法,可以《姓氏考略》一书为代表。该书指出:"夏有郭支,见《抱朴子》;商有郭崇,见《三一经》,此郭氏之始。《风俗通》:氏于居者,城、郭、园、池是也。"

由此可见郭氏的来源有多端,但仍以系出周王室的一支为主流。

本文一开始就提到过,郭氏到台湾开基,为时很早。以下便是近三百年来他们在台湾岛上的活动记录:南明永历年间,有同安人郭贞一入台依延平郡王郑成功。清雍正年间,有郭某与何、罗二姓入垦鸡笼(今基隆市);惠安人郭奕荣入垦竹堑上、下山脚(今竹北尚义村);海丰人郭青山入垦员山仔福兴庄(今新生理红毛乡);又有郭某与蔡、尤、陈、李、毛五姓入垦苗栗二堡(今苑礼镇)。乾隆年间,有漳州人郭锡瑠入淡水拳堡鉴谿川圳垦当地荒埔;郭天光由许厝港入中坜,倡建中坜旧街及新街;漳州人郭某入垦竹北二堡坵园庄,郭绍周捐建麻豆镇北极殿斋房,郭来与孙天赐等呈请毁除康熙五十四年施甫所筑内港塭岸。嘉庆初年,有郭福兴、郭景入垦今台北县石碇乡中民村番子坑;郭为揖与

庄民重修凤山镇龙山寺;郭百年与黄、林、王等姓,入垦埔里社。道光年间,有郭某住触口,与打猫头赤嵌厝人刘玉,入垦嘉义公田庄;安溪人郭畅入垦今台北县坪林乡渔光村大舌湖樟空子。

目前郭氏家族是台湾的第 14 个大姓,在距今 20 年前,分布于全省各地的郭姓人家就已经上万户。当时他们的分布情形,大致是这样的:台北市 503 户、基隆市 800 户、阳明山 508 户、台中市 429 户、台南市 1456 户、台中县 764 户、高雄市 374 户、台北县 1471 户、宜兰县 41 户、新竹县 767 户、苗栗县 794 户、南投县 162 户、彰化县 530 户、嘉义县 1877 户、台南县 3214 户、屏东县 202 户、花莲县 9201 户、澎湖县 246 户。

虢国青铜器

郭氏遍天下　阳曲是老家

——"弘扬郭氏文化,构建和谐阳曲"
专家论证会侧记

郭 斐

10月18日早上9时,阳曲宾馆会议室里召开的"弘扬郭氏文化,构建和谐阳曲专家论证会"现场气氛热烈,座无虚席。来自全国各地的百余名专家学者和郭氏宗亲汇聚一堂,一起追寻郭氏根祖文化。宗亲一致认为,郭氏遍天下,阳曲是老家,郭姓千余万,始祖虢国公。

阳曲,始建于西汉,史称"三晋首邑",是全国66个传统文化大县之一。境内文化古迹众多,文化底蕴深厚,自然风光秀美。历史上的阳曲,时称狼孟,时称阳直,时称汾阳,或数县并存,版图广阔,包括现在太原市的北部区域。自宋代以后,阳曲一直为山西首县。全县现有旅游景点106处,文物保护单位387处。可以说,上起殷商,下至明清,几乎每个朝代的兴衰在这里都能够找到印迹。

阳曲县是世界郭氏的根祖之地,也是郭氏宗族最早的活动中心。《新唐书·宰相世系表》载:"郭氏出自姬姓。周武王封文王之弟虢叔于西虢,封虢仲于东虢。西虢地在虞、郑之间。平王东迁,夺虢叔之地与郑武公,楚庄王起陆浑之师伐周,责王灭虢。于是平王求虢叔裔孙序,封于阳曲,号曰郭公。虢谓之郭,声之转也,因以为氏。后汉末,大司农郭全代居阳曲,生蕴。蕴生淮、配、镇。镇,谒者仆射、昌平侯。裔孙徙颍川。"这段关于郭氏起源的经典论述,说明"虢序"受封于阳曲,由"虢"转声为"郭"。这是关于郭氏始祖和郭姓起源的经典论述,不容置疑。由这段史料可以看出,周文王之弟虢叔的后裔郭序,封于阳曲,这是郭氏的始祖,此后,郭氏家族繁衍生息,历世不衰,无数郭氏子孙为中华民族的昌盛作出了不可磨灭的贡献,产生了许许多多像郭子仪那样功盖千秋的名人志士,郭氏文化成为古人留给我们的一笔弥足珍贵的传统历史文化遗产。市委副书记郭振中在座谈会讲话时说,阳曲县弘扬郭氏文化的行动是一个战略性的发展抉择,对于建设文化富县,建设文化强县具有积极的作用,要通过弘扬郭氏文化,吸引、促进世界郭氏宗亲为阳曲县发展作出贡献。市委常委、宣传部长范世康指出,郭氏文化是和谐文化的典范,对推进阳曲文化大发展具有重要意义,打好郭子仪这个历史文化名人的品牌,可更好地促进阳曲文化事业再上新台阶。希望阳曲以十七大精神为指导,统筹规划,梳理文脉,发展文化,规划好今后一个时期的文化建设。阳曲文化事业一定大有可为,前程光明。

更多的专家学者在发表自己对郭氏文化见解的同时,把目光更多地投向了文化与经济的关系和郭氏文化给阳曲发展带来的新机遇。市委党校市情研究室主任范富认为,阳曲具有悠久的历史文化,传统文化的资源相当丰富,但还需要把资源开发利用好。关键是要视野开阔,把郭氏寻根祭祖的文化品牌做大做强。首先要把郭氏文化研究会和太原郭氏宗亲会正式成立起来,把寻根祭祖的桥梁和纽带建设起来。用拍电影等高科技手段加大宣传力度,传播传统文化,传播郭氏文化,拍电视专题片、拍晋剧《打金枝》等。建立郭氏宗亲网站,文化搭台,经济唱戏。郭佑民认为,要弘扬郭氏文化,打响郭氏品牌,更好地发掘发挥阳曲县这一特有优势,加快和谐阳曲的建设步伐,就要加强郭氏文物资料的收集、研究、整理,尽量填补郭氏历代宗谱中的空白点,加强海内外郭氏后代后裔的联系,吸引更多的郭氏后代回来寻根

问祖,关心关注根祖地的建设,为繁荣根祖地贡献力量;加强郭氏根祖文化的宣传造势,扩大影响,要抓住当前大好机遇,进一步把郭氏文化宣传出去,使郭氏根祖文化在和谐阳曲建设中发出更加夺目的光彩。

参天之木,必有其根,怀山之水,必有其源。郭氏起源于阳曲,发祥于阳曲,源远流长,英贤荟萃。郭氏文化正是让阳曲走向世界,让世界了解阳曲的良好机遇,也是郭氏子孙欢聚阳曲,共商发展大计,友谊与合作的一次盛会。子仪公作证,阳曲人民必将在海内外叫响一个新的品牌——阳曲郭氏。

(原载《太原日报》2007 年 10 月 21 日)

郭氏的渊流及其传承

王永平

一、郭氏源远流长,历史悠久。郭氏起源尽管有好几种说法,但传说不如历史记载可信。最为大家所认可,并为人们所熟知的为周平王分封虢叔裔孙序于阳曲,遂以为姓之说。郭氏距今已约三千年的历史,是中国姓氏中最为古老的姓氏之一。

二、郭氏人口众多,分布广泛。郭氏遍及全国,形成了很多支派,但认同感很强,以太原为郡望,即都认共同的根祖在阳曲。郭氏之根在阳曲不仅有正史记载,还有碑石为证。如从现存的贞观年间以及唐高宗、代宗、德宗在位年间的有关墓志可明确看出,郭子仪祖籍在太原阳曲。"太原"郡望形成于秦汉时期,并成为后来郭姓人繁衍播迁的主要支源,逐渐在阳曲、冯翊、华阴、京兆、中山、彭城、馆陶、曲沃、河内、广平、邯郸、河东闻喜、敦煌等地形成望族;魏晋南北朝时期,为避战祸北人大批南下迁徙,尤以太原郭氏为多;隋唐时期,山西、山东以郭姓为第一大姓。这一时期,形成以华阴郭子仪为始祖的汾阳(今山西省阳曲、静乐一带)望族。后汾阳郭姓后裔郭嵩入闽成为福建郭姓始祖;从五代到宋元时期,金兵入主中原及蒙古军队南下,迫使郭姓族人再度南迁,由此,郭姓族人遍布大江南北。明末清初,福建郭氏有一支迁居台湾,后散居彰化、嘉义、高雄等县,发展为台湾十大姓之一。

三、郭氏名流辈出,贡献厥伟。郭氏涌现出许多杰出人物,有著名的政治家、军事家、艺术家、哲学家、文学家、外交家、科学家、医学家,有农民起义领袖,还有开国皇帝。当今有著名的企业家。其中郭威为五代时期后周王朝的建立者,在位时的一系列改革为赵宋王朝的建立奠定了良好基础。

四、弘扬郭氏文化,构建和谐阳曲,打造文献名邦。弘扬郭氏文化,首先要有一种清醒的认识,要把它作为一种"文化产业"来做大、做精、做好,要打造成阳曲的一张地方名片、文化品牌。逐步实施一批郭氏文化工程。如郭氏文化园、文化墙、雕塑园;整理出版有关郭氏的文献,开展郭氏家族研究,召开国际性(高规格)的会议;举行郭氏文化节,修复郭家大院、郭家庄园。特别要重视郭子仪研究。依托一个或几个保存较完好的郭氏聚居古村落,开发郭氏文化旅游项目。以文化促经济,带动地方经济发展。

(本文作者:中国唐史研究会常务理事,首都师大历史系教授)

郭氏研究以史实为准

王振芳

郭氏文化研究要注重史实,在史书与家谱之间,史书的可信度要高,因此,郭氏研究要以正史为准，以名人为准，以碑石为准。关于郭氏和郭子仪的事，我在这里补充几点：一是关于郭序被封于阳曲的事，是符合当时制度规定的，周初封诸侯分了三个虢国，一个是在今宝鸡附近的西虢，一个是在今洛阳与郑州之间的东虢，还有一个是地处黄河北岸的北虢。三个虢国先后被周平王东迁所灭，按当时周朝的制度"兴灭国、继绝世、举逸民"，于是就找到虢国后人序，封于阳曲，序封到阳曲后改虢为郭，后人以郭为姓，阳曲也就成为郭氏得姓之地。二是关于序封阳曲事，最值得重视的史料是《新唐书·宰相世系表》，序封阳曲是在楚庄王称王时，序的分封是为了续以前虢的香火。那么这个阳曲是在今什么地方呢？据《中国地名辞源》一书"阳曲县"条中说，"汾水由西而来，至此折南下，形成一大弯曲。城设弯曲之北，即在汾曲之阳。故名"。又有《中国古今地名大辞典》称："汉置，即今定襄县治。应劭：河千里一曲，当其阳，故曰阳曲。"按此，序封的阳曲也应在今山西阳曲县地。三是应该注意资料的收集和学术界动态。唐代郭氏以郭子仪最为著名，有关他的史料和学术论著，可以通过索引整理出来。

（本文作者：山西大学历史文化学院教授）

阳曲：天下郭氏之祖庭

李　吉

"参天之木，必有其根，怀山之水，必有其源。"追根溯源，中华郭氏根祖就在山西阳曲。一是郭氏始祖初封阳曲，"以国为氏"，转虢为郭。据《新唐书·宰相世系表》等正史中有关郭氏起源的权威记载，后世众多的姓氏学专著，以及存世的近百部郭氏族谱，均认同和沿用了郭氏根祖在阳曲的说法，郭氏之源在阳曲已成历史定论。2000年，在汾阳县大向善村发现一幢唐高宗麟德元年（664年）的石碑——《唐故上大都督上骑都尉郭府君之碑碣并序》，碑文称："王季君临；爰生虢叔，褒称郭氏，命翼宗周，表望太原，建社阳曲。"此碑刻于唐代初年，说明早在汾阳王郭子仪出生之前，郭氏已经建宗庙社稷于阳曲。也说明早在汾阳王郭子仪出生之前，郭氏之源在阳曲已有定论，太原阳曲是毋庸置疑的郭氏祖庭。二是阳曲建县缘于郭氏，是先有郭氏后有阳曲。阳曲正式建县，当在汉代，是依据郭氏后裔聚集之地的阳曲而建县并命名的。据《山西通志·沿革谱》阳曲条目下所载,"东汉末,魏武(即曹操)始迁阳曲之民于太原郡北四十里狼孟南境,筑城居之,阳曲之名始此",此次所徙阳曲之民,即郭氏后裔的群体,狼孟南境所筑之城,即今阳曲县南 7.5 公里石城都旧址。可见,阳曲县之建置,缘于郭氏,先有郭氏,后有阳曲。三是天下郭氏出阳曲,中华郭氏著望太原。自东周初年郭序受封阳曲后,阳曲就是郭氏族人的世袭封邑,郭氏之根深扎阳曲。据晋代官方审定的《姓氏谱》所载:太原阳曲郭氏被定为太原郡五大姓之一,位列全国郭姓之首。唐代林宝《元和姓纂》载:魏晋后,中华郭氏已形成八大主流支派,均出自太原阳曲郭氏。四是中华郭氏共建阳曲祖庭,打造郭氏文化品牌,在中华郭氏发展史上,有两段最为鼎盛时期,一是魏晋时期世袭阳曲侯的郭淮世家,另一个就是"再造唐室"的汾阳王郭子仪家族。追根溯源,"阳曲侯"、"汾阳王"乃同根共祖,一脉相承,都是阳曲郭氏后裔。

近年来,郭氏子孙遍布全球,全球现有各类郭氏宗亲组织 36 个,在全球 12 大亿万富翁排行榜中,郭氏占三席。由此看来,郭氏有这样丰厚的人文积淀和广博的人气网脉,确是可贵的人文资源。打好郭氏品牌,发展文化产业,对构建和谐阳曲,必将起着重大的推动作用。

(本文作者:山西省社会科学院家谱资料研究中心首席研究员)

天下郭氏出阳曲

张海瀛

阳曲是郭氏开宗立姓之地,是郭氏各支著名郡望的祖籍地,是汾阳王郭子仪的祖籍地。《新唐书·宰相世系表》记载:"郭氏出自姬姓。周武王封文王弟虢叔于西虢,封虢仲于东虢,西虢地在虞、郑之间,平王东迁,夺虢叔之地与郑武公,楚庄王起陆浑之师伐周,责王灭虢。于是平王求虢叔裔孙序,封于阳曲,号曰郭公。'虢'谓之'郭',声之转也,因以为氏。"这段关于郭氏起源的经典论述,有力地说明虢序受封于阳曲,由"虢"转声为"郭",就是郭氏的起源,也就是说,阳曲乃是郭氏的得姓之地。许多郭氏族谱,都是这样记载的,也是为郭氏族人所认可的。目前,阳曲郭氏纪念馆,也是按照这一记载陈列的。

郭氏在阳曲得姓,阳曲当然就是郭氏族人最早的聚居地。魏晋南北朝时期闻名于世的"太原郭氏",就是由阳曲郭氏发展而来的。《新唐书·宰相世系表》载："后汉末，大司农郭全代居阳曲，生蕴。"就是说，后汉末年，大司农郭全代居阳曲，生子郭蕴。据《三国志·魏书》卷26注记载，"淮祖全，大司农，父蕴，雁门太守。"也就是说，郭淮乃是郭蕴之子，郭全之孙。又载："郭淮，字伯济，太原阳曲人也。"郭淮是为曹魏政权作出重要贡献的重臣。由于郭淮功勋卓著，魏嘉平二年（250年），被封为阳曲侯。正元二年（255年）郭淮谢世，其子郭统袭爵阳曲侯。郭统死后，其子郭正袭其爵。魏咸熙年间，改封郭淮之孙郭正为汾阳子（《三国志·魏书》卷26）。

从郭全、郭蕴、郭淮、郭统到郭正，历代世居阳曲。而这支世居阳曲又被封为阳曲侯的郭氏，就是闻名于魏晋南北朝时期的太原郭氏。由此可见，这里所说的太原郭氏，实际上指的就是阳曲郭氏。这里所说的太原郭氏，并不是单纯指居住在太原地区的郭氏，而是指闻名于魏晋南北朝时期的太原郭氏衍派。《新唐书·宰相世系表》关于颍川郭氏出自太原、华阴郭氏出自太原、昌乐郭氏出自太原，都是从这个意义上说的，也就是指闻名于世的太原郭氏衍派而说的。

（本文作者：山西省社会科学院原副院长）

郭氏家谱资料与郭氏研究

王岳红

目前，不少研究专家从人文、历史、地理等方面，就"阳曲"得名由来、历史沿革、郭氏得姓渊源、历史演变发展等问题做出详尽而全面的论证，得出了"天下郭氏出阳曲"、"阳曲是郭氏发源地"的结论。

据统计，山西省社科院家谱资料研究中心目前收藏有郭氏家谱资料48种，计70826页，其中包括湖北、湖南、福建、江苏、浙江、安徽、黑龙江、河南、广东、四川、江西、山西等十多个省的郭氏后人编修的家谱。这些郭氏家谱尽管编修自不同省份，年代不同，但通过其谱序及世系表的记载可以看出，绝大多数郭氏后人皆以《新唐书·宰相世系表》为准，认定郭氏起源于阳曲。郭氏后人历代名人辈出，各派繁衍旺盛，遍布全国各地，并成为海外华裔侨胞中的旺族大姓。

《宁波鄞县郭氏宗谱》卷三为历代郭氏世系考，指出"郭氏出自姬姓。周武王封文王之弟虢叔于西虢，封虢仲于东虢。西虢地在虞、郑之间。平王东迁，夺虢叔之地与郑武公,楚庄王起陆浑之师伐周,责王灭虢。于是平王求虢叔裔孙序,封于阳曲,号曰郭公,因以为氏。《公羊传》云:虢谓之郭,声之转也。郭氏之旺莫著于太原阳曲,后散处于各郡甚繁而莫盛于冯翊、京兆、华阴。其在春秋战国齐有郭最,燕有郭隗,东汉有郭宪,光武时官光禄勋;郭丹官司徒;郭泰,字林宗,其居太原者。汉末大司农郭全代居阳曲,生蕴,蕴生三子:淮、配、镇……子仪历相肃、代、德三宗,太尉中书令,封汾阳王。公生八子:曜、旰、晞、昢、晤、暧、曙、映……"从以上记载中我们可以看出,其与《新唐书·宰相世系表》有关记载是一致的。该谱还对汾阳王郭子仪的八个儿子的世系传承做了较为详细的介绍。

《福州郭氏支谱》卷首的旧序中,记述了该支郭氏的来由。谱中写道:"福州郭氏为唐汾阳忠武王子代国公曜之后。曜生嵩,咸通中随闽部节度使王审知从弟银青王想,奉汾阳王香火避乱,家长乐,数传至恂,析居兴化……"在卷二中,该谱引用大量史籍,记述了郭氏得姓由来、传承世系及历代名人等,如《元和姓纂》、《新唐书·宰相世系表》等。《润东郭氏家族》卷三记载的《外纪世系图考》中,从第一世虢序到汾阳王郭子仪共计传承 53 世。世系脉络清晰,一目了然。《汾阳王郭氏族谱》是一部现代人编修的家谱,谱中对汾阳郭氏得姓世系进行了考证,从虢叔到子仪共计 71 世。从以上家谱的记载可以看出,尽管世系相承因年代久远,加之其他原因,各谱有所差异,但丝毫不能否认郭氏不同支派起源于阳曲,受姓于序,认定汾阳王郭子仪为郭氏族人杰出代表人物这一事实。

（本文作者:山西省社会科学院家谱资料研究中心主任）

郭氏根祖在阳曲

范 富 郭红拴

山西阳曲是郭氏家族的发祥地,是海内外郭氏家族公认的根之所在,是郭氏家族由虢姓改为郭姓繁衍生息、辗转迁徙的具有根祖意义的源头。

一 郭氏始祖是郭公
天下郭氏源阳曲

郭氏始祖为谁?郭氏在何处得姓?全世界 1500 余万郭姓后裔都十分关注。《新唐书·宰相世系表》明确地回答了这个问题，那就是——郭氏始祖是郭公，天下郭氏源阳曲。

《新唐书·宰相世系表》载："郭氏出自姬姓。周武王封文王之弟虢叔于西虢，封虢仲于东虢。西虢地在虞、郑之间。平王东迁，夺虢叔之地与郑武公，楚庄王起陆浑之师伐周，责王灭虢。于是平王求虢叔裔孙序，封于阳曲，号曰郭公。虢谓之郭，声之转也，因以为氏。后汉末，大司农郭全代居阳曲，生蕴。蕴生淮、配、镇。镇，谒者仆射、昌平侯。裔孙徙颍川。"

这段关于郭氏起源的经典论述，说明"虢序"受封于阳曲，由"虢"转声为"郭"。这是关于郭氏始祖和郭姓起源的经典论述，不容置疑。

《新唐书·宰相世系表》的这段记载，讲清了五个问题：一是郭氏来源，郭氏来自姬姓，由虢叔之虢，转声为郭；二是阳曲是郭姓开宗之地，因虢叔裔孙序封于阳曲，号曰郭公；三是阳曲是郭氏居住延续接代之地，因郭全"代居阳曲"，还繁衍了数代人；四是阳曲是郭氏祖籍地，因为"裔孙徙颍川"，郭氏之后代离开祖籍地阳曲而迁往他地；五是虢叔为郭氏始祖，序是虢叔的裔孙，序作为虢叔后裔的代表者，

是经周王朝正式承认的，从序开始号为郭公，成为虢转为郭的第一代人。

在台湾编印的《山西文献》，其社长兼总编郭荣生在《山西文献》第43期上发表了《太原郭氏源流》的文章，也同样认定："郭氏是中华民族古老姓氏之一，其肇始于西周，自东周平王求虢叔后裔序，封于山西太原阳曲后，郭氏一族遂世居太原，繁衍生息，历世不衰，枝繁叶茂，族远宗大。"

1995年10月20—23日，泰国郭氏宗亲总会举行该会成立30周年庆典活动，印制了《泰国郭氏宗亲总会成立30周年纪念特刊》，纪念特刊封二处还绘了《子仪公后裔南迁徙图》。从图上可看出，从阳曲迁出的郭氏分四支迁往我国的南方。第一支为冯翊和华阴郭氏，从阳曲迁到华州，从华州又分为两路，一路到河南、福建，后又分三股到了广东、海南和台湾，从华州迁出的另一路到了湖南；从阳曲迁出的第二支先到介休，后又到江苏，从江苏分路，一路到江西，另一路到了湖南；从阳曲迁出的第三支，先到洪洞、沁县，后到安徽；从阳曲迁出的第四支到了沁水。从图中可看出郭氏发源地为太原阳曲。

二 历代郭氏名人
郭氏根祖在阳曲

郭氏根祖在阳曲,得到了郭姓后人和海外华人中郭氏后裔的广泛认可。史籍浩瀚,仅选有典型意义的若干史实为证:

(一)汾阳王郭子仪认祖阳曲。早在唐朝,郭氏根祖在阳曲,就得到了汾阳王郭子仪的肯定。唐代宗广德二年(764年)十二月,郭子仪为其父郭敬之修建家庙,刑部尚书、书法家颜真卿(709—785)亲笔撰写了《郭公庙碑记》。《郭公庙碑记》讲:"溯其先,盖出周之虢叔,虢或为郭,因而氏焉。代为太原著姓。"碑记落款为:金紫光禄大夫刑部尚书上柱国鲁郡开国公颜真卿撰并书,男从武及第授左卫长上封汾阳王太尉中书令子仪立。

刑部尚书颜真卿为当朝中书令(宰相)郭子仪之父撰写《郭公庙碑记》时,每一句话都是经过再三推敲的。其中关于追溯郭氏起源的记述,无疑是按郭子仪及其家族的意见书写的,无疑是经过郭子仪及其家族审阅并同意的。《郭公庙碑记》是当朝人记述的当朝事,属于第一手史料,是最可信、最权威的。

郭子仪被旧史臣誉为"权倾天下而朝不忌,功盖一代而主不疑"的"完人"。用史臣的话说,就是所谓"人臣之道无缺"。一出《打金枝》戏,使得汾阳王郭子仪的大名如雷贯耳,传遍海内外。郭子仪请颜真卿撰写的《郭公庙碑记》关于郭氏起源的记述,也就成了郭氏后人奉行的经典之作。

北宋时,欧阳修和宋祁在《新唐书·宰相世系表》中关于郭氏起源的记载,实际上就是按照唐代颜真卿撰写的《郭公庙碑记》的基本观点撰写的,只不过更加具体化而已。正因为如此,《新唐书·宰相世系表》关于郭氏起源的记载,才能够在郭氏族人中世代相传,并得到郭氏后人特别是郭子仪后裔的普遍认可,以至成为历代编修郭氏族谱的基本依据。

(二)马来西亚郭鹤年家谱记载,始祖为受封于阳曲的郭序。徙居马来西亚的郭氏家族,其得姓始祖就是受封于阳曲的郭序,他们都是汾阳王郭子仪的后裔。

1911年,郭鹤年的父亲从福州郭宅乡徙居马来西亚。郭鹤年事业有成后,上世纪70年代起,就开始在香港和内地投资,相继在北京、上海、杭州、福州、厦门、深圳、广西、合肥、辽阳,创建他的公司。

1994年5月13日,郭鹤年回山西寻

根谒祖,亲自出席了香港嘉里集团与西山矿务局合资经营的太原可口可乐饮料公司的签字仪式。从此,山西太原也有了他的公司。当记者问他为何要在山西投资时,他倾吐了肺腑之言:"我的祖先在山西,我的心在山西。"

(三)富士康总裁郭台铭家谱记载:家族得姓始祖为受封于阳曲的郭序。山西晋城南岭乡郭台铭家族的得姓始祖,是受封于阳曲的郭序,是汾阳王郭子仪的后裔。

当郭台铭成为台湾大富豪排名第一后,2003年10月,回到故乡山西,在太原投资创办了富士康科技工业园暨鸿富精密工业有限公司;2005年5月又决定在故乡晋城投资,创建富士康晋城科技工业园。据晋城南岭乡郭台铭的家谱记载,郭台铭先辈中的"德"字辈,就能与阳曲县保存的《郭氏族谱》中的"德"字辈相互对应上。这种状况,极大地拉近了郭台铭与阳曲县的距离,增进了郭台铭与阳曲县的感情。2006年10月19日,郭台铭回阳曲考察后提出,要在阳曲创建镁合金基地。

三 阳曲郭氏的繁衍和拓展

阳曲为郭氏得姓开宗之地,其后裔奔向各方,在各地发展壮大起来。

(一)堂号和郡望。其堂号主要有"太原"、"华阴"、"冯翊"、"汾阳"等。

"尊贤堂"是其最早的堂号。来由是:战国时燕昭王招贤,郭隗对他说:"你要招贤,先从我开始。你把我当贤人尊重,比我贤的人就会找你来了。"于是昭王给他建了宫室曰"金台",并把他当老师来尊重。于是乐毅、邹衍、剧辛及其他有才能的人皆来归附燕国。燕国于是强大起来。

与堂号相适应,其郡望也主要有:太原郡、华阴县、冯翊郡、汾阳县、昌乐郡等。

太原郡,战国时置郡,此支郭氏,为汉郭全之族所在;华阴县,汉时置,此支郭氏为太原郭氏分支;冯翊郡,三国时置郡,此支郭氏为太原郭氏分支,其开基始祖为东汉冯翊太守郭孟儒;汾阳县,西汉时置,此支郭氏为华阴郭氏分支,其开基始祖为郭子仪;昌乐郡,汉时置郡,此支郭氏为太原郭氏分支,其开基始祖为东汉郭泰之后。

(二)郭氏在全国的迁徙分布。郭姓分布很广,是当今中国常见的第16大姓(在台湾排名第14);按姓氏人口统计,约占全国汉族人口总数的1.15%,为中国人口最多的超过1%的19个姓氏之一(居于第16位)。内地以河南、河北、山东、湖北、四川等省多此姓。

从西虢东迁后的分布看,虢叔之后裔最初主要集中于今河南、山西和陕西一带,并以山西为主要聚集地。虢国于春秋时期灭亡后,除在上述三地留居者外,另有一部分东移、南迁、西徙或北上,陆续分布于整个中国内地,明末清初东渡台湾,延伸至南洋群岛以至世界各地。

至秦、汉时,郭氏有部分人徙居江南,并有一部分移居内蒙古、甘肃、四川、安徽。汉代及其以后的较长时期内,山西太原仍一直是郭氏的发展繁衍中心。

到了三国时期,吴国有富春(今属浙江)人郭成、晋代有武昌(今属湖北)人郭翻和闻喜(今属山西)人郭璞于西晋末避乱徙居建康(今江苏南京)。

唐初与唐末,河南郭氏曾两次向福建迁徙:一次是唐高宗总章年间至武则天垂拱年间,河南省固始县人郭淑翁随陈政、陈元光父子入闽开辟漳州,在龙溪郭埭乡安家落户,又有将佐郭益亦随陈氏父子入闽;另一次是唐懿宗咸通年间,郭子仪之曾孙郭嵩与其叔带着先祖郭子仪的香火,自光州固始随节度使王审知的弟弟王想避战乱入闽,定居长乐新宁(今称芝山),地名郭坑(此即郭氏入闽始居之地),子孙传衍于仙游、莆田及南安之蓬岛乡。

五代十国时期,郭子仪后裔大批南迁,福建、台湾、广东、香港的郭姓人,多为郭子仪的后代。今新加坡、泰国、马来西亚、菲律宾、缅甸等国的郭姓人,很多都是郭子仪的后裔。

到南宋时期,有一部分郭姓人开始进入广东。其中,入琼始祖为郭氏始祖第七十六世孙郭元音、郭元吉两兄弟(原籍福建莆田,南宋末年,元吉任广东琼州评事,与兄元音渡琼,落籍文昌县)。

元末明初,一场大规模的、历时五十余年的官方移民高潮开始,又有大批郭姓人从山西移向各地。

明末清初,福建郭嵩一支又从长乐分迁至闽东、闽中、闽南及闽西等地,后东渡台湾,散居彰化、嘉义、高雄等县,发展为台湾十大姓之一,并有部分人远徙欧美及东南亚。

（原载《山西日报》2007年7月24日）

珐琅钟

弘扬郭氏根祖文化
创新阳曲经济发展
——在中国唐史学会第十届年会上的发言

中共阳曲县委副书记 阴海锁

阳曲县位于山西省会太原市北面 17 公里处，是全省 119 个县（市）中距省会最近的一个县。铁路、国道、省道、高速公路纵贯全境，交通便利，资源丰富，历史悠久，有较深的文化底蕴。全县现存的文物古迹有 387 处。华北第一古镇青龙古镇正在开发建设，不久即将向游人开放。阳曲史称"三晋首邑"，是郭氏得姓开宗之地，是全省 66 个传统文化旅游大县之一。春秋时为晋盂邑，战国时为狼孟县，汉文帝刘恒二年时，阳曲为狼、盂、汾阳三县地。汉武帝元鼎三年置阳曲县。汉、隋、唐三朝均在此设汾阳县。宋太平兴国七年阳曲县治移现在的太原市驻地，成为山西省府、太原府治的驻地。

《新唐书·宰相世系表》记载："郭氏出自姬姓。周武王封文王之弟虢叔于西虢，封虢仲于东虢。西虢地在虞、郑之间。平王东迁，夺虢叔之地与郑武公。楚庄王起陆浑之师伐周，责王灭虢，于是平王求虢裔孙序，封于阳曲，号曰郭公。虢谓之郭，声之转也。因以为氏。后汉末，大司农郭全代居阳曲，生蕴。蕴生淮、配、镇。镇，谒者仆射、昌平侯。裔孙徙颍川。""华阴郭氏亦出自太原。"

陕西省西安碑林博物馆、山西省太原市晋祠博物馆留存的《郭公庙碑》系唐代颜真卿撰写：郭氏代为太原著姓……后转徙于华山之下。故一族今为华州郑县人。2000 年山西汾阳市出土的唐高宗麟德元年（664 年）《唐故上大都督上骑都尉郭府君之碑碣并序》中记载：郭氏……"表望太原，建社阳曲"。

《三国志》二十卷郭淮传记载：郭淮阳曲人，被封阳曲侯，其子郭统袭封，孙郭正封汾阳子（因阳曲当时称汾阳县）。阳曲县在汉、隋、唐三朝均曾设汾阳县，故唐肃宗加封"功高盖世，再造唐室"的郭子仪时以其祖籍地封为"汾阳郡王"。迄至今日，阳曲县依然保留着许多郭氏家族的遗址遗物。

郭氏文化是祖先留给我们的一笔极为珍贵的文化遗产，如何弘扬郭氏文化，打造阳曲郭氏品牌，将这一人文优势转化为经济优势，这是我们一直研究探讨的重要课题。近年来,阳曲县委、县政府十分重视弘扬郭氏根祖文化和文物旅游资源的保护与开发。每年举办一次弘扬郭氏根祖文化的大型活动。这次我们又专程来参加这次会议,并带来了一些相关资料,其目的是为了进一步广泛征求各位专家、学者的意见和建议,以求得各位专家、学者的教育与指导,我们希望各位专家、学者围绕"弘扬阳曲郭氏文化"这个课题发表论文、论著,为我们提供强有力的帮助和支持。我们将会把大家的研究成果转化为生产力,推动和促进县域经济的全面发展。明年我县还将再次举办弘扬郭氏根祖文化系列活动,我们真诚地期盼各位专家、学者献计献策。

2 经传史籍 旁征博引

我国是一个重视历史文化的文明古国,也是具有悠久史学传统的大国。早在殷商时代的甲骨卜辞和周代的青铜器铭文中,就有关于中华远古史的记述,其中也包含郭氏先人——虢国的记录。至于流传至今的先秦典籍和各类史书,更是汗牛充栋。而各种史书中一向都很重视人物传记的整理、编撰。及至太史公的纪传体通史《史记》问世后,则开创了以人物传记为主的史学新局面。其后,从班固的《汉书》到赵尔巽的《清史稿》,都继承了这一优良的传统,为历代名人留下了丰富的人物传记,是我们研究历史人物,当然也是研究郭氏族人的历史渊源、发展迁徙、繁衍兴衰的重要文献。

《尚书·君奭》

《尚书》,也称"书经",为"六经"之首,是著录唐尧、虞舜及夏、商、周三代"典、谟、诰、誓"的文献汇编,也是探索中华古代文明的重要典籍。其中的《君奭》篇,就是最早提及郭氏先世——虢叔的先秦文献。

《尚书·君奭》是西周初年著名的辅政大臣周公旦与召公奭总结周室兴起、商朝灭亡历史教训的一篇重要文献。该文在追溯了历史往事后,认为周室兴起、伐纣灭商的成功经验,最重要的就是广泛招纳人才,任人唯贤。文中提到的四大贤人是闳夭、泰颠、散宜生、南宫适,而将虢叔又单独提出,排名在四大贤人之前。从而反映了虢叔在周王室中的崇高地位和丰功伟业,也印证了早在周武王灭商之前,虢叔已是"勋在王室,藏于盟府"的记载。

《左传》

《左传》相传为鲁国史官左丘明所撰，是记载春秋时期列国史实的第一部编年体史书。其中有许多条目记述了虢国的重大活动及兴亡史实。

多年从事《左传》研究的杨伯峻、徐提二位学者，在其编撰的《春秋左传词典》（中华书局 1985 年 11 月第 1 版）中，曾对此作过专门统计和简要注释，一一列举了"虢仲"、"虢叔"、"虢公"等称谓在《左传》中出现的时间、次数和确切的名讳、身份。

如：

"虢·虢仲之后，后人称南虢，今山西平陆县境。十六见……"（列举 16 次出现于《左传》的时间、页码）也就是说，"虢"这一名称，先后 16 次出现在《左传》之中，有时指南虢。

再如：

"虢公·虢公忌父·西虢公，亦周臣。虢公两见……"换言之，虢公忌父，可称虢公或西虢公。

再如：

"虢公·虢公林父·虢仲·南虢公，亦周臣。虢公一见……虢公林父一见……虢仲三见……"也就是说虢公林父在《左传》一处称虢公，1 处称本名虢公林父，3 处称为虢仲。这 5 处不同称谓同指一人。

又如：

"虢公·虢公丑·虢叔·南虢公，亦曾为周臣。虢公十二见……虢公丑一见……虢叔二见……"也就是说，此处的虢公丑在《左传》12 次被称为虢公，2 次被称为虢叔。

"虢仲"、"虢叔"这两个称谓最初是专指周文王的两个弟弟，即最早受封的虢国君主。但文献典籍中，常把东、西二虢君位继承人泛称为"虢仲"、"虢叔"，或统称为虢公，从而导致后人读史时的误解，混淆了虢仲、虢叔后裔传承世系，成为难以理清的历史症结。

稍有历史常识的人都知道，虢仲、虢叔（即周文王之弟）受封于西周初年（前1065 年），《左传》中所记史实始于鲁隐公元年（前 722 年），即周平王东迁，建立东周之四十九年。《左传》中所称之"虢仲"、"虢叔"，与西周初年之"虢仲"、"虢叔"绝非一人，"虢仲"、"虢叔"也绝无长寿到四五百岁的可能。

搞清"虢仲"、"虢叔"这两个称谓在不同历史时期、不同历史事件中所确指的人物名讳、身世，不仅对于理解、考辨文献典籍中有关虢仲、虢叔记载不一、相互矛盾的历史资料是一个基本的起点，而且是我们研究郭氏先祖源流、传承世系、支派繁衍及其家族文化的首要条件。

《左传》中关于虢国史实各条目的记述，不仅准确、精练，而且有精彩、生动的人物形象，栩栩如生的史诗画卷。如脍炙人口的"唇亡齿寒"、"假道灭虢"就是其中最为生动的两则，是研究南、北二虢先后被灭的不可或缺的重要史料，也是研究郭姓起源——由虢转声为郭的极其珍贵的文献资料。当今几乎所有的郭氏族人（少数民族郭氏除外），以及海外郭氏华裔侨胞、台湾同胞，都毫无疑问地尊奉虢叔为得姓鼻祖，也正在于此。

现将《左传》中有关郭（虢）氏的两段记述，引证如下：

（鲁）僖公二年

【经】二年春，王正月，城楚丘。

夏五月辛，葬我小君哀姜。虞师、晋师灭下阳。

［译文］二年春，周历正月，援助卫国修筑楚丘城墙。

夏五月辛日，为庄公夫人哀姜举行葬礼。虞军、晋军联合占领虢国的下阳。

【传】二年春，诸侯城楚丘而封卫焉。不书所会，后也。

晋荀息请以屈产之乘与垂棘之璧，假道于虞以伐虢。公曰："是吾宝也。"对曰："若得道于虞，犹外府也。"公曰："宫之奇存焉。"对曰："宫之奇之为人也，懦而不能强谏，且少长于君，君昵之。虽谏，将不听。"乃使荀息假道于虞，曰："冀为不道，入自颠𫐐，伐鄍三门。冀之既病，则亦唯君故。今虢为不道，保于逆旅，以侵敝邑之南鄙。敢请假道，以请罪于虢。"虞公许之，且请先伐虢。宫之奇谏，不听，遂起师。夏，晋里克、荀息帅师会虞师伐虢，灭下阳。先书虞，贿故也。

虢公败戎于桑田。晋卜偃曰："虢必亡矣！亡下阳不惧，而又有功，是天夺之鉴，而益其疾也。必易晋而不抚其民矣，不可以五稔。"

僖公五年

【经】五年春，晋侯杀其世子申生。冬，晋人执虞公。

［译文］五年春，晋侯杀死其太子申生。冬，晋人俘获虞公。

【传】五年春，晋侯使以杀太子申生之故来告。

晋侯复假道于虞以伐虢。宫之奇谏

曰："虢，虞之表也。虢亡，虞必从之。晋不可启，寇不可玩。一之谓甚，其可再乎？谚所谓'辅车相依，唇亡齿寒'者，其虞、虢之谓也。"公曰："晋，吾宗也，岂害我哉？"对曰："大伯、虞仲，大王之昭也。大伯不从，是以不嗣。虢仲、虢叔，王季之穆也，为文王卿士，勋在王室，藏于盟府。将虢是灭，何爱于虞？且虞能亲于桓、庄乎？其爱之也，桓、庄之族何罪？而以为戮，不唯逼乎？亲以宠逼，犹尚害之，况以国乎？"公曰："吾享祀丰洁，神必据我。"对曰："臣闻之：鬼神非人实亲，惟德是依。故《周书》曰：'皇天无亲，惟德是辅。'又曰：'黍稷非馨，明德惟馨。'又曰：'民不易物，唯德繄物。'如是，则非德，民不和，神不享矣。神所冯依，将在德矣。若晋取虞，而明德以荐馨香，神其吐之乎？"弗听，许晋使。宫之奇以其族行，曰："虞不腊矣！在此行也，晋不更举矣。"

八月甲午，晋侯围上阳。问于卜偃曰："吾其济乎？"对曰："克之。"公曰："何时？"对曰："童谣云：'丙之晨，龙尾伏辰。均服振振，取虢之旂。鹑之贲贲，天策焞焞，火中成军，虢公其奔。'其九月、十月之交乎！丙子旦，日在尾，月在策，鹑火中，必是时也。"

冬十二月丙子朔，晋灭虢。虢公丑奔京师。师还，馆于虞，遂袭虞，灭之。执虞公及其大夫井伯，以媵秦穆姬。而修虞祀，且归其职贡于王。

故书曰："晋人执虞公。"罪虞，且言易也。

以《史记》为首的二十四史，因其均系纪传体史书，对历朝历代郭氏名人俊杰及其家世渊源，记述得也较为详尽。现择数种，简介如下：

《史记》

司马迁撰。原名《太史公书》，是我国第一部纪传体通史，其书共 130 卷，分十二本纪、八书、十表、三十世家、七十列传。记事起于传说时代的黄帝，迄西汉武帝获麟之年，共约三千年，其中记载战国、秦、汉的史料较为详细。历代有多家注释、正义、索隐，被推为二十四史的开山之作。

《史记》中《五帝本纪》、《周本纪》、《晋世家》等篇目，从不同角度为我们记述和勾勒出郭姓先世，即古虢国的兴衰史实和传承世系；而《高祖功臣诸侯年表》则著录了秦汉之际开基太原的部分郭氏名人；《游侠列传》中的郭解是最早见诸于正史列传的人物之一。见之于《史记》的郭氏名人共 18 人。所有这些史料，对郭氏研究具有很高的价值。

《汉书》

班固撰，由其妹班昭和马续续成。是我国第一部纪传体断代史。全书共 120 卷，记载自汉高祖刘邦元年到新朝王莽地皇四年间约 230 年事迹。体裁略同《史记》，但改书为志，废世家入列传，成为后世纪传体史书的准绳。

《汉书》卷十九《百官公卿表》中所记载的河陵侯郭亭、成安侯郭忠、光禄大夫郭昌，都世居太原，为太原郭氏的开派之祖。而列传中的"拔胡将军"郭昌、"绝域使者"郭吉则是早期郭氏的著名人物。见之于《汉书》的郭氏名人共计 39 人。

《后汉书》

范晔撰。原书只有纪传，北宋时以司马彪的《续汉书》八志并入，成为今本《后汉书》，共 120 卷，是研究东汉一代的重要文献。

《后汉书》中著录郭氏名人较多，共 78 人。其中光武郭皇后家世为我们研究中山郭氏的崛起提供了重要依据，而郭伋、郭泰(林宗)则是郭氏族人中最具代表性、最有影响的人物之一，即其郭氏宗祠楹联中用以炫耀的"竹马欢迎"、"东国人伦"的原型。列传中之郭嘉、郭图为颍川郭氏的代表，分别是曹魏和袁绍集团的首席谋士。郭躬则是"一门七廷尉"的刑法世家的开派人物。而郭汜则是董卓之乱中的主要将领。研究东汉郭氏人物，可为我们研究魏晋南北朝时期郭氏族人宗族鼎盛、郡望林立的成因，提供重要启迪。

《三国志》

陈寿撰。分魏、蜀、吴三志，共 65 卷。魏志有纪、有传，吴、蜀二志有传无纪，体现了以魏为"正统"的观念。《三国志》记事较为简略，其后裴松之的注释较为翔实，保存了很多散佚的史料。《三国志》著录的郭氏名人 76 人，其中首推大将郭淮，他是镇守西南边陲，长期抗衡蜀汉的元老重臣。《三国志》中著录的另一支郭氏族人是出自中山的文德郭皇后。郭淮和文德郭皇后，为太原郭氏和中山郭氏的发展都起到了重要作用，是郭氏研究中的重要环节。

《晋书》

房玄龄、褚遂良等撰。全书 130 卷，分纪、志、传、载记四类。十六国中因前凉、西凉是李唐王朝远祖的发祥之地，故入列传，其他十四国皆入载记。主要记载了五胡十六国和西晋、东晋的史实。

《晋书》中著录的郭氏名人共计 115人，主要有河东郭氏的代表人物郭璞，以及郭象、郭配、郭翻、郭默、郭荷、郭舒等郭氏名人，搜罗范围较广，几乎涉及郭氏的每一个郡望。

在魏晋南北朝以后的"正史"中，以《新唐书·宰相世系表》记述郭氏渊源及传承世系最为详尽。

《新唐书》

欧阳修、宋祁等撰，共 225 卷。该书较《旧唐书》补充了一些史料，增撰各表。但文字较为简略，以致时有年代含混、史实不清之处。不如《旧唐书》保存的原始资料多。

新、旧《唐书》共著录的郭氏名人达411 人，为历代之冠。是正史中研究郭氏最重要的两种史书。尤其是《新唐书》中的《宰相世系表》，著录宰相 369 人，共 98 姓的世系，其中郭姓宰相 4 人。在记述时，追溯了郭姓的得姓受氏之源及主要郡望，尤其是排出了唐汾阳王郭子仪的家族世系

及传承关系，是研究郭氏，特别是华阴郭氏（汾阳郭氏）不可或缺的重要文献。书中还载有郭子仪、郭正一、郭元振等著名人物的本传，极具参考价值。

今人赵超著有《新唐书宰相世系表集校》，对书中的谬误、疏漏之处加以考订、修正，是查阅、引用《新唐书·宰相世系表》时的必备参考文献。

《新唐书·宰相世系表》

郭氏出自姬姓。周武王封文王弟虢叔于西虢，封虢仲于东虢。西虢地在虞、郑之间。平王东迁，夺虢叔之地与郑武公。楚庄王（应为楚武王）起陆浑之师伐周，责王灭虢，于是平王求虢叔裔孙序，封于阳曲，号曰郭公。"虢"谓之"郭"，声之转也，因以为氏。后汉末，大司农郭全代居阳曲，生蕴。蕴生淮、配、镇。镇，谒者仆射、昌平侯。裔孙徙颍川。

华阴郭氏亦出自太原。汉有郭亭，亭曾孙光禄大夫广智，广智生冯翊太守孟儒，子孙自太原徙冯翊。后魏有同州司马徽，徽弟进。

昌乐郭氏亦出自太原。后汉郭泰，字林宗，世居介休，司徒黄琼辟太常，赵典举有道，皆不应。世称为郭有道。裔孙居魏州

昌乐。唐有济州刺史善爱。

中山郭氏世居鼓城。唐有正一，相高宗。生忠，通事舍人。郭氏宰相四人：待举、子仪、元振、正一。

《古今图书集成·明伦汇编·氏族典》

除"二十四史"之外，清初还编纂了一套《古今图书集成·明伦汇编·氏族典》，对研究郭氏及其他姓氏有着很好的参考作用。

《古今图书集成》系康熙年间诚亲王胤祉命进士陈梦雷编撰的，历十余年书成。凡1万卷，目录40卷。未及刻印，雍正初，胤祉获罪，命蒋廷锡继续主持其事。三年告成。因该书集经史子集百家之大成，故名《古今图书集成》。其《明伦汇编·氏族典》，是撷取历代姓氏书的精要，以及正史、方志、诸子百家中各个姓氏的名人汇编而成。

每一姓氏分"汇考"、"列传"两大部分，上起周代，下迄明末。收录范围除正史之外又博采方志、类书等，是融姓氏学与人物传为一体，集正史、方志于一炉的历代名人汇编。

该书在"郭姓部"中首先转录了《新唐书·宰相世系表》、廖用贤《尚友录》及《禹州志》中关于郭姓渊源的记述，编为《郭姓部汇考》，而后又按历史朝代逐一编撰成《郭姓部列传》。

其中收录的郭氏名人共计213人：

周	3人	秦	1人
汉	24人	后汉	25人
魏	4人	吴	1人
晋	19人	(刘)宋	3人
南梁	1人	北魏	6人
北齐	1人	北周	2人
隋	6人	唐	36人
后唐	3人	后晋	3人
后汉	1人	后周	8人
宋	97人	辽	2人
金	12人	元	46人
明	150人		

郭姓列传除采录二十四史人物传记、宋朱熹的《通鉴纲目》及明凌迪知的《万姓统谱》外，还吸纳了57种府、州、县志等大量方志资料，基本上网罗了先秦到明代的郭氏名人。

二 族谱家乘 血缘凭藉

族谱家乘是中华民族传统文化的瑰宝,是研究姓氏、家庭文化的重要文献,是人类文明进步的轨迹,社会历史发展的缩影;被列为与"正史"、"方志"互为表里的三大历史文献之一,被有识之士称之为"平民史册"。

郭氏家谱木匣

1 传世之宝 族谱举要

由于族谱家乘是记载某一姓氏家族发祥、发展、繁衍、播迁及其传承世系的家族历史，是区分族别、认祖寻根的血缘凭借，因而一向被视为"秘不示人"的传家之宝。其纂修、刻印、分发、保存均在家族内部运作，修谱、续谱、领谱、存谱、祭谱、查谱，均有严格的规定和隆重的仪式，带有神秘色彩。加之近半个世纪以来，一直被视为"封资修文化禁区"，迭遭厄运，因而中国家谱的数量缺乏精确统计，大部分散存于民间。郭氏作为族大人多、枝繁叶茂的强宗大姓，历代撰修、存世的家谱数量相当可观。虽历经浩劫，但仍有相当一部分保存下来，其中不乏佳作精品，有很高的历史文献价值。

现存的郭氏家谱，大多散存于民间，一部分珍藏于图书馆、博物馆、档案馆及科研机构。自20世纪90年代以来，相关部门进行了搜集整理，先后出版印行了四种中国家谱目录，其中收录的郭氏家谱共353种。

《中国家谱综合目录》 由国家档案局二处、南开大学历史系、中国社会科学院历史所图书馆等部门共同编撰，中华书局1997年9月出版。因该书编撰时，曾以国家档案局、文化部、教委等政府部门名义发文，要求各藏谱单位积极配合、协助，故收录范围较广，其中收录郭氏家谱达98种，并一一注明谱书的收藏单位，是目前收录郭氏家谱较广的一种版本。

《上海图书馆馆藏家谱提要》 由上海图书馆整理、编撰，王鹤鸣主编，上海古籍出版社2000年5月出版。该书收录的家谱目录，都是上海图书馆馆藏谱本，且对每一谱本作了简明的内容提要，便于读者查阅、检索。其中收录郭氏家谱共83种。

《中国家谱目录》 由山西省社会科学院家谱资料研究中心整理编撰，山西人民出版社1992年4月出版，是新中国成立以来问世较早的家谱目录，有一定的社会影响。其收录范围是该中心所藏家谱，其中郭氏家谱共23种。由于该中心家谱资料大多是从民间搜集拍摄而成，其中不乏珍贵的难觅谱本。但因采用缩微拍摄方法，查阅、复制均感不便。

《台湾区族谱目录》 由台湾区姓谱研究社编著，1987年印行。主要收录台湾地区所藏家谱，其中一部分系国民政府撤

《大湄郭氏族谱》

离大陆时带到台湾的珍品,但大部分是20世纪50年代以后台湾地区各姓新修的家谱,故谱本篇幅一般不大,载录世系较短。该目录共收录郭氏家谱149种,是目前收录郭氏家谱种数最多的家谱目录,其中清代谱本5种,其余144种均为20世纪50年代谱本。

除上述正式印行的四种家谱目录外,散存于各地和民间的郭氏谱本也有相当数量。其中以《环球郭氏宗谱》收录较多。该书由台湾世界郭氏宗亲总会编印,由该会秘书长郭时礼先生主持、编撰。从该书选录的郭氏谱序及郭氏各支世系表、源流志统计,其著录的郭氏族谱计19种,其涉及的各支派源流世系29支。

此外,"台湾各姓氏渊源研究会"也收藏有部分郭氏族谱。

族谱家乘作为一个家族成长发展的历史档案,不仅系统地著录了本家族盛衰荣辱的过程和文化特色,也较为真实地反映了当时、当地社会发展的历史背景、社会风尚、时代精神、风俗民情、社交礼仪及与之相关的各方面内容,是一个蕴藏宏富的文献资源宝库。

从目前掌握的资料来看,现存于世的郭氏家谱大都是清代和民国的谱本,明代谱本4种,宋元时期的谱本尚未发现。只在清代、民国的谱本中,存录有宋元时期族谱的部分谱序。而当代新修或续修的家谱尚待收集整理。

现从留存于世的谱本中选录几种,加以评述,以便探讨其文化特色和社会价值。

明代郭氏族谱

(一)《泉州郭氏族谱不分卷》

明代郭萌撰修,刊于明正统元年(1436年),清代郭肇汾续修,手抄本,共一册,现收藏于福建师范大学图书馆。

该谱又名《百奇郭氏家谱》。据郭萌自撰谱序称:"吾之先,太原人也。始由唐尚父、太尉中书令、汾阳武王（郭子仪），竭力王室，始终尊荣。"其后子孙分处他郡，愈远愈繁，无从考订。于是从其曾祖父迁居泉州时记起，共计六世。

据此推断，其泉州之郭氏始迁祖当在南宋晚期。其迁徙原因及祖籍均未交代。

此谱除福建师范大学藏有清代手抄本外，山西省社会科学院家谱资料研究中心也存有缩微胶片。

（二）《漳州汾阳郭氏家谱一卷》

明代郭兴重修。万历二十八年（1600年）抄本，现藏于日本，美国犹他家谱学会存有缩微胶片。具体内容不详。

（三）《凫溪郭氏宗谱不分卷》

明代郭志纂修。万历十一年（1583年）刻本，共1册，现藏于中国国家图书馆。

（四）《常熟郭氏粹编七种》

明代郭世南撰。郭世南本名郭南，以字行。郭世南虽然世居上虞，但因任常熟主簿，家居常熟，故谱名加有常熟二字。

该谱卷一为谱辨、序跋、谱图；卷二为汾阳王年谱、传记、像赞等；卷三为诰敕文书等；卷四为碑碣、图记、书画记；卷五为赠荣升词、序等；卷六为还乡序、赠别诗等；卷七为循良传、墓记、圹记、寿藏记等。因该谱存录多种唐、宋诰敕、墓志等文献，

因而有较高的史料价值和收藏价值。

仅存的达斡尔族郭氏族谱
《黑水郭氏世德录》

民国郭兴辑，1册，72页。民国十五年（1926年）铅印本。该谱的谱序中，追溯其先世渊源时，指出："黑水郭氏，旧作郭博勒氏，本达呼尔（即达斡尔）之支族。系出大贺氏，契丹国族也，远祖早年徙居黑龙江郭博勒屯，因以著姓。共和以后，弛冠姓之禁，族人仿古人复姓从简之例，以郭为氏，系黑水地望，所以别太原郭也。"

黑龙江人民出版社出版的《黑水郭氏世系录》

这段短短的文字，蕴含了丰富的文化内涵，给我们以深刻的启迪：第一，印证了姓氏学中"以地为氏"、"以地著望"这一常用分类方法的科学性和合理性；第二，印证了郭氏姓源中"夷夏交融，百川江海"的论断，为郭氏姓源多元说提供了实证；第三，体现了中华民族大家庭多元化的文化特征，提供了民族学研究中"胡姓汉化"、多字姓改为单字姓的实例；第四，反映了"共和之后，弛冠姓之禁"，倡导民族平等的历史背景。

一部薄薄数十页的家谱，短短百余字的谱序，就有如此丰厚的文化内涵。族谱家乘的社会功能、史学价值、文化价值，于此可见一斑。

闽粤地区的郭氏家谱

闽粤沿海地区是"客家人"聚居较为集中的地区，也是众多的海外华人和港、台同胞的发祥祖地。早在唐代初年，就有郭氏先人随陈元光父子入闽开漳，徙居闽粤。唐末五代时又有一大批郭氏族人南徙于此。因此闽粤二省是仅次于秦、晋、豫三省的郭氏族人聚集的地区。遗存于世的郭氏族谱家乘较他省为多。同时，散居于闽粤二省的郭氏族人，几乎都自称为汾阳王

郭子仪后裔——福州郭氏支谱

郭子仪后裔。有的出自郭暖后裔,有的出自镕公,也有的为郭嵩支脉。其间虽难免有攀附、矛盾之处,但细加考究,相当一部分都有世系传承的合理之处。现选录几种,以备参考。

(一)《福建惠安白奇郭氏族谱》

清代康熙五十三年(1714年)郭天合撰。白奇郭氏系郭子仪后裔,元末郭德广授职泉州,因干戈扰攘,无法返乡,遂定居于泉州。第三子郭仲远徙居于惠安白奇,为白奇郭氏始祖,其后子孙多出海谋生,散居于新、马、泰等东南亚国家。

(二)《福建上杭郭氏族谱》

明代成化年间郭资创修。其始迁祖为南宋初年曾任上杭县承事郎的"十六承事公",名讳、生平失考。历经宋、元及明初二百余年,繁衍昌大,遂成当地望族。

(三)《广东大埔大麻郭氏族谱》

明隆庆二年(1568年)郭晓窗创修,万历三十五年(1607年)裔孙郭声垫续修,清、民国多次续修。据其谱序称,其先世为福建宁化石壁村郭氏,宋宣和年间十六承事郎徙居于福建上杭,传至第八世郭子义(字天锡)时,迁居于广东潮州府大埔县大麻。历数百年繁衍生息,成为潮州大族,分支于大麻筱留、饶平、海阳、高陂等地。

闽台族谱中的保护神——林默姑像

台湾郭氏族谱

台湾郭氏基本上来自闽粤二省,其家世渊源也都上溯闽粤郭氏。其所记世代一般在五至十代。其主要内容是渡海迁台、艰辛创业的历史。体例上都不够完备。但众多的族谱资料都一致承认其祖根、祖籍在内地,是联结台湾宝岛与祖国大陆的血缘纽带,对促进祖国和平统一大业,推动两岸经济文化交流有重大的历史意义和现实作用。

(一)《台湾台北崇饱公派下族谱》

郭诗连撰,1962年刊印。该谱谱序称:郭姓,发源于山西太原,祖宗系统出于汾阳王郭子仪派下,因此堂号为"汾阳",崇饱公于雍正五年渡海迁台,居台湾淡水厅,立业开基。

(二)《福建泉州贻谷堂渡台喜公派下家谱》

郭行建撰,1984年刊印。该谱谱序称:其先世为郭子仪衍派,泉州郭氏支脉。清道光年间,郭喜随其父郭馔渡海迁台,始居鹿港,后散居台湾各地,并漂洋过海,移居菲律宾、日本、美国等地。

其他地区的郭氏家谱

郭氏发祥于中原地区,但自魏晋以来,历经多次战乱,逐次迁徙于江淮流域及江南广大地区。尤其宋元以后,成为江南大族,其门望地位、英贤俊杰,反而超过了北方地区。明末清初,也有部分郭氏族人北出山海关,迁居于东北各地。

(一)《肥东郭氏宗谱》

郭世惠初修于乾隆四十二年(1777

年),嘉庆、光绪年间多次重修。该谱体例较为严谨,叙事简明,宁缺毋滥,尊郭芝益为其始迁祖,自洪武初年由安徽宣城迁居肥水之撮东镇,故名肥东郭氏。

(二)《湘阴郭氏家谱》

清代郭嵩焘撰,曾国藩作序。其先世为郭子仪后裔郭在徽支派。始居江西吉安,后迁信丰,元末迁广东南雄,明代迁湘阴。尊广国公郭晖为南迁始祖,以郭姚山为迁湘始祖。

(三)《黑龙江瑷珲郭氏家传》

民国郭德权撰。选入台湾世界宗亲总会《环球郭氏宗谱》第一辑。撰修者郭德权在《家传简介》中记述:"瑷珲郭族,初为汾

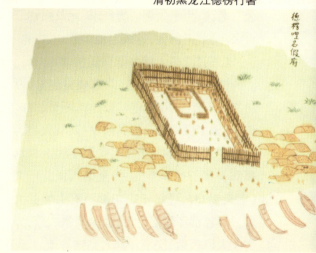

清初黑龙江德楞行署

阳王郭子仪之后裔。其一支远年迁至山东省登州蓬莱县。康熙初年,(郭德)权之高祖由蓬莱渡海入东北,先卜居于吉林省宁古塔(今宁安县),因习造船,乃赴船厂水师营,任造船工程师。康熙二十四年(1685年),随清军沿松花江、黑龙江而上,战胜俄军,毁雅克萨城,乃定居于黑龙江省瑷珲县。咸丰八年（1858年）,《中俄瑷珲条约》在此签订。"

这部来自于黑水之畔的郭氏家谱,不仅为我们提供了清初移民关外的实例,而且见证了清初康熙王朝国力强盛,抵御沙俄大获全胜,拆毁沙俄非法所建雅克萨城,并在此基础上签订《尼布楚划界条约》,到清末国势日衰,被迫割土求和,签订丧权辱国的《瑷珲条约》的史实。将200年来清王朝由盛到衰的历史浓缩到一部家谱之中,使我们能进一步领悟到家史与国史、族谱与正史相互印证、息息相关的深刻内涵。

(四)《天津郭氏族谱》

清代郭赓堂、郭中吉等撰修,钱正园作序。初修于道光年间,咸丰、光绪间两度续修。据谱序称:"津门郭氏本江南新城旧族,其始祖尚智公于明万历年间贸易至小直沽,遂家焉。彼时津门尚未建城立县,犹以小直沽名之。郭氏居此,历三百数十年,传十二世,是为津门郭氏。"

这是由南方迁回北方的一支郭氏。该谱直书其始祖因贸易迁居小直沽,一改众多郭氏族谱追溯甚至攀附古代名人为始祖的风气。由此可见,当时社会商品经济已有了长足发展,商人在社会上已有一定的地位。尤其是讲到"彼时津门尚未建城立县,犹以小直沽名之",为考证天津(津门)的历史沿革提供了历史依据,可作为天津地方史志一条重要内容。

此外,尚有多种郭氏族谱未能一一列举。尤其是20世纪80年代以来,随着文化桎梏的解禁和全球寻根热的兴起,以开

清初黑龙江边境交易图

浙江台州临海《康谷郭氏宗谱》

阳曲郭氏四门家谱

山东德州郭氏族谱

发和弘扬"根祖文化",编撰地方史志为主导的续谱、修谱之风在民间悄然兴起。仅笔者数年来所收录到的郭氏族谱就有:《桂东郭氏族谱》(湖南)、《郭氏族史》(湖北安陆)、《原平郭氏族谱》(山西忻州)等10余种。

这些新修或续修的族谱、家乘,既继承了传统谱牒的形式,也体现了时代特点,内容上更加丰富,体例上也有所创新。如:男性、女性同样入谱,族规家训变成了公民基本道德,增加了乡土文化特色,引入了地方史志的内容,特别是新增了所居地区企业文化和旅游文化的宣传内容。可谓正在转型期的新式家谱。

2 谱序选录 撷英聚萃

族谱谱序是谱中精华,既介绍了该谱的纂修过程及谱本概况,也考辨其姓氏渊源、传承世系及迁徙分布的历史背景和支派情况,是该谱的纲目和概要,使人一目了然,事半功倍。

现择其有代表性的部分谱本谱序,抄录如下,以飨读者:

郭氏旧谱序
宋·欧阳修撰

余尝参诸家之谱牒,考氏族之源流,盖自黄帝以来,子孙分国受姓,其得姓则一,而后别为氏者则殊。有以先王之谥而为氏者,有以所居之官而为氏者,流衍派别,鲜有能辨其氏族之源者也。溯其流则可以知其源,寻其枝则可以知其根,余因历览传记,而知其概矣。按郭之先,本出周室王季之后,为文王卿士,功在王室,藏于盟府，封于虢，时称为虢公。周惠王时，杀子颓有功，遂得虎牢以东之地，今城皋也，并酒泉焉。后为晋所灭，虢公合举其族，出奔京师，子孙多就城郭园池而居，因以为氏。虢，郭氏之源也，故京师有东郭市、西郭池，皆以此也。后有郭隗者，客于燕，卒复燕，昭王得士，实自隗始。汉兴郭氏浸盛，有曰蒙、曰亭、曰忠，皆高祖功臣，均封列侯。忠生迁，迁生尝，尝生长，长生荫，世居颍川，故今有五望焉。汉室既东，郭氏鼎盛，太原、河南、颍川、东郡、冯翊是也。其声著者曰泰，字林宗，屡举有道不就，雅尚清高，为世所慕。又有仕于晋者曰璞，洽闻博物，尤深阴阳卜筮之学，不从王氏之变，遂殒其身。迨至季唐，郭氏尤盛。有曰知运者，多军功，封太原郡王。最显者曰子仪，世居华州，以武举，屡有大功，进封汾阳郡王。生八子：曜、旰、晞、晄、晤、暧、曙、映，皆为显贵，孙多人，锐、锋、钢、钊、锜、钬，尤为超擢。唐末兵乱，五季扰攘，以故子孙分适他国，所至皆以汾阳为郡望，此汾阳郭氏之攸始也，岂非以所居之官为氏者欤？宋兴，海宇宁一，褒功继绝，推恩及远，诏封其孙元亨为永兴军助，以旌先王之功德，而俾泽流无穷。元亨之从祖父讳在徽，仕唐庄宗鸿胪卿，以言事谪守庐陵。其子广国公，遂家邑麻岗。生三子：轩、軿、轮，轩生靖，太平兴国中仕至殿中侍御史。生熙，仕至吉州观察使，生三子：长曰龙，徙居吉水，仲曰圣，留居麻岗，季曰宣，亦徙居吉水。越二十余代，而万圣、振温、福海三公，先后宦游荆楚，一落业黄泊湖，为古堤桥之始祖；一侨寄武陵，转徙七里湖，为大潭溪之始祖；一就籍安乡，为黄山岗之始祖。然虽所居涣散，而一脉流传，子孙繁昌，硕大敏达者，盖由祖德深厚，故胤祚若是也。由此稽之，则后裔岂无腾踏有光祖考，不绝如缕者。易曰：积善之家，必有余庆。诗曰：子子孙孙，勿替引之。其郭氏之谓也。

大宋熙宁四年辛亥仲秋，观文殿大学士太子少师欧阳修拜撰。

湘阴郭氏家谱自序

清·郭嵩焘撰

郭氏之先，盖出于王季之穆虢仲、虢叔。《左传·僖公五年》：晋灭虢。杜预注：在弘农陕县，今陕州庐氏县地，故西虢也，为虢仲封国。《公子谱》云：虢叔之虢，谓之东虢，在荥阳，为郑所并。应劭曰：荥阳故虢国，今虢亭是也。颜师古《急就篇》注：晋灭虢，虢公丑奔京师，遂姓郭氏。《春秋公羊·

郭公传》注:虢谓之郭,声之转也。按古人命氏,以字、以谥、以官、以邑,无以国者。出奔他国,而后以本国为氏,陈敬仲奔齐而为陈氏,郑丹为郑,宋朝为宋,楚建为楚,皆其例也。郭氏出于虢叔,殆无疑义。汉碑可考者,如《丹阳太守郭君碑》、《冀州从事郭君碑》、《太尉郭喜碑》、《北军中侯郭君碑》、《司隶从事郭究碑》并云有周之裔。较而论之,郭氏见诸史籍者,名迹莫著于汉,文学莫多于晋宋之交,功业莫盛于唐,而唐太师汾阳忠武王尤显异。汾阳五传至在徽,仕南唐,官鸿胪右卿,始居吉州之望云门。又一传至广国公晖,今吉安郭氏,皆广国府君之裔也。有分居赣州之信丰者,元季避乱,徙广东,居南雄路保昌县芙蓉西溪,是为缓新府君。保昌为南雄首治,今废为州,在信丰西南。又数传姚山府君,由南雄迁湘阴,为湘阴郭氏。初祖自缓新府君以来,传系数百年,无名史策,姚山府君三传,始有读书为弟子员者。又四传葵臣府君,领乡荐,通籍于朝,其后登科者踵迹,遂为湘阴巨族,入仕者数人,其传之久,而仕进之难如此。道光癸未,存门府君、诚齐君编辑族谱,迄今三十余年,丁日益多,业日益广,值时多艰,兵戈日骇,往往避地他徙。吾甚惟夫宗族之散处而不复纪

也,稍稽旧籍,证以所见闻,汇次家谱为十卷,繁征博引,不敢苟略,冀存先世遗闻于百一,使后人有所考证。疑者阙之,无侈虚文,区区鄙志,所存如是而已。

时咸丰丁巳春三月,嗣孙嵩焘谨序。

肥东郭氏重修宗谱序
清·陈书献撰

肥东郭氏重修宗谱,谱将告竣,问序于余。余亲诣郭氏祠,展阅旧谱,见夫世系分明,秩然不紊,亲疏有别,了然可观,其深得大体者,信则传,疑则阙,不妄称前代名贤,侈谈门第,不艳宗历朝卿相,谬附名家,书法体例之严,俨同国史,顾不重哉。谨按郭氏旧谱,系十二世云龙公创修也,抄录成编,断自荣益公为迁肥之始祖考。

荣益公自明初迁肥后分三支,一分居和州新塘圩,世系失考;一分居本邑东北古城集,有谱可征,然而代远年湮,势难合修,其间擢巍科者有人,优将略者有人,由翰林起家主学政者亦有人,武纬文经,班班可考,固无待远引旁征,自足辉煌于家乘。迨其后生齿渐繁,支派益远,至十五世振纲、恩溥公,十六世卫城公,于嘉庆二十四年,复起而重修之,其体例书法亦遵旧

谱,迄今计之,又百余年,其人丁之众,户口之繁,当较昔年为尤甚。光绪丁未年,合族公议敛费重修,族长志峨,荐章、邦兴、邦海、以庄、以瑞、以荃、以茂、大和诸君子为领修,任怨任劳,不辞劳苦,而以主稿之事属俊臣,亦依旧谱之例,因所当因,续所当续。越明年,草稿创成,将拟开刷,而俊臣病故,复派以庄校读,星台、大璿为校对,至戊申而谱告成,吾于是益信郭氏之多贤也。呜呼!莫为之前,虽美弗彰,莫为之后,虽盛弗传。有十二世云龙公之创,即有十六世卫城公之续,今郭氏已二十余世矣,是谱之修,所以承先启后,即所以报本追远也。记曰:尊祖故敬宗,敬宗故收族,其是之谓乎。曾慨世俗修谱之家,或妄托他人之祖,自谓尊祖;或援引他人之宗,自谓敬宗,夫曰祖曰宗,乌可穿凿附会哉。郭氏纪信阙疑,悉依旧例,将来后嗣炽昌,谱先人之旧德,英才继起,发前代之幽光,吾于郭氏有厚望焉。献与郭氏,居隔数里,本系乡邻,与星台交,又通声气,虽简陋不文,于义实难辞其责,故援笔而勉为之序云。

旧德述闻序
清·黄懋谦撰

蛰云学使,既修订族谱,复有旧德述闻之作,问序于余。余谓敦族之说,古有明训,至苏明允,其说益畅,近代李文贞,则尤痛乎其言之。明允惧人之于本支久而忘,文贞则忧其既分而不可复合,皆足发人深省。然苟有以维系之,使之不忘,则分而难合者,其势虽分,而仍无甚异于合者,为其油然不能自已之情,蛰云其殆有见于此乎。郭氏为闽望族,自介平公以降,分支五,即世所称五子登科者。是编所述,则于本支之外,兼及四支,间有在四支外者,杳远难闻,虽欲述之,其可得乎。《汉书》载公卿名人传,皆不详其先世,而所详者,独司马迁、扬雄、冯奉世,三传而已。三子者,惟能自述其先世,故人得以其所自述者载之,自述之不可忽也如此。蛰云久宦于外,而于水源木本之义,禀承先训,谨守弗坠。余婿君家垂四十年,当读书玉尺山时,君家之散居于黄巷化民营察院庄者,余时时来往,此境如在梦寐,今则妇翁辈行,零落都尽,群从昆弟,存者亦仅十之三四。辛亥以后,而余与君,犹数数晤聚旧都,则似有数存焉。故能举君家一二旧事,为君操觚之助者莫余若。又如壬子京津兵变,文安公行箧被掠,于时君在窘中,乃亟捂挡称贷,以宽亲忧,而自忘其困,此亦非恒人之所及知者。文安公疾薨京邸,君则哀毁,几灭其性,内行纯笃若此,吾知郭氏子姓蕃炽,必有资此以永其所闻者。是编之出,自他人视之,不失为林吉人之榕城旧闻,自君之族人视之,何异于孟瓶庵之家诫录。受读既竟,爰缀数语,以弁其端。丙子上巳黄懋谦序于旧都之廊西老屋。

京江郭氏家乘序
清·张述咏撰

礼曰:别子为祖,继别为宗,继祢者为小宗。后世宗法不明,而尊祖敬宗收族之道薄。眉山苏氏,授宗法以立谱。大宗以下皆立小宗。故由上世析之,挈裘振领,支派朗然。由后人溯之,滴水归源,同条共贯,如薛氏之南祖、西祖,韦氏之东眷、西眷,亦于此义也。在昔武王封虢,亦于西虢。地在虞郑之间。平王东迁,夺与郑,复求虢叔裔孙序,封之阳曲,号曰郭公。虢谓之郭,声之转也。因以为氏。至唐有太原、华阴、昌乐、中山等族,而皆出自阳曲。故令公封

汾阳王,子曜也号太原孝公。当时以族望为荣,而子孙以祖居为重,盖世德之在人远矣。吾邑郭氏,自汾阳来迁,阅今生聚已十余世。衣冠文物,代有伟人,旧传谱牒,亦明且慎。而安公稽于史籍者,不下数百余家。而家自编录之书,其存者,惟寿州吕氏、吴郡范氏耳。惟以成公、文正公编辑精详,足以不朽。实乃二族子孙,克承世宗,宝藏于礼器之旁,而勤加修纂于代远年湮之后,故今传也。后有作者,尚其鉴诸。

乾隆四十八年岁次癸卯春正月既望,同里张述咏五峰氏顿首拜撰。

亳县郭氏重修宗谱序
清·冯煦撰

周礼,小史奠系世,族师本之,以书其孝友姻睦,其后遂有《世本》。五季之乱,衣冠涂炭,浸以修谱。郑樵氏乃志《氏族志》以维系之。郭氏之系,本于武王封虢叔于西虢,地在虞郑间。平王东迁,复求虢叔裔孙序,封之阳曲,号曰郭公。虢谓之郭,声之转也,因以为氏。至唐有太原、华阴、昌乐、中山等族,而皆出自阳曲。故令公封汾阳王,子曜亦号太原孝公。当时以族望为荣,而子孙以祖居为重。盖世德之在人远

矣。亳邑郭氏系自山西沁水，宋神宗时，始迁亳。有讳益者，元季为淮安太守，越数传，至明正德二年，良玉公聚族而居。族日以大，即今谱之所祖也。而以文学武功显者，代有闻人，遂为亳之望族。予昔抚皖时，与礼征为文字交。顷又以亳志总纂见属。适其品翰、肖霆昆季，重修家谱告成，实董其役。鸠分稽远，补漏为证，肫然而有怀，秩然而有序。予读而嘉之。且世至今日，人纲绝，世教聩，父子相夷，兄弟相尤者，比比矣。而郭氏之修是谱也，独拳拳以孝友，姻睦昭其族之父兄子弟，以合于古小史、族师之掌，而不为习俗所浼。其所见，不诚加人一等哉。佐之编者为予门下士李子树人，例得补书，是为序。

赐进士及第，诰授光禄大夫，前翰林院编修，国史、会典两馆总纂官，戊子科湖南乡试副考官，前安徽巡抚部院，金坛冯煦顿首拜撰。

湖南澧县大潭溪汾阳郭氏重修族谱序(一)
郭必钢撰

昔周以……繁庶民，实开万世谱牒之祖。越后，宗法废，门第盛，而谱之学益兴。

传至有宋，欧、苏又作二家谱式，以联宗收族为主义，可知谱之重也，由来旧矣。木必有本，水必有源，故撰修者必溯其本源焉。当阅诸家宗帙，每因年远代湮，不追说姓氏之本源，如夔子之不祀祝融，郭崇韬之欲宗汾阳，数典忘祖，君子耻之。盖先王分茅胙土，锡姓命氏，或以国，或以官，或以名、谥，以及生地。即一公之子孙，每多姓氏各殊，苟因其枝流而探溯其本源，虽百世不难更仆悉数也。考我族得姓之始，在周虢叔分封之时，为王季之穆，传至虢公丑，国被晋所并，遂反辕京师，负郭而居，以虢易郭，故有东郭市、西郭池之称，此我族得姓之本源也。由周而来，代有传人，其载在史册者，历历可考矣，兹不缕陈。第稽唐之最显曰子仪公，世居华州，位兼将相，晋封汾阳王。生八子曰：曜、旰、晞、昢、晤、暧、曙、映，皆为朝廷显宦，其孙之最超擢者，曰锐、锋、锜、钢、钊、铖。后因唐末兵乱，子孙分迁他国。及宋兴，诏封其孙元亨公之子广国公，遂家邑麻冈。曰轩、轾、轮，轩生靖，靖生熙，熙又生子，曰龙、圣、宣。惟圣仍居旧土，龙、宣徙吉水。越二十余代至明初，其子孙多有宦游于楚者。一曰万圣公，入澧县为古堤桥之始祖，一曰振温公，入常德武陵县，为卸甲坪及澧县大潭溪之始祖,一曰福海公,入安乡,为黄山冈之始祖。他如挖断冈、梦溪寺、马家山、枫林寺、郭大口、龙墙、大光坪、淤泥湖,以及益阳正街、巷奇头、鸡斗城、临澧县等处,所有郭氏谱序,皆源吉水而宗汾阳,所谓一本万殊,百川朝宗者也。惟因地点星散,人难云集,屡欲联合,而有未逮。兹识三支始祖,生同乡,居同里,迁徙同时、同地,其为一脉相传之伯叔子弟,确无疑义。迄今五百余年矣,纵难继故国而清原籍,而溯厥由来,可知三支之绵绵奕奕,繁衍于今日者,皆由汾阳积德深厚,故胤祚延长若是也。前因谱牒分序,以至支派各别,此不宗之语所由起也。间当读欧阳公之传序,窃幸本固叶茂,源远流长,独叹其中断莫继耳!先辈创修支谱,每欲鸠合纂辑,或限于时势,或阻于人力,其矢志以俟同志者久之。今幸三支孝裔,汉族、云卿、秉南、子彦、桂先、品范、楚江、平陵、养善等,感于同种同族同胞之新说,皆志切本源,同倡合族、合谱、合派之盛事。爰集公族,统辑家乘,以万圣公祠为中心,复作谱馆,集文人学士于一堂,详考世系,更正派序,使大宗小宗,条分缕析,百世万世,秩序昭然,此非尊祖故敬宗,敬宗故收族,收族故宗庙严之义也哉?他日继继承承,虽千秋万岁而后,归于一本,咸可卜矣。则我汾阳之家声,讵不可揭休天府,与国史并垂不朽钦?兹当谱功告竣,孙材栎栎,曷敢妄参。但数典难忘也,不揣故陋,谨述始末,弁诸卷首,俾后人一览而即知其本源,而不敢忘也。至于踵事增华,光前裕后,则有厚望于将来。是为序。

江西庐陵麻江郭氏族谱序
明·曾同享撰

郭之先,本王季之后,以功封于虢,其后以晋难出奔京师,多就城郭而居。郭、虢声相近,遂以郭为氏。战国时,郭隗为燕昭王太傅。汉兴,其蒙、忠兄弟,皆高帝功臣,封列侯。唐至肃宗朝,汾阳王贵显尤甚,世居华州。胄子曜,四传生在徽,庄宗中,官鸿胪右卿,以言事谪守庐陵,因家焉。子晖仕后周,卜居麻冈,从太祖战殁河内,追封广国公,麻冈之有郭氏,自广国公始也。再传至观察使熙,生三子,龙、宣皆他徙,余子圣,留居麻冈。圣再传为统、绂、绶。统无考,绂次子谥,徙居炯村江边寮下。绶长子仪,徙留田南村,后徙庐田,次子谓,仍留麻冈,为不徙之祖。三徙之后,始有分焦塘而徙桥东,分甘塘而徙葛陂者。盖炯诸派,虽先后迁徙不一,总之皆出于麻冈圣祖之后也。

　　谱肇修于宋咸平、天圣间,再修于宝祐癸丑,三修于洪武甲子,其后历宣德丙午、正统戊辰、景泰壬申、弘治丙辰,凡累修。序则宋欧阳文忠、明杨文敏公、金文靖公、刘文齐公,诸名圣之笔,往往而在,推原本始,支分派别,厘然显微矣。弘治而后不复修,万历甲戌,龙之后倡议复修,一时人心协从,牵合太多,于是圣之子孙,相与盟于王望山,兴公矢慎,冀图厥成。嗣后往复搜罗,多方考订,至岁癸卯,始有次第。于是东阳令一鹗、福州郡丞立言、南雄郡丞士材,因宗老之请,贻书子姓之晓畅谱事者,编辑校正,凡登名在谱者,皆圣祖之裔,不复他及,即圣祖之裔,世远他徙不可考者阙之,以俟将来。盖自盟于王望山后,至是凡三十年,而始克遂其志,其重且难如此。工既竣,族彦时鸣、安绍、锶士、彬宸等,俨然造予泉湖山房属为之序也。已而东阳令、南雄丞两君,复先后以书来申前委。予辱交于两君有年,又族彦中如锶士、彬宸并素识,且予于郭氏世姻也,谊不能辞。予家在麻冈二十里而遥,若炯村、葛陂、焦塘、桥东,曾往来于其地,尽跨卢、安两邑数十里间,郭之阀阅,远近相望。而圣

祖之后,自初徙迄于今,通籍者二百余人,又吾郡诸姓所不及者,岂汾阳王忠贞大节,功在唐室,故历千余年之后,庆留苗裔若斯其盛欤! 乃麻冈诸彦,于辑谱之事,朝夕兢兢,至不敢附龙之派,以干牵合之议,此其识虑去寻常远矣。今读其谱,若世系居徙、若茔城、若祠祀、若列传、若名位、若诰命、若国恩、若翰墨,一切皆据实书之,视宋咸平以来诸谱,致慎而加详矣。郭氏诸彦,所以杜牵合,重本始,使兹谱传信将来,皆可以示志于诸鼎族者,愿予以为非我族类,固不容使之附俪,以溷吾之所自出。然凡为本支之子姓者,有一不肖其先,是自弃其宗,视牵合附俪者,其失之又何如耶? 虽然所谓克肖其先者,固不在爵位事功及一时遭际之间。

　　盖予尝观汾阳王之始终矣。王始与李光弼有隙,及领节镇帅兵而东,辄引李光弼,并剖心相视如骨肉然。当是时,但知以国难为事,宁知有怨及既往。说回纥,从者以五百骑护行,以防不测,竟麾去之而独以单骑入见,一誓言而尔疑尽释,数十万之众,一旦解散。当是时,但以销兵为念,宁知本身。最后南阳夫人乳母之子,犯军中走马之禁,卒听都虞侯杖杀之,诸郎君泣请不复顾。当是时,知有军法,宁知有妻

子。汾阳王之所以成大功享备福者,其本盖在此。为之后者,诚知缵绪于承奕象贤,当知所辨矣。不然即勋名如汾阳王二十四考,如汾阳拜上之赐至数十万缗,如汾阳八子七婿,簪绂满朝,如汾阳犹不可言克肖,况其下者乎!

东阳、南雄两君,及二三族彦,皆尝禀学于王奉常先生,其所志盖卓然超乎世俗宠利之外,家庭之间,居常相淬励以光前烈,其大旨亦有先得予心所同然者。故予因序郭氏族谱,书以发之,使知汾阳建树之所自,世世相传,大行穷居,务求乞肖其先,不负王望山盟誓之意,庶几缵绪承休之大者。或谓龙之后同广国公,不应析谱而二之,予不谓然。夫陇西、彭城、太原、琅琊,并古今所称望族,历世滋远,其不能合而为谱矣。盖心苟无间即势有不得自合,虽异而不失为同,此因尊祖之至者也,而又何嫌为。因并及之,以昭其后之人。是举也,东阳、南雄两君实首促之,编辑则士彩、世彬、崇德;校正则贡士、育显;总理时鸣、绍伦、杰灯;分理应委、一鹉、宗学,其劳皆可书,因并列其名左方。

万历丙午年岁季冬之吉,赐进士出身、太子少保、吏部尚书,吉水曾同享拜撰。

福建惠安白奇郭氏族谱序
清·史于光撰

氏所以别族也,族所以广亲也,自宋宗法不行,而先王之礼废,民弗知而忘其本,有能念先祖而厚宗族者盖鲜矣。夫族众则易疏,代远则易忘,此人之常情,不能自其本而推之,将见愈疏而忘也,谱牒之设,衰世之意也。嗟夫!自一人之身,分而至于千百人之身,由一世之传,延而至于千百世之远;自千百视之固已疏,自一人视之则不疏;由千百举之固已远,由一世举之则不远。且吾之所以望吾之孙者,孰不欲亲而不疏乎!孰不欲久而不忘也,何其等上之不及等而下之也,何其待祖宗之不及待其子孙也,何其不能反而思之也。谱之设,盖欲其贤者因心而笃之,不肖者亦反求而得之也。惠邑郭生谔,出其家谱,丐题一言,余闻其谱,自唐尚父太尉中书令汾阳忠武王拜寿以后,诰封唐平王,回家团圆。白奇郭氏之所从来者,迨今数百年,传若干代,分处他郡,历兵火之间关,亦无他考订。其后因授薄职,以公来泉,干戈仓剧,弗克还朝,纳室于泉。始祖德广公生子洪公,子洪公生仲远公,仲远公生五子,性好山水之乐,择地于惠邑白奇山下海滨,乐室居焉。其地山明水秀,淑江绿绕,碧岫翠迎,经今七八世,子子孙孙,系系瓜瓞,真若长江之后浪推前浪,相续不绝。然传世既久,不能无显晦,今之存者,由大父德广公来此,与汾阳忠武王之派固一揆,今则疏且远矣。子孙苟能将吾前所云者信而亲其族,以联后人,亦与先世忠武同出之意也,何疏之有。吾于门生谔深有望焉。

赐进士、翰林院庶吉士筍江史于光撰。

福建上杭郭氏族谱序(节录)
明·郭资撰

尝考上杭县始祖十六承事公初迁县治时地旷人稀,因居日久,子侄众多,故号曰郭坊。时有白鹤仙过此,语郭坊之人曰:袍山苍苍,江水洋洋,五百年后,朱紫盈坊。宋乾道三年县主郑公稷奏请将上杭迁居郭坊,因有上场,故名上杭县。开基作县时,挖得石碑,载谶语云:地接金山秀,峰回龙子岗,土名郭坊里,堪作上杭场。伟哉贤郑尹,协碑共流芳,一日迁兹土,黎庶被安康。

溯始祖十六承事公,葬今县治后,宋朝以此为县,故特下令复吾家世世无所与,乃立其文于邑厅事之东。宋亡元继,因而不改,至于国朝初,始毁于火矣。

据旧谱云:公世居郭坊,十六行也,承事官也,旧谱不名其谥、行实、生卒、寿数、迁居本末,犹有此称何也,始疑其谱者称美之词耳。及以禄卿典史之例求之,则禄卿当国初实尝任而为此官也。比之小四宣义、十郎直学、七郎司务、三十二吉士、五十学士诸称,书法皆同,况以念九处士、小八儒士、道荫秀才、寿卿卓宿、子义老人诸书法观之,则似即其实而称之故。又曾疑祖宗实尝仕而居此官也。尝考之临汀旧志,县治建于宋太宗淳化五年,凡三迁始居今治,历年至今,近五百年,以祖宗世次质之,禄卿之子子礼,生于元至正二年,而禄卿与兄寿卿,皆殁于国初,则其生当在元仁宗泰定之世,而寿卿父庆甫,叔寿甫,父五十之仕,正当元代全盛之时,而五十父三十二之仕,又适当元有江南之初,或宋垂亡之季矣。三十二以上,凡七世,至始祖十六承事,比而推之,则祖宗之仕,为司务、为道学、为吉士等官,皆当在宋代之初。而始祖之迁杭,疑亦当在宋室南渡之时也。旧志修于宋末,记载风土人物,于宋为悉,而杭邑略无,人所谓郭某者登科入仕为某官者,岂官卑不显,旧志故略之欤?抑其进自他途,不由科第,故旧志不载?若今志不载刘秀真、陈德义、吴湘之类之比欤?是皆不可知也。自始祖承事以下,凡十一世,惟庆甫、宣义冠名于官称之首,余皆书行以系之,至于名谥、行实、生卒、寿数及诸姓氏,并皆缺略,间有能仅载其名氏葬地者。五十以后,三世而已,而五十之上犹无闻也。窃思先世谱,必书此以为提要,而分注以书其实,又以提要别为世系之图,其后谱亡而图存耳。故永乐间,吾尊祖修谱,仅能据此而存其节也。近时族祖叔贤,亦尝修谱,然询之乃在宣德初,且其编辑,亦止传录。吾曾祖初之所修者,复亡于沙寇兵乱之际。呜呼!可胜惜哉。资弱冠时每遇族之长者,当访以先世之事,皆云:元季兵起,陈氏据闽,先祖当避居村落。归附后,先祖弟侄,存者无几,于时父辈,又皆年幼无知,今所存者如此。呜呼!吾祖修谱,既不得其详,况诸族人去尊祖之世加远,无怪其不知也。资深憾家谱残缺,祖宗言行无传,每欲搜诸旧集,为文次第踵修,而晚生末识,无知之何,今亦不敢妄加增节,以诬先人,且不敢轻加改削以没其实,谨载其说于此,以俟后人之博闻强识者。

明成化乙未科三甲进士,孙郭资谨识。

广东大埔大麻郭氏族谱序(二)
明·郭声垫撰

夫族谱何为也,其说始于先贤,仿于国史,故览天下世宦大家,莫不有族谱焉。何也?盖族之有谱,犹国之有史,国无史,则苗裔舛错,考信于载籍者无所据;族无谱,则昭穆失序,而欲稽于伦属者将何凭。

余思我族始祖,原在福建宁化县石壁村,按上杭旧谱,于宋宣和年间,十六承事公移厥居于上杭县郭坊村,斯时未有县治,传居七世十郎承事公。旧谱云:四十三公子,娶陈氏,生五子:曰子仁、子义、子礼、子智、子信,迁于漳之铜钵者子礼、子智;迁于潮之大麻者子义,讳天锡,姚蔡氏康淑,生一子讳坤山,传今一十三世,为邑之巨族矣。考九世晓窗公所修之谱,大麻小留祈福请地主千二郎,此创基之祖无疑,当时籍在海阳,继开饶平,今则建为埔治矣。世更十三代,人丁数百,生娶教训,无室不然,间或为士为农,为工为商,十三代兹谱而叙之。我祖德功累积,创业维艰,生育繁众,支则分,派而别,溯其木本水源而昭揭之，俟贤子肖孙而有敬祖宗者，或续或继或述，览此谱者如若指掌。睹德行之人则思昭，罔敢伤厥类也。由是岁时屠社之会饮，冠婚丧祭之庆赙，有鳏寡孤独，富者携而助之，倘有欺孤凌贫、恩薄行亏、废礼义、混嫡庶而乱闺门者，族长叱令而申改之，及其不悛，鸣众而共攻之。如此，则有过者化，而家声振，彝伦兴，兴则和，和则祥矣。将见士有腰金衣紫之荣，农有红陈盈满之积，工有成器利用之资，商有充囊恩积之富，瓜瓞绵远，胤祚流芳。猗欤休哉！谱之裨于人者岂不大哉。旧谱因乱缺失，无所稽考，兹敬采而修之，上以发祖德之幽光，下以启后人之景慕，非虚文也，观谱者可以兴矣。

明万历三十五年丁未冬十一月甲子日十一世孙居贤声堃拜撰。

台湾台北崇饱公派族谱序
郭诗连撰

人人爱护其子，先将其姓，冠之子名之上，继之尽力栽培，最后尽财产遗留之，是人之天性。在婚姻制度存在之现代社会，存父子关系之一般家庭，无论国籍如何，宗教如何，此天性不能泯灭。因此为人

子女，敬慕双亲，思念祖宗，不愿随便弃姓，是人之至情。人欲知其所姓来源，与其祖宗世系史迹，并欲使子孙明了，代代传下之，是人性至情之发露，是家需家谱之缘故。

查我郭姓，发祥于山西太原，西元前1122年周武王即位时，封其季叔虢于西虢，虢或曰郭，从此以后，虢叔后裔，以郭为氏，逐年旺盛，蕃衍于天下。

我祖宗系统，出于唐玄宗时之名将汾阳郡王子仪公派下，因此堂号为汾阳。随各朝政变，逐次避乱南移，于明洪武九年（1376年），以德公辞去漳州卫右所军百总军职，将原居漳州府长泰县方城里横洋社土名大路口寓所，迁入漳州府南靖县涌口保庙兜社俾仔仡屠，屯田业种，为南靖始祖。历十三传351年，至崇饱公于雍正五年（1727年）渡台，筑居台湾府淡水厅芝兰一堡内湖洲仔，租园开基，立业农耕，为渡台始祖。传下我族。

我宗族现行辈序为"文章华国，诗礼传家"，系南靖十六世祖文斗公于嘉庆十二年（1807年）续修族谱时所订定，以南靖十六世为始，继续沿用至今者。

郭姓始祖虢叔，受姓迄今3804年，汾阳祖子仪公，逝世迄今1181年，南靖一世

祖以德公,开基迄今586年,渡台始祖崇饱公,迁台迄今235年。此间之世系与史迹,因我祖渡台时未携族谱,现仅汇集到片片鳞鳞资料,未能编辑完整,不敢表见于世。惟念渡台至今,未有人出来修谱,恐年湮代远,更难知木本水源。兹不顾才疏力薄,先将所汇集资料,辑录渡台以后之家谱一册,以供同谱之人参考之用。如有错漏之处,还请见谅,并赐教予以增删,使本家谱益臻完善,尤为感盼!本家谱之调查,多蒙木水宗兄大力协助,并志谢忱。公元一九六二年初夏,南靖二十世渡台八世孙诗连谨序。

台湾台中郭氏族谱序
郭荣昌撰

辱承先人绪业,未能光扬盛德,早夜以思,茕茕在抱。顾念我族始祖,由周之虢叔封为"虢国",始赐姓为"郭氏",则为始祖也。

自始祖以后之直系祖宗系统,前表录已详记书明,我族始祖系自周迄南宋乾道年间,已有2130余年之历史,年湮代久,实难查考。我祖先由直系之后裔三十二吉士,生五十学士为第十世矣。始生四子:即,长曰庆甫,次曰道荫,三曰刘保,四曰寿甫。

第十世祖庆甫公,生二子为第十一世祖,长子寿卿公,次子禄卿公。由第十一世祖寿卿公生七子:长曰子仁,次曰子义,三曰子礼,四曰子智,五曰子信,六曰子进,七曰子美。然后,寿卿公之次子子义公,号天锡,祖妣妈蔡氏,生一子,名坤山公,长大成人时,移居西南创业。则今之广东大埔县大麻乡,土名平源春,丁口繁盛,为此一支系祖宗,另创立广东省潮州府为第一世,则第一世祖坤山公也。而后自第一世祖至第十三世祖间,皆居住内地,失记疏略,实难查考!斯时我第十四世太高祖宏烈公,成年时感承郑成功郡王征伐台湾荷兰军,平定后之风俗十分良好,为发扬建业之心切,于乾隆、嘉庆年间,渡台到中部苗栗林定居。迎娶祖妣妈淑惠太夫人,生三子二女。长子开锵公,字观实,号达邦。次子开英公,字英邦。三子开标公,字经邦。我渡台第十四世太高祖,专心开垦土地,幸承祖妣妈淑惠太夫人之贤德内助,创立宏功伟业,威振家声,并严教子女成龙。而我大房第十五世高祖开锵公,自幼聪明,勤读圣贤诗书,考取功名,例授明经进士之荣职,幸赖迎娶祖妣妈端庄太夫人之贤德,家声大振,生二子三女,则长子正荣公,字来生。次子正杰公,字克昌。长女巧娘,次女七娘,三女鹅娘。

兹敬述遗闻,询及耆旧,乃敢敷陈其事,以昭示后人,亦知祖宗创造之艰难,而不可一日迫也。诗曰:毋念尔祖,聿修厥德! 我子孙其念哉。

兹追念渡台第十四世太高祖宏烈公,于雍正丁未五年诞生,至今已有二百四十岁。我大房第十五世高祖观实公,于乾隆庚寅三十年诞生,至今已有一百九十七岁。传下子孙有八代,拥有数百人以上子孙。因我大房第十五世高祖观实公派下子孙各房,对其派下族谱,尚虞疏略,皆未有集录书明,兹已集齐书印分发各房,以资留念祖德也。而对本族谱内所书之文字上,如有错误者,祈请各房叔伯、兄弟等鉴谅为荷。

公元一九六五年丙午孟春,第二十世裔孙荣昌敬识。

汾阳郭村郭氏谱系序

尝思树必有根而后生,水必有源而后永远流长,世人亦然。孔子云:君子务本,本立而道生。若不务本追远,人道之纲常焉能考其源乎,忘之则必然纲常大乱,纲常一乱家必然自败,后世之人切不可忘根本也。吾郭家之姓考,其俄必里三甲。先祖

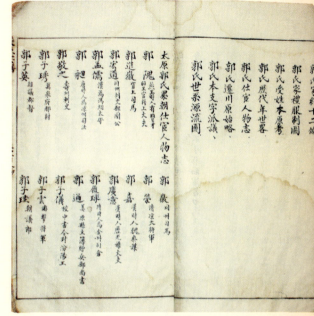

郭氏宗族谱记载太原累朝仕宦人物志

唐朝宰相郭君子仪,夫人王氏、赵氏,所生郭暧居住山西汾州府三泉镇西南乡郭村人氏,明朝成化二十三年三十四世孙郭士维,妻刘氏,生长子承永,次子承尊,三子承元,兄弟三人在家困难,有孝义吕居堡村人同议请郭村进士郭承元先生教学一连十余年,郭村人多地少难以过度,在吕居堡村买地十余垧,自买之后,父子两代一同全来吕居堡居住,同心协力创业耕种三十余年,先父去世,葬马草甲坟茔。再后兄弟不和,分开家产,自分之后各家安居

乐业。承永寿终，计龙头山下马草甲先父一坟，此地东有一池水，水内有两个金蛤蟆，有一尺有余，至七月内南方人来取走，山崩水无，此坟不能发生。再后新经大椅上茔地，先父立祖长子承永一坟，至四年次子郭承尊去世，此地太小，西义则茔立祖，各立各坟，至九年郭承元去世，大岭山茔立祖。以下儿系具在家谱之内开列，立谱之后尔存报本追远，纲常之根本。

古稀之俊抄白字家谱留于后人。

三　金石碑碣　传世珍品

金石铭文,墓志碑碣,是文献史料的一种特殊载体,其铭刻的文字内容多出自当时、当地、当事人之手,有很高的文献价值和可信程度。不仅可作为古典经传的佐证,补正史、方志的不足,有拾遗补缺的特殊功效,而且其中往往蕴藏有极为罕见的、从未发现的珍贵资料,可为研究者开辟一个新的境界,得出一个全新的论断。历代出土、发现的金石碑碣就为郭氏文化研究提供了新的佐证。

虢叔旅大林钟

　　碑碣墓志、石刻题铭是一种重要的文献载体，往往可补正史、方志的不足。郭氏作为中华大姓，历代的名人墓志、碑铭石刻自然不在少数。除《汉郭辅先生碑》已见之于张澍的《姓氏寻源》外，在清代名人郭嵩焘撰写的《湘阴郭氏家谱序》中，提到的汉代碑碣尚有：《丹阳太守郭君碑》、《冀州从事郭君碑》、《太尉郭喜碑》、《北军中侯郭君碑》、《司隶从事郭究碑》等数种。这几种郭姓汉碑在记述主人生平简历的同时，都无一例外地追溯到郭氏起源是来自周王室宗支虢仲、虢叔，是研究郭氏源流的重要物证。郭嵩焘生活于清代道光至光绪年间，有幸目睹了这些汉代碑碣。经过整整一个世纪的社会巨变，这些国宝级碑碣是否幸存，流落何地，不得而知。但有关唐代名臣郭子仪及其家世的两通石碑却幸存下来。

　　其一是《有唐故中大夫使持节寿州诸军事寿州刺史上柱国赠太保郭公庙碑铭并序》。碑原在陕西布政司下库，后存陕西藩府，1950年移至西安市碑林博物馆。这是唐汾阳王郭子仪为其父郭敬之所立，由唐代著名书法家颜真卿撰文并手书，是研究郭子仪及其家世渊源的第一手资料，具有极高的史料价值和艺术价值，堪称中华国宝。

　　该碑文首先追溯了华阴郭氏出自虢叔，系属太原郭氏的渊源，记述了自汉代光禄大夫郭广德到郭敬之、郭子仪的传承世系，是一份十分珍贵的家族谱系。尤其是其中"汉光禄大夫广德，生孟儒，为冯翊太守"这段史实，澄清了郭子仪先世中的一大疑点，纠正了《新唐书·宰相世系表》将郭广德误记为郭广智的重大失误。为子仪公众多后代裔孙朝宗谒祖、续谱修谱提供了确凿证据。

　　其二是《唐尚父汾阳郭忠武王碑》。为北宋太原人王彰所撰，现存于陕西华县莲花镇西马村郭令公祠。北宋至和初（1054年），华阴郡守崔辅于州城东北隅为子仪公立祠塑像，并于壁绘其八子图像。未及竣工，调任而去。后任郡守赵刚接续其事，于嘉祐六年（1061年）竖碑勒石于祠中。

　　碑文记述了郭子仪一生的显赫功业，表达了故乡民众对他的敬仰之情。后历经朝代更迭，祠庙倾圮，石碑被郭氏族人移至子仪公故居，嵌于壁中，得以保存至今。

　　附两碑原文于后：

颜真卿书并序《郭家庙碑》

有唐故中大夫使持节寿州诸军事寿州刺史上柱国赠太保郭公庙碑铭并序

唐·颜真卿撰

昔申伯翰周，降神于维岳，仲父匡晋，演庆于筮淮。而犹见美诗人，腾芳史册，岂比夫神明积高之壤，百二悬隔之都。三峰拔地而削成，九派浮天而喷激。炳灵毓萃，奕叶生贤，括宇宙而集和，总河山而蕴秀，莫与京者，其惟郭宗乎！溯其先，盖出周之虢叔，虢或为郭，因而氏焉。代为太原著姓，汉有光禄大夫广德，生孟儒，为冯翊太守，子孙始自太原家焉。后转徙华山之下，故一族今为华州郑县人。夫其筑台见师，瘗子致养，家承金穴之贵，政有露冕之高，或哲或谋，或肃或义，皆海有珠而鸟有凤也。阀阅之盛，其流益光。隋有金州司仓讳履球府君，懋其德辉，不屑下位，克己复礼，州邦化焉。笃生唐凉州司法讳昶府君，能世其业，以伸其道，远近宗之，不陨厥问。生美原县主簿赠兵部尚书讳通府君，清识彻照，博综群言，始登王畿，郁有佳称,道悠运促,靡及贵仕,垂于后昆,殁而见尊。是生我讳敬之府君,幼而好仁,长有全德。身长八尺二寸,行中洁矩,声如洪钟。河目电照,虬须蝟磔。进退闲雅,望之若神。以仲由之政事,兼翁归之文武。始自涪州录事参军,转瓜州司仓,雍北府右果毅,加游击将军,申王府典军,金吾府折冲兼左卫长上,原州别驾,迁扶州刺史,未上,除左威卫左郎将,兼监牧南使,渭、吉二州刺史侍中。牛仙客讳君清节,奏授绥州,迁寿州,累加中大夫,策勋上柱国。以天宝三载春正月十日遘疾,终于京师常乐坊之私第,春秋七十有八。

乾元三年春二月,以公之宝胤开府仪同三司、司徒兼中书令上柱国汾阳郡王曰子仪,有大勋于王室,乃下诏曰:故中大夫寿州刺史郭敬之,果君子之行,毓达人之德。才光文武,政美中和。生此大贤,为我良弼。顷以孽胡作乱,黔首罹殃。朕于是郁兴神武之师,克扫攙枪之气。而子仪师彼劲卒,赫然先驱。复京洛如拾遗,蔺凶残犹振槁。功存社稷,泽润生民。是用宠洽哀荣,义申存殁,可赠太保。

於戏府君! 体宽宏之素履,秉冲邈之高烈。言必主于忠信,行不违于直方。清白为吏者之师,死生敦交友之分。端一之操,

不以夷险概其怀;坚明之姿,不以雪霜易其令。用情不间于疏远,泛爱莫遗于贫贱。拳拳服膺,始终靡二。故所居则化,所去见思。民到于今称之,斯不朽矣。传曰:德盛必百代祀,其有后也宜哉。恭惟令公,先皇之佐命臣也。少而英秀,长而魁伟。英姿质直,天然孝悌。宽仁无比,骑射绝伦。所莅以清白见称,居常以经济自命。弱冠以乡邦之赋,骤膺将帅之举。四濯高第,有声前朝。三为将军,再守大郡。累典兵要,必闻休绩。天宝末,安禄山反于范阳,令公以节度史拥朔方之众,围高秀岩于云中,破史思明于嘉山,先帝之幸朔方,赴行在于灵武,击同罗于河曲,走崔乾佑于蒲坂。今上之为元帅也,首副旄钺,会回纥于扶风,摧凶寇于浐水,追余孽于陕服。长驱河洛,弼成睿图。再造生灵,克清天步,乂西夏之未乂,安天下之未安。一年之间,区宇大定,不亦休哉! 观其元和降精,间气生德,感长生而作辅,应期运以济时。忠于国而孝于家,威可畏而仪可象。盛德系物,宽身厚下。用人由己,从善如流。沉谋秘于鬼神,精义贯于天地。推赤诚以许国,冒白刃以率先。霆击于云雷之初,鹰扬于庙堂之上。大凡二历鼎司,两升都座,四作元帅,九年中书。历事三圣,而厥德维懋,易相二十,

而受遇益深。盖克复上都者再,戡定东京者一。其余廑城掀邑,得隽摧锋,亦非遽数之所周也。信可谓王国神龙,生民荫休者欤!非太保之迈种不孤,何以钟美若是。况于友于著睦,登龙虎者十人;贻厥有光,纡青紫者八士。勋庸举集,今古莫俦。昔奋号尊荣,红粟绲霮于万石,恽家全盛,朱轮不出于十人。缫我观之,事不侔矣。於乎!清庙之兴,所以仁祖考,鸿伐之刻,亦以垂子孙。爰创业于旧居,将永图以观德。中唐有祚,丕构克崇。感霜露以怵惕以增,叙昭穆而敬恭斯在。庶乎观盥融若,既无戁于永怀,入室僾然,必有觌乎其位。哀荣既极,情礼用申仁人之所及。远哉,孝子之事亲终矣。岂惟温温孔父,遽称钟鼎之铭,穆穆鲁侯,独美龙旂之纪,其词曰:

郭之皇祖,肇允虢土,建于后昆,实守左辅,徙华阴兮。

源长流光,施于司仓,凉州兵部,克炽而昌,载德深兮。

笃生太保,允懋厥道,神之听之,永锡难老,式如金兮。

於戏令公,汾阳启封,文经武纬,训徒阼空,简帝心兮。

含一不二,格于天地,恺悌君子,民之攸暨,昭德音兮。

芝馥兰芳,羽仪公堂,子子孙孙,为龙为光,锵璆琳兮。

乃立新庙,肃雍允邵,神保是听,孝思永劭,亶居歆兮。

乃立高碑,盛美奠数,日月有既,徽猷永垂,昭来今兮。

广德二年岁次甲辰十一月甲午朔二十一日甲寅,金紫光禄大夫刑部尚书上柱国鲁郡开国公颜真卿撰并书,男从武及第授左卫长史,封汾阳郡王太尉中书令子仪立。

唐颜真卿书《郭虚己墓志》(此碑为颜真卿最早的书法作品)

唐尚父汾阳郭忠武王碑
宋·王彰撰

王讳子仪,谥忠武,华州郑县人,刺史赠太保敬之子。体貌修长,天将其杰,以武举补左卫长史,历诸军使。

玄宗世当贞观治定之报,国家无事,开元末天下益以安富,上佚下愉。危亡之端,有言无然,肆于不疑。乾蕴坤奥,璺罅日露。

十五年安禄山叛,河南北兵大起,王自天德军使、朔方节度右兵马使,诏改卫尉卿、灵武守、朔方节度使,以本军东讨,取静边军,斩其将周万顷,麾高秀岩于河曲,克云中、马邑,开东陉。加御史大夫。

明年蔡希德陷常山郡,执颜杲卿,贼守河北郡县。帅师下井陉,拔常山,破贼于九门。攻赵郡,生擒贼四千,皆舍之,斩伪太守郭献璆,军还。史思明以其徒踵我师,还以骁骑五百,更挑战。至行唐,贼罢将遁,我师乘之,败之于沙河。贼愤,益军角逐。王坚壁昼守夕袭,以有馀待其弊,大蹂于嘉山,斩馘四万,生擒获其众。思明徒跣奔博陵。河北馀郡,斩贼守以迎王师。

肃宗幸灵武,朝廷新立,王与李光弼全师赴行在,国威以振。加兵部尚书,同平章事,天下倚其师以为根本。讨阿史那,定河曲。又明年破潼关,走崔乾祐入蒲津,夺陕郡永丰仓,潼陕以平。加司空、河内河东副元帅。诏帅师趣京师,与贼遇濇水之西,王师不利,合其众保武功。乞降官为左仆射,从广平王帅蕃汉兵十五万,进收长安。回纥叶护领四千骑助讨,王与修好。大战于香积寺,北俾回纥奇兵出其后,表里以攻,贼溃,斩首六万级,其守张通儒奔陕郡,收京师。严庄及通儒保陕东抗,复以大军击之,贼分兵绝归路。回纥尽杀之,驰其后,发十馀矢,其埃中贼惊以败。庄、通儒奔安庆绪,保相州。东都、三河郡邑皆平。加司徒,封代国公,食邑千户。入朝,天子劳之曰:"虽吾国家,实卿再造。"

乾元初北讨,破贼河上,擒伪将安守忠,加中书令。诏以九节度之师,讨安庆绪。自杏园渡河,围卫州,贼悉众来援。选射者三千伏壁,诫曰:"吾小却,贼进则噪齐发。"将战伪遁,贼乘及垒,闻鼓噪矢注如雨,因其骇,整众以覆之,获伪郑王安庆和,收卫州,又败贼于愁思岗。明年思明复陷魏州,王师遇贼于郑南,大风冥晦,退保河阳,诏为东都、山南道副元帅。监军鱼朝恩忌功诬构,召还京师。王维寇孽未殄息，忠义愤惋形寝食，几不与贼俱生，三复用三止之。思明再陷河洛，李光弼兵败。河中、太原杀其帅。乃起为河中、北庭兼泽潞节度，兴平定国副元帅，封汾阳王，镇绛州。擒河中贼，诛其魁，太原亦诛害帅者，河东诸镇奉法。程元振定策立代宗，朝廷功高者忌之，以是罢副元帅，加实封七百户。

高晖导吐蕃入京畿，诏为关内副元帅，镇咸阳。闻天子幸陕，遽还。从驾王献忠叛，逼丰王以下投于贼，王戫送行在。有三千骑，并南山得武关防兵及散卒。寇陷都邑，立宗室承宏为帝，署置百官。王以万卒为前锋，营韩公堆，用长孙全绪谋，遣王甫密入长安，结豪侠，齐击鼓朱雀街，虏众骇去。大军继进，杀自署京兆尹王抚，京师复平，诏留守都邑。元振劝帝都洛避狄，代宗将然之。王论奏："旧都控制，先帝宅之以有天下。周南地狭，势不久安。"上省章，即至自陕郡，赐铁券，图形御阁。

仆固怀恩顿军汾州，掠并、汾诸邑。诏出镇河中，怀恩走灵州。加守太尉，北道、河西道和蕃朔方招抚观察使，坚辞太尉，不获命，见上感泣，固让，乃止不拜。怀恩引吐蕃、回纥、党项数十万南下，京师震焉。诏出镇奉天，贼至欲战，众请奋击。止之曰："客深入，其利速战，战则有胜负，当斩语战者。"坚持以待，竟不战而退。入朝为尚书令，又让不拜。

蕃寇屡入蒲陕，宿师复振河中。永泰元年，怀恩将河西诸蕃三十余万寇京畿，有诏亲征，分命李忠臣等，列屯畿辅，团丁，括马，填诸门，民大恐惧，诏王屯泾阳，师才万人，虏骑合围数重。王以李国臣、魏楚玉、陈回光、朱元琮四面拒之，以甲骑二千出没左右。虏问，报曰："郭令公也！"回纥曰："怀恩言天可汗弃四海，令公谢世，故从其来，怀恩欺我！"因俾谕前好，曰："令公诚存，安得而见之？"王且出，众请无往，又请以铁骑五百从，王曰："十不当一，适足害之，至诚感神，吾无疑于虏。"即传呼曰："令公来。"虏众持满注矢，王以数十骑徐出，免胄劳之，皆舍兵以拜，曰："吾父也！"王饮之酒，以罗锦赠诸长，欢言如初。因戒以反乘吐蕃："其羊马长数百里，天赠不可失也！"众许诺，谋泄，吐蕃夜奔，回纥追之，王军蹑其后，大破于灵台西原，斩首五万，生擒万人，畜产不可胜计。入朝加封二百户。

大历初，华州周智光杀监军，密诏治军讨之。且行，其将吏斩智光父子，传首京师。吐蕃入泾州，移屯泾阳，虏退，要击于灵州,斩首二万。复寇灵武,改镇奉天,其将白元光败之于灵武,兼邠宁节度,虏再入泾州,谕其偏师,大戡于潘原,俘斩万计。还朝上封,论备蕃利害,忠谠深切,极箴补药石中时之愈,以老避位。德宗诏摄冢宰,号"尚父"。加太尉、尚书令,增实封,廪给逾等。

王束带治戎要,以武功显。遭唐室震荡,夷狄内侮,大忠英略,得以设施。副肃宗收复两都,定河北、御西寇。迨事四帝,前后百战,所向必克,功劳位尊,赫烈之宠,崇至备极,天下系望,以为依归。每征伐入朝,百官班迎,天子御楼以待。事或非意,朝廷不安,其威震主矣。古贤杰有是,皆疑逼陷祸,盖不旋踵,王惟小心一节,操行愈厉,每进位等,固让三四,至于涕泣终辞而止。闻悍寇讨乱,或逸间罢兵柄,诏至,命驾疾驱,喜动颜色。忠善宽厚,夷夏奸孽,式畏且慕。居而安乐,飨而寿考,死而庙食,九德五福,非纯贤不能以备,王实兼焉。臣道之感,切于伊、吕、管、乐,霸者之器,不足拟也。唐亡历五朝,距今未二百年,其绩业熏灼如此,民不知王之为华人也。

至和初,崔君辅为郡守,行部阅韩建祠,又得其碑于驿庭,念汾阳以叹曰:"忠义之晦,而叛逆之昭也!"亟毁建画像及其碑,营尚父庙于州城之东北隅,俾工自河中图其形,塑且肖之,书八子曜已下及其参佐将相于壁。庙成列奏,以待不先请之罪,且道:"王利泽加于民,其官品于圣朝法当祀。华,王之乡邑,谨立庙郡下,以依神灵,以勖贤杰。"天子嘉而许焉。又磨建碑,欲著王之勋德,及朝廷庙祀本末于石。事未竟,崔且代去。历三政,碑未克立。今守赵刚署事,谒庙下,贤崔君之举,曰:"碑未立,其贻我乎?"明年,请文于太原,并道前守尝以书乞辞于京师居朝廷者。或未皇以然,因请愿须前守之报。君请益笃,曰:"文至自京师者,并刻之何害?"乃从其请,又播王之功而得祀于今也。

以诗显之,其辞曰:

"唐在六世,崇极而圮,以玩易戎,如火斯炽。桓桓汾阳,惟国之纲,提师手钺,以翦乱党。定寇河北,立帝灵武,搜兵而南,亦荡群侮。曾不逾时,遂收二都,有家不忘,皇极之扶。孽臣遁绵,西连吐蕃,首尾屡入,以窥中原。世屯未夷,瑿王驱驰,有折有谋,或蹂其师。四皇不宁,二纪征伐,我忠我勤,冀造大业。朝恩言言,元振翩翩,忌位骂功,以为王愆。王曾不怒,掩旷其度,谁评谁尤,益恭益固。武以戡乱,文以靖国，太师尚父，官爵乃极。已复而兴，其功至难，盛满则危，其处莫安。不危不矜，惟王之完。有严斯容，有覆斯宇。神其休止，丰我稷黍。业隆于唐，而祀于今。惟皇念功，其罔不钦。惟始惟朝，匪神伊教。允记其功，来哲之告。"

嘉祐六年辛丑岁五月癸未朔二十八日庚戌建。

（注：王彰，北宋太原人，于嘉祐六年（1061年）书镌勒石，此碑现存，嵌在华县莲花寺镇西马村郭令公祠中墙壁上）

在今山西省汾阳市，也保存着有关郭氏资料的三通墓志碑碣：一通是《唐故大将军郭君之碑》，一通是《唐故上大都督上骑都尉郭府君之碑碣并序》。这两通石碑都是记述唐初汾阳郭氏协助李渊、李世民父子平定河东，助唐立国的军功业绩，及其受封和葬于汾阳故里的历史，说明早在初唐时期，郭氏就是汾州的名门望族。汾阳本土郭氏的历史记载，较郭子仪封为汾阳郡王要早100多年。

另一通石碑是明代万历年间《新建汾阳忠武王郭公庙碑》，记述了在汾阳修建郭子仪庙的经过和历史渊源。

《汾阳王置寺碑》

《唐故大将军郭君之碑》

州刺史□□□□司徒公□□□□□□华藩分铜虎□□□□羽（缺26字）拔□□大都□志隆□□□备端，怀厚□于九功，□留情于七德，汪汪有□□之量，仡仡有勇夫之质。父嵩，禀性虚凝不□荣□□□□□□□□□□□。一混是非，穷柱下之深趣，双（又）举鹏鹍，得濠上之幽情。公家承礼教，籍庆膏腴，□□不群，英姿□□。

皎皎若霜浔之映秋桂，萧萧似风岭之茂寒松。闻诗礼而游方，观儒墨而窥堂奥。每登高愤叹，投笔长怀，企梁竦之忠谋，追班超之义勇。□□□西山之□□□□之戍，冠六郡之良家，雄五陵之侠少。属火运挺灾，乾纲紊绪，焚原靡救，噍类无遗。大唐标□帝之灵文，兆苍精之秘录，起□□之积甲，建参野之连旗。经纶大夏之墟，缔构潜丘之壤，指麾日月，负间阎以□移，□尘山川，□地□而□转。于是荐名相府，委质戎场。挥霜剑而斩老生，奋长戟而摧霍邑，殊勋克著，授公上仪同三司。于时绛州逆命，不顺皇猷。公扼腕齐心，冲冠目裂，布鱼丽之阵，拟却月之城，瞬息之间，俄然殄灭，获勋居最，授朝请大夫。于时武周作梗，同黑山之未平，建德乱阶，类黄巾之犹炽。太原北望，无复人烟之墟；绛州南指，咸成戎马之地。危城孤立，是曰浩州。四面受敌，千里绝援。关山杳杳，望长安如日边；岁月遥遥，疑京兆于天上。田单之困即墨，窘若悬巢；郝昭之守陈仓，危同累卵。于是总管真乡公李仲文，乘连率之作（华），当庙略之委，以公茂族盘根，任之心脊。亲御矢石，展效立功，授上轻车都尉。唐贞观三年，颉利雄视龙庭，控弦百万，虐刈都鄙，扰乱边陲。太宗文皇帝，坐黄屋以永怀，临

紫宸以太息。伤彼残贼，哀此岷黎，爰命英公董戎薄伐。公□木□之剑，持冉有之矛，执角争先，中权后劲，获勋第一，授上大将军，赏物四百段。遂乃八表乂安，四海清晏。公乃韬戈息骑，琴酒怡神□，咀嚼六经，鱼猎百氏。临池入木之技，逸少见以多惭；献赋制檄之才，相如谢其清俊。上闻震戻，爰降丝纶，召公为金门关镇将。公辞两疏之□，冠挂东门，谢司农之官，传芳北海。至七年，又辟公滕王□府司马。公志性林泉，赏心风月，悟有情为速朽，识多财为累愚，悲景烛之不□，哀霜□之逾远。深凭实相，弘（宏）立胜因，虽陆生散千金之资，实朱公弃三（五）□之产。侔斯树□，未可同年，以此固辞，确乎不受。太宗文皇帝崩，遗诏：起义元从，班例加勋，诏授上柱国。皇帝驾幸并州，公策驷远迎。蒙恩□□□□□段。公勋庸克著，英声美于五臣；荣宠既章，功名显于六佐。如何与善徒欺，辅仁多爽。滔滔阅水，既一逝而无归；冉冉生灵，亦百年而有竭。□□□□□□遘疾薨于私弟。灵座空而游尘满，庐檐廓而暝禽哀。追□德于犹生，想音徽而以谢。农夫辍耕而永叹，机妇罢职而长嗟。岂直巷绝歌声，邻□□□□□。以乾封二年，岁次丁卯，十一月丁巳，二十八日甲申，迁窆于大

夏乡隐泉之原，礼也。前临梓泽，俯眺九京，却背隐岭，岩茏万仞。西瞻翠岭峻峙□□，□□□汾杳然如带。夫人王氏，令望江东，派流并部，姻济，婚□五□。内睦六亲，外谐九族。痛长城之永别，泪染湘川；悲陇水之分流，更成呜咽。□□□□，□子宏道，并左亲卫，立性廉让，虚已接人，孝乃天性，忠为令德。亚刘宗之两骥，捋韦氏之双珠，攀静树以长号，□寒泉□永慕。以为镌金（缺二十四字），铭□词曰（下缺字不载）。

（注：碑前后下截均残，高四尺二寸五分，广一尺五寸五分，仅存十七行，每行应五十八字，现每行仅存十余字及四十七八字不等。正书、径七分。原在汾阳市郭社村土岗上，康熙五年，朱彝尊与邑人胡庭发现，今存永安村北太符观。碑文典雅，书法亦佳，邑人传为虞世南书，尚有见虞世南数字，今泐不可见。文亦剥甚。碑文见于《金石录补》、《寰宇访碑录》、《山西通志——金石记》及《山右石刻丛编》）

《金石萃编》唐郭君碑跋
清·王昶

按，此碑前段不知缺几行，后则铭词全缺，存者二十一行。惟前一行后二行字无几个，馀则每行只缺数字，尚可读也。文中姓名里贯全泐，赖额题郭君二字，知其姓。首行泐文中有"州刺史"字，"司徒公"字，必是先世之历官。又有"分铜虎"字，高宗之世不避虎也。又有"志隆"字，玩上名义，当是其祖名。其父嵩，祖与父皆无官位。此下叙君之事迹，云：大唐建义旗，荐名相府，挥霜剑而斩老生，奋长戟而摧霍邑，授上仪同三司。时绛州逆命，获勋居最，授朝请大夫。武周作梗，建德乱阶，危城孤立，是日浩州，总管真乡公李仲文任之心膂，展效立功，授上轻车都尉。贞观三年，颉利扰乱边陲，太宗文皇帝命英公薄伐，公获勋第一，授上大将军，赏物四百段。召公为金门关守将，七年，又辟公滕王府司马，固辞不受。太宗文皇帝崩，遗诏"起义元从，斑（班）例加勋"，诏授上柱国。皇帝驾幸并州，公策驷远迎，蒙恩（下缺五字）。构疾薨于私第。以乾封二年岁次丁卯，十一月丁巳，二十八日甲申，迁穸于大夏乡隐泉之原。夫人王氏，令望江东，派流并部。子宏道，并左亲卫，亚刘宗之两骥，捋韦氏之双珠，云云。此君之大略也。

《唐书·宰相世表》：郭氏，后汉末大司农郭全，代居阳曲，裔孙徙颍川。又华阴郭氏出自太原，子孙徙冯翊。又郭有道裔居魏州昌乐。又中山郭氏，世居鼓城。凡此数派皆无君祖父名，不知君何派也，君里居不可知。据碑云：辟滕王府司马，公志性林泉，固辞不受，是不就辟而索居也。皇帝驾幸并州，策驷远迎。是从家居迎跸于并州也。则君之所居在河东矣。据碑立之所，在今汾州府汾阳县北七十里（按：应为三十里）郭社村。村曰郭社，或即以君姓得名，或君有后裔世居于此村矣。今之汾阳县，在唐为隰城。今之汾州府，在隋为西河郡，唐武德元年改曰浩州，武德三年复曰汾州，属河东郡。《山西通志》："汾阳县北四十里有谒泉山，山上有隐泉水。"《水经注》："文水又南径县右，会隐泉水。"水出谒泉山之上顶，俗云：旸雨愆时，是谒是祷，故山得其名。顶上平地十许顷，沙门释僧光表建二刹，泉发于两寺之间，东流沥石沿注同下，又东津渠，隐没而不恒流，故有隐泉之名。据碑云：窆于隐泉之原，则墓在今之汾阳，其居亦当在汾阳矣。碑云"斩老生，摧霍邑"是一事，在大业十三年。高祖初建义旗，"时绛州逆命"，乃八月事。"武周作梗"，指武德二年，刘武周据并州事。"建德乱阶"，指武德四年窦建德援王世充入。字行满，本姓支，祖籍西域。大业十四年，在东都洛阳拥隋室杨侗为帝。次年，自称皇帝，年号开明，国号郑。武德四年兵败降唐，至长安，为仇人所杀事。《新唐书·太宗纪》：武德三年四月，击败宋金刚于柏壁，金刚走介州，太宗追之，一日夜驰二百里，宿于雀鼠谷之西原。军士皆饥，太宗不食者二日，行至浩州，乃得食。碑所云"危城孤立，是曰浩州"，即指此。碑云：贞观三年颉利扰边陲，太宗命英公薄伐，颉利即突厥颉利可汗。英公即英国公李世勣。太宗纪：贞观三年十一月庚申，并州都督李世勣为通漠道行军总管，华州刺史柴绍为金河道行军总管，任城郡王道宗为大同道行军总管，幽州都督卫孝节为恒安道行军总管，营州都督薛万彻为畅武道行军总管，以伐突厥，即此事也。碑云：七年辟滕王府司马。《新唐书·高祖诸子列传》：郑惠王元懿始封滕王，贞观中徙郑王。此与滕王元婴别，元婴乃贞观十三年所封，不在七年也。太宗遗诏乃二十三年事。皇帝幸并州乃永徽五年正月事。《高宗纪》：是年二月赦并州及所过州县。义旗初举，任五品以上葬并州者祭之，加佐命功臣；食别封者子孙二阶，大将军府僚佐存者一阶。高宗之加恩义旗功臣为已厚也。此时君策驷远迎，宜在进阶之列，而碑泐矣。十一月丁巳朔，碑不书朔字者文也。夫人王氏，碑云：派流并部，是太原王氏矣。又云：痛长城之永别，泪染湘川；悲陇水之分流，更成呜咽。玩文义是夫人尚在，而得列于文内，是此碑创见。"子宏道，并左亲卫"上缺五字，下有两骥、双珠之语，是二子也。碑之可考者如此，惜无史传可互证也。碑书"槛抗"，同"扼腕"，即《史记·封禅书》，海上燕齐之间莫不槛抗是也。"咀□六经"，□字右旁从舜字，书无□字，此疑是嚼字之讹。嚼，篆字与舜相似。元应在《篆法辨诀》所谓：华、叶、弃、乘，头并异；舜、爵、爱、受，首俱奇者是也。"起义元从"，斑当作班字，班可通作斑，此则以斑为班也。

《唐故上大都督上骑都尉郭府君之碑并序》

夫善人为国之宝，书欲树以风声，君子邦家之基，诗美终不可忘。是以生荣死哀陈诸往诰，悼贤喑哲，戴自前篇。故□父告殂，鲁侯制咏，孔丘称卒，哀公□心，遗郭林宗之一德表仪，蔡邕无愧于太叔之言，九言光启，赵鞅有悲。然身谢而烈存，名没而功著者，所谓死而不朽也。

君讳解愁，太原西河人也。自姜嫄履迹，乃诞隆周，王季君临，爱生虢叔，褒称

郭氏，命翼宗周，表望太原，建社阳曲。既而隗为燕相，禽作汉侯，封爵西河，乃居汾隰。祖仁，齐相州别驾，父达，隋恒州石邑县丞。君幼播琬融之辩，少擅甘项之几，妙善琴书，尤精弓马，恝悌行于党序，忠孝立

唐故上大都督上骑都尉郭府君之碑

于君亲，领袖鄗王裴，模楷膺震幸，属义旗九五，问罪除凶，公募陪轮，策名元从。于时周鼎见问，秦鹿将驰，夷狄挺妖，奸回□慝，君助□设计，蒙马施权，未待五申，已拘勍敌，讵烦三令，早执渠魁，或带断巡军，或系舟贾勇，乃申承相府，补上大都督。迄武德伊始，仍警烟尘陇塞，犹虞华夷尚鲠。武周作逆，围击浩州，家困析骸，人多易子。公赤心守固，竭力尽诚，备罗垒以御攻击，刀升而侚夜，糟粕以供□命，糗凿用给军粮，忠效克宣，乃授骁骑尉。又募野战跳荡先锋，陈经略以获俘，设犄角而收职，生擒绿林之党，活搦青犊之徒。录状奏闻，加至上骑都尉。虽超封定远，青拜将军，欲拟功荣未可同日。嗣子德师，不劳彩笔而文藻日新，未饵灵禽而清才更妙，起家配色，亲事密王，恭恪有闻，□参无失。次子阿师，行仁布义，悦礼敦书，敬顺播于乡间，贞固扬于家国。越王亲事，善武工文，举镝猿啼，飞书毅泣。次小师，奉循庭训，长益风猷，讵话窗鸡，而言功雅进，岂烦吐握，而礼士自彰，亲事道王，机神干略，并身兼百行，躬备三端，亲疾俱不寐，七旬遭忧，皆泣血三载，似于公之待封，进贡禹之弹冠，实克负卿利用，宾国惟公，门袭休徵，家隆余庆，自可永为纲目，长作指南。不意松筠，忽婴大渐，援医莫愈，固请无疗。粤以贞观十四年卒于正寝，行年廿廿有八。哲人其逝，遗爱犹存，英彦云亡，时将安放，比以宅□未安，亏于逾月之礼，孤魂久旷，实痛三子之心。今于麟德元年岁升甲子，黄钟管月，玄枵驾年，廿八日壬申与夫人贾氏合葬于城西南五里平原之次。带名山而跨州壤，瞰攀岭而顾隐泉，炊萃文让之禽，□启滕公之椁，□奔继轨冒□，联□哀悼亲知，悲感行路，原驰东郭，不复更骋，韩卢飞盖，西园无日，重申引满。

其词曰：门崇以隗，望峻由禽，君承其胤，芳猷更深。名高万刃，挺秀千寻，犹兰若芷，似璧如金。三文练墨，晓务知音，儒风笃志，释教存心。克己仁恕，清神□□，□享遐年，讵清风烛，奠楹忽梦，泣琼飧主，哀德申言，告全启足，永罢琴酒，长□辞典，录□素伤，□□。

（**注：**此碑2000年出土于汾阳市城西南五里平原大向善村，现藏市博物馆内。碑文中“汾隰”即汾阳，“浩州”即汾州）

新建汾阳忠武王郭公庙碑记

署知府事、楚州杨柏柯撰文，知汾阳县事、信都尹觉民书，工部主事、邑人矫九高题额。

我国家定制，首重祀典，凡古今有功德于宗社生民者，必立庙以崇礼法，所以酬德报功，劝忠广教也。若功德有大小，则报礼有隆杀。即其□有一节之善，亦□□遗憾。汾阳王郭令公为古今之一人。唐自玄宗色荒，万几丛挫，遂致渔阳鼓震，河北二十四郡望风瓦解。及哥舒翰兵败于灵宝，贼大驱入关，两京皆没，而翠华西狩，唐事几不可为矣。肃宗即位，王起自朔方而辅之，兵威所临，风驰电掣，与广平王不数月间收复两京易于反掌，由是乘舆反正，唐基始复。此其功勋千古所未有者。试问当时，自王之外复有何人可以办此者乎？又有不可及者，唐宗虽颠沛流离之时，惟群小之是信，事急则举兵而援之，事宁则怀疑而罢之，此在人情必有所不平，□无纤介于怀，惟国事之事，洵精忠贯乎日月，孚于蛮貊。此其人品，视三代以上宁少让哉。王受着封于汾阳，则汾阳乃王食报之地，以故朝代虽更，报祀不替。是王之

□灵在海宇，虽□共仰，在汾阳则为独切。今日汾阳人所以崇报王者，当何如耶？岁癸卯之冬，柏柯来摄守是邦，于春秋二仲，有事于祀典，查其庙在城北二十里之大相里，有司值祭坛之日，势不能远赴，但委县佐领一员往祭，而府县正官足迹不到，目力未经矣。询之，往日皆然，盖自国初至今日，未尝一成礼也。乃于祭后策马往谒，以为庙貌必有规制，至则见一废寺中旁有隙地一区，围墙一堵，内破屋三楹，中设一神桌、一木主，前有一磁炉而已。俯身一拜，潜然叹息。嗟呼！此何等勋业，而令庙貌竟卑隘残毁至此，非守土者之愧而谁愧？非

唐故使院押官仁校尉守上党礼会府左果毅折卫都尉太原郭元武墓志铭

守土者之责而谁责耶？乃建议创庙，请于抚台李公而允之，县发金以助其役。因买于南关之内，得隙地一方，长十七丈有奇，广八丈有奇，上建大殿五间，塑王像于上，及官将像于两旁。爽垲高竣，金碧辉煌，瞻者起敬，不复似昔之玩视矣。前有大门、仪门二道，旁有廊房各三间，规制灿然，庶足以称报崇之典，盖盛举也。大约用银伍百两有奇，除动支官帑伍拾两、抚台叁拾两外，皆本府设处捐俸为之。而各州县亦量助焉。经始于乙巳七月，迄今大殿告完，庙貌整备，而北地山寒不便修筑，所有门廊物料皆具。俟春间方克□□□□□□十分之八九矣。柏柯以迁秩将行，不可无一言以纪之也，故纪其始末如此。而未毕之式，则付之汾阳尹尹君以毕之云。

万历三十七年岁次己酉秋月谷旦立石

（注：碑连额高六尺有奇，宽二尺四寸，共十八行，每行六十字，字径四分许，行书。额篆"新建汾阳忠武王郭公庙碑记"十二字。原碑现存汾阳市大南关汾阳王庙）

此外，在《钦定全唐文》第331卷中，还收录了唐肃宗时宰相杨绾撰写的《汾阳王妻霍国夫人王氏神通碑》全文。据碑文所载，郭子仪夫人王氏，出自太原王氏，高祖王长谐为左武卫大将军，平原郡公，秦州都督，卒赠荆州大都督，陪葬献陵。很可能是唐高祖起兵太原时的元老重臣。其曾祖、祖父、父皆为高官显宦。

王氏系郭子仪元配夫人，有子6人，女8人。据此可知，郭子仪应有8子8婿，其中另2子为次室张氏所生。从而为我们提供了鲜为人知的郭子仪家庭资料。

王夫人一生相夫教子，曾随从郭子仪转战河中等地。大历中封琅邪县君，后进封太原郡君。大历十二年（777年）正月卒于京师平康里府中，享年73岁。朝廷亲派使者前往吊唁，封赠霍国夫人。宰相杨绾亲自为其撰写神通碑文，从而为我们留下了一份极其罕见的珍贵史料。

唐·郭崇先墓志

附录

中共阳曲县委书记冯晋生

阳曲县县长薛东晓

郭氏祖庭

阳曲县情概况

中共阳曲县委
阳曲县人民政府

大王庙　位于阳曲县东黄水镇范庄村,始建于明成化八年(1472 年),现为山西省重点文物保护单位

阳曲县位于山西省中部,是省会太原的北大门。总面积 2070 平方公里,占太原市总面积的 1/3,是太原市面积最大的县区,全县辖 4 镇 6 乡,124 个行政村,424 个自然村。总人口 15 万人。

阳曲县人文历史悠久,自然生态优美。阳曲之名始于西汉,"河千里一曲,地当其名",故名。明清时期已成为山西省治、太原府治所在地,有"三晋首邑"之称。

天下郭氏出自阳曲,唐朝被封为"汾阳王"的郭子仪、两度为相的狄仁杰、人民币"中国人民银行"的书写者马文蔚都是阳曲人。上自殷商,下迄明清,几乎每个朝代的兴衰在这里都能够找到印迹。现在,全县有国家重点文物保护单位 1 处,省级重点文物保护单位 4 处,市级重点文物保护单位 3 处,县级重点文物保护单位 83 处,为太原市 10 县区之首。境内繁寺山圣母堂与上海佘山圣母堂齐名。

　　阳曲县是山西省委、省政府重点扶持的太行山、晋西北革命老区开发县之一。近年来,阳曲县委、县政府认真落实科学发展观,确立了"建设生态美、实力强、人民富裕的新阳曲"的奋斗目标,唱响创新主题,坚定不移实施改革开放、绿色转型两大战略,着力抓好传统工业新型化基地建设和农业产业化经营,努力建设太原北部经济隆起带,打造省城太原的新型工业

基地、特色农业基地、生态旅游胜地,全县综合经济实力显著增强,各项经济指标保持两位数增长,城乡面貌日新月异,人民生活水平有了显著提高。

　　阳曲县区位得天独厚,交通运输非常便利。地处太原、阳泉、忻州三市之间,紧邻太原市中心城区,是太原城市发展重点辐射带动区域,也是太原市中心城区"退二进三"的理想吸纳地。境内北同蒲铁路、108国道、大运高速公路纵贯南北,两条省

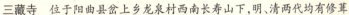

三藏寺　位于阳曲县岔上乡龙泉村西南长寿山下,明、清两代均有修葺

悬泉寺　位于阳曲县西南边缘,紧傍汾河二库。寺庙建造在半山腰间,现存殿堂40余间,古栈道338米。寺庙创建年代不详。据碑文记载,悬泉寺原为晋王府的"柴炭之地"。明英宗正统八年(1443年),变为"晋藩国主香火院",即晋王府的家庙。明成化三年(1467年)又"舍院为寺"。因山间有泉水点滴,故名。

阳曲县悬泉寺《十二圆觉》壁画(明)

道横穿东西，县乡公路四通八达，正在建设的石太高速客运专线横跨全县，正在成为人流、物流、资金流集散地，具备承接资本和产业转移的优越条件。

　　阳曲县自然资源丰富，开发潜力巨大。土地资源丰富，总面积20.7万公顷，占太原市土地总面积的1/3，其中耕地面积3.3万公顷，林地面积6.5万公顷，牧草地2.1万公顷，具有良好的生态环境和广阔开发空间。已发现的矿产有煤炭、白云岩、石灰石、花岗岩等多种矿藏，其中煤8亿吨、白云岩1亿吨、石灰岩6.6亿吨，地下水总储量3.1亿立方米，具有较大的开发价值。国家重点工程陕京天然气二线途经县域，充足的天然气为清洁生产提供了能源保证。

　　阳曲县产业基础良好，独具特色。全县已经形成以铝镁加工为主的冶金制造，以水泥生产为主的建筑材料，以煤焦加工为主的焦炭化工，以农副产品加工为主的轻工食品四大块状产业，具有较大的发展潜力和升级空间。同时，小杂粮、果蔬、畜牧、苗木花卉、中草药、饲草基本形成基地化、规模化生产经营格局，发展生态农业、观光农业具有广阔的投资前景。目前，全县上下正在全力建设工业园区，全力打造

太原市的工业重镇。轻工食品工业园、建材工业园、太原铝镁加工园区、太原工业新区起步工作已全面启动，基础设施建设正在紧张施工。这些都为投资者创造了有利条件。近年来，全县开展了大规模的城乡环境综合整治活动，城乡水、电、路等基础设施建设日臻完善。目前全县移动网络覆盖面达到100%，联通网络覆盖面达到80%，98%的行政村开通程控电话。电力充足，主变电量12.95万千伏安，年供电能

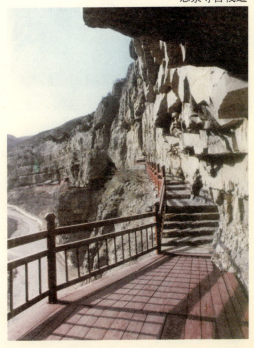

悬泉寺古栈道

力达 2.2 亿度。县委、县政府把扩大开放、招商引资作为着力点和突破点，通过转变职能、强化服务、改进作风、提高效率等一系列改革措施，倾力营造了务实高效的政务环境、公开透明的政策环境、诚实守信的商务环境、公平公正的法治环境、和谐稳定的人文环境。

青龙古镇为华北第一历史文化名镇，黄寨、上原、北社等正在申报山西省历史文化名镇名村。阳曲不仅是旅游观光的极佳之地，也是旅游投资开发的理想选择。

阳曲县是世界郭氏的根祖之地，是郭姓开宗之地，是郭氏宗族最早的活动中心。自郭氏得姓以来，无数郭氏子孙为中华民族的昌盛，作出了不可磨灭的贡献，产生了许多像郭子仪那样功盖千秋的名人志士，为郭氏文化精神的传承光大，为中华民族的繁荣富强，为世界文明的进步发展，作出了不可磨灭的贡献，这是所有郭氏后裔的光荣，也是我们整个民族的骄傲。郭氏文化是古人留给我们的一笔弥足珍贵的传统历史文化遗产。阳曲县委、县政府从贯彻落实党的十七大和市委第九次党代会精神的要求，建设和谐社会、落实科学发展的要求出发，高度重视文化产业的发展，提出建设历史文化强县的目标。大力整理、研究和挖掘悠久的历史文化，文化优势正在逐步变成县域经济社会发展的环境优势和资源优势。

阳曲历史悠久，文化厚重，山水多情，人民好客，让我们相约阳曲，共创和谐美好的明天。

中共阳曲县委副书记阴海锁带领弘扬郭氏文化办公室人员参加中国唐史学会第十届年会并作了"郭氏根祖在阳曲"主题发言,得到与会专家学者的赞同。(图为与会者集体合影)

2006 年 10 月 9 日,阳曲县"弘扬郭氏根祖文化暨寻根祭祖活动"合影留念

2007 年 10 月 18 日，阳曲县"弘扬郭氏文化，构建和谐阳曲"系列活动合影留念

后记

　　山西是华夏文明的发祥地之一,也是众多姓氏的发祥祖地,位列当今第 16 大姓的中华郭氏,是起源于阳曲、著望于太原的中华大姓之一,距今已有 2700 余年的历史,是一个源远流长,底蕴深厚,枝柯遍布,享誉中外的精英家族。

　　早在 20 世纪 90 年代,山西省社会科学院家谱资料中心为适应海内外郭氏宗亲寻根认祖的需求,就开始了郭氏文化的研究,先后推出了不少研究成果。近年来,为建设山西文化强省,开发山西根祖文化资源,中共太原市委、市委宣传部及中共阳曲县委、县政府加大了郭氏文化研究的力度,通过社会实地调查,组织专家学者论证,积累了一大批新的文献资料和研究成果。在此基础上,组织、约请山西省社科院家谱资料研究中心的部分专家学者,编撰出版了《中华郭氏》一书,为开发山西根祖文化,迈出了新的步伐。

　　《中华郭氏》以姓氏为经,以家族为纬,以丰富翔实的文献史料和社会调查为据,以姓氏通史的形式,记述了中华郭氏近 3000 年来的发展脉络,展示了中华郭氏内涵丰富、绚丽多姿的文化特色,对于当前建设社会主义的先进文化,构建和谐社会都具有一定的现实意义和借鉴作用。

　　本书编撰过程中,参阅了家谱中心珍藏的大量族谱文献,借助了前期研究成果,也吸纳了阳曲、汾阳、陕西、河南乃至于全国各地和海外相关的最新成果，同时引用、转载了《山西画报》《郭氏文化研究》等书刊和新闻媒体配发的相关图片，使之成为集众家之长、图文并茂的郭氏文化新成果，对此，我们深表谢意。

尤其令人感佩的是，中共山西省委常委、太原市委书记申维辰，中共阳曲县委书记冯晋生，从本书的创意立项、编撰出版、组织社会调查、专家论证以及人力、物力、财力等方面，都给予大力支持，保证了本书的顺利编撰和出版；中共太原市委副书记郭振中，市委常委、宣传部长范世康，多次亲自主持、参加了郭氏文化的各项活动，对郭氏文化研究予以大力支持和关爱；中共阳曲县委副书记、阳曲县人民政府县长薛东晓，县委副书记阴海锁，县委常委、副县长、统战部长何爱萍，县委常委、宣传部长、县委办主任李建国，都对本书的编撰出版给予了大力支持。

阳曲县经贸局局长、阳曲县弘扬郭氏文化办公室主任、阳曲县郭氏宗亲会会长郭红拴，阳曲县文物旅游局局长、阳曲县弘扬郭氏文化办公室副主任李成喜，原阳曲县史志办主任、阳曲县弘扬郭氏文化办公室副主任张志荣，原阳曲县政协主席、阳曲县郭氏研究会会长姜国民，山西省社科院家谱资料中心主任王岳红，以及汾阳市郭世科先生都为本书的编撰提供了文献资料和精美图片，三晋出版社社长张继红为本书的编撰出版倾注了大量心血，一并表示深切谢意。

由于我们水平有限，资料不足，时间仓促，本书的疏漏、失误之处在所难免，敬请广大读者和专家学者批评指正！

作 者
二〇〇八年四月

虢叔旅钟

图书在版编目（CIP）数据

中华郭氏／李吉等编著.—太原：三晋出版社，2008.4
ISBN 978-7-80598-879-5

Ⅰ.中… Ⅱ.李… Ⅲ.姓氏—研究—中国 Ⅳ.K810.2

中国版本图书馆CIP数据核字（2008）第041662号

中华郭氏

编 著 者：	李 吉 王利亚 王晓嵘
责任编辑：	张雪琴
责任印制：	李佳音
出 版 者：	山西出版集团·三晋出版社
地 址：	太原市建设南路21号
邮 编：	030012
电 话：	0351-4922268（发行中心）
	0351-4956036（综合办）
E-mail：	fxzx@sxskcb.com
	web@sxskcb.com
	gujshb@sxskcb.com
网 址：	www.sxskcb.com
经 销 者：	新华书店
承 印 者：	山西臣功印刷包装有限公司
开 本：	889mm×1194mm 1/24
印 张：	19
字 数：	320千字
印 数：	1-3000 册
版 次：	2008年6月 第1版
印 次：	2008年6月 第1次印刷
书 号：	ISBN 978-7-80598-879-5
定 价：	150.00元